COSMOWOMEN

PLACES AS CONSTELLATIONS

LA GALLERIA

NAZIONALE

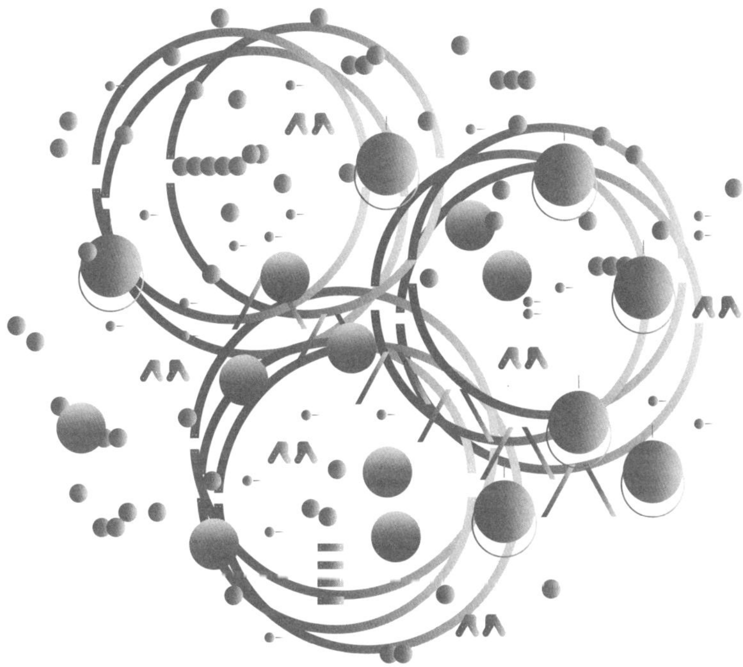

COSMOWOMEN

PLACES AS CONSTELLATIONS

a cura di / edited by La Galleria Nazionale
con / with Izaskun Chinchilla

SilvanaEditoriale

IT Con la mostra *Cosmowomen. Places as constellations*, la Galleria Nazionale d'Arte Moderna e Contemporanea dedica una riflessione importante alla nuova visione femminile dell'architettura, con 75 progetti che testimoniano il lavoro decennale di 67 architette originarie di oltre venti diversi paesi, ma tutte provenienti dalla Bartlett School of Architecture di Londra. Che questo abbia luogo a poche decine di metri dalla sede di Valle Giulia della storica Facoltà di Architettura della Università La Sapienza di Roma, la più antica d'Italia, infonde un senso ancora più compiuto a un'operazione culturale che introduce il tema architettonico nel contesto di un museo d'arte. Ciò avviene anche per il tramite di una suggestiva installazione, che invita a riflettere su alcuni dei luoghi di convivenza costitutivi della cultura comune delle donne. L'architettura come ordinamento del cosmo e l'arte come ordinamento delle intuizioni si congiungono così in un unicum che ambisce a costituire uno stimolo verso un ruolo ancor maggiore della donna in una professione che ha un'urgente necessità di una visione autenticamente umana. La costruzione della dimensione abitativa, la configurazione del paesaggio, la realizzazione degli spazi dedicati al lavoro hanno sempre più bisogno di essere concepite anche grazie a chi vive queste realtà: donne e uomini che devono poter egualmente contribuire con le proprie idee e decisioni all'architettura di domani.

DARIO FRANCESCHINI
Ministro della Cultura

EN With the exhibition *Cosmowomen. Places as constellations*, Galleria Nazionale d'Arte Moderna e Contemporanea is placing a major focus on the new women's vision of architecture. Seventy-five projects bear witness to the decade-long work of sixty-seven women architects from over twenty different countries, all from the Bartlett School of Architecture in London. The fact that this takes place just a few dozen meters from Valle Giulia branch of the historic Faculty of Architecture of Università La Sapienza in Rome, the oldest in Italy, gives an even greater feeling of achievement to a cultural event that presents an architectural theme in an art museum context. This also occurs by way of an evocative installation which invites us to think about some of the places of coexistence that make up the common culture of women. Architecture as an ordering of cosmos, and art as an ordering of intuitions come together here in a *unicum* that strives to encourage an even greater role for women in a profession urgently needing an authentically human vision. In the construction of housing, the configuration of the landscape, and the creation of work spaces, there is a growing need for designs conceived by those who actually live in these environments: women and men who must be able to equally contribute their ideas and decisions to the architecture of tomorrow.

DARIO FRANCESCHINI
Minister of Culture

It's Time for Action (There's No Option)
Every day – any way

Sono le parole di Yoko Ono, sono le mie, sono quelle di noi che viviamo una vita femminista: siamo molte, preparate, connesse, abbiamo un programma, un metodo, condividiamo un pensiero personale/politico, siamo avanguardia, siamo un dispositivo mobile, siamo critiche e abbiamo qualcosa da dire. *Cosmowomen* mette letteralmente in mostra una prospettiva e una dinamica di genere e forse persino de-generata, che sta trasformando il modo di presentare il mondo e non solo all'interno dei musei. Siamo oltre il disfare senza distruggere, siamo al cuore della lezione di Luisa Muraro, siamo alla costruzione che traduce visioni da eretiche comunarde che vedono la felicità all'orizzonte e non esitano a mettere al mondo con il massimo di autorità rivendicando anche il massimo di potere. Anarchiche, disobbedienti, indisciplinate, indisponibili, eterodosse, utopiste, instancabili tessitrici, nuove Penelopi che dis-attendono, assorte e operose, indipendenti, impazienti creatrici di un intreccio complesso, continuo, resistente, solidale e compatibile con la vita e i bisogni, intente a colmare quello scarto tra ciò che tutte e tutti siamo e quello che potremmo, possiamo essere.

Antefatto. Roma 2019. Una foto sorprendente ritrae Izaskun Chinchilla al Prado. Si tratta di un'immagine ufficiale in occasione del Bicentenario del Museo. Sono state scelte sette Muse e ognuna ha scelto un'opera. Chinchilla rappresenta l'Architettura e il suo quadro è il *Giardino delle delizie* di Bosch. Per me ora è tutto chiaro, è anche la mia Musa. In pochi mesi nasce *Cosmowomen. Places as constellations*. Vedrà la luce a giugno del 2020. Anzi no. A giugno del 2021. E non si è trattato né di una lunga gestazione, né di onorare gli impegni, ma di un'urgenza che ha vinto la procrastinazione per l'emergenza virulenta e imponderabile (?) della pandemia. La mostra precoce è ora la mostra puntuale: mi auguro che eserciti il suo potere trasformativo soprattutto sulle donne e specialmente sulle giovani architette in modo radicale e irreversibile.

It's Time for Action (There's No Option)
Every day – any way

These are Yoko Ono's words, and they are mine, and they belong to those of us living a feminist life: we are many, prepared, connected, with a program, a method. We share a personal / political thought, we are cutting edge, we are a mobile device, we are critical and have something to say. *Cosmowomen* literally showcases a perspective and a gender dynamics, perhaps even a de-generated dynamics, which is changing the way of presenting the world, and not only inside museums. We are beyond the undoing without destroying, we are at the core of Luisa Muraro's lesson, we have reached the stage of construction translating visions of revolutionary heretics who pin-point happiness against the horizon and do not hesitate to generate with the utmost authority, while claiming the utmost power. Anarchic, disobedient, undisciplined, unavailable, heterodox, utopian, tireless weavers, new Penelopes who disregard and are engrossed and industrious, independent, impatient creators of a complex, continuous, resistant, empathic and compatible intertwining with life and needs, focused on filling that gap between what we are and what we could, we can be.

Antecedent. Rome 2019. An amazing photo portrays Izaskun Chinchilla at Prado. It is an official image taken on the occasion of the Museum's Bicentenary. Seven Muses were chosen, and each of them has singled out an artwork. Chinchilla represents Architecture, and her painting is *The Garden of Earthly Delights* by Bosch. It's clear to me now: she's also my muse. *Cosmowomen. Places as constellations* was born within a few months. It would start in June 2020. No, it wouldn't. In June 2021. And it was neither a long gestation nor a fulfillment of commitments, but an urgency imposing the postponement due to the virulent and imponderable (?) emergency of the pandemic. The early exhibition is now the timely exhibition: I hope it will exercise in a radical and irreversible way all its transformative power, above all on women and especially on young women architects.

Il capolavoro assoluto di Bosch sta sullo sfondo di quel magnifico ritratto di Izaskun Chinchilla, e offre una versatile chiave di lettura della sua traiettoria e non solo di questa mostra con la sua monumentale immaginifica rappresentazione di vere e proprie costellazioni di senso attraverso la ricreazione simbolica di spazi sconfinati dentro le sue tre sfere armillari: Gineceo, Onsen e Parlamento. Bosch e il suo trittico, con il suo universo tripartito, scenario di una continua trasformazione e mutazione, è il punto sorgente di una "lucida visionaria follia, madre delle idee migliori". Traboccante di un numero inverosimile di dettagli, questo universo in miniatura aggancia lo sguardo per sempre, il suo ricordo rimane indelebile e la sua verità, solo apparentemente segreta, è invece tutta dispiegata in superficie, sotto i nostri occhi, e ci mostra il "battito vitale" all'opera. Izaskun ha trovato un codice miniato, il suo sorprendente libro magico, fonte di inesauribile ispirazione: quell'immagine non smette di ardere e muove la sua rivoluzione architettonica, la sua visione politica e il suo credo ecologico, il suo matrimonio con l'innovazione tecnologica. Nutre il suo desiderio. Anche il suo trittico, la sua trilogia, è un universo simbolico contemporaneo abitato da una moltitudine, e questa mostra, come il catalogo, è fedele e conseguente alle parole di Maria Zambrano che campeggiano sulla scalinata della Galleria Nazionale: "le radici devono avere fiducia nei fiori". Sono fiori di nardo, il loro profumo ci inonda e non è sprecato, è un lusso che ci dobbiamo permettere. Ci dobbiamo permettere questa *luxatio*, questa generosa frattura da cui fuoriescono e scorrono le energie, per concederci l'alternativa che ci libera dall'utile e ci restituisce all'essenziale.

CRISTIANA COLLU
Direttrice della Galleria Nazionale d'Arte
Moderna e Contemporanea

Bosch's absolute masterpiece stands in the background of that magnificent portrait of Izaskun Chinchilla, and it offers a versatile reading key of her path, not only regarding this exhibition, with its monumental and highly imaginative representation of real constellations of meaning through the symbolic recreation of infinite spaces within its three armillary spheres: Gynaeceum, Onsen and Parliament. Bosch and his triptych, with its tripartite universe, the setting of a continuous transformation and mutation, is the source of a "lucid, visionary madness, generating the best ideas". Overflowing with an unlikely number of details, this miniature universe catches the eye forever, its memory is indelible. Its truth, only apparently secret, unfolds itself on the surface, under our eyes, and shows us the "vital heartbeat" of the artwork. Izaskun has found an illuminated code, her surprising magical book, a source of inexhaustible inspiration: that image never stops burning, moving her architectural revolution, her political vision, her ecological creed, and her marriage to technological innovation. It nurtures her desire. Her triptych, her trilogy, is also a contemporary symbolic universe. It is inhabited by a multitude, and this exhibition, as well as the catalogue, is faithful and consequent to Maria Zambrano's words dominating the steps of Galleria Nazionale: "Le radici devono avere fiducia nei fiori" (roots must have trust in flowers). These are spikenard flowers, their perfume floods on us and is not wasted, it is a luxury that we must allow ourselves. We must allow ourselves this *luxatio*, this generous breach being the source from which energies flow, to grant ourselves the alternative capable of freeing us from the useful and driving us back to the essential.

CRISTIANA COLLU
Director of Galleria Nazionale d'Arte
Moderna e Contemporanea

IT La Bartlett School of Architecture ha una lunga tradizione di formazione e ricerca. L'University College of London creò la sua prima cattedra di architettura nel 1841, rendendo la Bartlett la prima scuola di architettura e ambiente costruito del Regno Unito. Negli anni seguenti la Bartlett ha consolidato la sua vocazione multidisciplinare occupandosi fra le altre cose di architettura, progettazione, costruzione, project management, pianificazione dello sviluppo e progettazione ambientale. Lo staff della Bartlett School of Architecture è composto da 261 persone di 32 nazioni. Gli studenti ed ex studenti provengono da diversi paesi e danno vita a uno degli ambienti di progettazione più dinamici dove è possibile studiare architettura a livello internazionale. La didattica della progettazione architettonica è organizzata attorno a delle "unità": comunità di 15-17 studenti, composte da allievi dei diversi anni, ciascuna diretta da illustri professori che vengono dal mondo accademico o professionale, di solito da entrambi. Ogni unità ha una propria posizione particolare sull'architettura che viene esplorata e sviluppata attraverso un nuovo tema ogni anno. Le singole unità rappresentano concretamente il proprio approccio personale ai metodi di ricerca e di pratica e fungono da incubatori di programmi progressivi che superano i confini dell'istituzione. In un clima di grande collaborazione e fondendo i ricchi e disparati retroterra culturali, il personale docente e gli studenti basano il proprio operato su una lunga tradizione di innovazione e ingegnosità. L'attività accademica alla Bartlett è apprezzata per la sua capacità di sviluppare l'esperienza e la comprensione umana e di migliorare le condizioni ambientali globali in modo da fornire un'eredità responsabile, costruttiva, adattativa e resiliente alle generazioni future. Cerchiamo di incoraggiare le grandi domande che riguardano le sfide sociali, culturali ed economiche del mondo.

Tutto questo ha portato la Bartlett a essere costantemente classificata come la migliore facoltà di progettazione in Europa e nel Regno Unito e fra le migliori nella categoria "Architettura e ambiente costruito" in tutte le più importanti classifiche a livello mondiale. Nella QS World University Rankings del 2019, la Bartlett ha conquistato il primo posto, mentre negli ultimi cinque anni si è piazzata sempre fra il secondo e il terzo posto a livello mondiale. Detto questo, siamo consapevoli che la reputazione e l'affidabilità di cui godiamo sono state costruite sulla nostra capacità critica di interrogare il mondo esterno e di esaminare rigorosamente la nostra cultura interna. Siamo consapevoli che i nostri programmi sono troppo eurocentrici e la nostra didattica troppo dipendente dal tradizionale punto di vista accademico occidentalocentrico. Il nostro personale e i nostri studenti, per quanto elogiati per la loro diversità, comprendono ancora una gamma troppo ristretta di background non tradizionali, con scarsa rappresentanza della comunità nera, di minoranze

EN The Bartlett School of Architecture has a long tradition in education and research. University College of London created its first chair of architecture in 1841, making The Bartlett the first architecture and built environment school established in the UK. Over the following years the Bartlett has consolidated its multidisciplinary vocation covering architecture, planning, construction, project management, development planning and environmental design among others. The Bartlett School of Architecture has 261 staff of 32 different nationalities. Students and alumni come from different countries creating one of the most open-minded design environments in which to study architecture internationally. Our architectural design teaching is organised around 'units': communities of about 15-17 students, spanning across year groups, each led by distinguished tutors from academia or professional practice, usually both. Each unit has its own distinctive position on the discipline and subject of architecture explored and evolved through a new theme each year. Units embody their own approaches to research and practice methods and act as incubators for progressive agendas extending beyond the institution. Working collaboratively and blending their rich and diverse cultural backgrounds, staff and students have built on a long tradition of innovation and ingenuity. Academic activity at the Bartlett is valued for its capacity to enhance human experience and understanding and improve global environmental conditions to provide a responsible, constructive, adaptive and resilient legacy for future generations. We seek to encourage big questions that address the world's social, cultural and economic challenges.

All these have led the Bartlett to be consistently ranked the highest academic design faculty in Europe and the UK and among the highest in the world for the category "Architecture and the Built-Environment" in all major rankings. In the 2019 QS World University Rankings, The Bartlett was ranked first in the world and in the last 5 years its position has always been among the second and third worldwide. Having said that, we are conscious that our reputation and consistency has been built upon our critical capacity to interrogate the outside world but also to rigorously examine our own internal culture. We know that our programmes are too Eurocentric, with our teaching too reliant on a traditional Western-centric academic viewpoint. Our students and staff, although praised for their diversity, still comprise too small a range of non-traditional backgrounds, with little representation from black, minority ethnic and working-class communities. The Bartlett must do more to serve our collective futures. We must strive harder to appreciate different ways of viewing and understanding the world, particularly with respect to race and gender. We feel that as a strong design school we must lead effective gender equity, empowering

etniche e della classe lavoratrice. La Bartlett deve fare di più per essere al servizio dei nostri futuri collettivi. Dobbiamo impegnarci di più per riconoscere il valore dei modi differenti di vedere e comprendere il mondo, soprattutto per quanto riguarda razza e genere. Siamo convinti che, in qualità di prestigiosa scuola di design, dobbiamo essere i primi a sostenere un'efficace equità di genere, dando più potere alle donne sia all'interno della nostra istituzione sia nell'industria internazionale delle costruzioni. Questo non solo implica la lotta contro i pregiudizi inconsci, il divario salariale e le barriere che impediscono alle donne di raggiungere le posizioni di vertice, ma impone anche un'accurata indagine che analizzi come la cultura femminile possa esprimersi e svilupparsi in pienezza e libertà nella pratica architettonica, così da mostrare quali sono i nuovi approcci necessari per affrontare i problemi del Ventunesimo secolo.

La mostra ha dato alla nostra scuola di architettura un'occasione esemplare per contribuire a questa ricerca collaborativa, una fra le più urgenti priorità della nostra istituzione. Per la prima volta, la Bartlett è stata in grado di mostrare contemporaneamente l'opera di 67 studentesse che hanno conseguito una laurea magistrale presso la School of Architecture negli ultimi due decenni, presentando 75 progetti e 283 immagini. È per noi inoltre essenziale che il catalogo abbia radunato 18 voci femminili, unendo alcune delle nostre docenti e ricercatrici (il 36% dei nostri professori è costituito da donne e il loro numero è in crescita) a uno straordinario gruppo di docenti e professioniste provenienti da un più ampio contesto europeo, per riflettere sui progetti presentati, sulle specifiche intuizioni femminili contenute in questo lavoro e su come questa specifica cultura fondamentale possa fornire nuove strategie per il futuro.

Questa esposizione sottolinea il valore realizzato dalla stretta collaborazione fra studenti, docenti, ricercatori, università e industrie di tutto il contesto europeo. Mantenere questi rapporti cruciali, al di là della Brexit, è una delle fondamentali priorità dello University College of London per i prossimi decenni.

BARBARA CAMPBELL-LANGE

Vicedirettrice della Bartlett School of Architecture

BOB SHEIL

Professore di Architettura e Design

women both inside our institution and within the international building industry. While this includes fighting unconscious bias, pay gaps and glass ceilings, it also demands strong research investigating how feminine culture can be fully and freely expressed and developed in architectural practice in order to demonstrate the fresh approaches necessary to engage with the 21st century's problems.

This exhibition has given our school of architecture an exemplary opportunity to contribute this collaborative research focus, one that is among our institution's most urgent priorities. For the first time, the Bartlett has been able to show together the work of 67 women students that have taken a master degree at the School of Architecture in the last two decades, show-casing 75 projects and 283 images. It is also essential to us that this catalogue has gathered 18 female voices, joining some of our women tutors and researchers, (36% of our professors are women, and increasing), together with an amazing set of women professors and practitioners from a wider European context to reflect on the projects presented, on the specific feminine insights that this work contains and on how this crucial distinguished culture can provide new strategies for our future.

This exhibition serves as a reminder of the enduring value provided by close collaboration between students, tutors, researchers, universities and industries across the European context. Maintenance of these crucial relationships, beyond Brexit, is one of the University College of London's top priorities for the coming decades.

BARBARA CAMPBELL-LANGE
Deputy Director of the Bartlett School
of Architecture

BOB SHEIL
Professor of Architecture
and Design

Il capitale femminile nell'architettura e nella città. *Un manifesto*

IZASKUN CHINCHILLA

Feminine capital in architecture and the city. *A manifesto*

IZASKUN CHINCHILLA

IT
IL MODO ERRATO DI TROVARE LE DONNE NEI MUSEI

Negli ultimi tempi, le istituzioni cercano donne che abbiano fatto le stesse cose degli uomini da noi ritenuti illustri. Cercano donne che siano state scienziate, che abbiano dipinto quadri importanti, che abbiano progettato e diretto la costruzione di edifici. Le istituzioni, in generale, non cercano donne che abbiano ricamato, cucinato, educato, nutrito, apparecchiato splendide tavole o scritto belle lettere d'amore.

La cultura patriarcale dà per scontato che le attività per le quali le persone meritano di essere celebrate siano quelle che sono state praticate fondamentalmente dagli uomini. L'errore di qualunque femminismo patriarcale è ritenere che si debbano cambiare solo i nomi e non i motivi per cui si celebra un personaggio storico.

Ma la vera conquista, la vera vittoria sarebbe ripensare i motivi per i quali celebriamo un personaggio, la sua eredità o la sua azione. E, ovviamente, anche gli elementi che consentono di definire un'epoca, una cultura, un tessuto sociale. Sono forse i nomi di coloro che hanno fatto guerre, conquiste e scoperte a permetterci di capire chi siamo, o potrebbero esserlo quelli di coloro che hanno stabilito cosa mangiamo, le nostre abitudini igieniche, le storie d'amore, la struttura familiare? A seconda della domanda che formuliamo, otterremo una risposta diversa, e le risposte comprenderanno automaticamente un numero più o meno elevato di donne. A mio parere, è fondamentale cambiare le domande che le istituzioni museali si pongono, non solo cercare di raggiungere la parità nelle risposte.

Se il "capitale sociale" è stato definito come "le reti di relazioni fra le persone che vivono e lavorano in una particolare società e che permettono che la società funzioni effi-

EN
THE WRONG WAY TO FIND WOMEN IN MUSEUMS

Recently, institutions have been looking for women who have done the same things as the men we regard as prominent: women who have been scientists, painted great pictures or designed buildings and directed their construction. They have not generally been looking for women who have embroidered, cooked, brought up children, set wonderful tables or written beautiful love letters.

Patriarchal culture takes for granted that the activities for which people deserve to be honoured are those that have been practised primarily by men. The mistake of patriarchal feminism is to think that only the names need to be changed and not the reasons for honouring a historical figure.

But the real breakthrough, the real victory, would be to rethink the reasons why we honour a figure, his or her legacy or actions. And also, of course, the elements that define a period, a culture, or a social fabric. Is it the names of those who led wars, conquests and discoveries that enable us to understand what we have been, or could it be those who have defined what we eat, our hygiene habits and love lives and our family structures? Depending on which question we ask, we will obtain a different answer, and the answers will automatically include a greater or lesser number of women. To me it is crucial to change the questions that museum institutions ask themselves, not just strive to achieve parity in the answers.

Social Capital has been defined as "the networks of relationships among people who live and work in a particular society, enabling that society to function effectively". We urgently need to coin the term Feminine Capital and define it as "the role that peo-

cacemente", sarebbe urgente coniare l'espressione "capitale femminile" e definirla come "il ruolo che le persone di genere femminile svolgono nella costruzione delle reti di relazioni fra le persone che vivono e lavorano in una particolare società e che permettono che la società funzioni efficacemente". Sarebbe altrettanto urgente e auspicabile che le istituzioni concentrassero l'attenzione su questo "capitale femminile" conferendogli una prospettiva temporale profonda (come si è evoluta questa rete di relazioni?) comparativa (come si produce questa rete in contesti diversi?) e critica (perché è stata storicamente resa invisibile?)

Nutro un grandissimo rispetto per ogni iniziativa culturale che espone delle donne pioniere dell'architettura che abbiano esercitato la professione agli inizi del XX secolo o abbiano avuto un ruolo importante in carriere assegnate agli uomini. Cambiare il monopolio dei nomi singolari maschili includendo una maggior diversità è senz'altro un compito importante e positivo. Ma il percorso che questa esposizione cerca di mettere in moto e stimolare aggiunge un'ulteriore prospettiva distinta perché cambia la domanda da "Ci sono donne che hanno costruito edifici come hanno fatto uomini illustri?" in domande come: "Quali sono le pratiche sociali che contribuiscono maggiormente alla qualità della vita nella città? Quali sono quelle esercitate dalle donne e come formano una rete? Perché non sono state valorizzate a livello accademico e istituzionale? Come possiamo progettare l'ambiente costruito in modo tale che questa rete di pratiche contribuisca ancora di più alla nostra qualità della vita?".

Con questo obiettivo lanciamo un piccolo manifesto destinato alle donne architette, designer, artiste, curatrici e direttrici di museo ma anche alle loro controparti maschili in modo da costruire e promuovere insieme un "capitale femminile" nella città.

ple of feminine gender play in constructing the networks of relationships among people who live and work in a particular society, enabling that society to function effectively". It is equally urgent and desirable for institutions to focus their attention on that Feminine Capital and view it in a temporal perspective that is deep (how did that network of relationships evolve?), comparative (how does that network arise in different contexts?) and critical (why has it historically been rendered invisible?).

I have enormous respect for any cultural initiative that highlights pioneering women architects who practised at an early stage in the twentieth century or played important roles in careers that have been attributed to men. This work of changing the monopoly of outstanding male names by including greater diversity is undoubtedly important and positive. But the path that this exhibition is trying to initiate and encourage adds a further, different perspective, because it changes the question from "are there women who have made buildings like notable men?" to questions like "which social practices have contributed most to quality of life in the city?", "which of these have been exercised by women and how do they form a network?", "why have they not been valued academically and institutionally?" and "how can we design the built environment so that this network of practices contributes even more to our quality of life?".

With this objective in mind we are launching a small manifesto which is offered to women architects, designers, artists, curators and museum directors, but also to their male counterparts, to build and promote together Feminine Capital in the city.

IL PERCORSO VERSO LA DEFINIZIONE DEI VALORI INTRINSECI AL CAPITALE FEMMINILE

RIDEFINISCI L'INTIMITÀ

1. AGUZZA LA VISTA: GUARDA CIÒ CHE È PICCOLO E CHE HAI VICINO TUTTI I GIORNI.

La predilezione post romantica per il contenuto sublime (epico, trascendente e, in ultima istanza, astratto) sminuisce il contributo femminile all'ambiente costruito che, storicamente, si è concretizzato in dettagli orientati al miglioramento della vita quotidiana. Viva i cuscini ricamati! Celebrali! I cuscini hanno una storia, delle protagoniste, un contenuto sociale e un'intenzione estetica.

2. NON DIMENTICARTI DEI GIOCHI CHE FACEVI DA PICCOLA.

Gli uomini che studiano architettura devono fare un breve passo all'inizio della loro carriera professionale per abbandonare gli austeri gusti estetici che traggono ispirazione dallo sport, dalle auto e dalle avventure e convertirsi in fan dell'altrettanto austero Le Corbusier. Per le donne, negli ultimi decenni, il viaggio dall'universo di Barbie all'architettura rispettabile a livello accademico non solo è stato più lungo, ma spesso si è risolto in un duello: la donna stessa abbandonava un passato bollato come banale e superficiale. Ma giocare con le bambole è la preparazione migliore per uno dei grandi ambiti di sviluppo dell'architettura: l'innovazione sociale. Tirale di nuovo fuori! Gioca! Il tuo passato è parte del futuro!

3. PROTESTA SE TI DICONO CHE LA CASA DEL FUTURO SARÀ UNA NAVICELLA SPAZIALE.

Per quanto l'innovazione tecnologica e quella spaziale siano ambiti di sviluppo legittimi dell'architettura non dovrebbero essere fini ultimi ma mezzi o strumenti. L'obiettivo più

TOWARDS A DEFINITION OF THE VALUES INTRINSIC TO FEMININE CAPITAL

REDEFINE INTIMACY

1. SHARPEN YOUR GAZE: LOOK AT SMALL THINGS AND WHAT IS CLOSE TO YOU EVERY DAY.

The post-Romantic preference for sublime content (epic, transcendent and, ultimately, abstract) belittles women's contribution to the built environment, which has historically taken the form of details aimed at improving the quality of everyday life. Hooray for embroidered cushions! Honour them! They have history, exponents, social content and aesthetic intention.

2. DON'T FORGET HOW YOU PLAYED WHEN YOU WERE A LITTLE GIRL.

Male architecture students only have to take a short step, at the start of their architectural training, to abandon their austere aesthetic tastes inspired by sport, cars and adventures and become fans of the equally austere Le Corbusier. For girls, in recent decades, the journey from the world of Barbie to academically respectable architecture was not only a very long one, but was usually resolved with a duel: women themselves abandoned a past branded as trivial and superficial. But playing with dolls is the best preparation for one of the great areas of development in architecture: social innovation. Get them out again! Play! Your past is part of the future!

3. PROTEST IF THEY TELL YOU THAT THE HOUSE OF THE FUTURE WILL BE A SPACESHIP.

Although technological and spatial innovation are legitimate areas of development for architecture, they should not be ends in themselves, but rather means or instruments. The most legitimate objective of

legittimo dell'architettura è il miglioramento delle condizioni di vita dei suoi abitanti e il contributo alla salvaguardia ecologica del pianeta. Il tuo naturale attaccamento ed empatia per quello che ti circonda hanno un'applicazione professionale: sai che il titanio o la geometria parametrica sono importanti solo se favoriscono il co-sleeping o portano nuove specie nel tuo giardino.

architecture is to improve the living conditions of its occupants and contribute to the ecological preservation of the planet. Your natural attachment and empathy for your surroundings has a professional application: you know that titanium and parametric geometry are only important if they facilitate co-sleeping or bring new species to your garden.

4. RIVENDICA LA SOAVITÀ E LA MORBIDEZZA.

In primo luogo, come parte di una cultura materiale. Trai ispirazione dalla tua biancheria, dagli accessori per neonati, dalla maglia fatta in casa e dalle copertine. Ma anche come posizione intellettuale: aperta al win-win, alla cultura della cura, alle affermazioni provvisorie e non impositive.

4. STAND UP FOR GENTLENESS AND SOFTNESS.

Firstly as part of a material culture. Take inspiration from your own lingerie, baby items, homemade knitwear and children's blankets. But also as an intellectual position: be open to win-win situations, the culture of care, tentative rather than domineering statements.

5. RAFFIGURA SEMPRE NEI TUOI PROGETTI IL CORPO DEGLI ABITANTI.

Ricorda che il loro benessere è il tuo obiettivo fondamentale. Descrivi al meglio la loro diversità e multidimensionalità. Rifiuta gli stereotipi binari o quelli che semplificano le loro reazioni. Impara (di solito al di fuori delle scuole di architettura) come li fa sentire il caldo, il colore, le vedute ampie, la luce dorata, i materiali naturali, il suono dell'acqua.

5. IN YOUR DESIGNS, ALWAYS REPRESENT THE BODIES OF THEIR DWELLERS.

Remember that your great objective is their wellbeing. Refine your focus to describe their diversity and multidimensionality. Reject binary stereotypes or those that simplify their reactions. Learn (normally outside architecture school) how warmth, colour, long views, golden light, natural materials and the sound of water make them feel.

6. STIMOLA I TUOI ABITANTI AFFINCHÉ SVILUPPINO I PROPRI UNIVERSI SIMBOLICI.

I bambini sanno che nell'armadio di casa si può nascondere una capanna o l'ingresso a un mondo segreto, gli anziani sanno che nelle loro case vivono anche amici del passato che hanno lasciato preziose usanze e hanno contribuito a costruire chi siamo. L'architettura può coltivare e alimentare questa interpretazione aperta e molteplice o impegnarsi a "rieducare" la popolazione con dogmi di stile: "la forma segue la funzione". Scegli bene.

6. STIMULATE YOUR DWELLERS TO DEVELOP THEIR OWN SYMBOLIC WORLDS.

Children know that there can be a cabin concealed in the cupboard at home or the entrance to a hidden world, and grown-ups know that there are also friends from the past living in their homes, who left valuable habits and helped to construct who we are. Architecture can cultivate and nourish that open, multiple interpretation or insist on "re-educating" the population with stylistic dogmas: "form follows function". Choose well.

7. NON DIMENTICARE CHE GLI UTENTI SONO SPECIE ANIMALI DIPENDENTI DAL CONTESTO.

Ti abbiamo detto di raffigurare sempre il corpo degli abitanti, bene! Adesso aggiungi un altro strato: per non dimenticare le relazioni di quei corpi fra di loro e con il loro ambiente. Ricordare spesso che gli animali umani hanno bisogno di acqua con maggiore frequenza quando sono anziani, ci prepara a pensare alle necessità degli uccelli, degli insetti e della flora, e a come preservare l'ambiente affinché le soddisfi.

8. SOGNA VERDE, FA' SÌ CHE I TUOI PROGETTI, CON LA LORO DIMENSIONE ONIRICA, CONTRIBUISCANO ALLA COSTRUZIONE COLLETTIVA DELLA MITOLOGIA DELLA NATURA.

Introduci il paesaggio e i materiali vivi nei tuoi interni, nel corpo stesso dell'architettura, nella sua narrativa e nel suo contesto. Fa' sì che questi elementi naturali siano interpretati e interpretabili collettivamente perché le società che hanno creduto che un fiume fosse la loro madre o una montagna il loro destino sono state più efficaci nella cura del medio ambiente di altre che conoscono tutti i dati sull'emergenza climatica.

9. SII UN PO' PIÙ GIARDINIERA CHE COSTRUTTRICE.

Fai riscoprire al mondo che la natura è abitabile di per sé, basta uno strato di soave materialità – un ombrellone, una sedia pieghevole, un'amaca, una tenda parasole o semplicemente un tetto di stoffa – e una comprensione profonda delle strutture naturali esistenti.

10. RENDI TANGIBILE E SPECIFICO IL TUO CONTRIBUTO CONTRO L'EMERGENZA CLIMATICA.

7. DON'T FORGET THAT YOUR USERS ARE SPECIES OF ANIMALS DEPENDENT ON THEIR CONTEXT.

We told you to always represent the bodies of your occupants. Right! Now add another layer: don't forget the relationships of those bodies with each other and with their environment. Constantly recalling that human animals need water more often when they are older prepares us to think of the needs of birds, insects and flora and of how to preserve the environment that satisfies them.

8. DREAM GREEN: TRY TO MAKE YOUR DESIGNS CONTRIBUTE, THROUGH THEIR DREAM DIMENSION, TO COLLECTIVE CONSTRUCTION OF THE MYTHOLOGY OF NATURE.

Introduce the landscape and living materials into your interiors, into the very body of the architecture, its narrative and its context. Foster ways of ensuring that those natural elements are interpreted and interpretable collectively, because societies that believe a river is their mother or a mountain their destiny have been more effective in caring for the environment than some that know all the facts about the climate emergency.

9. BE A BIT MORE OF A GARDENER THAN A BUILDER.

Help the world to rediscover that nature is habitable in itself; all that's needed is a layer of gentle materiality — a sunshade, a folding chair, a hammock, an awning, just a fabric ceiling? —and a profound understanding of the existing natural structures.

10. MAKE YOUR CONTRIBUTION TO FIGHTING THE CLIMATE EMERGENCY TANGIBLE AND SPECIFIC.

Ti chiediamo di sognare, ma anche di unirti alla reazione collettiva che la nostra società deve articolare urgentemente: valuta il tuo progetto attraverso dei protocolli ambientali e cerca di dare un contributo concreto al nostro problema più impellente.

11. AIUTA GLI ALTRI A SCOPRIRE LA NATURA DA UNA BICI, NUOTANDO O PRATICANDO YOGA IN UN AMBIENTE PRIVILEGIATO.

L'architettura ha un aspetto tangibile: muri, finestre e coperture. Ma nella sua dimensione intangibile è l'arte di promuovere l'attività umana in un contesto. Fai leva sull'aspetto immateriale. Pensa che l'obiettivo del tuo progetto è produrre esperienze corporee soddisfacenti che ci invitino a dar valore al nostro ambiente.

12. ADERISCI ALL'ECOFEMMINISMO

che con prontezza ha individuato che lo sfruttamento della donna e del medio ambiente sono realtà parallele e collegate e che il loro superamento passa attraverso la presa di coscienza del valore incalcolabile del nostro ambiente, di qualunque forma di vita che esista in esso e della nostra interdipendenza nei confronti di entrambi.

DIFENDI IL COLLETTIVO NELLA CITTÀ

13. COSTRUISCI TERZI SPAZI BASATI SU FATTI CONCRETI,

le nostre città sono piene di spazi definiti dalla produttività. Ciò non riguarda solo il cosiddetto secondo spazio (dove lavoriamo), ma anche il primo spazio (l'abitazione) che, a partire dalla modernità, è uno spazio definito per la produttività e la redditività immobiliare e finanziaria. Se ascolti storie concrete sulla cura, scoprirai che la zona di accesso a un asilo o le bancarelle del mercato sono gli unici luoghi dove molti adulti possono socializzare. Contribuisci a questa rete! Rendiamola più fitta!

We are asking you to dream, but also to play a part in the collective reaction that our society must urgently articulate: assess your design with environmental protocols and look for ways of making a material contribution to our most pressing problem.

11. HELP OTHERS TO DISCOVER NATURE FROM A BIKE, SWIMMING OR PRACTISING YOGA IN AN IDEAL SETTING.

Architecture has a tangible facet: walls, windows and roofs. But in its intangible dimension it is the art of promoting human activity in a context. Mobilize the non-material side. Think of the objective of your design as achieving satisfying bodily experiences that encourage us to attribute value to our surroundings.

12. JOIN ECOFEMINISM,

which detected early on that exploitation of women and of the environment have been parallel and related realities and that overcoming them depends on raising awareness of the incalculable value of our surroundings, of any form of life that exists in it and of our interdependence with both.

DEFEND THE COLLECTIVE IN THE CITY

13. BUILD THIRD SPACES BASED ON REAL FACTS.

Our cities are full of spaces defined by productivity. This affects not only the so-called secondary space (where we work) but also the primary space (the home), which, in the modern era, has been a space defined by productivity and profitability in property-market and financial terms. If you listen to real stories about care, you will discover that the areas around the entrances to day-care centres and market stalls are the only places where many adults can socialize. Contribute to that network! Let's make it denser!

14. LOTTA CONTRO I PRIVILEGI DEL VEICOLO PRIVATO.

Aderisci agli Accordi di Parigi, conoscili e contribuisci con la tua pratica. Entro il 2023 tutte le città europee di 50.000 abitanti dovranno ridurre del 50% il traffico automobilistico nei loro centri urbani, liberando spazio per sostenere la biodiversità e far sì che il tuo corpo, quello dei tuoi figli e familiari possano contare su uno spazio più salutare e sicuro per il proprio sviluppo.

15. CONCEPISCI IL TEMPO COME UN MATERIALE DEL PROGETTO.

Da tanti secoli gli architetti perseguono la “firmitas”, convinti che l’architettura debba essere immutabile, e questa idea ci impedisce di contribuire all’economia circolare o a una visione profonda della sostenibilità. Usa le tue risorse (immaginazione, precisione, capacità analitica e valutativa) per proporre una fonte rinnovabile per i tuoi edifici e per dotarli di varie vite, proprio a partire dal cambiamento. Pensa anche che la vita e le azioni dei cittadini non cominciano e finiscono quando lo impongono i muri: c’è vita nello spazio fra gli edifici, uno può fare colazione nel tragitto fra il lavoro e la casa.

16. PROGETTA LE STRUTTURE PUBBLICHE COME NODI DELL’ESPERIENZA URBANA.

Se nella progettazione degli impianti pubblici diamo la priorità al loro carattere aperto e pensiamo a come rappresentano e combattono i problemi di genere avremo un sostegno saldo e articolato per combattere la disuguaglianza nella città.

17. PENSA I TUOI EDIFICI COME OCCHI DELLO SPAZIO PUBBLICO.

Jane Jacobs sosteneva che questa era una delle chiavi per realizzare una strada con una fervida vita urbana: gli edifici privati dovevano avere molte aperture sopra lo spazio pubblico e illuminarlo, sorvegliarlo, vivacizzarlo. Que-

14. FIGHT THE PRIVILEGES OF THE PRIVATE CAR.

Join the Paris Agreement, familiarize yourself with it and contribute to it through your practice. By 2023 all European cities with more than 50,000 inhabitants should reduce vehicle traffic to 50% in their central areas, releasing space to support biodiversity and provide your body and those of your children and family members with a healthier and safer space to develop.

15. THINK OF TIME AS A PROJECT MATERIAL.

We have had many centuries of architects pursuing Firmitas, convinced that architecture must be immutable, and this belief prevents us from contributing to the circular economy or to a profound vision of sustainability. Use your resources (imagination, precision, analytical and evaluative ability) to propose a renewable origin for your buildings and to give them several lives, precisely on the basis of mutation. Also consider that the lives and actions of citizens do not begin and end when walls dictate: there is life in the space between buildings; you can have breakfast on the way home from work.

16. DESIGN PUBLIC FACILITIES AS NODES OF THE URBAN EXPERIENCE.

If we prioritize the open nature of public facilities when designing them and think of how they represent and combat gender problems we will have a firm and articulated basis for combatting inequity in the city.

17. THINK OF YOUR BUILDINGS AS THE EYES OF THE PUBLIC SPACE.

Jane Jacobs argued that this is one of the keys to achieving streets with active urban life: private buildings must have many openings onto the public space and must illuminate it, oversee it and animate it. This gives rise to a logic of co-responsibility whereby

sta proposta introduce una logica di corresponsabilità in cui il contributo privato alla città accentua il ruolo pubblico che tutti gli edifici devono avere. Ogni edificio è un seme di identità per il quartiere, i suoi utilizzi garantiscono o negano la prossimità pedonale e il suo impegno ecologico va ad aggiungersi o a sottrarsi ai bilanci complessivi della città in cui si trova.

18. PROGETTA IN MODO TALE DA FACILITARE L'EQUILIBRIO FRA LAVORO E VITA.

La flessibilità delle abitazioni, la mescolanza di utilizzi, la continuità e la compattezza degli spazi urbani, la prossimità pedonale, l'adattabilità degli edifici e l'accessibilità dal trasporto pubblico sono alcune delle caratteristiche di progettazione degli edifici e degli spazi urbani che favoriscono non solo la conciliazione ma anche il fatto che i cittadini di qualsiasi sesso possano godere della vita, dell'ozio e del lavoro in un continuum armonico e fluido.

the private contribution to the city emphasises the public role that all buildings must have. Every building is a seed of identity for a neighbourhood; its uses ensure or deny pedestrian proximity and its ecological commitment adds to or subtracts from the overall balance sheet of the city in which it is located.

18. DESIGN SO AS TO PROMOTE WORK-LIFE BALANCE.

Flexibility of housing, mixed uses, continuity and compactness of urban spaces, pedestrian proximity, adaptability of buildings and accessibility by public transport are some of the design features of buildings and urban spaces that not only facilitate work-life compatibility but help to ensure that citizens of either sex can enjoy life, leisure and work in a harmonious and fluid continuum.

Cosmowomen. Luoghi come costellazioni *La prospettiva della curatrice*

IZASKUN CHINCHILLA

Cosmowomen. Places as constellations *The Curator's view*

IT L'integrazione delle donne nella pratica dell'architettura nelle sue diverse modalità è lungi dall'essere realizzata appieno. Dagli anni ottanta del secolo scorso, la percentuale di donne che entra nelle scuole di architettura ha superato il 50% a livello mondiale; in Spagna, ad esempio, ha superato sistematicamente il 56% a partire dalla fine di quel decennio[1]. Ma il mondo professionale, istituzionale e accademico non ha accettato questa integrazione maggioritaria, soprattutto nei posti di rappresentanza, influenza e capacità decisionale. Stando a un'inchiesta della rivista "Dezeen" realizzata nel 2020, solo tre dei cento studi di architettura più grandi al mondo sono diretti da donne, e solo due hanno team dirigenziali con più del 50% di membri femminili. Le donne occupano solo il 10% dei posti direttivi, e in sedici dei cento studi non c'è nessuna donna nelle posizioni manageriali[2] nei tre livelli amministrativi superiori. Negli Stati Uniti, stando alla commissione Women in Architecture dell'AIA[3], solo il 17% degli architetti iscritti all'ordine sono donne, e si stima che dal 2014 la differenza fra il numero di studentesse nel paese e il numero di architette che esercitano la professione sia del 32%. La Medaglia d'Oro dell'Aia, conferita dal 1907 in 69 occasioni, è stata aggiudicata a una donna una sola volta, a titolo postumo, oltretutto lasciando in eredità una tradizione in cui, per centosette anni, nessuna donna ha ricevuto tale onore[4]. Ancora adesso molte delle donne che sono architette si sono formate senza quasi avere punti di riferimento femminili: in Australia, ad esempio, nel 1990 solo il 6,5% degli architetti iscritti all'ordine era formato da donne[5]. In Spagna, dove ci sono 33 scuole di architettura, solo due di esse hanno avuto una direttrice o una preside, e fra più di 150 cattedratici di architettura solo tre sono donne[6].

Per quanto questi e altri dati si possano considerare solidi e rivelatori, essi non sono in grado di descrivere efficacemente le

EN The incorporation of women into architectural practice in its various forms is far from having been fully accomplished. Since the 1980s, the percentage of women among those entering schools of architecture has been reaching a level of over 50% worldwide; in Spain, for example, it has consistently exceeded 56% since the end of that decade. But the employment, institutional and academic market has not accommodated this majority presence, especially in representative, influential and decision-making positions. According to a survey conducted by *Dezeen* magazine in 2017, only three of the 100 largest architectural firms in the world are headed by women and only two have management teams of which more than 50% of the members are female. Women occupy only 10% of the highest positions and sixteen of the 100 firms have no women in the top three tiers of management. In the United States only 17% of registered architects are women, according to the AIA's Women in Architecture Committee, and since 2014 the difference between the number of female architecture students in that country and the number of practising women architects has stood at 32%. The AIA Gold Medal, awarded 69 times since 1907, has only been granted to one woman, posthumously, and moreover the record shows a tradition whereby no woman received this honour for 107 years. Many of the women who are now architects still had hardly any female role models when they were trained: in Australia, for example, only 6.5% of registered architects in 1990 were women. In Spain, where there are 33 schools of architecture, only two have had a woman director or dean, and out of more than 150 professors of architecture, only three are women.

Although these numbers and others can be called compelling and revealing, they do not effectively describe the causes and mechanisms that give rise to inequality, since not all those mechanisms are quanti-

cause e i meccanismi per i quali si produce la disuguaglianza, dato che non tutti hanno indicatori quantitativi. Dopo aver esaminato l'indagine di Carol Gilligan[7], Karen Kingsley sostiene che uomini e donne hanno approcci diversi alla comprensione e strutturazione dell'esperienza, diverse modalità di organizzare la conoscenza. Suggerisce che la forma in cui è organizzato attualmente il curriculum delle scuole di architettura, inclusi i laboratori o gli studi di progettazione e le giurie, è omogenea e uniforme, esclude le donne e rafforza il potere degli uomini. Afferma inoltre che è necessaria una profonda rivalutazione dei curricula affinché la formazione in architettura stimoli una reale uguaglianza di opportunità fra uomini e donne. Critiche analoghe sono state fatte per quanto riguarda l'inserimento delle donne nel mondo del lavoro[8]. Negli ultimi decenni le donne sono state trattate come "immigranti" nel campo professionale dell'architettura. Al massimo, veniva loro concesso il diritto di risiedere in un "paese" che non era il loro, di impararne la lingua e di accettarne costumi e riti. In nessuna circostanza le donne potevano aspirare a parlare una lingua propria o a praticare le proprie usanze in quel paese che, con atteggiamento generoso ma cauto, aveva loro concesso di accedere ai posti di lavoro meno qualificati.

Al tempo stesso, l'architettura, come disciplina e come professione, sta fronteggiando varie crisi per le quali, per il momento, è ben lontana dal trovare soluzioni efficaci. Una prima crisi a cui possiamo accennare è quella del ruolo storico dell'architetto come parte di un'élite sociale. Attualmente paesi come Italia, Spagna e Portogallo hanno più di un architetto ogni mille abitanti (in Italia si stima che ci sia un architetto ogni 414 abitanti, in Portogallo uno ogni 688 e in Spagna uno ogni 906). Questi dati sono in contrasto con i dati storici. Nel 1970 in Spagna c'era un architetto, praticamente, ogni 10.000 abitan-

fiable. Karen Kingsley, assessing Carol Gilligan's research, argues that men and women have different approaches to understanding and structuring experience, different ways of organizing knowledge. She suggests that the way in which the curriculum is currently organized in architecture schools, including design workshops or studios and juries, is homogeneous and uniform and that it excludes women and empowers men. Kingsley argues that a profound reassessment of curricula is needed in order for architectural training to provide real equality of opportunity between men and women. Similar criticisms have been levelled at the incorporation of women into the professional world. In recent decades they have been treated as 'immigrants' in the professional field of architecture. At most, they have been granted the right to reside in a 'country' that was not their own, learn the language and accept the customs and rituals. At no point could they aspire to speak their own language or practise their own customs in that country which had generously but warily allowed them access to the least qualified jobs.

At the same time, architecture, as a discipline and a profession, is facing several crises, which, as yet, it has by no means successfully overcome. The first is the historical role of the architect as part of a social elite. The number of architects in countries like Italy, Spain and Portugal now exceeds one for every 1000 members of the population (in Italy it is estimated to be one per 414, in Portugal one per 688 and in Spain one per 906). These figures contrast with historical ratios. In 1970 the number in Spain was practically one per 10,000 and in many regions it was as low as one per 50,000. Those architects often belonged to financial, political and cultural elites and obtained their commissions through their family and personal contacts. This is the system that still prevails in the private sector, for which 74%

ti[9] e in molti territori, storicamente, ce n'era uno ogni 50.000. Questi architetti, spesso, appartenevano a élite finanziarie, politiche e culturali e ottenevano gli incarichi in virtù dei contatti familiari e personali che avevano. È questo il meccanismo che continua a esistere nel settore privato, che è quello per il quale lavora in esclusiva il 74% degli studi di architettura, ma dal quale in molti paesi ne dipende l'88%. Si tratta di un meccanismo poco trasparente e democratico, dove il pregiudizio di genere è particolarmente frequente, un meccanismo che ha generato una crisi profonda nella professione creando aspettative in un numero elevato di studenti e famiglie che fanno sacrifici per pagare e conseguire una laurea impegnativa solo per scoprire in un secondo momento che riuscire a costruire difficilmente dipende dai meriti personali. A questa crisi della struttura professionale, si somma la crisi del medio ambiente e del clima, che imputa al settore e alle sue storiche pratiche il 50% delle emissioni a livello mondiale, e la crisi immobiliare, dato che l'architettura ha contribuito, in alcuni luoghi, alla creazione di bolle speculative con i processi associati della gentrificazione e della débâcle finanziaria susseguente. E infine, ma ritengo che sia particolarmente grave, l'architettura si trova a fronteggiare, a partire dalla metà del ventesimo secolo, una crisi di attaccamento fra una società che non condivide i principi del Movimento Moderno e una professione che si ostina a utilizzare un atteggiamento paternalista dove si sostiene che la società vada 'rieducata'.

In questo contesto di crisi, la piena integrazione delle donne nel settore dell'architettura può essere vista come un'opportunità strategica. Se concedessimo alle donne non solo il diritto di lavorare con stipendi e capacità decisionali equivalenti a quelli degli uomini, ma anche il diritto di utilizzare la loro diversa esperienza sociale, culturale e biologica e la loro diversa eredità storica,

of architectural firms work exclusively, but on which 88% depend in many countries. It is an undemocratic and far from transparent system, in which gender bias is particularly common, and has led to a profound crisis in the profession by creating expectations in a large number of students and families, who take on the burden of paying for and completing a demanding university course and then discover that having an opportunity to build has very little to do with personal merit. This acute problem in the working structure is compounded by the environmental and climate crisis, in which the architectural profession and its historical practices are held responsible for 50% of emissions worldwide, as well as for the property collapse, having contributed in some places to creating speculative bubbles with the associated processes of gentrification and subsequent financial catastrophe. Finally – and this is particularly serious, I think – since the mid-twentieth century architecture has been faced with a crisis of disaffection between a society that does not subscribe to the principles of the Modern Movement and a profession that obstinately takes a paternalist attitude, arguing that society has to be 're-educated'.

In this context, the full incorporation of women into the architectural sector can be seen as a strategic opportunity. If we give women the right not just to work, with equivalent salaries and decision-making authority, but to use their distinctive social, cultural and biological experience and their distinctive historical heritage, is this not more likely to change the terms in which the crises of architecture are occurring? This exhibition seeks to provide an affirmative answer to that question. The basic hypothesis is that fully incorporating women into the professional and academic field of architecture would generate new places for thought and attention on the part of professionals or

non sarebbe più probabile modificare i termini entro i quali si generano le crisi dell'architettura? Il compito di questa esposizione è rispondere in modo affermativo a questa domanda. L'ipotesi fondamentale è che la piena integrazione delle donne nel settore professionale e accademico dell'architettura genererebbe nuovi luoghi da sottoporre alla riflessione e alla considerazione dei professionisti, o ne consoliderebbe e amplierebbe altri già esistenti; intensificherebbe le relazioni fra questi "luoghi di riflessione", generando una sorta di costellazione.

L'esposizione utilizza un'installazione concreta che riflette sulla costruzione di questi luoghi e la relazione che stabiliscono fra loro usando due punti di riferimento fondamentali. Da un lato, utilizza la figura delle sfere, presa in prestito da Peter Sloterdijk in modo da sottolineare che questi luoghi di riflessione sono, anche e soprattutto, sfere di convivenza: non sono luoghi in cui abitare individualmente, ma luoghi pensati per l'incontro, il dibattito e la produzione collettiva. Oggetto di riflessione in questo luogo è anche la formula della convivenza stessa, tema a cui la cultura maschile ha pensato meno. Quando furono adottati concetti come la penalizzazione dell'ornamento o la mistificazione di un'architettura sublime ed epica, si pensò poco ai condizionamenti che avrebbero poi provocato per la convivenza. Nessuno si domandò: non staremo eliminando un legame con l'identità culturale? Non staremo riducendo i vincoli sociali nel nostro stile di vita? Entrando nella sala, il visitatore troverà tre grandi sfere di 5,5 metri di diametro. Ognuna di queste sfere è dedicata a un luogo di convivenza che è stato importante nella costruzione della cultura comune delle donne perché è stato anche l'origine di diverse forme di segregazione: Gineceo, Onsen e Parlamento. Le sfere sono ordinate, anche grazie all'influsso di Sloterdijk, in base a un senso decrescente di intimità.

consolidate and expand those that exist, and that it would also intensify the relationships between those 'places of thought', producing a kind of constellation.

The exhibition presents a physical installation that reflects on the construction of those places and the relationships they create with each other, using two fundamental points of reference. On the one hand, it introduces the figure of spheres, taken from Peter Sloterdijk, to emphasise that those places of thought are also — crucially — spheres of coexistence: they are not spaces for individual habitation, but places intended for meeting, debate and collective production. The object of thought in that place is also the formula for coexistence itself, something that male culture has not thought about so much. When concepts such as the criminalization of ornament or the mystification of a sublime, epic form of architecture were adopted, little thought was given to the ways in which they would subsequently determine coexistence. No one asked themselves: might we be eliminating a link to cultural identity? Might we be restricting social bonds in our way of life? When visitors enter the room they will find three large spheres, 5.5 m in diameter. Each of them is devoted to a place of coexistence that has been important in constructing the common culture of women, because they have also been the origin of various forms of segregation: Gynaeceum, Onsen and Parliament. The spheres are arranged, also through Sloterdijk's influence, in decreasing order of intimacy.

The first is Gynaeceum, a reflection on places for a new kind of domesticity. The term comes from classical Greece, where women lived together, developing plentiful relationships of solidarity and mutual understanding, if we are to judge by descriptions such as those of the poetess Sappho, but deprived of the right to own or inherit

Nella prima sfera, Gineceo, si riflette sui luoghi destinati a una nuova vita domestica. Il termine gineceo viene dalla Grecia classica dove le donne, a quanto ci risulta da racconti come quelli della poetessa Saffo, convivevano intrecciando numerose relazioni di solidarietà e complicità e condividendo il dovere dei lavori come la fabbricazione dei tessuti, ma erano prive del diritto di proprietà, eredità e partecipazione alla vita pubblica, economica e politica. La casa era uno strumento fondamentale per mantenere l'ordine sociale segregando le donne, sottomettendole a sorveglianza e replicando la filosofia di segregazione e controllo che erano presenti nello spazio pubblico della città-stato. La riproduzione, soprattutto delle schiave, era, fondamentalmente, un'attività economica che garantiva la sostenibilità del clan familiare.

Nella seconda di queste sfere, Onsen, si riflette sulla relazione intima e pubblica che gli esseri umani hanno con la natura e il paesaggio. Il termine onsen è preso in prestito dai bagni termali di origine vulcanica del Giappone, di solito inseriti in un bel contesto naturale e progettati in modo tale da permettere di godere del momento del bagno e dei cambiamenti che avvengono nella natura, come la trasformazione della colorazione delle foglie in autunno. L'Onsen univa quindi la conoscenza del proprio corpo a quella del paesaggio. Nel Giappone tradizionale, i due generi, uomini e donne, facevano il bagno insieme. Fu con l'apertura del Giappone verso l'esterno, durante l'era Meiji, che si decise di separare l'onsen degli uomini da quello delle donne con un atto di imposizione dei pregiudizi colonialisti. All'epoca, l'usanza di non separare i sessi era considerata dagli europei un segno di inferiorità della cultura giapponese.

Nell'ultima sfera, Parlamento, si riflette sulle nuove opportunità per lo spazio pubblico, le istituzioni e la città. I parlamenti nazionali sono stati lo scenario di una doppia

property or participate in public, economic and political life, sharing obligations to perform tasks such as making textiles. The home was an essential instrument for maintaining social order by segregating women and subjecting them to surveillance, replicating the philosophy of segregation and control that applied in the public space of the city state. Reproduction, especially that of female slaves, was essentially an economic activity that served to ensure the sustainability of the family clan.

Onsen, the second of these spheres, reflects on the private and public relationship of human beings with nature and landscape. The term is taken from the hot springs of Japan, thermal baths of volcanic origin, usually located in a beautiful natural setting and designed for enjoying both the experience of bathing and, at the same time, the transformations of nature, such as the changing colours of leaves in autumn. Onsen thus combined knowledge of one's own body and of the landscape. In traditional Japan both genders, men and women, bathed together. It was when Japan was opened to the outside world in the Meiji era that it was decided to separate Onsen for men and women in an act of imposition of colonialist prejudice. The custom of not segregating the sexes was seen by Europeans at that time as a sign of the inferiority of Japanese culture.

Parliament is the last of these spheres. It reflects on the new opportunities for the public space, institutions and the city. National parliaments have been the setting for a dual segregation. From the second half of the nineteenth century and during the twentieth they were the theatre in which universal suffrage was debated. The first sovereign state to grant women the right to vote was Norway in 1913, followed by countries such as Canada (1917), the United Kingdom and Germany (1918), Austria and the Netherlands (1919) and

segregazione. Nella seconda metà dell'Ottocento e nel corso del Novecento sono stati lo scenario in cui si è discusso del suffragio universale. Il primo paese sovrano a concedere il diritto di voto alle donne è stato la Norvegia nel 1903, a cui sono seguiti il Canada (1917), il Regno Unito (1918), l'Austria e l'Olanda (1919) e poi gli Stati Uniti (1920). Hanno invece ritardato enormemente questa decisione molti altri paesi, come la Francia, dove le donne hanno cominciato a votare solo nel 1944, la Grecia (1955), la Svizzera (1971) e l'Arabia Saudita (2015). La seconda fonte di segregazione di cui i parlamenti sono stati testimoni è stata quella della rappresentatività delle donne al governo. Fra il 1945 e il 1995 molti paesi hanno scelto un regime parlamentare, e i parlamenti sono diventati centosettantasei dai ventisei che erano. In questo stesso periodo la rappresentatività femminile è passata dal 3% all'11,6% fra i membri del parlamento e dal 2,2% al 9,4% fra i senatori[10]. Oggi ci sono solo sedici paesi su centonovantaquattro nel cui parlamento le donne rappresentano più del 40% e, tuttavia, ci sono cento nazioni nel cui parlamento le donne sono meno del 20% e una trentina di stati in cui la rappresentanza femminile è uguale o inferiore al 10%[11].

Non appena il visitatore si sarà addentrato in ciascuna delle tre sfere, riconoscerà subito l'altro punto di riferimento dell'esposizione: le sfere armillari. Questi modelli ridotti del cosmo visto dalla prospettiva terrestre sono strumenti astronomici utilizzati nell'antichità e nel Medioevo per determinare la posizione dei corpi celesti. Le nostre sfere, come le sfere armillari, sono formate da diversi anelli, tre per ogni sfera. Se negli strumenti astronomici medievali, le armille rappresentavano l'orizzonte, l'equatore o i tropici, nelle nostre sfere ciascuna faccia di ciascun anello introduce un luogo di riflessione e convivenza. In ogni sfera presentiamo così sei luoghi. Le sfere parlano di ricostruzione: propongono che la piena integrazione

the United States (1920). But in many countries this decision was considerably delayed, as in France, where women have only had the vote since 1944, Greece (1952), Switzerland (1971) and finally Saudi Arabia (2015). The second source of segregation witnessed by national parliaments has been that of women's representation in government. Between 1945 and 1995 many countries in the world chose to adopt a parliamentary form of government, and the number of parliaments rose from 26 to 176. During that same period female representation only increased from 3% to 11.6% among MPs and from 2.2% to 9.4% among senators. There are currently only 16 out of 194 countries in whose parliaments the proportion of women exceeds 40%, and conversely there are 100 countries in which it is less than 20% and 30 in which it is 10% or less.

When visitors enter each of these three spheres they will immediately recognise the exhibition's other point of reference: armillary spheres. These reduced models of the cosmos from the earthly perspective were astronomical instruments used in Antiquity and the Middle Ages to determine the positions of heavenly bodies. Like armillary spheres, ours are composed of a series of rings, three for each sphere. Whereas the armillae or rings in medieval astronomical instruments represented the horizon, the equator or the tropics, in our spheres each face of each ring introduces a place of reflection and coexistence. We therefore present six places in each sphere. The spheres acquire a sense of reconstruction: they suggest that fully integrating women into the professional and disciplinary world of architecture would lead to a reformulation of the architectural universe and specifically of the concepts of intimacy (reconstructed in the Gynaeceum sphere), nature (reconstructed in the Onsen sphere) and the public space (reconstructed in the Parliament sphere).

delle donne nell'ambito professionale e disciplinare dell'architettura avvenga attraverso una riformulazione dell'universo architettonico e, concretamente, dei concetti di intimità (ricostruito nella sfera Gineceo), natura (nella sfera Onsen) e spazio pubblico (nella sfera Parlamento).

Nella sfera Gineceo si riflette, quindi, sugli aspetti materiali dell'abitare e della sua dimensione antropologica: l'importanza del dettaglio, a volte denominato elemento decorativo, – che per autori come Levi Strauss in alcune società arriva a essere il meccanismo costruttore dell'identità familiare e di gruppo – i materiali morbidi, confortevoli, o il concetto di protezione delicata, leggera e soave implicito nell'abbigliamento e negli accessori da bambino o nella lingerie femminile. Si riflette inoltre sui modelli di connessione delle abitazioni: come si connettono le abitazioni fra di sé e con quello che chiamiamo periferia oppure cosmo e natura. Un altro dei luoghi o anelli esamina come formuliamo culturalmente la nostra idea di abitazione come scenario delle nostre aspirazioni di consumo o di rappresentazione. La sfera Gineceo è formata da sei anelli:

- Dettaglio
- Morbidezza
- I contorni sfumati del pop
- Protezione essenziale
- La periferia come alternativa
- Dalla casa all'universo

La sfera Onsen presenta sei luoghi di riflessione e convivenza in sei anelli. Tutti propongono una ricostruzione del concetto di paesaggio, come natura percepita, osservata e valorizzata dall'essere umano. I diversi anelli fanno evolvere questa riflessione da una visione più intima e corporea (come si mette in relazione la percezione della nostra biologia e quella del paesaggio?) verso una visione sociale e politica del paesaggio attraverso

Thus, the Gynaeceum sphere reflects on material aspects of habitation and their anthropological dimension: the importance of detail, sometimes called the decorative element (which in some societies, according to authors such as Lévi-Strauss, becomes the mechanism by which family and group identity are constructed), soft, comfortable materials, and the concept of delicate, light, gentle protection implicit in baby clothes and accessories and women's lingerie. It also reflects on the patterns of connectivity in the home: how homes are connected with each other and with what we call the periphery or what we call the cosmos or nature. Another of the places or rings examines how we formulate our idea of a home culturally, as the setting of our aspirations for consumption or representation. The Gynaeceum sphere is made up of six rings:

- Detail
- Softness
- Blurring pop
- Vital protection
- Suburban alternative
- From home to universe

The Onsen sphere includes six places of reflection and coexistence in six rings. All of them offer a reconstruction of the concept of landscape as nature perceived, observed and valued by human beings. That reflection evolves through the various rings from a more private and bodily perspective (how perception of our own biology and of landcape are related) towards a social and political vision of landscape through architecture or territorial regeneration. The Onsen sphere is a journey from the perception of our own body to the reconstruction of the land, by way of the presence of nature in the body of architecture, in our practices of habitation, in the interior of buildings, or in our functional organization of activities, including economic activities. In other words, we examine the

l'architettura o la rigenerazione territoriale. In questa sfera ci spostiamo dalla percezione del corpo fino alla ricostruzione del territorio, facendo soste alla presenza della natura nel corpo dell'architettura, nelle nostre pratiche abitative, all'interno degli edifici o nella nostra organizzazione funzionale delle attività, anche economiche. In altre parole, esaminiamo la presenza della natura antropizzata, diventata parte del nostro spazio di esistenza sociale e biologica. La sfera Onsen è formata da sei anelli:

- La biologia umana come parte dell'ecologia o del paesaggio
- Il paesaggio che configura l'architettura
- Il paesaggio dentro l'architettura
- Il paesaggio come tavolo programmatico
- Paesaggio abitabile
- Ricostruire il paesaggio

Nella sfera Parlamento viene proposta una ricostruzione dello spazio pubblico. A tal fine si esplora il ruolo che possono rivestire tre elementi costitutivi e strutturali fondamentali: le istituzioni, la mobilità e i cosiddetti terzi spazi o luoghi (quelli che non rientrano nelle tipologie della residenza e del lavoro). In tre degli anelli, inoltre, si esplora la morfologia stessa dello spazio urbano: la sua permeabilità (rendendo la sfera pubblica partecipe di quella privata), come esso sottolinei il passare del tempo, come consenta ai cittadini di percepirlo e come potenzi o impedisca l'equilibrio fra vita privata e lavoro. La sfera Parlamento è formata da sei anelli:

- La fabbrica, il terzo spazio
- Istituzioni e pubblico
- Nuova mobilità
- Lo spazio privato come occhio dello spazio pubblico
- Costruire con il tempo
- Equilibrio fra vita privata e lavoro

presence of anthropized manifestations of nature that become part of our social and biological space of existence. The Onsen sphere comprises six rings:

- Human biology as part of ecology or landscape
- Landscape configuring architecture
- Landscape inside architecture
- Landscape as a programmatic board
- Inhabitable landscape
- Rebuilding landscape

The Parliament sphere presents a reconstruction of the public space. For this purpose it explores the possible role of three basic constituent and structural elements: institutions, mobility and so-called third spaces or places (those that fall outside the categories of home or work). In addition, three of the rings explore the morphology of the urban space itself: its permeability (making the public sphere play an active part in the private sphere), as evidence of the passage of time, how it allows the public to perceive it, and how it fosters or impedes the balance between private life and work. The Parliament sphere is composed of the following six rings:

- The factory, the third space
- Institutions and publics
- New mobility
- Private space as the eye of public space
- Building with time
- Private life and work balance

In all, the exhibition incorporates the work of 67 women architects who have taken the master's degree programme at the Bartlett School of Architecture in the past ten years, showing a total of 75 projects and including 283 images. The architects are of more than 20 different nationalities and have been tutored by 18 teachers, 50% of

Nel complesso, la mostra presenta il lavoro di 67 architette che hanno conseguito il master alla Bartlett School of Architecture negli ultimi dieci anni esponendo 75 progetti e 283 immagini in totale. Le architette provengono da più di 20 nazioni diverse e sono state seguite da 18 docenti, di cui il 50% donne, anche loro con una provenienza varia in termini culturali e di esperienza professionale. Nel catalogo sono inclusi i testi di 18 architette o professioniste di ambiti collegati, tutte donne che hanno una brillante carriera accademica.

them women, who also come from a wide variety of backgrounds in cultural terms and professional experience. The exhibition catalogue includes texts by 18 women architects or professionals in related fields, all with outstanding academic records.

Note

1 https://www.upm.es/sfs/Rectorado/Gerencia/Igualdad/Documentos/Academicas_en_cifras_2007.pdf
2 https://www.dezeen.com/2017/11/16/survey-leading-architecture-firms-reveals-shocking-lack-gender-diversity-senior-levels/
3 https://www.aia.org/articles/6252982-women-in-architecture
4 https://www.acsa-arch.org/resources/data-resources/where-are-the-women-measuring-progress-on-gender in architecture/
5 Secondo il rapporto Towards a More Egalitarian Profession, RAIA, Canberra 1991, stilato dal Committee on the Status of Women, una commissione di studio del RAIA National Education Committee, nel 1989 le donne erano il 31% di tutti gli studenti di architettura in Australia. Solo il 7% delle posizioni accademiche nelle scuole di architettura australiane era occupato da donne, anche se esse rappresentavano il 37% di tutti gli iscritti ad architettura. Nel 1990 solo il 6,5% degli architetti iscritti all'ordine erano donne e il 7,1% delle architette iscritte all'ordine era membro della RAIA, ma molte guadagnavano 15.000 dollari meno dei loro colleghi maschi.
6 (https://www.cscae.com/index.php/actividades/4787-amae-asociacion-de-mujeres-arquitectas-de-espana)
7 Karen Kingsley, "Gender Issues in Teaching Architectural History," Journal of Architectural Education 41,2 1988, pp. 21-25. Kingsley fa riferimento al libro di Carol Gilligan, *Con voce di donna. Etica e formazione della personalità*. Feltrinelli, Milano 1987.
8 Peter Jarvis, *op. cit.*, pp. 64-79, vd. anche, E. H. Schein, *Professional Education: Some New Directions*, McGraw Hill, New York 1972.
9 https://www.meneame.net/c/10117057
10 http://archive.ipu.org/wmn-e/history.htm
11 http://archive.ipu.org/wmn-e/classif.htm

Notes

1 https://www.upm.es/sfs/Rectorado/Gerencia/Igualdad/Documentos/Academicas_en_cifras_2007.pdf
2 https://www.dezeen.com/2017/11/16/survey-leading-architecture-firms-reveals-shocking-lack-gender-diversity-senior-levels/
3 https://www.aia.org/articles/6252982-women-in-architecture
4 https://www.acsa-arch.org/resources/data-resources/where-are-the-women-measuring-progress-on-gender-in-architecture/
5 RAIA, National Education Committee working party, Committee on the Status of Women in Architecture report, *Towards a More Egalitarian Profession* (Canberra: RAIA, 1991) commented that by 1989, women accounted for 31% of all undergraduate architectural graduations across the nation. Only 7% of academic positions in Schools of Architecture across Australia were held by women, even though women accounted for 37% of all architectural enrolments. In 1990 only 6.5% of registered architects were women and 7.1% of registered women architects were RAIA members, earning on average $15,000 less than their male colleagues.
6 https://www.cscae.com/index.php/actividades/4787-amae-asociacion-de-mujeres-arquitectas-de-espana
7 Karen Kingsley, 'Gender Issues in Teaching Architectural History', *Journal of Architectural Education*, 41, 2 (1988): 21–25. Kingsley makes reference to Gilligan's book *In a Different Voice: Psychological Theory and Women's Development* (Cambridge, MA: Harvard University Press, 1982).
8 Peter Jarvis, *op. cit.*, 64–79. See also Edgar H. Schein, *Professional Education: Some New Directions* (New York: McGraw Hill, 1972).
9 https://www.meneame.net/c/10117057
10 http://archive.ipu.org/wmn-e/history.htm
11 http://archive.ipu.org/wmn-e/classif.htm

GINECEO

ONSEN

PARLAMENTO

GYNAECEUM

ONSEN

PARLIAMENT

GINECEO

SFERA 1

Come ricostruiremo l'intimità

GYNAECEUM

SPHERE 1

How we will rebuild intimacy

DETTAGLIO

SFERA / SPHERE 1
ANELLO / RING 1 [fronte / front]

DETAIL

IT Secondo Naomi Schor, fin dal Romanticismo il mondo accademico e le istituzioni culturali hanno sempre distinto tra una deferente arte epica – astratta ed eroica – e pratiche creative minori che in qualche modo perdono di vista l'obiettivo concentrandosi sui dettagli, senza però trasmettere alcun messaggio trascendentale. Questa distinzione ha completamente negato il contributo femminile all'arte, poiché la prospettiva e il background culturali femminili attribuiscono grande importanza ai piccoli dettagli e alle esperienze della vita di tutti i giorni. Con la piena integrazione dell'ottica femminile nel campo dell'architettura, il valore del quotidiano, l'esperienza dell'utente e l'elemento decorativo potrebbero essere ammessi nell'ambito della cultura architettonica.

EN According to Naomi Schor, ever since the Romanticism academic and cultural institutions have distinguished between a respectful epic art – abstract and heroic – and minor creative practices that somehow lose their focus as they look at details without creating a transcendental message. This distinction has fully dismissed female contribution to art, since the feminine cultural background and perspective pays special attention to everyday life's small elements and experiences. A full incorporation of feminine mindset into the field of architecture could replace the value of the quotidian, the user experience and the ornament in architectural culture.

Dettagli.
Su come costruiamo l'intimità

TANIA SENGUPTA

Details.
How we build intimacy

IT In uno studio di architetti per cui ho lavorato a Nuova Delhi, ricordo che una delle mie colleghe trascorreva giornate intere a creare, con vivide matite colorate, il disegno di un pavimento di marmo verde scuro di una stanza da bagno (è una pietra che si trova senza difficoltà e a costi piuttosto contenuti in quella zona dell'India). Era per il bagno di una casa di un cliente della media alta borghesia, e la mia collega aveva deciso di realizzare un disegno che aveva per tema la vita marina. Quelle splendide creature – alcune delle quali erano riconoscibili, mentre altre le inventava lei mano a mano che procedeva – dovevano essere inserite nelle lastre di marmo come intricati intarsi. Gli artigiani della vicina Agra – il cuore dell'antica e tuttora viva tradizione di intarsi in pietra – avrebbero eseguito il lavoro. Creature azzurre, arancioni, ocra, rosa o color ruggine avrebbero fluttuato sopra le venature del marmo verde scuro come su un oceano. Il disegno evocava un mondo fantastico e, ripensandoci adesso, era probabilmente anche molto istruttivo (non c'è luogo migliore per stimolare la sensibilità ecologica di una stanza da bagno!). Per quel che ricordo, il progetto dovette alla fine essere abbandonato perché era troppo complesso e praticamente irrealizzabile entro i limiti dati dalle priorità di progettazione e costruzione attuali.

Scrivendo di pratiche artistiche, architettoniche e creative, Naomi Schor nota come in Occidente, dall'epoca del Romanticismo, le discipline accademiche e le istituzioni culturali siano state fondate sulla distinzione fra un'arte rispettosa, epica – astratta ed eroica – e le cosiddette pratiche creative "minori". In effetti, anche l'uso di un'espressione come "minori" prefigura già una loro collocazione gerarchicamente inferiore. Esse sono in un certo senso viste – entro i paradigmi dominanti della modernità – come vaghe, troppo concentrate su granularità insignificanti o superficiali a scapito di un concetto globale, di

EN In an architectural office I worked for in New Delhi, I remember one of my women colleagues spending days drawing, in vivid pencil colours, the design of the floor of a dark green marble bathing area (it is a stone readily and quite cheaply available in that part of India). It was for a bathroom in an upper middle class client's house and my colleague had decided to have a marine life theme. Beautiful sea creatures – some of which were recognisable and some she sort of invented along the way – were to be inserted into the slab as intricate stone inlays. Craftsmen from nearby Agra – the heart of India's stone inlay tradition – could possibly be brought in to do the work. Blue, orange, ochre, pink or rust sea life would float across the ocean-like, veined dark green marble. It conjured a fantastic world and when I think about it now, was arguably quite educational too (what better place for marine ecology awareness than a bathing area!). As far as I remember, the design had to be eventually abandoned for being too intricate and practically undeliverable within the constraints of modern construction and design priorities.

Writing on art, architecture and creative practices, Naomi Schor notes how, from the time of western Romanticism, academic disciplines and cultural institutions have been founded on the distinction between a respectful, epic art – abstract and heroic – and so-called 'minor' creative practices. In fact, even the use of words like 'minor' already prefigures these into a hierarchically inferior place. These are somehow seen - within the dominant paradigms of modernity - as unfocused, too preoccupied with insignificant or superficial granularities at the cost of an overarching concept, a transcendental message or utilitarian needs. Many of us educated in architecture schools across the world in the 80s or 90s would probably remember the pressing question

un messaggio straordinario o di esigenze pratiche. Molti di noi che si sono formati nelle scuole di architettura di tutto il mondo negli anni ottanta e novanta del secolo scorso si ricorderanno probabilmente l'incalzante domanda che ci ponevano i membri della "giuria" di progettazione con grande aspettativa: "Ma qual è il suo Grande Concept?".

Schor ci mostra come il dettaglio non sia solo un'entità o un'idea estetica ma politica. Tali distinzioni fra aspetti maggiori e minori dell'architettura, ad esempio, si ripercuotono e proiettano su diversi altri aspetti della modernità, in particolare, come sottolinea Jane Rendell, il concetto di "sfere separate" per uomini e donne e i loro ambiti corrispondenti – esterno/interno; pubblico/privato; lavoro/casa; produzione/procreazione, e se volessimo ampliare ulteriormente il concetto, progetto principale/creazione di dettagli; struttura/ornamento e così via.

Per via della loro particolare collocazione all'interno di gran parte delle strutture e culture sociali, le donne, ad esempio, storicamente hanno abitato gli spazi domestici interni e sono state responsabili dei lavori di casa quotidiani. I loro impegni si concentravano spesso sulle esperienze granulari, intime, di scala più piccola, sugli elementi di vita quotidiana e sulle interazioni interpersonali minime. Oggi, anche se i mondi di tante donne hanno varcato la soglia e si ritrovano a cavallo fra gli interni nascosti e gli esterni esposti – e almeno alcuni uomini sono entrati nella cucina di casa – perdurano tracce sostanziali dei modelli più vecchi. Eppure questi spazi ed elementi sono stati raramente oggetto di interesse da parte dei professionisti dell'architettura contemporanea dove la costruzione di esterni, il linguaggio formale, e gli spazi grandi e visibili collocati sul davanti o al centro continuano a dominare l'immaginazione. In effetti alcuni concetti classici del modernismo e la loro formulazione nella

from expectant design 'jury' members: 'but what is your Big Concept?'

Schor shows us that the detail is not merely an aesthetic entity or idea but a political one. Such distinctions between major and minor aspects of architecture, for instance, map onto several other aspects of modernity, notably, as Jane Rendell highlights, the idea of the 'separate spheres' for men and women and their correspondent domains – exterior/ interior; public/ private; work/ home; production/ procreation, and if we were to extend it further, main design/ detailing; structure/ ornament and so on.

Because of their particular locations within most societal structures and cultures, women, for example, historically inhabited interior domestic spaces and were responsible for everyday household work. Their engagements have often been with smaller scale, granular, intimate experiences, elements of everyday life and minute interpersonal interactions. Today, while many women's worlds have transgressed the threshold between and straddle such recessed interiors and exposed exteriors - and at least some men have entered home kitchens – substantial traces of the older patterns still continue. Yet such interior, everyday and intimate spaces and elements have hardly been the preoccupation of the modern architectural profession where building exteriors; formal language; and front-facing or centrally located, large and visible spaces still continue to dominate the architectural imagination. In fact some of modernism's classic concepts and their much-hailed design manifestations that inscribe such hierarchies - such as Louis Kahn's articulation of served space and servant space - form the stuff of sacred modern mythologies. As a result, the realm of the 'architectural granular' – the domain of small or 'secondary'

progettazione tanto osannata – come la concezione dello spazio servito e dello spazio servito di Louis Khan – costituiscono l'essenza delle sacre mitologie contemporanee. Di conseguenza, il campo della "granularità architettonica" – l'ambito degli spazi piccoli o "secondari", degli elementi accidentali, dell'ornamento, della decorazione, dei frammenti dell'esperienza quotidiana, delle relazioni affettive umane, degli scambi fra vicini, dei pettegolezzi e degli aneddoti – molto spesso associato alle donne, di solito rimane fuori dalla conoscenza dell'architettura.

Oltre agli spazi abitati o plasmati dalle donne, anche i contributi delle artiste o architette sono stati regolarmente liquidati per il loro frequente interesse verso questi aspetti del mondo ordinari, quotidiani, di piccola scala, verso gli spazi minuscoli, l'artigianato decorativo, le raffigurazioni ornamentali e le persone che effettivamente li vedono, usano o abitano. Nella professione di architetto, storicamente, soprattutto nel mondo occidentale, le donne hanno avuto la funzione di disegnatrici – ruolo considerato socialmente accettabile – in studi con titolari e dipendenti uomini. Ciò ha significato che per molto tempo i contributi delle donne sono stati associati all'esecuzione dei progetti di altri piuttosto che alla creazione estetica. E forse non sorprende che i canoni architettonici consolidati abbiano cominciato a prendere coscienza del valore delle parti, dei dettagli, dei piccoli elementi, della visione fortuita, dell'attimo fuggente architettonico solo quando vi ha portato l'attenzione il lavoro di architetti maschi come Alvar Aalto o Carlo Scarpa.

Tutti i progetti presentati in questa sezione dell'esposizione affrontano e celebrano, in un modo o nell'altro, questi mondi su scala minore, mondi intimi, interattivi, sensoriali, comunicativi e affettivi, mondi fatti di dettagli. Le opere danno accesso a nuove immagini del rapporto fra architettura, persone

spaces, incidental elements, ornament, decoration, fragments of everyday experience, affective human relationships, neighbourly exchange and anecdotes – often associated with women, habitually lie outside architecture's cognition.

Other than spaces inhabited or shaped by women, women artists' or architects' contributions too have routinely been marginalised owing to their interest often in these small scales and ordinary and everyday aspects of the world: in diminutive spaces, decorative craft, ornamental figurations and with people who actually see, use or inhabit them. When it comes to the architectural profession, historically, especially in the western world, women served as draftspersons – these being considered socially acceptable roles for them - in offices with male proprietors and employees. This meant that for long, women's contributions were associated with rendering other people's designs, rather than with aesthetic creation. Also, while an interest in detail was in fact not absent in Modernism, it was largely preoccupied with their role in delivering efficient and economic design. And it is perhaps not surprising that the established architectural canons began to take cognition of the qualitative value of parts, details, small elements, the chance view, the fleeting architectural moment, only when major male architects such as Frank Lloyd Wright, Alvar Aalto or Carlo Scarpa's work drew attention to these.

All the projects featured in this section of the exhibition engage with and celebrate, one way or another, such smaller scaled, intimate, interactive, sensory, communicative and affective worlds – a world of details. The works open up new imaginations of the relationship between architecture, people and the natural world. And 'the detail' is its key agent. At one level these details are about size, scale and spatial hierarchy: small

e mondo naturale. E il dettaglio è il fattore fondamentale. A un livello questi dettagli riguardano la dimensione, la scala e la gerarchia spaziale: elementi o spazi piccoli; luoghi apparentemente insignificanti, "di ordine minore", supplementari, "di servizio" come cucine, toilette o lavanderie a gettoni; elementi costruiti come balconi o altri elementi che sono "appendici" o elementi naturali che crescono sulla forma architettonica principale. A un altro livello ci mostrano che malgrado le classiche associazioni in genere con ciò che è interno, domestico, femminile, intimo, privato, subordinato o decorativo, i dettagli possono trasportare queste stesse qualità nella costruzione degli esterni e contribuire a costruire un'analoga intimità e interazione anche negli ambiti esterni. Qui, i dettagli abbracciano e collegano l'interno e l'esterno. In questi interventi, i dettagli non si limitano a essere elementi benevoli per approfondire le articolazioni dell'architettura (anche se è di per sé uno scopo valido); essi emergono anche come strumenti politici per affrontare l'ineguaglianza sociale, il diritto delle persone a una buona qualità della vita e per sovvertire gli schemi classici della modernità: lavoro/casa/divertimento o mondo umano/costruito/naturale.

Lo studio di ceramiche di Bijou Harding a Catania sposta l'attenzione verso il suo cuore interno che è dotato di un forno e di una scala a spirale. Giocando con l'immagine di una casa con il tetto di tegole a spiovente, sembra che trasporti il lavoro "produttivo" dritto nel focolare. Coglie inoltre un momento di interazione umana, messa in scena da due sculture classiche che si guardano l'un l'altra. Le ceramiche decorative diventano estensioni dell'architettura: la fragilità e la solidità; l'architettura e l'ornamento. Bouganvillae è la sua seconda pelle esterna che reagisce ed è sensibile ai movimenti delle persone dentro. Con una mossa audace, Alice Hardy sfrutta un'appendice architettonica classica –

spaces or elements; seemingly insignificant, 'lower order', subsidiary or 'service' spaces such as kitchens, toilets, or laundrettes; balconies or other built elements that are 'appendages' to, or natural elements that grow on, the main architectural form. At another level, they show us that despite its classic associations mainly with the interior, domestic, feminine, intimate, private, subordinate or the decorative, details can carry these qualities to building exteriors and help build similar intimacy and interaction even in outer domains. Here, details span and connect the interior and the exterior. In these interventions, details also do not remain merely benign elements for deepening architecture's articulations (although that in itself is a valid purpose). They also emerge as political instruments – to address social inequality, people's right to quality of life, and to subvert modernity's classic schemes of work/home/leisure or human/ built/ natural worlds.

Bijou Harding's ceramic studio in Catania shifts attention inwards to its interior heart which holds a kiln and a spiral staircase. Playing on the imagery of a pitched, shingle-roofed home, it seems to bring 'productive' work right into the hearth. It also captures a moment of intimate human communication – staged by two classical sculptures gazing at each other. The decorative ceramics become extensions of architecture: the fragile and the firm; ornament and architecture. Bougainvillea is its second, responsive outer skin, sensitive to movements of people within. In a bold move, Alice Hardy harnesses a classic architectural appendage – the ubiquitous projecting balcony – to enhance communal life in social housing. Everyday banal paraphernalia such as washing lines or planter holders become here contraptions that move, extend, fold. These are profound yet fun elements. Taken together, they allow people

l'ubiquo balcone aggettante – per favorire la vita comunitaria nell'edilizia popolare. Banali oggetti quotidiani come i fili per il bucato o i portavasi diventano qui marchingegni che si spostano, si allungano, si piegano. Sono elementi profondi ma divertenti. Nel loro insieme, consentono alle persone di condividere i ritmi quotidiani, ai vestiti di adornare gli edifici, ai vicini di chiacchierare in un teatro performativo collettivo. Il progetto di Marjut Lisco mostra un interesse analogo verso la vita collettiva e l'involucro dell'edificio. Tasche e pop-up piuttosto piccole aggiunte al tessuto costruito consentono molteplici modi per ampliare e personalizzare gli appartamenti di edilizia popolare standard. Lisco rimette assieme alcuni elementi dell'Housing Kit e della Trellick Tower di Ernö Goldfinger: gli archi sono un omaggio ai dettagli dell'intradosso del pianerottolo in cemento e agli architravi scolpiti, mentre i colori del kit-of-parts sono un omaggio alle finestre a striscia e alle piastrelle smaltate. Si tratta quindi anche in questo caso di un progetto sul ricordo, un progetto che funziona attraverso l'impatto di piccolissimi dettagli applicati a un edificio di grande scala.

L'interesse per l'edilizia abitativa e le modalità di vita collettiva all'interno della città è un tema ricorrente. Shi Yin Ling si spinge oltre per esplorare gli ambienti di co-living e co-working. L'edificio si erge su quattro nuclei, con spazi misti abitativi/lavorativi attorno a una corte centrale. Immettendo l'ecologia e l'economia circolare dritto nel cuore del progetto, Shi Yin Ling lo costruisce con delicata attenzione attorno a spazi comunicativi e sociali di piccola scala o a elementi che appartengono ai rituali quotidiani come la lavanderia a gettoni, i fili comuni per il bucato, i vasi per le acque grigie, i cestini con la carrucola, i digestori attivi per i fertilizzanti, le cucine e gli orti condivisi. Il progetto di Yan Ting riflette su un ambito vitale dell'impatto del tardo-capitalismo: gli stress affrontati

to share their everyday rhythms, clothes to adorn buildings and neighbours to chat, in a collective performative space. Marjut Lisco's project continues with a similar interest in collective living and in the building envelop. Smaller pockets and pop-ups added to the built fabric enable multiple ways of extending and customising standardised social housing apartments. She re-assembles elements of Ernö Goldfinger's Housing Kit and the Trellick Tower: the arches are a tribute to the concrete landing soffit details and sculpted architraves, and the colours of the kit of parts to the strip-windows and glazed tiles. This is therefore as much a project about remembering. One that works through the deep impact of small details applied to a large-scale building.

A concern with housing and modes of collective living within the city is a recurrent theme. Shi Yin Ling takes this further to explore co-living and -working environments. Her building stands on four cores, with mixed work-cum-living spaces around a central courtyard. Inserting ecology and circular economy right into the heart of the project, she builds it with delicate care around small-scaled social and communicative spaces or elements of everyday rituals such as the laundrette, communal clothes drying racks, greywater planters, pully baskets, active digestor for fertilisers, sharing kitchens and vegetable gardens. Yan Ting Li's design reflects on a vital domain of impact of late-capitalism: the stresses faced by small local places in the face of intensive and cyclical global tourism. Her project is all about sensitive, granular, soft interventions within a 1970s hotel in Ibiza – minor demolition, some retrofitting, and some new spaces – to yield new residential units. Timber structures hold up floor slabs and buffer spaces enable the temporary hotel use and the permanent residential use to accommodate each other malleably.

dai piccoli spazi locali di fronte al turismo globale intensivo e ciclico. Il suo progetto è costituito da tutta una serie di interventi delicati, granulari, morbidi in un hotel di Ibiza degli anni settanta del secolo scorso – piccole demolizioni, qualche ammodernamento e qualche spazio nuovo – per creare nuove unità residenziali. Delle strutture in legno sostengono le lastre del pavimento e degli spazi buffer fanno sì che l'uso temporaneo come hotel e quello permanente come abitazione si adattino l'uno all'altro in modo malleabile.

Questi progetti ci rivelano come i dettagli non siano solo una questione di scala o dimensione. Il loro valore permea tutta la conoscenza, la pratica e l'immaginazione architettonica. Sono una questione di spazi, persone ed elementi che rimarrebbero invisibili se non fosse per le nostre meravigliose "creatrici di dettagli" (invece di chi firma i contratti!). Occuparsi dei dettagli vuol dire pensare a cose che possono essere state dimenticate da e all'interno delle condizioni normative della società, e quindi, i dettagli sono una questione che riguarda la nostra memoria. I dettagli sono una questione di liminalità e interstizialità – gli spazi, le persone e le soggettività che stanno nel mezzo, gli angolini e gli anfratti, gli avanzi, il cortile dietro casa, il pianerottolo dimenticato delle scale, ma anche i protagonisti sottovalutati dell'architettura – le donne, i transgender, gli immigranti vittime di razzismo, i lavoratori subalterni. I dettagli sono una questione che riguarda sia la capacità di cogliere ciò che è momentaneo, fuggevole sia le interazioni prolungate fra le persone. Dettagliare, come verbo, lo si comprende forse meglio come una modalità immersiva. È senz'altro una questione che riguarda un'articolazione partecipe, un lavoro fatto con passione ed emozione sulle cose. In questo senso è essenzialmente cura. Immaginiamoci le nostre giovani progettiste nell'atto di disegnare o creare. Il dettaglio è sia un modo di vedere il mondo sia un modo di fare

These designs tell us that details are not merely about scale or size. Their significance permeates all of architectural knowledge, practice and imagination. They are about engaging with spaces, people and elements which would lie invisible were it not for our wonderful 'detail-makers' (instead of the deal makers!). Details are about thinking of things that may have been forgotten by and within the normative conditions of society, and so, details are about our memories. Details are about liminality and interstitiality – spaces, people and subjectivities in-between; the nooks-and-cranies, the left-over, the backyard, the forgotten staircase landing, but also the overlooked protagonists of architecture – the women, the transgenders, the racialised immigrant, the subaltern worker, the social housing tenant. Details are as much about capturing the momentary, the fleeting as about the sustained interaction between people. Detailing, as a verb, is perhaps best understood as an immersive mode; it is definitely about involved articulation and working with passion and emotion on things. In that sense, it is ultimately about care. Imagine here our young women designers in the act of drawing or making. The detail is as much a way of seeing the world as it is a way of doing things in it. Details are inherently suggestive of the plural and the collective, as they are usually never one, but many, and they roughly and malleably relate to each other to form a supple community of things, people or spaces.

Marco Frascari suggests that instead of the primacy ascribed to the architectural plan, it is details that need to be reimagined as generators of design. And coming to think of it, so much of our environment is in fact experienced in fragments. *Who has any real idea of the tantalising yet always illusory (architectural) 'whole' anyway, whatever that is?* The obsession with 'the whole' is probably another illusion of the normative

le cose al suo interno. I dettagli evocano per natura il plurale e il collettivo, poiché di solito non sono mai uno ma tanti, e in modo approssimativo e malleabile sono collegati l'uno all'altro per formare una comunità flessibile di cose, persone o spazi.

Marco Frascari suggerisce che al posto del primato attribuito al progetto architettonico sono i dettagli che devono essere reimmaginati come generatori della progettazione. E ripensandoci, gran parte del nostro ambiente è in realtà sperimentato in frammenti. *E poi chi è che ha un'idea reale del seducente ma sempre illusorio "tutto", qualunque cosa esso sia?* L'ossessione con "il tutto" è probabilmente un'altra illusione delle modalità normative del modernismo e della successiva "deflagrazione" del tutto per produrre una pluralità superficiale di molti esempi del post-modernismo. Naturalmente, tutto questo non intende sminuire l'importanza di ciò che è strutturale e sistematico, l'importanza delle impalcature o questioni complessive che reggono la politica, l'economia e la società. Né intende negare completamente le pluralità arbitrarie dell'architettura che possono essere spesso liberanti. Ma la granularità, la cura e il dettaglio sono irrinunciabili, e in realtà probabilmente una "totalità" architettonica di per sé.

strands of modernism and subsequently the 'blasting' of the whole to yield a superficial plurality, of many examples of post modernism. Of course, all this is not to diminish the relevance of the structural, the systemic, the overarching frames or issues that undergird politics, economics and society and hence, architecture. Nor is it to completely negate arbitrary pluralities of architecture that can sometimes be liberating. But granularity, care and detail are invaluable, and in fact arguably an architectural 'totality' in themselves.

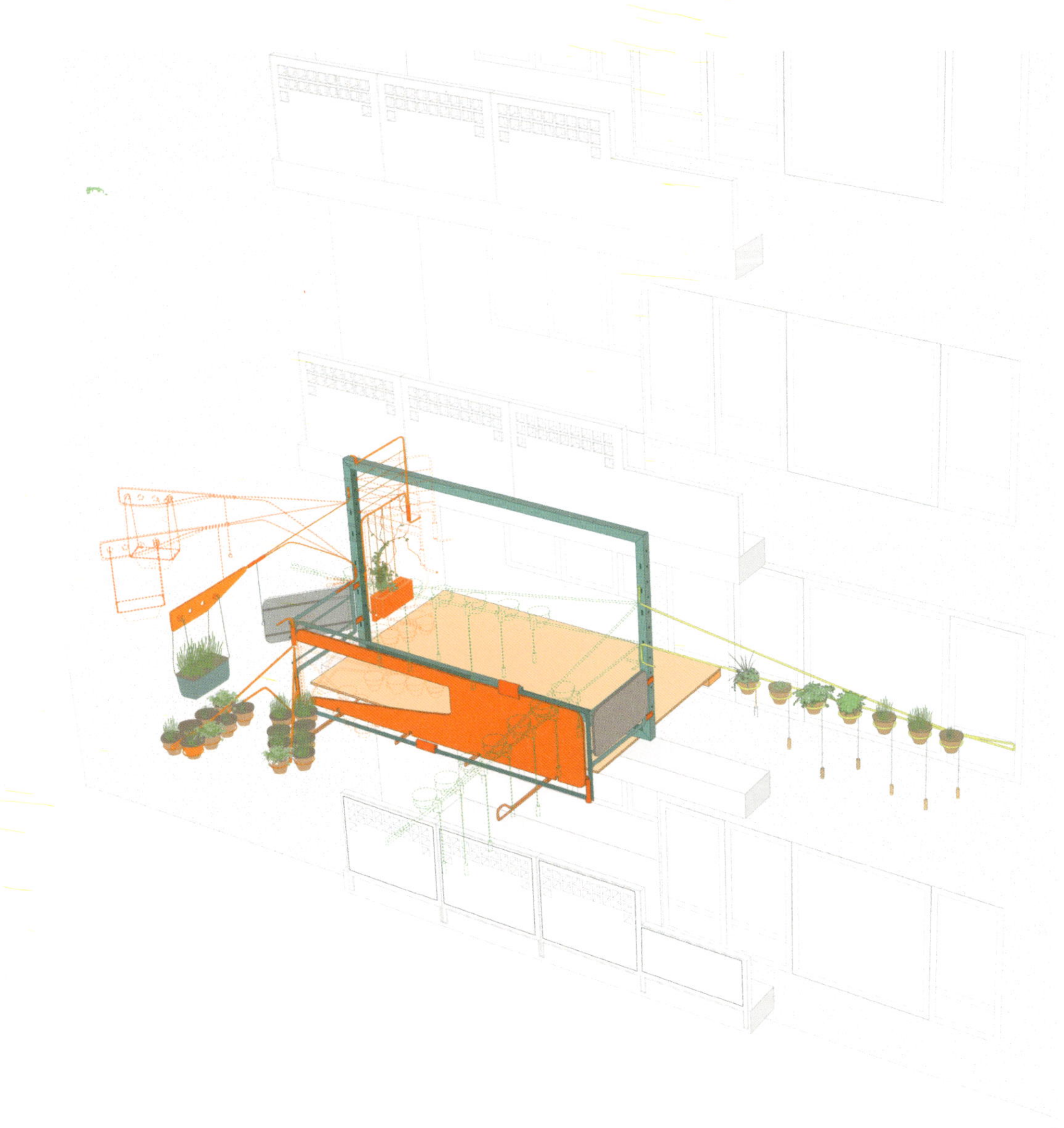

Alice Hardy – U13. Y5
CHIACCHIERE STENDENDO IL BUCATO / I HEARD IT ON THE WASHING LINE
Tutors: Sabine Storp, Patrick Weber

Questo progetto analizza la vita all'interno del complesso di St Pancrasway a Camden e il modo in cui potrebbe migliorare grazie a un intervento architettonico. L'attenzione è posta sui balconi, su come possano servire ad arricchire la vita della comunità. Usandoli come palcoscenici, si è pensato di andare oltre i loro usi abituali per offrire un'alternativa divertente che favorisca l'interazione tra i residenti del complesso, garantendone anche la funzionalità pratica con una serie di strutture e accessori.

This project explores the patterns of living within St Pancrasway estate in Camden and how this could be improved by an architectural intervention. The focus of this project was on the estate balconies and how these could be used to enhance community life on the estate. Using the balcony as a theatrical platform, the project aimed to intervene with the current uses and bring a funny alternative that would spark subtle interaction between residents on the estate whilst providing practical uses for the balconies through a series of frameworks and attachments.

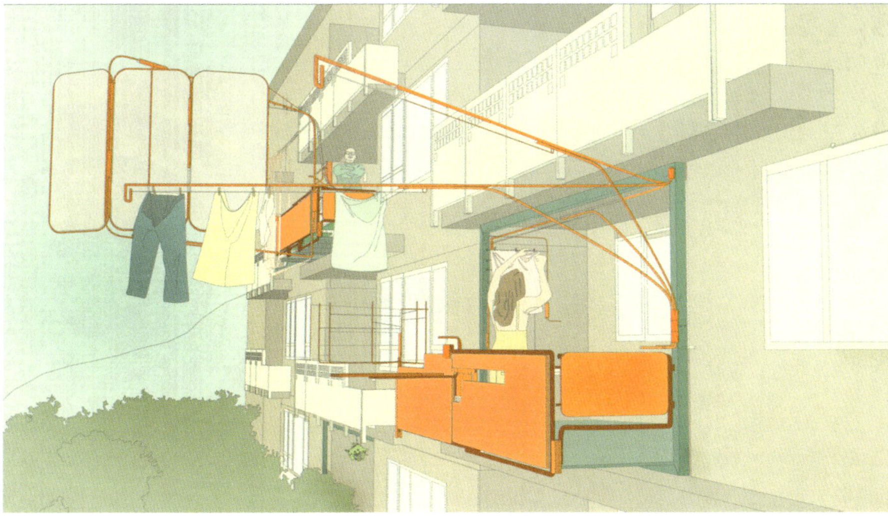

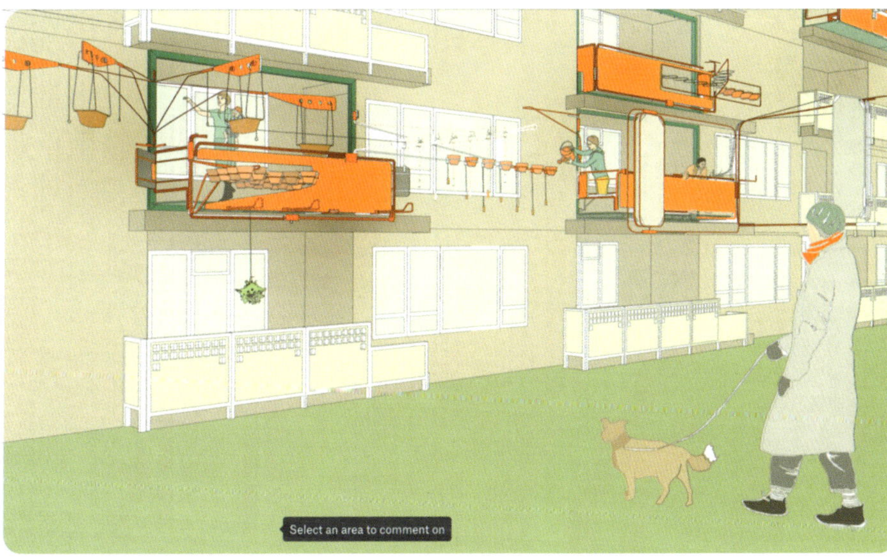
Select an area to comment on

Bijou Harding – UG3. Y2

ROVINA, ECCITAZIONE E RISVEGLIO / RUIN, AROUSAL AND REAWAKENING

Tutors: Ifigeneia Liangi, Daniel Wilkinson

L'atelier di un ceramista nel quartiere a luci rosse di Catania esplora il concetto dell'atto fisico del guardare. L'edificio è costituito da una fornace, che ne è il cuore, e da un muro di bouganville la cui superficie si copre di fiori esternando i movimenti dei corpi al suo interno.

A ceramics studio in Catania's Red Light District explores ideas of the physical act of looking. The building consists of a kiln, which is its heart, and a bougainvillea flower wall whose surface blossoms by expressing the movements of the bodies within it.

GINECEO / GYNAECEUM

Marjut Lisco – U13. Y4

IL KIT PER L'EDILIZIA DI GOLDFINGER / GOLDFINGER'S HOUSING KIT

Tutors: Sabine Storp, Patrick Weber

L'idea iniziale ruota intorno alle infinite possibilità di ampliare e personalizzare appartamenti fabbricati in serie, attingendo allo stesso linguaggio della Torre utilizzato nella progettazione dei componenti. Servendosi della vista in sezione di Ernö Goldfinger, questo disegno reinterpreta lo stile dell'architetto aggiungendo uno strato di nuovi elementi pop-up che irrompono nel tessuto edilizio.

The initial concept revolves around the endless possibilities of extending and customizing standardized flats, using the same language of the Tower embedded in the design of the components. Using Ernö Goldfinger sectioned view, this drawing reinterprets the architect's style with an additional layer of new pop-up components breaking through the built fabric.

GINECEO / GYNAECEUM

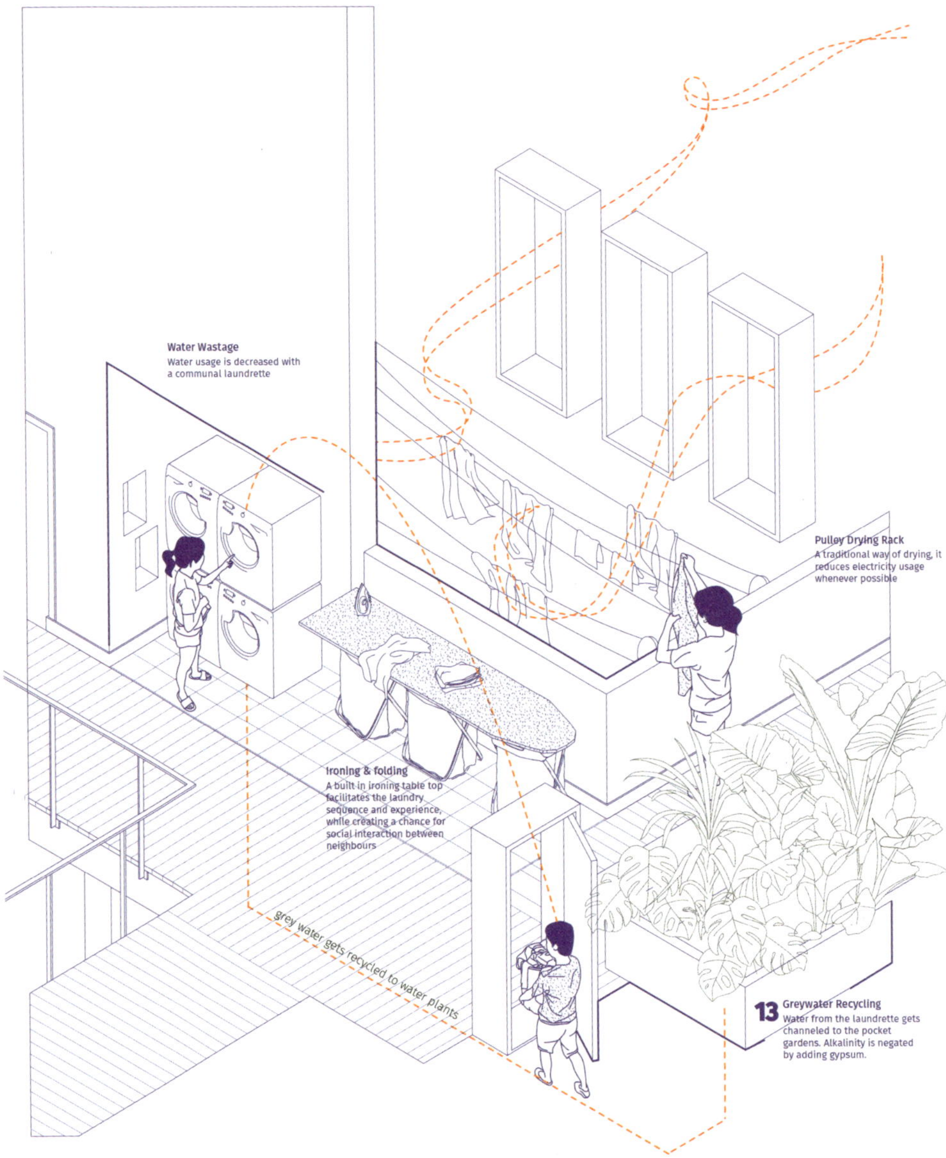

SHI YIN LING – U13. Y4
IL PROGETTO PARK ROYAL / THE PARK ROYAL PARTNERSHIP
Tutors: Sabine Storp, Patrick Weber

Questo complesso di abitazioni e spazi lavorativi si basa sul concetto di "economia circolare". Il progetto acquisisce un valore sociale grazie alla condivisione, all'apprendimento e alla comunicazione sollecitati dai diversi spazi a disposizione. L'edificio si sviluppa in altezza su quattro nuclei, con un cortile interno scoperto circondato da spazi al contempo abitativi e di lavoro. Reinventando il modello della vita comunitaria, il progetto introduce una tipologia abitativa flessibile, che facilita la crescita e il cambiamento nel tempo dell'edificio e dei suoi abitanti.

This co-living and working development is based on the concept of 'circular economy'. From a social point of view, value is maintained through the act of sharing, learning and communication, prompted by the various spaces within the development. The building is raised on four cores, with an open internal courtyard and live-work spaces arranged around it. Reinventing the model of communal living, a flexible living typology is introduced, facilitating the growth and change of the building and occupants over time.

The Sharing Kitchen
Whats for dinner?
Hey Nic, can I have
some basil please!
Put them in the pulley
Basil chicken!
Sure, give me a moment!

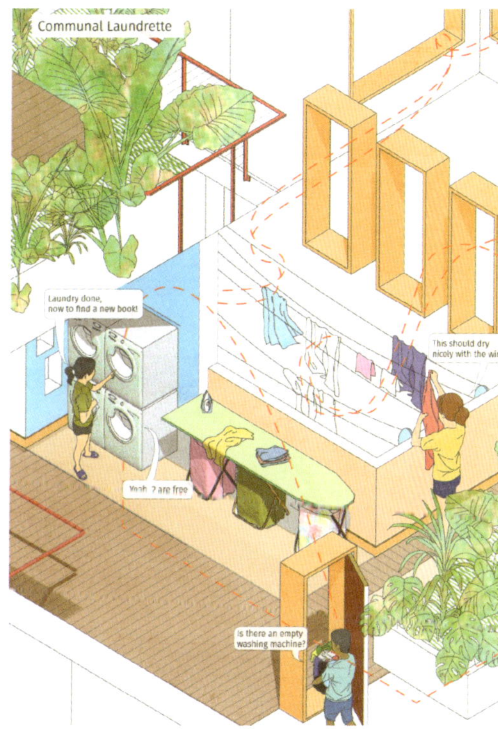
Communal Laundrette
Laundry done,
now to find a new book!
This should dry
nicely with the wind
Is there an empty
washing machine?

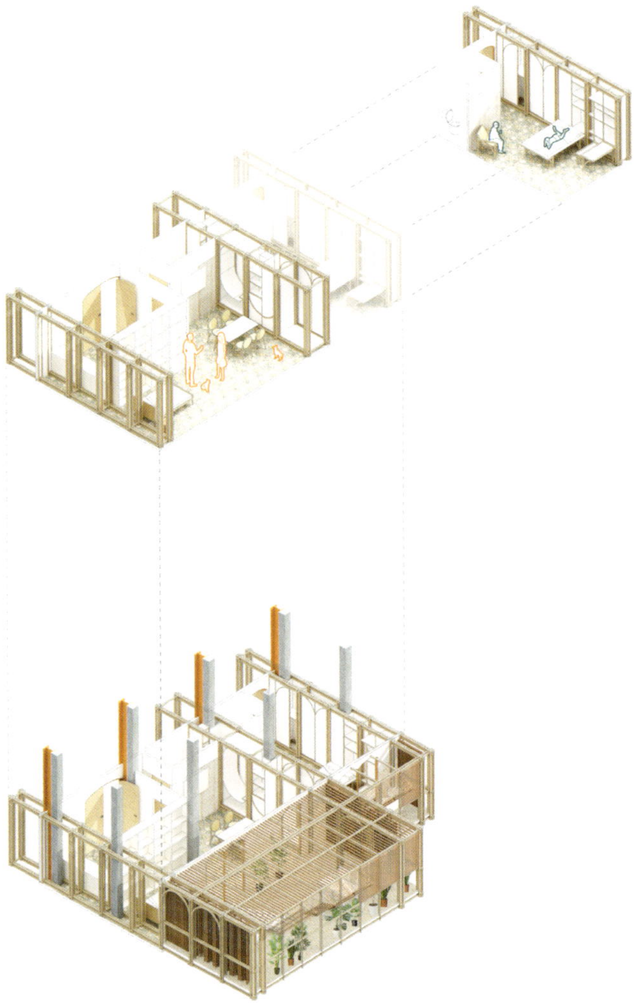

Yan Ting (Lorraine) Li – U22. Y4
UNA STRATEGIA DI RESILIENZA / A RESILIENT STRATEGY
Tutors: Izaskun Chinchilla, Daniel Ovalle

"Contro il sovraffollamento turistico e la stagionalità." Le economie di molti paesi del Mediterraneo dipendono dal turismo. La stagionalità del settore influisce sulla loro economia ponendo l'accento sui servizi pubblici e sull'accoglienza. Questo progetto esplora la possibilità di introdurre alcune unità residenziali in un hotel di Ibiza risalente agli anni settanta, tramite demolizione su piccola scala, adeguamento e creazione di nuovi spazi. Una serie di travature in legno fornisce un supporto strutturale per i pavimenti a mensola, fungendo da cuscinetto tra le stanze dell'albergo e le unità residenziali temporanee.

'Against Over-tourism and Seasonality'. The economies of many Mediterranean countries rely on tourism. The seasonality of the sector affects their economy by putting stress on public services and housing. This project explores the possibility of introducing residential units into an existing 1970s hotel in Ibiza, via small-scale demolition, retrofitting, and by creating new spaces. A series of timber trusses provides structural support for cantilevered floor slabs, acting as a buffer between residential and temporary hotel units.

GINECEO / GYNAECEUM

MORBIDEZZA

SFERA / SPHERE 1
ANELLO / RING 1 [retro / back]

SOFTNESS

IT Fin dai tempi dell'antica Roma la solidità ha sempre costituito un valore e un'aspirazione fondamentali per l'architettura. In tutto il mondo le creazioni tradizionalmente riservate alle donne si sono sempre contraddistinte per la loro leggerezza e spesso anche per la loro precarietà. Ne possiamo citare diversi esempi: ikebana, ricamo, tessitura, maglieria, uncinetto, vasellame e pittura su porcellana. Se le professioniste del settore fossero consapevoli e orgogliose di questa eredità, potremmo abbracciare una nuova visione critica della solidità, aprendo nuove vie per la riduzione delle emissioni di CO2 e del loro impatto sull'ambiente, pianificando attentamente la temporalità, utilizzando materiali biodegradabili e riducendo drasticamente l'impatto e il consumo energetico.

EN Solidity has always been a value and an aspiration prescribed for architecture ever since Roman times. Women's traditional creations around the world are peculiarly light, and many times impermanent: ikebana, embroidery, weaving, knitting, tableware, crochet or china painting. If architects became aware and proud of this legacy, we might apply a new critical view to solidity and have new chances to decrease carbons, emissions and impact by planning temporality carefully, using biodegradable materials or decreasing weight and energy consumption of buildings dramatically.

Morbidezza

IFIGENEIA LIANGI

Softness

IT C'era una volta un palazzo che era morbido. E poiché era morbido, era selvaggio. E poiché era selvaggio, era libero. Poteva disperdersi in una miriade di puntini gialli con una brezza leggera e posarsi su piccole onde o su alte montagne. Era morbido, selvaggio e libero, ed era fatto di argilla; l'argilla era umida e malleabile e poteva trasformarsi in qualcosa di meraviglioso scivolando tra le dita dei suoi abitanti. Era così morbido, selvaggio e libero quel palazzo, che gli alberi che lo circondavano non venivano mai abbattuti, perché non c'era bisogno di legna essiccata e compressa. D'inverno venivano potati, e con i primi timidi tepori estivi si coprivano di fiori rossi come il sangue e arancioni come il sole.

Era così morbido, selvaggio e libero, che il soffitto cambiava forma a un ritmo tale che le tende non riuscivano a seguirlo nelle loro danze. Così la luce entrava attraverso le fessure dell'argilla, sferzante e senza filtri. E il palazzo era così morbido, selvaggio e libero, che il vento lo attraversava senza sosta e senza pietà. Gli abitanti erano, ovviamente, liberi e selvaggi; per questo usavano l'argilla, la sabbia e la legna con delicatezza. Il palazzo era così morbido, che si muoveva con il vento e danzava coi terremoti. Non in modo rigido, ma contorcendosi in una spossante danza senza fine. Così gli abitanti sedevano in quel continuum interiore che sembrava una preghiera, e realizzavano tessuti di lana, cotone e altri filati. Com'erano solidi e vivaci quei nuovi pavimenti e quelle nuove pareti! Con le voci dei loro creatori intrecciate nelle trame, voci intessute con fatica, rigore, metodi e misurazioni inflessibili. Quelle stoffe erano così robuste e compatte da riuscire a sorreggere pavimenti di dimensioni straordinarie, sostenendo tutte le forme morbide, libere e selvagge dell'argilla. In realtà i tessuti fungevano soprattutto da colonne strutturali, che però, col passare degli anni si erano estese in orizzontale, servendo così da rinforzo interno per le travi di creta. Gli alberi circostanti

EN Once upon a time there was a building that was soft. And because it was soft it was wild, and because it was wild it was free. It could disperse into a billion yellow dots with a light breeze, it could set into low waves and high mountains. It was soft, it was wild and it was free, and it was also made of clay; and the clay was wet and malleable and could turn into wonders by slipping through all of the fingers of its inhabitants. So soft and wild and free was that building, its neighbouring trees were never cut down, as there was no need for wood that was dried and compressed. Pruning took place in the winter, and little blood red and sunny orange blossoms popped on the first bare feet of the summer.

So soft and wild and free it was, its ceilings changed form in a rhythm that curtains couldn't follow with all of their dancing. So light was breaking through the cracks of the clay unfiltered and strong. And so soft and wild and free the building was, the wind was moving through it uninterrupted and fierce. Its inhabitants were, of course, wild and free, that's why they used clay and sand and wood softly. So soft the building was, it moved with the wind and danced with the earthquakes. But with no rigidity, it was relentlessly wrapping into a somewhat tiring dance. So the inhabitants sat down in that prayer-like internalised continuum and made fabrics with wool and cotton and other threads. How robust and how spirited these new walls and floors would be! With the makers' voices woven into the embroideries, voices woven laboriously, tightly and with strict measurements and processes. So firm and solid these fabric-works were, they could support clay floors spanning marvelous dimensions, holding up all of the clay's soft and wild and free forms. In reality, the fabric-works mainly worked as structural columns, but as the years went by, they extended horizontally and started working as internalised reinforcement for the clay beams. And the soft, wild and free

penetravano fugacemente attraverso le fessure, spargendo sul pavimento e sulle pareti umide i loro fiori rossi come il sangue e arancioni come il sole. Da quell'anno la potatura sarebbe avvenuta sul bordo della finestra, affacciata sul bosco di alberi morbidi, liberi e selvaggi.

Gli anni passavano e l'argilla s'induriva al caldo e si ammorbidiva sotto la pioggia. La sabbia intanto ricopriva di granelli il palazzo e gli alberi continuavano a farsi strada all'interno, mentre il vento e la luce penetravano liberi e selvaggi. Così gli abitanti fusero la sabbia e fecero il vetro. Lo tinsero di ocra gialla e rossa, affinché la luce si abbinasse ai fiori. E il forte e solido vetro produceva una luce morbida e fluida. Così morbida e fluida, così calda e delicatamente ventilata, che sui soffitti, le pareti e le colonne cominciarono a crescere frutta e verdura. E queste, in realtà, facevano parte di un unico grande spirito, una creatura che aveva delle fragole al posto degli occhi e delle banane al posto delle palpebre. Il cuore era una lattuga e le parti genitali un peperone con un taglio verticale. Al posto delle dita spuntavano zucchine, le unghie erano di legno e la pelle di pesca. Aveva i capelli fatti di aneto, gambe e braccia verde oliva e verde acqua, e di un intenso verde erba nelle notti senza luna. Naturalmente la creatura era morbida e selvaggia, ma non era libera. Le sue radici affondavano in profondità nel terreno e le sue gambe non erano mai state usate.

Gli abitanti, provenienti da tutte le parti del mondo, usavano la creatura per fare insalate e frullati, torte e gelati. Il palazzo diventava sempre più morbido e più verde. Come cappello portava un melone svuotato per raccogliere la pioggia, e filtrava l'acqua attraverso le alghe, sotto le ascelle. Indossava un gilet ricamato che si abbinava alla sua struttura in tessuto morbido, robusto e selvaggio. Intanto passavano i giorni e passavano gli anni, e gli abitanti nuotavano nella

neighbourhood's trees joined in temporarily through the gaps, spiting their sunny orange and blood red blossoms onto the floor and wet walls. From that year, the pruning would take place by the edge of the window, where the views cut through the neighbourhood's soft and wild and free forest.

And the years went by and the clay hardened in the heat and softened in the rain. And the sand coated the building with its grain and the trees kept coming in, but the wind and the light was passing through wild and free, so the inhabitants melt the sand and made glass. And they tinted it with yellow red ochres, for the light to match the blossoms. And the strong and solid glass made soft and fluid light. So soft and fluid it was, so warm and softly ventilated, that fruit and vegetables started growing on the ceilings and the columns and the walls. In reality, the vegetables were part of one large spirit, a creature with strawberries for eyes and bananas for eyelids. A lettuce for a heart and a pepper cut vertically in half for its genitalia. Courgettes hang instead of fingers, its nails were made of wood and its skin was peach skin. It had hair made of dill and its legs and arms were olive green and light blue green and heavy green of the grass on a moonless night. And of course, the creature was soft and wild, but it wasn't free. Its roots were sunk deeply inside the ground, and its legs had never been used.

The inhabitants, who came from all the parts of the world, used the creature to make salads and smoothies, pies and ice-cream. The building grew softer and greener. It was wearing an emptied melon hat to collect the rain, and it filtered the water through algae in its underarms. It was wearing an embroidered patterned vest which was connecting to its soft robust and wild fabric structure. And the days went by, and the years went by, and the inhabitants would swim in the col-

luce colorata di giallo e di rosso, il vetro creava recinti magici e cataste di legna venivano tagliate, essiccate e pressate. L'argilla cotta brillava in tutta la sua variopinta e smaltata monumentalità. E la creatura di frutta e verdura continuava a essere morbida e selvaggia, ma non era libera. Domandava allora ai suoi abitanti come fare per liberarsi, ma loro non parlavano, perché amavano vivere di quella natura soffice e selvaggia mangiandone i frutti morbidi e selvatici in insalate, frullati, torte e gelati. Così lei viveva in una tenera e selvaggia malinconia.

In una notte senza luna, la principessa che abitava al dodicesimo piano tornò a casa dopo un lunghissimo viaggio e sedette sul balcone a fumare un intero pacchetto di sigarette *Karelia*. Mentre con le sue labbra carnose creava cuori caduchi e intangibili, si chinò a guardare il viso dolce della creatura, che sembrava addormentata. La principessa aveva vissuto molte vite, si era innamorata di terroristi, aveva eretto templi, era sfuggita a organizzazioni religiose mistiche, aveva danzato con il presidente del Polo Nord, baciato una rana, nuotato con sirene transessuali e fatto l'amore con gli unicorni. Proprio come un animaletto in una conchiglia, custodiva tutti i suoi averi in una gigantesca bolla fatta di morbida plastica rosa traslucida attaccata sulla schiena. Era scappata da cinque prigioni e aveva depredato dieci navi. Aveva un occhio di vetro tremolante al lume di candela che rischiarava il balcone. Che visione affascinante, la creatura! Schioccò le dita, segnate dal troppo lavoro. Da sempre si guadagnava da vivere con la maglia e il cucito. Aveva ricamato camicie con le ortiche, realizzato sciarpe a maglia con la barba del naufrago dai capelli rossi del Grande Oceano, intrecciato gonne di vimini coi manici di scopa magici che aveva rubato, e allevato bachi da seta per costruire vele per gli amanti delle sirene. Con tutto il suo cuore e il suo talento, aveva rinforzato il palazzo usando il tessuto, mentre il metallo,

ourful yellow-red light and the glass created magical enclosures; and piles of wood had been cut, dried, and compressed. And the fired clay shone in all of its glazed colourful monumentality. And the fruit and vegetable creature kept being soft and wild, but it wasn't free. So it would ask its inhabitants how may it be free, but they wouldn't say, as they enjoyed living from its soft and wild nature eating its soft and wild fruit, in salads, smoothies, pies and ice-cream. And it lived in a soft and wild melancholy.

One moonless night, the princess who lived on the twelfth floor came back to her flat from a very long trip and sat on her balcony to smoke an entire packet of Karelia cigarettes. As she was making short-lived immaterial love hearts with her full lips, she leaned and looked at the creature's tender face, who seemed to be asleep. She had lived many lives; fallen in love with terrorists, built temples, escaped mystical religious organisations, danced with the president of the North Pole, kissed a frog, swam with transexual mermaids, and made love with unicorns. Much like a little animal in a sea shell, she held all of her belongings in an oversized bubble made of soft pink translucent plastic attached on her back. She had escaped five prisons and pirated ten ships. One of her eyes was made of glass and it trembled under the candle lit balcony. What a fascinating view the creature was! Her fingers clicked; she had a tick from working too much. She always made money from weaving and knitting and stitching. She had embroidered shirts made of nettles, she had knitted scarfs with the beard of the redhead castaway in the Big Ocean, she had woven skirts with wicker from stolen bewitched broomsticks and she had cultivated silkworms to make sails for mermaids' lovers. With all of her hearts, she used her talent to reinforce this building with fabrics, while metal and wood and stone remained in the

la legna e la pietra erano rimasti nel terreno. E ora, guardando la creatura dai piedi ben radicati nel suolo e dai grandi occhi umidi, vestita di un abito di stoffa che creava un legame tra il suo cuore e il cuore strutturale del palazzo, una torre con un buco in cui aveva nascosto le trecce di Raperonzolo, la principessa si sentì in qualche modo responsabile per quella creatura tenera e selvaggia. Così si chinò e la baciò sulle labbra. E gli insetti che vivevano al suo interno d'improvviso si alzarono in volo e la bolla rosa lasciò la sua schiena, andando a infilarsi sotto le sopracciglia assonnate e pensierose della creatura. Tutta quella massa pesante, ma morbida e selvaggia, improvvisamente iniziò a sollevarsi, liberando i piedi dal suolo e portando con sé le delicate pareti di sabbia e d'argilla e le strutture di tessuto robusto. Il vetro andò in frantumi e i mobili di legno compresso si spezzarono. Proprio come un animaletto in una conchiglia, la creatura iniziò a camminare nel sonno con la sua casa sulla schiena, lontano dalle fondamenta, verso un futuro morbido, selvaggio e libero.

ground. And looking at the creature, with its rooted toes and big watery eyes, wearing a fabric garment that connected its heart to the structural heart of the building, she felt somewhat responsible for it. So she leaned towards it and kissed it on the lips. And the insects that lived inside it burst into flying and her pink bubble left her back and tucked beneath the creature's thoughtful sleepy eyebrows. All of this heavy, but soft and wild mass, suddenly started elevating, pulling the creature's toes out of the ground, taking with it all of the soft clay sandy walls and all of the hard fabric structures. The glass shattered and the compressed wooden furniture broke. Much like a little animal in a seashell, the creature started to sleep walk with its home on its back, away from its foundations, towards a future that was soft, wild and free.

Questi disegni sono realizzati con le matite morbide. Charlotte progetta le superfici di legno e cemento del suo edificio inserendo bordi morbidi che si avvolgono e si piegano in delicate e sinuose geometrie.

Charlotte's drawings are made using soft pencils. She is designing her building's hard concrete and wooden surfaces with soft edges that wrap and fold into soft curvaceous geometries.

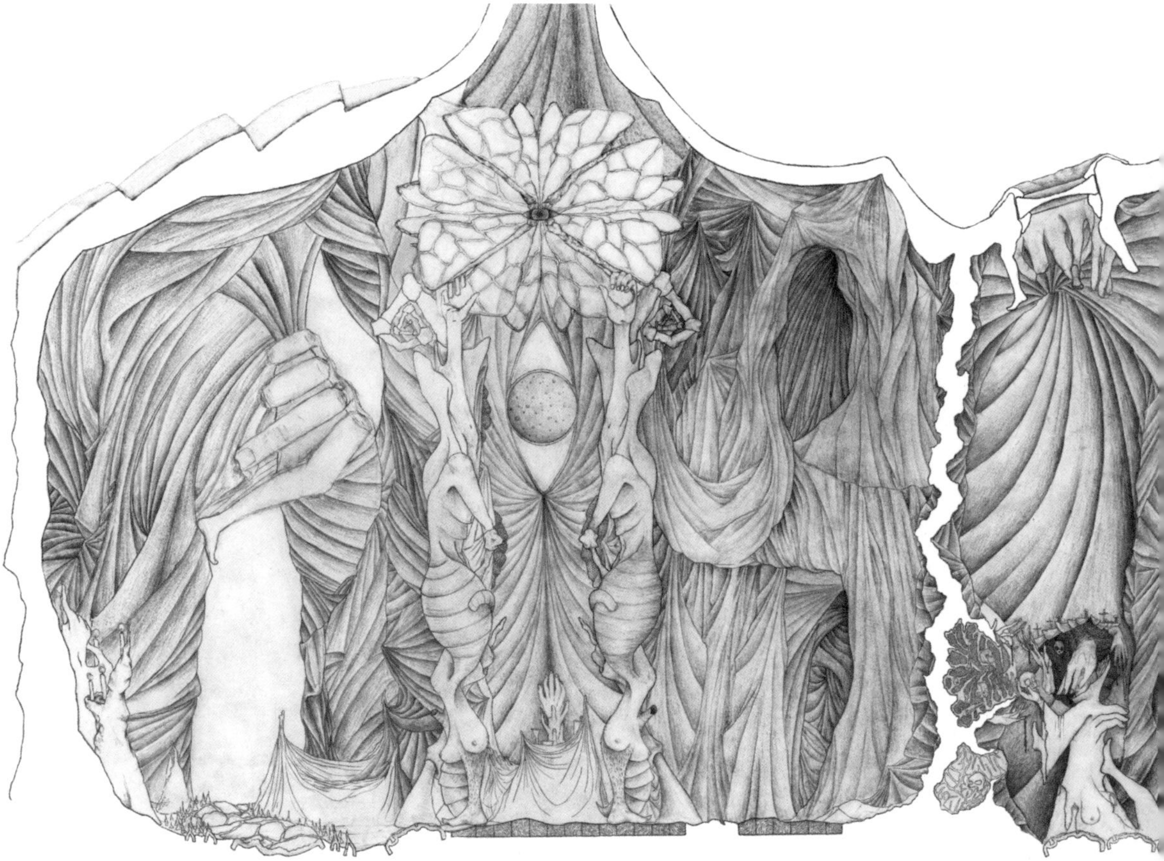

Charlotte Cole – UG3. Y2
L'ALTARE DEI MORTI / THE ALTAR OF THE DEAD
Tutors: Ifigeneia Liangi, Daniel Wilkinson

Questo progetto si basa sulla tradizione animalistica italiana delle cappelle delle anime del Purgatorio, e risponde anche alla presenza massiccia di api nelle descrizioni del Purgatorio, dagli antichi Egizi all'era moderna. L'autrice ha cercato di inserire questa narrazione all'interno dell'attuale clima religioso in Vaticano, rispettando anche i tentativi di Papa Francesco di riconciliare le diverse correnti cattoliche del paese. In tal modo, i vivi, i morti, gli alveari, sono tutti ugualmente legittimati a occupare la cappella, seppur con modalità diverse.

Responding to the persistent presence of bees within accounts of purgatory – from the ancient Egyptians to the modern era – this project builds on Italy's animalistic history of purgatory chapels. Looking to incorporate this history within the contemporary religious climate of Rome and Pope Francis' attempts to bring the country's different Catholic currents together, the living, the dead and the hives are considered as equally valid in their differing modes of occupation in the chapel.

Il bozzetto di Faustyna esprime il sogno di un'architettura vegana inserita delicatamente nell'ambiente, i cui abitanti sono invitati a sperimentare la nudità, grazie ad arredi dalla morbida fisicità che diventano parte integrante dell'architettura.

Faustyna's drawing dreams of a vegan architecture, soft to the environment, where its inhabitants are invited to experience nakedness thanks to its bodily soft furniture, an inseparable part of the architecture.

Faustyna Smolilo – UG3. Y2
IL TEMPIO VEGANO / VEGAN TEMPLE
Tutors: Ifigeneia Liangi, Daniel Wilkinson

Proponendo un programma di recupero in 12 passi per quella che viene definita una dipendenza sociale dal consumo di animali morti, il progetto si ispira al Giardino dell'Eden come metafora di uno sviluppo sociale rivolto a un veganismo sensuale e barocco.

Proposing a 12-step recovery programme for what is identified as a social addiction to the consumption of dead animals, the project riffs on the Garden of Eden as a metaphor for a social development towards a sensual and baroque veganism.

L'architettura vegetale di Masha
è una creatura dai tratti delicati e i colori
tenui, una storia meravigliosa dove
una serie di figure morbide ed esili scivola
teatralmente per le strade di Roma.

Masha's vegetable architecture is a creature
drawn softly, with soft pencils and soft
colours, with soft and slender figures
becoming part of a wondrous story that glides
theatrically through the streets of Rome.

Masha Gerzon – UG3. Y2
REGISTI DI SEGRETI – MYSTERY PLAY MEDIEVALE PER UNA ROMA CONTEMPORANEA
THE DIRECTORS OF SECRETS – A MEDIEVAL MYSTERY PLAY FOR CONTEMPORARY ROME
Tutors: Ifigeneia Liangi, Daniel Wilkinson

In momenti specifici del suo calendario culturale, Piazza della Pigna ospita un teatro temporaneo che segue la processione di una serie di architetture animalistiche per le strade di Roma. Una rivisitazione in chiave contemporanea dei Mystery Play itineranti medievali, in cui ogni elemento svolge un ruolo pratico e insieme metaforico nell'ambito della rappresentazione.

Following the procession of a number of animalistic architectures across Rome, a temporary theatre occupies Piazza della Pigna at specific moments in its cultural calendar. A contemporary reimagining of the travelling medieval mystery play, each component of the theatre plays both a practical and a metaphorical role in the performances it enables.

Phyllos, il modello architettonico di Phyllis, è un oggetto primitivo e sinuoso fatto di ceramica e feltro, progettato per poggiare su soffici fondali marini e diventare una casa per i polpi.

Phyllis's architectural model, *Phyllos*, is a soft and wild object made of ceramics and felt, destined to live on the soft seabed and become a home for octopuses.

See (Phyllis) Yu – UG3. Y2
PHYLLOS
Tutors: Ifigeneia Liangi, Daniel Wilkinson

Questo progetto è un'indagine formale, materiale e spaziale su un modello in ceramica per lo sviluppo di un'urbanistica ottopode, che trae ispirazione da studi recenti sulle città sommerse dei polpi di Octlantis e Octopolis.

This project is a spatial, material and formal investigation into a ceramic trigger for an octopodean urbanism, informed by recent studies of the octopus cities of Octlantis and Octopolis.

I mobili artigianali di Naomi strutturano lo spazio suggerendo un'architettura morbida e delicata nei confronti del corpo.

Naomi's crafted spatial furniture allude to an architecture which is sensitive and soft to the body.

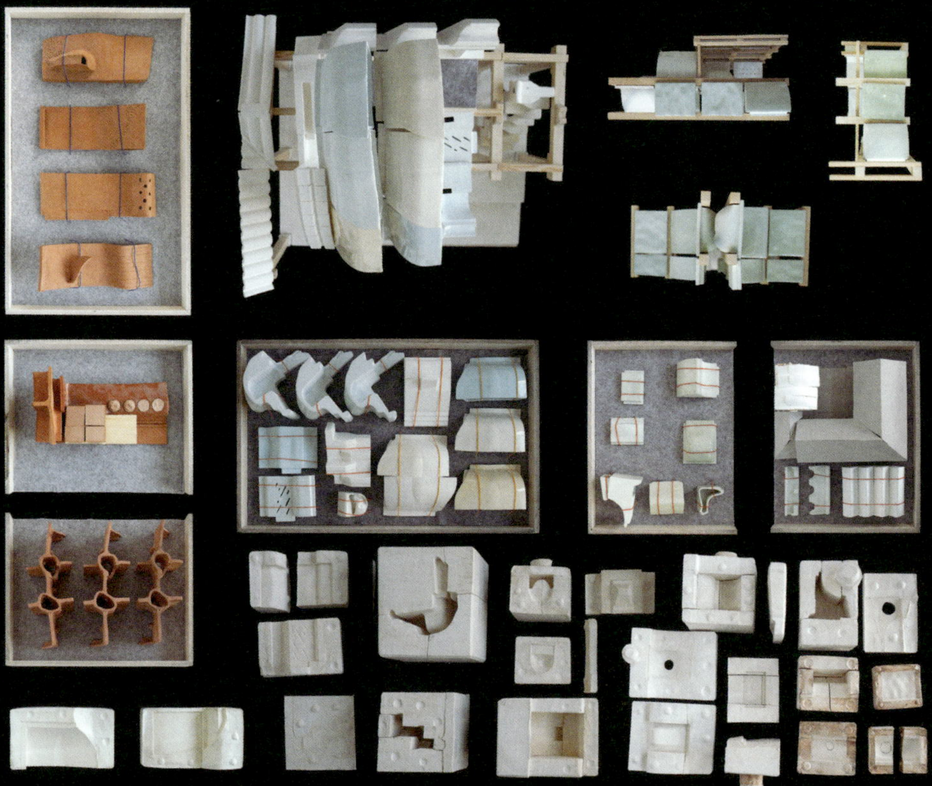

Naomi De Barr – U13. Y5
CASA DI CERAMICA IN PEZZI / CERAMIC HOUSE IN PIECES
Tutors: Sabine Storp, Patrick Weber

Il progetto propone un'installazione artigianale per la diversità ambientale nelle case di Seoul. Il pavimento riscaldato e ventilato delle tradizionali dimore urbane di Hanok favorisce uno stile di vita sedentario, per poter godere delle proprietà termiche dell'impianto stesso. Questo progetto studia l'artigianato applicato all'arredamento e la sua influenza sul modo di abitare uno spazio.

This project proposes a crafted installation for environmental diversity in homes in Seoul. The heated and ventilated floor of the traditional urban Hanok house encourages a sedentary living condition, harnessing thermal properties in the floor. This project examines craft on the scale of furniture and its influence on inhabitation.

I modelli di Nicola sono costituiti da un intreccio di materiali morbidi e propongono un'architettura assolutamente sublime per il corpo e delicata per gli occhi.

Nicola's models are made with soft materials woven to propose an architecture which is sublime for the body and soft to the eye.

Nicola Chan – U13. Y5
IL SIMPOSIO DELLO SLOW SEWING / THE SLOW SEWING SYMPOSIUM
Tutors: Sabine Storp, Patrick Weber

Questo progetto esplora il processo di creazione dei capi di abbigliamento come nuova tipologia architettonica per Seoul. I particolari processi della modellistica, del taglio e della produzione di tessuti forniscono i metodi per manipolare e sfidare lo spazio. Il simposio diventa un promemoria vivente del mondo degli artigiani e dell'artigianato di Changsin-dong, a Seoul.

This project explores the garment-making process as a new architectural typology for Seoul. The unique processes of pattern-making, cutting and fabric-making are used as a methodology to manipulate and challenge space. The symposium becomes a living reminder of the craftspeople and craftsmanship of Changsin-dong in Seoul.

GINECEO / GYNAECEUM

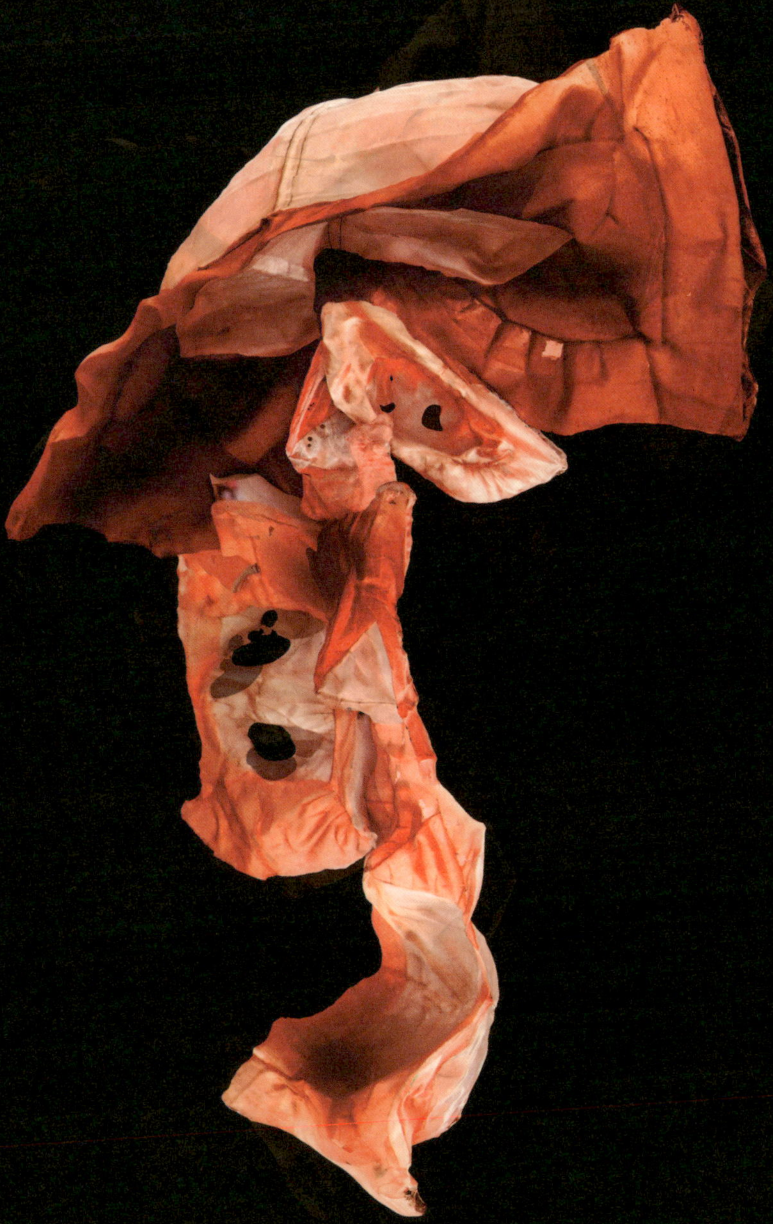

Nicola Chan – U13. Y5

GINECEO / GYNAECEUM

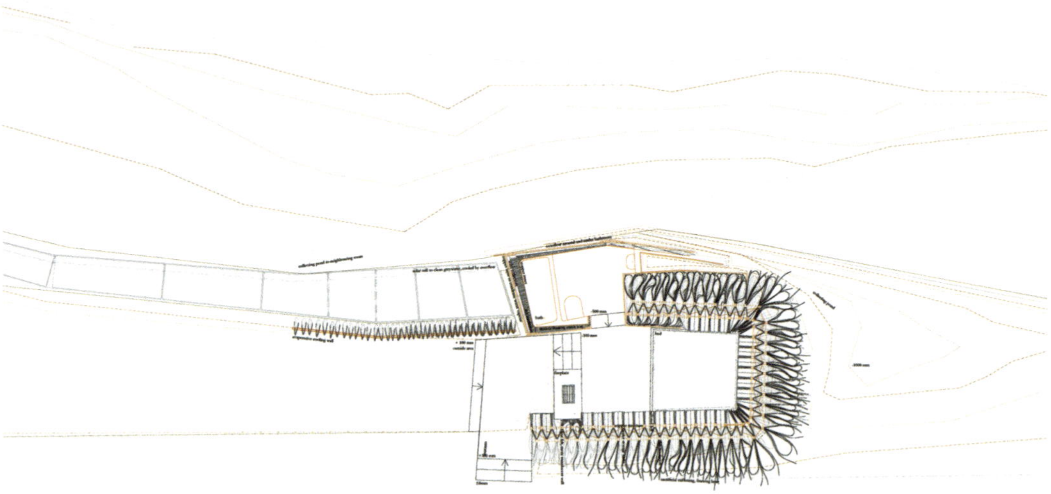

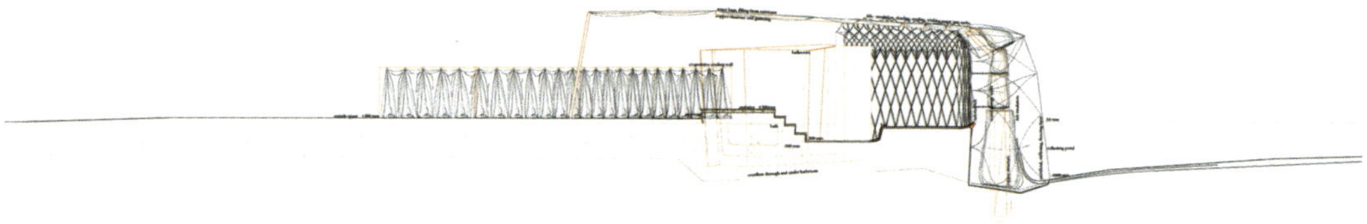

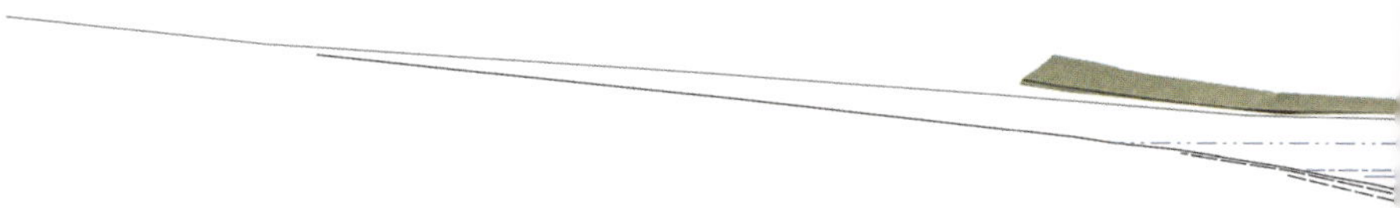

Nell'architettura site-specific di Sarah, l'edificio intrattiene un rapporto dialettico con il paesaggio. Entrambi, infatti, concorrono delicatamente alla reciproca realizzazione, unendosi alla terra, ai tessuti, all'acqua e al tempo.

Sarah's site specific architecture proposes a building that has a dialectic relationship with its landscape. Both form each other softly, with earth and fabrics, with water and weather.

Sarah Earney – U17. Y5
IL GRAN LAGO SALATO / GREAT SALT LAKE
Tutors: Yeoryla Manolopoulou, Níall McLaughlin

Il progetto alberghiero intende inglobare e ancorare l'edificio all'interno del proprio sito, in modo che non possa essere immaginato altrove né in un'altra forma. Per fare ciò, il paesaggio stesso verrà formato e rimodellato; l'edificio, a sua volta, per effetto dell'utilizzo e degli agenti atmosferici, plasmerà il paesaggio. Col passare del tempo, in conseguenza dell'occupazione, dell'uso e dell'azione esercitata dall'ambiente circostante, la struttura diventerà sempre più parte del paesaggio. Trovandosi in una zona semidesertica e in una cultura in cui preservazione dell'acqua significa utilizzare ogni singola goccia disponibile, l'edificio vuole essere completamente autosufficiente nel suo fabbisogno idrico.

The hotel project seeks to embed and anchor the building within its specific site such that it cannot be imagined in another place or in another form. The landscape will be formed and modelled in order to make the building, and through its use and weathering, the building will in return form and model the landscape. Over time, through inhabitation, use and the surroundings acting on it, the building will become more and more part of the landscape. Existing in a semi-arid area and in a culture where the 'conservation' of water means using every available drop, the building aims to be completely self-sufficient in its water use.

I CONTORNI SFUMATI DEL POP

SFERA / SPHERE 1
ANELLO / RING 2 [fronte / front]

BLURRING POP

IT La serie di icone che l'industria cinematografica e del giocattolo creano per le ragazze – le principesse Disney con i loro castelli, le casette di fiori per fatine fluttuanti, l'uso onnipresente del rosa – vengono radicalmente respinte dalle scuole di architettura. Perciò il passo che deve compiere uno studente maschio da un universo fatto di sport, avventure, macchinine, alle scelte estetiche di un architetto è molto più breve rispetto a quello richiesto a una studentessa. La cultura e il modo di pensare popolari hanno sempre lottato contro una definizione unica e gerarchica dell'arte e, quindi, contro l'indifferenza delle istituzioni nei confronti della creatività "popolare". Accordare il diritto di modificare l'indirizzo estetico ufficiale a una coorte più diversificata di professionisti potrebbe accrescere la diversità estetica, attenuando le distinzioni eteronormative tra cultura alta e cultura popolare che venivano ancora accettate dalle vecchie generazioni.

EN The set of icons created by toy and film industries for girls – Disney's princesses and their castles, houses made of flowers for floating fairies or the omnipresent use of pink – are radically rejected by architectural schools. The path a male student has to follow from his previous universe made of sports, adventures, toy cars and vehicles to architect's aesthetic preferences is much shorter than the one followed by a female student. Pop culture and attitude have always fought against a unique and hierarchical definition of art and, therefore, against the indifference of institutions towards popular creativity. Giving the right of changing the official aesthetical preference to a more diverse cohort of practitioners could increase aesthetic diversity blurring the heteronormative distinctions among high and the popular cultures that were still accepted by the older generations.

Riprogettare i fantasmi

PAULA VILLAPLANA

Redesigning ghosts

IT Negli ultimi anni si è assistito a un crescente interesse per il mondo dell'occulto che ha occupato la scena dei media più disparati: il gruppo K-Hole ha abbracciato la magia del caos nel suo quinto report, Beyoncé è stata accusata di aver fatto ricorso alla magia nera contro una sua ex compagna di band, per non parlare poi delle storie di case infestate da fantasmi in romanzi, serie TV e film[1]. Tra queste ricordiamo "La vedova Winchester" ["Winchester - The House that Ghosts Built"], un film il cui racconto si sviluppa intorno alla Winchester House di San Jose, in California. A quanto pare la dimora più infestata degli Stati Uniti, e probabilmente anche la più problematica[2]. In un recente articolo, il "Guardian" ha parlato di questa moda delle case infestate, affermando quanto sia inopportuno oggi consumare simili storie di terrore domestico mentre siamo immersi in un lockdown globale e più che mai legati alla casa[3]. Ma a mio avviso tutto ciò non ci dovrebbe in alcun modo impedire di fruire di questo genere di storie.

Il fascino dei temi legati all'occulto è innegabile. E lo è anche il rapporto costi/efficacia a vantaggio dei media e dell'industria cinematografica. Queste storie sono tutt'altro che innocue. Esse hanno creato infatti un'immagine estremamente coerente del rapporto tra donne e spiriti, che raramente viene analizzato e messo in discussione. Dato che in gran parte svolgono la funzione di intratteneci e divertirci, siamo portati a consumarle in modo acritico. Tutt'al più, potremmo definirli piaceri colpevoli. E il piacere ha la meglio quando continuiamo a imbottirci di storie in cui le donne entrano in scena come vittime o carnefici in virtù dei capricci feroci di spettri temibili. L'immagine della strega cattiva, della sposa fantasma o di fantasmi insaziabili è onnipresente nei media, e raramente viene contestata, sebbene di recente ci sia stato un tentativo di contrastare o ridimensionare queste narrazioni.

EN In the past few years, there's been an increased interest in the occult manifested through a wide range of media: K-Hole embraced chaos magic in their fifth report, Beyoncé was accused of using black magic on a former bandmate, and there's been an avalanche of haunted house fictions in the form of novels, series and films.[1] Among them is "Winchester (The House that Ghosts Built)", a tale around the building of the Winchester House in San Jose, California. Allegedly the most haunted house in the US, the Winchester mansion could be the most problematic one as well.[2] In a recent article, *The Guardian* mentioned the haunted houses' trend, stating the inconvenience of consuming these domestic terror stories today while we are undergoing global lockdowns and are more tied to the home than ever.[3] This, in my view, is not what should be preventing us from consuming such stories.

The appeal of occult-related topics seems undeniable. So is its cost effectiveness for the film and media industries. These fictions are far from innocuous. They have crafted a very consistent image of the relationship of women with spirits, which is rarely questioned or subverted. Because they are mostly entertaining, we consume them uncritically. At most, we'd call them *guilty pleasures*. And pleasure prevails as we continue to absorb plots in which women take the stage as victims or perpetrators of atrocious ghostly whims. The image of the evil witch, the ghost bride, or the longing spirit are ubiquitous in the media, and are rarely contested. There have been, however, recent attempts to counteract or nuance these narratives.

In 2016, MOMA showcased Tony Oursler's *Imponderable* archive of occult and magic practices, a vast collection of photographs, objects, and memorabilia that account for a visual depiction of haunting

Nel 2016, il MoMA ha messo in mostra l'archivio di Tony Oursler *Imponderable* incentrato sulle pratiche di magia e occultismo: una vasta collezione di fotografie, oggetti, e cimeli che offre una rappresentazione visiva del tema dello spiritismo molto diversa da quella abitualmente diffusa dalla cultura di massa. L'obiettivo di Oursler è inscrivere i fantasmi (e i canali attraverso i quali si manifestano) in una genia di professionisti visivi e pionieristici, meritevoli di un posto di rilievo nella storia dell'arte. Nel 2019 il Guggenheim ha presentato una retrospettiva dei famosi dipinti di spettri di Hilma Af Klint. La mostra si intitolava *Paintings for the Future*, e metteva in risalto il potenziale visionario derivante da una collaborazione artistica con gli spettri.

A questo punto viene da chiedersi: quand'è che i fantasmi si sono mostrati interessati a fare il loro ingresso nel mondo dell'arte?

Per quanto possa sembrare sconcertante per il lettore contemporaneo, c'è stato un periodo a cavallo tra il XIX e XX secolo in cui le pratiche occulte erano viste come potenti strategie rivoluzionarie. E per di più erano appannaggio principalmente delle donne.

Storiche come Anne Braude e Molly McGarry hanno messo in relazione l'ascesa dello Spiritualismo alla fine del XIX secolo con il movimento per il suffragio femminile, entrambi nati vicino a Rochester (New York) nel 1848[4]. La pratica delle sedute spiritiche, sostengono le due studiose, diede alle donne dotate di poteri medianici l'opportunità di occupare la scena e dare voce al mondo femminile che in quel periodo ne era totalmente privo. Si diceva allora che canalizzando gli spiriti maschili, le medium davano vita a diverse forme di scrittura automatica, a dipinti o a vere e proprie conferenze. Durante la trance le sensitive Achsa Sprague e Cora Hatch discutevano di diritti di proprietà per le donne,

which differs from the one usually cast in pop culture. Oursler aims to situate ghosts (and the mediums that channel them) in a lineage of pioneering visual practitioners, deserving their own rubric in art histories. In 2019 the Guggenheim opened a retrospective on Hilma af Klint's spirit paintings. The show was titled *Paintings for the Future*, pointing to the visionary potential of an artistic partnership with spirits.

One may ask at this point: when did ghosts get interested in intervening the art world?

As shocking as it may seem to the contemporary reader there was a period in the turn of the 19th to the 20th century where occult practices were seen as empowering and revolutionary strategies. They were also mainly driven by women.

Historians such as Anne Braude and Molly McGarry have related the rise of Spiritualism in the late 19th century to the women's suffrage movement, both emerging near Rochester (New York) in 1848.[4] The Spiritualist Séance, they argue, gave female psychics the opportunity to take the stage and gain a voice women lacked during the period. Allegedly channeling male spirits, psychic mediums delivered automatic writings, spirit paintings, and trance lectures. In their speeches, trance lecturers like Achsa Sprague and Cora Hatch discussed property rights for women, dress reform, divorce, and free love. The female body was perceived as the ideal vessel for spirits, and the proficiency of spiritualist productions stood as a proof of the authenticity of the phenomena since women were considered incapable of any intellectual achievement.

In her essay *Jugendstil visions: occultism, gender and modern design pedagogy*, the architectural historian Zeynep Çelik Alexan-

di riforma dell'abbigliamento, di divorzio e di amore libero. Il corpo femminile era percepito come il contenitore ideale per canalizzare gli spiriti, e il livello delle produzioni spiritualiste era la prova dell'autenticità di quei fenomeni in quanto le donne erano considerate incapaci di qualunque realizzazione intellettuale.

Nel suo saggio *Jugendstil visions: occultism, gender and modern design pedagogy*, la storica dell'architettura Zeynep Çelik Alexander racconta i tentativi di Hermann Obrist di appropriarsi delle pratiche occulte e di trasformarle in metodologie di progettazione[5]. Il testo riporta le esperienze di Obrist alla Debschitz Art School di Monaco all'inizio del Novecento, quando, dopo aver osservato le opere delle donne prodotte in stato di trance, egli esplorò il potenziale dell'intelligenza inconscia. Obrist incoraggiò la creazione attraverso il risveglio psichico, scatenando il subconscio di ciascuno e portandolo a disimparare qualsiasi dottrina precedente.

Il lavoro del subconscio potrebbe liberare le artiste dalle costrizioni sociali e educative? Zeynep Çelik Alexander percepisce il potere dell'ansia sociale di innescare una tale possibilità e che la modernità non poteva spingersi oltre; nonostante le premesse egualitarie dell'esperimento, le produzioni maschili e femminili sarebbero state comunque trattate in modo diverso – le prime come arte libera, le seconde come arti applicate.

Le esperienze che abbiamo citato parlano di un periodo in cui emerge l'opportunità per le donne di guidare un cambiamento di paradigma nei processi artistici in grado di sfidare in modo creativo i limiti sociali e le restrizioni economiche basate sulla distinzione di genere. Sono inoltre la spia di una produzione consistente di opere nelle forme più svariate: scritti, dipinti, progetti e edifici per i quali l'attribuzione non è stata ancora adeguatamente indagata. Se confrontiamo

der recounts Hermann Obrist's attempts to appropriate occult practices and turn them into design methodologies.[5] The text reveals Obrist's experiences at the Debschitz Art School in Munich during the early 1900s, when, after observing the works produced by women under a trance state, Obrist explored the potential of unconscious intelligence. Obrist encouraged creation through psychical awakening, unleashing each's subconscious self and thus unlearning any previous doctrine.

Could subconscious work liberate women artists from their social and educational constrictions? Zeynep Celik Alexander perceives that the social anxiety this possibility triggered and that modernity could not surpass; despite the egalitarian premises of the experiment, male and female productions would still be treated differently – the first as free art, the latter as applied arts.

The experiences described above speak of a moment in which the opportunity surfaces for women to lead a paradigm change in artistic processes that very creatively challenged social limitations and economic restrictions based on gender. It also reveals a massive production of works in many forms and media: writings, paintings, design, and buildings whose authors have not been properly credited yet. If we compare the cases of Hilma af Klint and Sarah Winchester, we might even detect a tendentious rewriting of some legacies. Despite the liberating possibilities of embracing Spiritualist practices, the connection with the Spiritualist movement would overshadow the talent of these practitioners in the long run.

Hilma Af Klint painted more than one thousand works that made the bulk of her "paintings for the Temple". She is starting to be recognized as a pioneer of abstraction today. Her work indeed predates renowned

i casi di Hilma Af Klint e Sarah Winchester, possiamo anche osservare una riscrittura tendenziosa di determinate eredità. Nonostante le possibilità liberatorie derivanti dall'abbracciare le pratiche spiritualiste, il legame con il movimento spiritualista alla lunga avrebbe messo in ombra il talento di queste praticanti.

Hilma Af Klint dipinse più di mille opere che costituiscono la maggior parte dei suoi "dipinti per il Tempio", ma solo oggi comincia a essere riconosciuta come pioniera dell'Astrattismo. Il suo lavoro è anteriore a quello di personaggi famosi, quali Paul Klee, Vasilij Kandinskij o Joseph Albers, eppure viene raramente citata nei libri d'arte. Tra la fine del XIX secolo e l'inizio del XX, Hilma Af Klint dipingeva sotto la guida degli spiriti e condivideva volentieri la titolarità delle sue opere con siffatti compagni, modalità, che certo le garantì autonomia di azione e libertà di scelta, ma che contribuì anche a mantenere nell'ombra il suo nome per decenni.

Il caso di Hilma Af Klint contrasta con la famigerata leggenda di Sarah Winchester, erede della fortuna Winchester Rifle e costruttrice della Winchester "Mystery" House. The Winchester "Mystery" House è diventata un'attrazione spiritica da quando Sarah Winchester morì all'inizio del XX secolo. L'edificio è un raro esempio di architettura vittoriana e conta più di 160 camere da letto, che si dice siano state progettate per placare le anime delle vittime del fucile Winchester, altrimenti noto come il "fucile che conquistò il West". La responsabilità dell'espansione verso ovest si interseca qui con la vita di una vedova che passò più di trent'anni a progettare e ampliare la sua casa privata. Trasformato in un parco architettonico a tema vittoriano, questo luogo è assurto a esempio paradigmatico e a modello sul quale nel corso del XX secolo è stato edificato il complesso per antonomasia dell'industria dell'intrattenimento del genere "Haunted House". Perfino l'attrazione più

figures such as Paul Klee, Wassily Kandinsky or Joseph Albers. Nevertheless, she is seldom listed in arts books along with those of the male masters, or is only a footnote. Hilma Af Klint painted under the command of spirits and willingly shared the authorship of her work with her spirit ally, a tool that granted her great agency in the turn of the previous century, but that has also kept her name in the dark for decades.

The case of Hilma Af Klint contrasts with the infamous legend of Sarah Winchester, heiress of Winchester Rifle fortune and builder of the Winchester "Mystery" House. The Winchester "Mystery" House has been operating as a haunted attraction from the moment Sarah Winchester died, in the early 20th century. The building is a Victorian rarity and counts more than 160 bedrooms that were allegedly designed to soothe the souls of the victims of the Winchester rifle, also known as the "gun that won the west". The guilt of westward expansion is here entangled with a widow who spent more than thirty years designing and building expansions of her private home. Converted into a Victorian-themed architecture park, this place has become a paradigmatic case study and the model upon which the Haunted House Industrial Entertainment Complex has been built during the 20th century. Disneyland's most iconic attraction, the Haunted House, is even inspired by the Winchester House.

That the house functions as an amusement park overshadows Sarah Winchester's proficiency as the chief designer of a unique piece of Victorian domestic architecture. A contemporary of Louise Blanchard Bethune, Sarah Winchester is seldom recognized as one of the first women architects in the US. Instead, her achievements are attributed to other entities – the spirits of the Winchester rifle victims.

iconica di Disneyland, la Haunted House, si è ispirata alla Winchester House.

Il fatto che la magione funzioni come parco dei divertimenti relega in secondo piano il talento di Sarah Winchester come progettista di un pezzo unico di architettura domestica vittoriana. Coeva di Louise Blanchard Bethune, raramente Sarah Winchester viene riconosciuta come il primo architetto donna degli Stati Uniti. Le sue realizzazioni sono infatti attribuite a ben altre entità: gli spiriti delle vittime del fucile Winchester.

Hilma Af Klint sollecitava attivamente il mondo degli spiriti per creare il suo lavoro, ma nel caso di Sarah Winchester non ci sono prove di un suo eventuale collegamento con il movimento spiritualista. Se Hilma Af Klint era guidata da entità ultraterrene, Sarah Winchester ne era invece in qualche modo afflitta. La leggenda degli spiriti desiderosi di vendicarsi del casato Winchester narrata attraverso libri, guide turistiche, siti web, parchi di divertimento e film sminuisce in realtà l'opera di Sarah Winchester arrivando a stravolgere i riferimenti storici della casa e l'eredità delle pratiche occulte femministe. Il fatto che Hilma Af Klint e Sarah Winchester non siano celebrate come pioniere nei loro rispettivi campi è indicativo di come la narrazione del terrifico mondo dei fantasmi, onnipresente nella cultura di massa, abbia in definitiva contribuito a marginalizzare nel tempo i discorsi non egemonici. La lettura di Silvia Federici che vede la caccia alle streghe procedere in parallelo con l'ascesa del capitalismo può essere qui evocata a ragion veduta, in quanto permette di analizzare la scomparsa del movimento spiritualista e la soppressione di queste voci radicali come il tentativo di tenere le donne lontane dai sistemi di produzione e dal potere politico ed economico[6]. La non inclusione di queste donne nella storia dell'arte o dell'architettura è anche il risultato di uno sforzo transmediale volto a stravolgere una storia di radicalità

Hilma af Klint actively took spirit command to produce her work, but in the case of Sarah Winchester there is no evidence, however, that she had any ties to the spiritualist movement. If Hilma af Klint was guided by spirits, Sarah Winchester was chased by them. The retelling of the legend of the Winchester's vengeful spirits through books, travel guides, websites, amusement parks, and films diminishes the work of Sarah Winchester as much as it perverts the history of the house as a historical landmark and the legacy of feminist occult practices. The fact that both Hilma af Klint and Sarah Winchester have not transcended as pioneers in their field reveals the ways in which the narrative of the frightening ghost, hyper present in pop culture, has ultimately aided to marginalize non-hegemonic discourses over time. Silvia Federici's reading of witch-hunting in parallel to the surge of capitalism can be here echoed to analyze the demise of the spiritualist movement, and the suppression of these radical voices as an effort to keep women aside from labor structures and political and economic power.[6] The non-inclusion of these women in art or architectural histories is also the result of a transmedia effort to overturn a radical history into a distorted, suitable-for all fiction, and the popular media has long helped sugarcoat the process.

As women architects and artists today, we might want to ask: where can we look for references? Is there still any opportunity for women to regain control of the narrative?

When we look at the work that Catrina Stewart, Sara Martinez Zamora, and Ana Alonso have presented at *Cosmowomen*, we feel a fresh breath of optimism. The work of these three architects use pop instruments to produce strategies for dismantling and rewriting some of the tropes that have tied women to nonsymmetrical productive sys-

in un immaginario distorto e alla portata di tutti, laddove i media popolari hanno a lungo contribuito ad attenuarne il processo.

Come architette e artiste oggi potremmo chiederci: quali sono i nostri riferimenti? C'è ancora una possibilità per le donne di riprendere il controllo della narrazione?

Quando guardiamo il lavoro che Catrina Stewart, Sara Martinez Zamora e Ana Alonso hanno presentato per *Cosmowomen*, sentiamo un fresco soffio di ottimismo. Nei loro progetti queste tre architette utilizzano strumenti della cultura di massa per creare strategie di smantellamento e riscrittura di stereotipi che storicamente hanno legato le donne a sistemi produttivi asimmetrici e le hanno private del potere sia in ambito domestico sia più in generale nel tessuto urbano. Catrina Stewart immagina nuovi tipi di mediazione tra inquilini e infrastrutture ambientali, Sara Martinez Zamora riflette sulle future forme di proprietà fondiaria e Ana Alonso offre una giocosa rielaborazione del contratto sociale che vede le donne associate ai lavori domestici. In sintonia con le istanze di Silvia Federici per il salario del lavoro domestico, Alonso si avvale dei social media come strumenti per riconoscere, potenziare, e in ultima analisi ridefinire il ruolo dello spazio domestico come forza lavoro[7]. Tutte queste opere evidenziano la necessità di rinegoziare criticamente e visivamente la posizione delle donne nei sistemi di produzione. Invece di far assurgere la cultura di massa a media totalizzante, le tre artiste si infiltrano nei suoi strati e si appropriano dei suoi strumenti per creare visioni nuove e liberatorie. In definitiva questo approccio è uno dei modi migliori per infestare la pratica dell'architettura e riempirla con modelli di voci femminili, che da troppo tempo ci erano state sottratte. Capire il gioco e rielaborare le regole, segnando l'inizio di una nuova era cosmologica, tecnologica e programmatica per le donne in architettura.

tems and that have historically disempowered them both in the domestic space and the urban tissue at large. Catrina Stewart envisions new types of mediations between tenants and environmental infrastructures, Sara Martinez Zamora speculates on future forms of land ownership, and Ana Alonso offers a playful reworking of the social contract binding women to housework. In a move that relates to Silvia Federici's claims for wages against housework, Alonso makes use of social media channels to recognize, empower, and ultimately redefine the role of domestic space as workforce.[7] All three works point to the necessity of renegotiating the place of women in production systems critically and visually. Instead of assuming pop as a totalizing media, they infiltrate its layers and appropriate its tools to create new and liberating visions. These paths are among the best ways to haunt the practice of architecture and fill it with the models of female voices we have long been missing. They understand the game and rework the rules, marking the beginning of a new cosmological, technological, and programmatic era for women in architecture.

Note

1 K-HOLE n. 5, *A Report On Doubt*, (primo marzo 2016). Consultato il 13 novembre 2020 sul sito http://khole.net/issues/05/

2 *La vedova Winchester*, film diretto da Michael e Peter Spierig, Lionsgate CBS Films, 2018.

3 Steve Rose, "Home Discomforts: Why Haunted-House Horrors Are Making a Comeback", 19 ottobre, 2020. https://www.theguardian.com/film/2020/oct/19/why-haunted-house-horrors-are-more-resonant-than-ever-shirley-rebecca?CMP=Share_AndroidApp_Other.

4 Si veda Ann Braude, *Radical Spirits Spiritualism and Women's Rights in Nineteenth-Century America*, Indiana University Press, Bloomington, IN, 2013 e Molly McGarry, *Ghosts of Futures Past: Spiritualism and the Cultural Politics of Nineteenth-Century America*, University of California Press, Berkeley (CA) 2012.

5 Zeynep Çelik Alexander, *Jugendstil Visions: Occultism, Gender and Modern Design Pedagogy* in "Journal of Design History" vol. 22, n. 3, settembre 2009, pp. 203-26. https://doi.org/10.1093/jdh/epp025.

6 Silvia Federici, *Caliban and the Witch: Women, the Body and Primitive Accumulation*, Autonomedia, Brooklyn (NY) 2014. Edizione italiana: *Calibano e la strega. Le donne, il corpo e l'accumulazione originaria*, Mimesis edizioni, Milano-Udine 2015.

7 Silvia Federici, *Wages against Housework*, Power of women collective e Falling Wall Press, Bristol-Londra 1975.

Notes

1 K-HOLE #5, *A Report On Doubt*. (2016, March 01). Retrieved November 13, 2020, from http://khole.net/issues/05/

2 *Winchester*. Dir. Michael and Peter Spierig. Lionsgate CBS Films, 2018. Movie.

3 Rose, Steve. "Home Discomforts: Why Haunted-House Horrors Are Making a Comeback," October 19, 2020. https://www.theguardian.com/film/2020/oct/19/why-haunted-house-horrors-are-more-resonant-than-ever-shirley-rebecca?CMP=Share_AndroidApp_Other.

4 See: Braude, Ann. *Radical Spirits Spiritualism and Women's Rights in Nineteenth-Century America*. Bloomington, IN: Indiana University Press, 2013; and McGarry, Molly. *Ghosts of Futures Past: Spiritualism and the Cultural Politics of Nineteenth-Century America*. Berkeley, CA: University of California Press, 2012.

5 Alexander, Zeynep Celik. "Jugendstil Visions: Occultism, Gender and Modern Design Pedagogy." *Journal of Design History* 22, no. 3 (2009): 203–26. https://doi.org/10.1093/jdh/epp025.

6 Federici, Silvia. *Caliban and the Witch*. Brooklyn, NY: Autonomedia, 2014.

7 Federici, Silvia. *Wages against Housework*. Bristol: Power of women collective jointly Falling Wall Press, 1975.

Catrina Stewart – U12. Y5
LA FATTORIA: COLORE PER UN'ARCHITETTURA PIÙ VERDE
/ THE FARM HOUSE: COLOUR FOR A GREENER ARCHITECTURE
Tutors: Elizabeth Dow, Jonathan Hill

La Torre della Fattoria è un nuovo modello di agricoltura urbana e di vita comunitaria autosufficiente, alimentata dall'energia prodotta dai rifiuti. Il duplice programma – di agricoltura intensiva e di produzione di energia – richiede una notevole densità abitativa nella progettazione delle torri e una limitazione dello spazio personale. Chi rispetta le norme di locazione viene ricompensato con spazio e privacy aggiuntivi, conferendo un'aria un po' sinistra a questa architettura variopinta, con le sue connotazioni punitive viste come un'allegoria della sostenibilità contemporanea.

The Farmhouse Tower is a new model for urban farming and self-sufficient communal living, powered by the energy created from waste. Twin programmes – intensive agriculture and energy production – require the towers to be densely planned and personal space is limited. Those who abide by the tenancy rules are rewarded with additional space and privacy, allowing this colourful architecture to be more sinister, with its punitive overtones seen as an allegory of contemporary sustainability.

GINECEO / GYNAECEUM

Sara Martinez Zamora – U13. Y5

SVILUPPARE LA CINTURA VERDE: LA PROPOSTA DI UN TERRENO COMUNE / HACKING THE GREEN BELT: A PROPOSAL FOR A COMMON GROUND

Tutors: Sabine Storp, Patrick Weber

Nel contesto dell'attuale crisi immobiliare londinese, il progetto esamina la questione della terra e della sua indisponibilità. Nel tentativo di liberare nuovi terreni, esso assume la forma di un manifesto per promuovere la concessione e lo sviluppo di una cintura verde per una nuova edilizia abitativa. Attraverso la reinterpretazione della normativa vigente, il manuale della "buona progettazione" sfrutta le scappatoie che permettono di proporre nuove tipologie abitative nelle realtà rurali. Questi insediamenti promuovono nuovi tipi di proprietà terriera.

In the context of the current housing crisis in London, the project studies the issue of land and its lack of availability. Attempting to unlock new land, the project takes the form of a manifesto advocating for the release and development of the green belt for a new type of housing. Through the reinterpretation of the current legislation, the 'good design' guide utilises the loopholes that allow for the proposal of a new village typology. These settlements promote new types of land ownership.

GINECEO / GYNAECEUM

Ana Alonso – U22. Y5
DOLCE CONCILIAZIONE / SWEET CONCILIATION
Tutors: Izaskun Chinchilla, Carlos Jimenez

Grazie a YouTube, un gruppo di casalinghe spagnole ha creato una rete di supporto e influenza sulla gestione della casa, un'occupazione di cui sono orgogliose e per la quale si sentono molto preparate. I media hanno attirato l'attenzione sulla popolarità di queste donne, che a volte sono state anche messe in ridicolo, suscitando l'irritazione del pubblico. Il progetto riflette su questo fenomeno, mostrando come le casalinghe YouTuber siano le protagoniste dell'attuale dibattito femminista. La loro attività online viene interpretata come una forma di attivismo in difesa dei diritti delle donne e come un modo di vivere procreativo.

Through YouTube, a group of Spanish housewives have created a network of support and influence about housekeeping, a job they are proud of and brilliant at. The media have drawn attention towards the popularity of these women. Some of the coverage has gone as far as considering it an object of ridicule, generating cringing reactions amongst the audience.The project reflects on this phenomenon. It considers YouTuber housewives as relevant actors in contemporary feminist discourses. Their online activity is interpreted as a form of activism, in defense of women's rights and reproductive living.

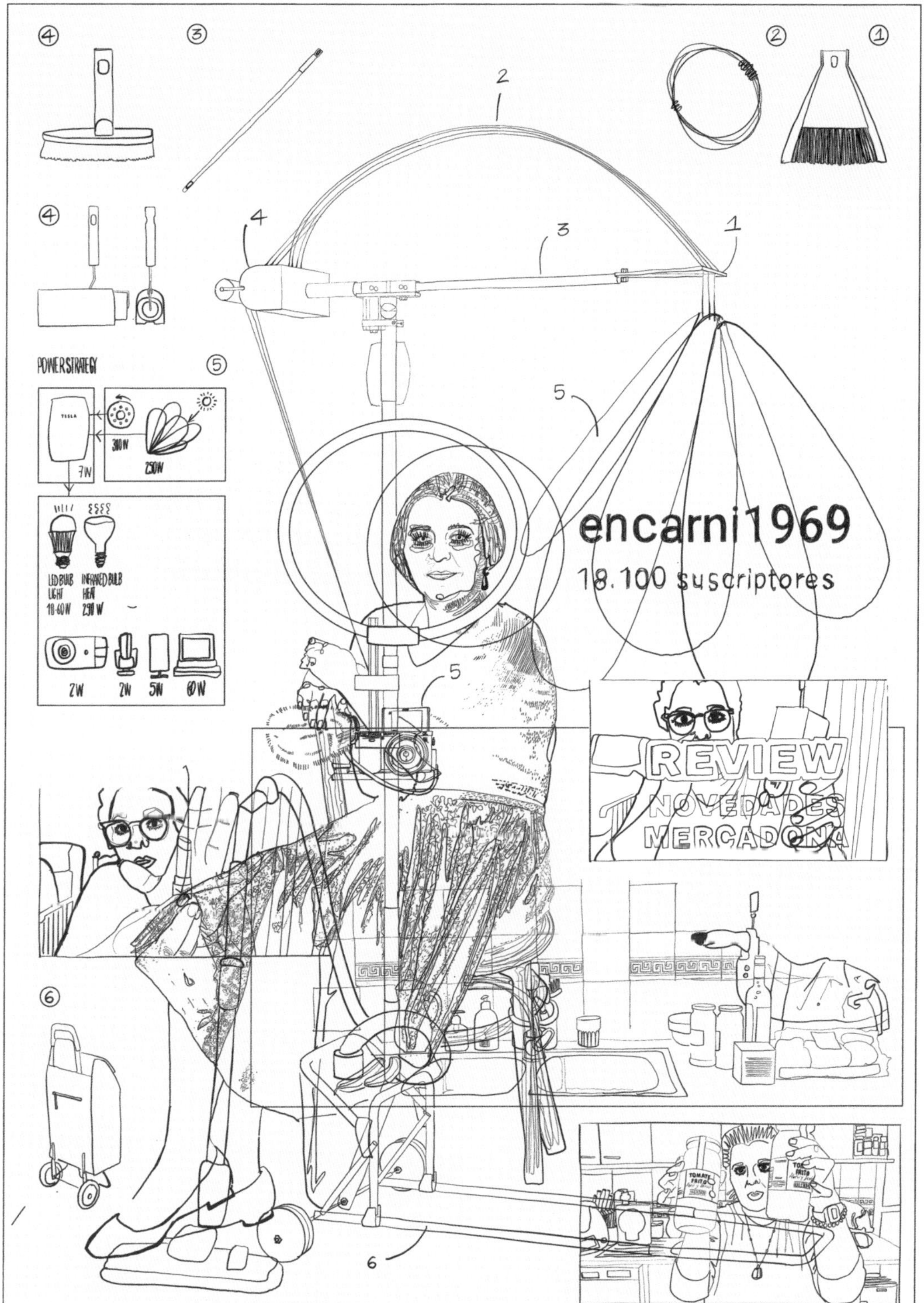
POWER STRATEGY
TESLA
7W
300W
250W
LED BULB LIGHT 18-60W
INFRARED BULB HEAT 250W
2W
2W
5W
60W
encarni1969
18.100 suscriptores
REVIEW
NOVEDADES
MERCADONA
TOMATE FRITO

Ana Alonso – U22. Y5

GINECEO / GYNAECEUM

PROTEZIONE ESSENZIALE

SFERA / SPHERE 1
ANELLO / RING 2 [retro / back]

VITAL PROTECTION

IT Ci sono corpi che tradizionalmente sono stati protetti con materiali rigidi (scudi, armi, armature); altri invece sono stati oggetto di attenzioni che prevedevano ogni sorta di materiale leggero. Pizzi, tatuaggi, lingerie e indumenti di seta sono alcuni dei prodotti di una cultura di materiali di "protezione" alternativi. Ma non solo: il corpo è stato protetto anche con il canto, la preghiera, la magia e le diete. Questo ci porta a interrogarci: può l'esperienza comune della cura di un corpo debole, che non sopravvivrebbe a una protezione rigida, arricchire la tavolozza degli architetti di nuove culture materiali?

EN Whereas some human bodies have been traditionally protected with rigid materials (shields, weapons, armours) some others have been the object of all sorts of light material cultures of caring. Lace, tattoo, lingerie or silk garments are examples of alternative material cultures of protection. A step beyond, bodies have also been protected by singing, praying, spells or diets. Might the shared experience of caring a weak body, that cannot survive rigid protection, bring new material cultures to the architectural palette?

Chi ha paura del lupo cattivo[1]

MIREIA LUZARRAGA

Who's afraid of the big bad wolf[1]

IT Tradizionalmente l'architettura si è occupata di organizzare lo spazio dell'uomo e la sua cultura. Il suo principale obiettivo è sempre stato quello di proteggere l'essere umano dalle minacce dell'ambiente attraverso la costruzione di un riparo che gli assicurasse protezione dalle tante circostanze della vita, fossero esse condizioni climatiche avverse, animali selvaggi o anche possibili invasioni di popoli sconosciuti. È sempre stato così, o almeno è quello che ci hanno fatto credere dall'inizio della modernità. L'architettura è diventata tanto più sofisticata e raffinata quanto più si è allontanata dal suo ambiente e si è convertita in un elemento isolato e autosufficiente.

E questo è quello che abbiamo imparato anche dalle favole, che sono i ritratti più fedeli delle società che le tramandano. La popolare fiaba ottocentesca *I tre porcellini* è stata recuperata da Walt Disney nel 1933 a mo' di parabola per illustrare la situazione degli Stati Uniti dopo il crollo del 1929. Il racconto spiega come il risparmio e un atteggiamento previdente, simboleggiati dalla costruzione solida di mattoni, ci aiuteranno a difenderci dal nemico – l'instabilità del sistema – impersonato dal lupo feroce, che si accanisce contro le due case dei porcellini spensierati, costruite con materiali meno robusti come la paglia e le canne. Sostenuto da alcuni settori dell'economia del suo Paese, in questo cartone animato Disney fa un'apologia dell'individualismo, del capitalismo e del libero mercato, e al tempo stesso difende il ricorso al mattone.

Nel corso della nostra carriera professionale abbiamo sperimentato come questi valori tradizionali dell'architettura non solo sono stati interiorizzati dalla nostra cultura attraverso le usanze e le favole, ma anche che la normativa ne è un riflesso a tal punto che siamo dovuti diventare esperti nell'individuazione dei punti deboli dei regolamenti tecnici e costruttivi europei. Nel 2017 abbiamo

EN Traditionally architecture has concerned itself with organizing the space of human beings and their culture. Its principal aim has always been to provide protection from threats in the environment through the construction of a shelter from the many circumstances of life, be these adverse climatic conditions, wild animals or even invasions by unknown peoples. It has always been like this, or at least it is what we have been led to believe since the beginning of modernity. Architecture has become more sophisticated and refined the more it has moved away from its environment and turned into an isolated and self-sufficient element.

And this is what we also learnt from fables, which are the truest portraits of the societies that pass them down. The popular nineteenth-century fable of the Three Little Pigs was drawn on by Walt Disney in 1933 as a parable to illustrate the situation in the United States after the collapse of 1929. The story explains how saving and a far-sighted attitude, symbolized by the solid brick construction, will help us to defend ourselves from the enemy – the instability of the system – embodied by the ferocious wolf, who attacks the houses of the two thoughtless pigs, built with less solid materials such as straw and sticks. Supported by some sectors of the US economy, in this animated film Disney offers an apology of individualism, capitalism and the free market, and at the same time defends the resort to bricks and mortar.

In the course of our professional career we have found that these traditional architectural values have not only been interiorized by our culture through customs and tales, but also that they are reflected in norms to the point that we have had to become experts in identifying the weak points of European technical and construction regulations. In 2017 we designed an infrastructure inside

progettato un'infrastruttura all'interno di un museo le cui pareti erano costituite da cornici di legno rivestite di tele piegate su se stesse. La normativa spagnola non prevede che una parete interna sia flessibile, porosa e suscettibile a determinate aggressioni. Nonostante ciò, se lo stesso identico elemento è classificato nella relazione tecnico-descrittiva del progetto come oggetto decorativo (una tenda, un paravento...) gli ingegneri competenti daranno il via libera alla costruzione. È notevole come le istituzioni compiano un grande sforzo attraverso normative, test e certificazioni per distinguere con estrema precisione quello che l'architettura è da quello che non è, sottolineando che essa deve essere fatta da esperti e deve soddisfare determinate funzioni e caratteristiche e relegando gli elementi più blandi a categorie minori che non hanno niente a che vedere con essa.

Nel nostro progetto "Mountain" abbiamo messo in discussione questa idea tradizionale del tramezzo stagno e solido e abbiamo costruito una cupola fatta come un "vestito su misura" flessibile, poroso, leggero, che lasciava passare la luce e l'aria e interagiva anche con i fiori come un elemento di intermediazione fra produzione, pubblico e medio ambiente.

L'obiettivo era creare una zona di relax per una comunità di giovani che fossero al contempo progettisti, costruttori e fruitori dello spazio e non avessero esperienza in nessuno di questi campi. Noi abbiamo fornito una struttura e un sistema di costruzione, e loro hanno fatto il resto. La struttura era formata da sezioni orizzontali e verticali di MDF che davano la forma al vestito, come unacrinolina[2]. Per la costruzione del tessuto si è utilizzato un modello del tramezzo a moduli esagonali. A ogni membro della comunità è stato assegnato un tipo di modulo che andava progettato con le tecniche proprie dell'industria tessile: creazione del modello, taglio e

a museum, the walls of which consisted of wooden frames covered with pieces of canvas folded over and back upon themselves. Spanish regulations make no provision for interior walls being flexible, porous and susceptible to certain aggressions. Despite this, if the exact same element is classified in the descriptive technical report of the project as a decorative object (a curtain, a screen...), the building engineers will approve the construction. It is remarkable how much effort institutions make in the shape of norms, tests and certification procedures to distinguish with extreme precision what architecture is from what it is not, stressing that it must be carried out by experts and must satisfy particular functions and characteristics, relegating blander elements to minor categories that have nothing to do with it.

In our project, *Mountain*, we called into question this traditional idea of the solid, hermetic partition wall, and we built a dome made like a flexible, porous and light "made-to-measure dress". This allowed the light and air to pass through it and also interacted with the flowers like an element of intermediation between production, the public and the environment.

The aim was to create a relaxation area for a community of young people who were at one and the same time the designers, builders and users of the space, and who had no experience in any of these fields. We provided a structure and a system of construction, and they did the rest. The structure consisted of horizontal and vertical sections of medium-density fibreboard (MDF), which gave shape to the dress, like crinoline.[2] For the construction of the fabric a pattern of insert with hexagonal modules was used. Each member of the community was assigned a type of module that was to be designed with the techniques of the textile industry: creation of the model, cutting and running

confezione. Il risultato finale è stato un assemblaggio dei quattordici tipi di modulo, ciascuno dei quali realizzato da una delle persone coinvolte. Il rivestimento sembrava un unico vestito, ma vi si poteva distinguere senza alcuna fatica la paternità delle diverse persone che lo avevano prodotto. Il processo di costruzione è stato un momento di negoziazione fra le quattordici individualità coinvolte nell'esecuzione del progetto e non un processo gerarchico nel quale una persona decide e il resto dell'équipe segue le istruzioni. È stato creato uno spazio a partire da una tecnica insolita nella costruzione dell'architettura, una tecnica tradizionalmente portata avanti dalle donne, e che quindi storicamente ha avuto un riconoscimento economico minore, ma non per questo meno sofisticata. Ricordiamo che, per quanto l'industria tessile spagnola goda di ottima salute, il mestiere di sarta ha subito un'enorme precarizzazione negli ultimi decenni durante i quali sono state chiuse centinaia di aziende a causa della delocalizzazione dell'industria, che continua a rendere precarie le donne di altre zone del pianeta.

Il progetto più grande che abbiamo realizzato finora è un padiglione provvisorio di 1.500 metri quadri per una fiera del turismo. Per quanto si possa considerare poco sostenibile la costruzione di un oggetto così grande da usare soltanto tre giorni, abbiamo voluto pensare al padiglione in termini ecologici e portare il discorso oltre la riduzione dell'impronta del carbonio attraverso l'utilizzo di materiali riciclabili e riciclati. A causa della provvisorietà del padiglione, della sua grande estensione e del periodo limitato di montaggio, una percentuale elevata del budget è stata destinata agli operai incaricati di assemblare la struttura. Abbiamo poi deciso che questa somma fosse distribuita in modo equo in termini di genere, impiegando lo stesso numero di uomini e donne, e che queste persone godessero di buone condizioni di lavoro. Il padiglione era costituito da moduli

up. The final result was an assemblage of the fourteen types of module, each realized by one of the people involved. The cladding seemed to be a single dress, but it was possible to distinguish without any difficulty the authorship of the different individuals who had produced them. The construction process was a moment of negotiation between the fourteen individualities involved in the execution of the project, and not a hierarchical process in which one person decides and the rest of the team follows instructions. A space was created with an unusual architectural construction technique, a technique traditionally practised by women, and which historically has therefore received less economic recognition, but which is not any the less sophisticated because of it. It should be recalled that, though the Spanish textile industry is in good health, the role of the seamstress has become extremely precarious in the last few decades, during which hundreds of firms have closed due to off-shoring of the industry, which continues to make the lives of women in other areas of the planet precarious as well.

The largest project we have undertaken so far is a 1,500 m^2 temporary pavilion for a tourism fair. Although one might regard it as unsustainable to construct such a large object to use for just three days, we wanted to conceive the pavilion in ecological terms and to look beyond simply reducing the carbon footprint through the use of recyclable and recycled materials. Due to the temporary nature of the pavilion, its large size and the limited set-up period, a considerable proportion of the budget was devoted to the workers tasked with erecting the structure. We decided that this sum should be distributed equitably in terms of gender, employing the same number of men and women, and that they should enjoy good working conditions. The pavilion comprised 3 × 3 metre modules which, once the event was over,

di 3 metri per 3 che una volta concluso l'evento avrebbero potuto essere collocati separatamente nelle trenta istituzioni clienti; questi moduli, inoltre, si dividevano in una serie di pezzi molto leggeri, di meno di dieci chili, e in tal modo erano facilmente maneggiabili da una o più persone, il cui compito principale consisteva nell'assemblare la struttura con della bulloneria.

La progettazione e la costruzione dell'architettura sono condizionate dalla presenza di molti fattori e dalle relazioni fra di essi, di modo che: quando progettiamo una parete capace di ricevere l'impatto di un martello, chi la usa la colpirà, se invece la progettiamo di modo che non possa subire colpi, chi la usa ne avrà cura. Attraverso la scelta dei materiali possiamo agevolare atteggiamenti più pacifici o più aggressivi. Quando progettiamo una parete con le stesse tecniche costruttive che sono state utilizzate nell'architettura moderna, in molti casi stiamo favorendo determinate economie privilegiate. Attraverso la scelta delle tecniche costruttive si possono equilibrare le differenze fra le industrie o al contrario si possono acuire.

Quando progettiamo una parete di materiali pesanti che possono essere maneggiati solo da persone di una determinata fisicità, le stiamo sottoponendo a sforzi eccessivi che si ripercuoteranno sulla loro salute e stiamo anche escludendo dal lavoro determinati settori della società.

L'approccio alla pratica architettonica in questa sezione intitolata "Protezione essenziale" raccoglie, sia nella progettazione sia nel processo costruttivo, metodi che sfidano il modo egemonico di operare che abbiamo visto nella favola dei tre porcellini.

Nel progetto "Modello in scala 1:10 per l'aula di disegno della Hutong Architecture School", Le (Lulu) Li utilizza materiali ordi-

could be set up separately in the thirty client institutions; moreover, these modules were made up of a series of very light pieces weighing less than ten kilos, so they could be handled with ease by one or more person, whose main task was to assemble the structure with nuts and bolts.

The design and construction of the architectural structure were conditioned by many factors, and by the relations between them, such that: when we design a wall capable of withstanding the impact of a hammer blow, the user will hit the wall; if, instead, we design it in such a way that it cannot withstand blows, the user will take care of it. Our choice of materials can encourage more peaceful or more aggressive attitudes. When we design a wall with the same construction techniques that have been employed in modern architecture, in many cases we are favouring certain privileged economies. Through the choice of construction techniques, it is possible to balance the differences between industries or, on the contrary, accentuate them.

When we design a wall with heavy building materials that can only be handled by people of a certain stature, we are subjecting them to excessive strain that will impact on their health; at the same time, we are excluding some sectors of society from the work.

In this section titled "Protezione essenziale (Essential Protection)", the approach to the architectural practice is to gather methods, for both design and construction processes, that challenge the hegemonic approach that we saw in the fable of the three little pigs.

In the project "Modello in scala 1:10 per l'aula di disegno della Hutong Architecture School (1:10 scale model for the drawing lecture hall at the Hutong Architecture School)",

nari come la carta e la cera, scartati dall'industria delle costruzioni, e apre una strada verso processi costruttivi sofisticati e multidisciplinari che contribuiscono all'equilibrio di economie diverse.

Lola Haines in "Una fioritura figurativa" costruisce una splendida architettura attraverso dei materiali leggeri, delle forme figurative, l'applicazione del colore, una struttura non autoportante... infrangendo le regole di purezza, robustezza e astrazione che abbiamo appreso sia nell'accademia che nella società.

In un esercizio molto personale che parte dai suoi ricordi, Sarah Izod materializza in un plastico l'esperienza spaziale vissuta in una casa con cui ha uno speciale legame affettivo, la casa dei nonni. È molto interessante notare come gli elementi che hanno una maggiore presenza nel plastico sono quelli che l'architettura moderna ha sottovalutato e relegato ad altre discipline sempre legate ai "piccoli lavori" fatti dalle donne che però per le loro particolarità formali, di colore e di capacità di sperimentazione sono quelli che costruiscono i nostri ricordi.

Infine, Yinghao Wang nel progetto "Il villaggio urbano resiliente" propone un modello di crescita urbanistica molto distante da quello che si è realizzato a Shenzen negli ultimi anni e la cui architettura è capace di mediare tra i membri sia umani sia non umani che già vi si erano stabiliti attraverso la protezione del suo ecosistema, l'attenzione alla sua economia e l'immersione nella sua cultura.

Note

1 *Chi ha paura del lupo cattivo* è la popolare canzoncina cantata dai due porcellini spensierati nel cartone animato di Walt Disney *I tre porcellini*.
2 La crinolina è una struttura leggera fatta di anelli di metallo usata dalle donne facoltose dell'Ottocento per mantenere gonfie le gonne che indossavano.

Le (Lulu) Li uses ordinary materials such as paper and wax, discarded by the construction industry, and paves the way for sophisticated and multidisciplinary construction methods that help balance different economies.

Lola Haines in "Una fioritura figurativa (A Figurative Flowering)" has constructed a splendid architecture with light materials, figurative shapes, applied colour, and a structure that is not self-supporting... breaking the rules of purity, robustness and abstraction learned both at the academy and in society.

In a highly personal exercise, beginning with her memories, Sarah Izod has, in a model, materialised the spatial experience of a house with a special emotional bond for her, her grandparents' house. It is very interesting to note that the most striking elements in the model are those that modern architecture has undervalued and relegated to other disciplines, again related to the "small works" made by women which, because of their special shapes, colour and experimental capacities are those that build our memories.

Finally, in the project "Il villaggio urbano resiliente (The Resilient Urban Village)", Yinghao Wang provides us with an urban growth model that is far from that achieved in Shenzen in recent years. Her architecture has the capacity to mediate between both humans and non-humans who had already settled there, thanks to its protected ecosystem, attention to its economy and involvement with its culture.

Notes

1 *Who's afraid of the big bad wolf* is the popular song sung by the two thoughtless pigs in the Walt Disney animated film *Three Little Pigs*.
2 Crinoline is a light structure made from metal hoops, used by affluent women in the nineteenth century to hold out the skirts they were wearing.

Lola Haines – UG3. Y3
UNA FIORITURA FIGURATIVA / A FIGURATIVE BLOOM
Tutors: Ifigeneia Liangi, Daniel Wilkinson

Tracciando un parallelismo tra l'avvizzimento e la fioritura nel ciclo vitale dei fiori e la gestualità dei personaggi della Commedia dell'Arte, questo progetto propone un teatro dei burattini, un workshop e la residenza del puparo nel quartiere di San Berillo a Catania. Attraverso la lettura in chiave architettonica dei tre protagonisti – Isabella, Arlecchino e Colombina – il progetto, partendo da un lampadario a grandezza naturale, si sviluppa verso l'esterno.

Drawing parallels between the wilt and bloom of floral lifecycles and the gestures of the characters from the Commedia dell'Arte, this project proposes a puppet theatre, workshop and puppeteer's residence for San Berillo in Catania. Through an architectural reading of its three main characters – Isabella, Arlecchino and Colombina – the project developed outwards from its starting point of a 1:1 light fitting.

Sarah Izod – U17. Y5
LA CASA DELLA MEMORIA / THE REMEMBERED HOUSE
Tutors: Yeoryla Manolopoulou, Níall McLaughlin

Quest'anno sono tornata in un posto dove andavo da bambina: la casa dei miei nonni paterni. Ora che i nonni se ne sono andati, essa esiste solo nella mia mente. Il mio progetto consiste in un'architettura del ricordo sviluppata in forma di narrazione autobiografica, in cui attingo alla memoria e all'immaginazione per ricostruire la casa nella mia mente. La manifestazione esteriore di disegni e modelli trasmette l'immagine di un paesaggio interiore: in tal modo la struttura architettonica è fatta per riflettere l'esperienza custodita nella mia memoria. Attraverso questo processo di esteriorizzazione – in cui la memoria è racchiusa all'interno di un'armatura architettonica – ho ricostruito l'atlante della mia mente partendo da una serie di ricordi frammentari.

This year I have returned to a place: a house that belonged to my paternal grandparents and that I visited as a child. Now that my grandparents are gone, it exists only in my mind. My project is an architecture of recollection. It takes the form of an autobiographical narrative, and uses my memory and imagination to reconstruct the house in my mind. The external manifestations of drawings and models communicate an interior landscape, and thus an architectonic structure is made to reflect my remembered experience. Through this process of exteriorisation, whereby memory is placed within an architectural armature, an atlas of my mind has been charted from a collection of remembered fragments.

GINECEO / GYNAECEUM

Sarah Izod – U17. Y5

Le (Lulu) Li – U22. Y5
MODELLO IN SCALA 1:10 PER L'AULA DI DISEGNO DELLA HUTONG ARCHITECTURE SCHOOL
/ SCALE 1:10 MODEL FOR HUTONG ARCHITECTURE SCHOOL DRAWING STUDIO
Tutors: Izaskun Chinchilla, Carlos Jimenez

Lo studio su modello mira a reintrodurre la carta come materiale da utilizzare in architettura, testando i modi in cui, unita alla cera, può essere impiegata per creare elementi architettonici temporanei che siano in sintonia con il contesto culturale e climatico. Ciò è possibile grazie alla combinazione di tecniche artigianali con la moderna tecnologia per l'elaborazione digitale.

The model study aims to reintroduce paper as architecture material and test how paper can be used together with wax to create temporary architectural elements fit for the local culture and weather, through a combination of craftsmanship and contemporary digital technology.

GINECEO / GYNAECEUM

Yinghao Wang – U22. Y5
IL VILLAGGIO URBANO RESILIENTE / THE RESILIENT URBAN VILLAGE
Tutors: Izaskun Chinchilla, Daniel Ovalle

Nel giro di trent'anni la rapida urbanizzazione ha trasformato Shenzhen da piccolo villaggio di pescatori a una delle più grandi metropoli cinesi. Questo però costituisce anche una minaccia per l'ecosistema locale. In tale contesto il progetto si contraddistingue per la sua resilienza e prevede la possibilità di attivare all'interno degli edifici residenziali del villaggio urbano l'antico sistema di agricoltura ecologica circolare, tipico della regione, per la coltivazione del gelso e l'allevamento ittico: la peschiera dei gelsi. La sua finalità è quella di creare un sistema di vita e di agricoltura sostenibili, integrare la cultura tradizionale, rispettare e coinvolgere la comunità, affrontare le questioni ambientali urbane.

The rapid urbanisation has transformed Shenzhen from a small fishing village to one of China's biggest metropolis within three decades. However, it has also posed a threat to the area's ecological cycle. In this context, this project is a resilient design questioning the possibility of applying a local ancient ecological circular farming system, the mulberry fish pond system, in the residential blocks of the urban village. It aims to: create a sustainable living and farming system, integrate the traditional culture, respect and engage the community, address urban environmental issues.

GINECEO / GYNAECEUM

Yinghao Wang – U22. Y5

GINECEO / GYNAECEUM

LA PERIFERIA COME ALTERNATIVA

SFERA / SPHERE 1
ANELLO / RING 3 [fronte / front]

SUBURBAN ALTERNATIVE

IT Solitamente la periferia non suscita un particolare interesse tra gli architetti, poiché non costituisce un luogo di innovazione spaziale, materiale, tecnica o tipologica. I fotografi, al contrario, hanno sempre guardato alle realtà suburbane con grande attenzione, mostrando di possedere una genuina curiosità sociale, etnografica e antropologica. Se un numero maggiore di donne venisse coinvolto, il dibattito professionale potrebbe affrontare con più attenzione le sfide ambientali e famigliari, nonché di organizzazione della sfera privata, che sono ovunque associate al concetto di periferia, individuando possibilità inaspettate di innovazione sociale all'interno di un ambiente solo apparentemente stagnante.

EN Usually, suburbia arouses no particular interest in architects, since it is not the place of spatial, material, technical or typological innovation. Photographers have paid more attention to suburbia, thus showing a genuine social, ethnographical and anthropological curiosity. If more women are involved, it implies that the professional debate could pay more attention to the environmental, familiar and private balance challenge that suburbia means around the world, finding unexpected chances of exciting and beneficial social innovation within an only apparently dull environment.

Abbiamo bisogno di una periferia gentile

SABINE STORP

We need a kind suburbia

IT Avendo vissuto un po' ovunque nel mondo, in piccoli centri, troppo piccoli da potersi definire città, in cittadine o metropoli, le mie considerazioni sulle periferie inglesi si vanno sempre più delineando. L'ideale suburbano con i suoi collegamenti di trasporto limitati è un mito e l'egoismo e la monocultura ne sono il fondamento, urge pertanto un deciso e immediato rinnovamento.

Oggi in Inghilterra l'80% delle persone vive in periferia, un vecchio sogno che bisognerebbe cominciare a sfatare. I quartieri periferici sono stati per gran parte progettati da uomini nel dopoguerra e fino a oggi contrabbandati come ideale abitativo. Negli anni sessanta le aree edificabili intorno alle città furono sfruttate per dare corpo al sogno americano e l'industria nata nel periodo postbellico, ancora nel 2020 continua a costruire anonime abitazioni per operai. Dall'altra parte del pianeta, le città del sud del mondo si estendono in favelas o in infiniti blocchi di cemento, come torri svettanti a formare gli anelli urbani esterni. In ugual modo queste periferie hanno creato sogni antitetici: persone che vogliono vivere fuori città e persone che non possono permettersi di vivere vicino al centro.

La massiccia urbanizzazione ormai diffusa in tutto il mondo con i suoi diversi modelli di densificazione ha dato vita a questi insediamenti anonimi fuori città, senza rendersi conto che un eccesso di pianificazione non si traduce in città realmente moderne bensì in un fallimento dell'urbanistica. La conseguenza è una periferia deprivata. Edifici monoculturali e casette unifamiliari, o grattacieli in grado di offrire semplici abitazioni prive di identità. Società monoculturali progettate da urbanisti che hanno in mente un nuovo stile di vita: l'immagine della casalinga bianca, un ambiente familiare tradizionale o una proposta di vita minimale.

EN Having lived in villages, small yet to be called cities, in small cities and the largest cities in the world, my observations of British suburbia is becoming clearer. The suburban ideal is a myth and selfishness and monoculture at its heart with restricted transport links needs an urgent renewal.

England today shows that 80% of people live in suburbia, an old dream to be urgently challenged. Suburbia was mainly designed by men after the war and idealised until now. In the 1960 new areas around the cities applied the American dream and that industry founded after the wartime is still building anonymous factory houses in 2020. On the other side of the world cities in the global south sprawl out in favelas or endless concrete slums in form of highrise cities formed the outer cities rings. Equally these suburbs have created opposing dreams, people who want to live outside the city and people who can't afford to live closer to the centre.

Massive urbanisation everywhere in the world with their different models of densification created these anonymous settlements outside the cities, not realising that too much planning did not result in real new towns but in a failure of town planning.The result is suburban deprivation. Monocultured buildings either the Single-family home or the numbered skyscraper offering only living and lacking identity. Monocultured societies planned by city and town planners with the imagination of the white housewife and the traditional family setting or the minimal living offering forming the new way of life.

È ORA DI FARE "HACKING" NELLE PERIFERIE

Il Covid-19 ha dimostrato che il sogno suburbano esiste e che le aree intorno alle grandi città rappresentano ancora una volta un grande sogno collettivo. Si scappa dalle città, ma la realtà è all'altezza degli stereotipi suburbani?

I centri delle città stanno perdendo la loro attrattiva; le periferie potrebbero doversi adattare molto più rapidamente a una nuova vita per riequilibrare il rapporto tra centri rigenerati e campagna. La periferia è cambiata, improvvisamente la forza lavoro qualificata coltiva un sogno diverso. I governi devono rendersi conto che la prospettiva economica di empowerment e il potenziale per un attento rinnovamento urbano, potrebbe rivitalizzare queste aree e creare nuove prospettive per interi paesi, come dimostrano gli esempi di Svezia, Paesi Bassi e Germania.

È l'idea di un nuovo localismo emancipato che si prenda cura del quotidiano attraverso un sistema di vicinato e che possa aiutare a conciliare i nuovi impegni di vita e di lavoro. Queste aree possono ritrovare una nuova autostima, divenire luoghi in cui connettersi gli uni con gli altri, luoghi di condivisione e rispetto reciproco. Possono reinventare la loro capacità di essere indipendenti e di orientare i quartieri riferendosi a un nuovo modello, con maggiori conoscenze ambientali e iniziative sostenibili. Cogliere il potenziale creativo dell'autocostruzione guardando i capanni da giardino sparsi nelle periferie, riconoscere il potenziale alimentare indipendente guardando i lembi di terra coltivati a orto, e individuare l'economia della condivisione guardando le auto, le moto, gli strumenti e le attrezzature sportive inutilizzate. Sfruttare l'impegno e le iniziative dei genitori nelle scuole come risposta ai tanti problemi dei quartieri.

IT IS TIME TO START THE SUBURBAN HACKING

Covid-19 has shown that the suburban dream exists and areas around large cities are everyone's ultimate dream again, escaping the cities but the reality doesn't live up to any suburban stereotype?

Centres of cities are losing their attractions; suburbia may need to adapt much quicker to a new life to rebalance between the regenerated centres and the countryside. Suburbia has changed, suddenly the skilled work force working from home have a different dream. Governments need to realise that the economic prospective to hack these areas and the potential careful urban renewal, could revive these areas and create new areas of prospect for entire countries, shown in examples in Sweden, Netherlands and Germany.

This idea of a new emancipated localism, that takes care of the everyday, offering a neighbourhood system that can help balancing these new life and work commitments. There is a great potential that these areas discover their new self-esteem, by connecting with others, by sharing and showing respect. Reinventing the capacity of being independent and being able to guide these neighbourhoods, with more environmental knowledge and sustainable initiatives into a new model. Discovering the ideas of the self-build potential by looking at the garden sheds spread out in suburbia, recognize the independent food potential by looking at the allotments and identifying the sharing economy by looking at the unused cars, motorbike, tools and sport equipment. Using the parental initiatives provided to schools as a solution for neighbourhoods.

C'è un grande fermento di nuovi modi di ripensare la vita insieme che si esplicano attraverso piccole iniziative piuttosto che con una pianificazione imposta dall'alto. Progetti di co-working localizzati, scuole professionali e laboratori creativi di vicinato potrebbero rafforzare i diversi modi di vivere e trasformare la parte migliore di entrambi i mondi. I modelli creativi di tutto il mondo devono essere condivisi e il nostro nuovo modo di vivere e di apprendere deve sfociare in un diverso modo di pensare suburbano. La periferia è sempre stata oggetto di analisi e di accalorate discussioni, ma le iniziative pratiche per sviluppare nuove idee sono sempre state insufficienti.

Tutti i progetti esposti nella sezione *alternativa suburbana*, sono il frutto di un'accurata progettazione guidata dallo sguardo di progettiste donne, e caratterizzata da una sensibilità spesso carente nei colleghi maschi. Janis Ho e Maïté Seimetz hanno dato vita all'idea di comunità inedite di autocostruttori al fine di creare nuovi spazi in grado di offrire un percorso formativo alle donne in tema di innovazione di materiali e produzione, attraverso un'attenta sperimentazione e cura del processo realizzativo. Questo genere di iniziativa mostra come i centri di autocostruzione e le scuole manifatturiere debbano essere integrati nelle nuove concezioni per una diversa rigenerazione della periferia. Sara Firth, affronta il problema dell'espansione del territorio attraverso l'idea della densificazione di queste aree, introducendo nuovi modelli di utilizzo del suolo e di una maggiore densità abitativa senza rinunciare all'idea della casa unifamiliare e del verde circostante. Grazie a una disposizione ludica e accurata dei disegni, viene posto l'accento sulla creazione di uno spazio vitale più concentrato, per compensare l'imminente necessità di maggiori spazi abitativi. I suoi disegni ci riportano ai libri di storia grazie ai quali impariamo cose nuove e possiamo diventare

There is great potential of new ways of living together and with small initiatives rather than a planning from the top. Localised co-working academies, tinkering schools and maker labs in the immediate reach should invigorate the different life and transform the best of both worlds. Creative Models from around the world need to be shared and our new way of living and learning needs to develop the new suburban way of thinking. Suburbia was always analysed and questioned but little initiative has been created to focus on new ideas.

All projects from the exhibiting students in the section suburbia, are carefully designed through the eye of woman designers in a sensitive manner the male town planner was lacking. Janis Ho and Maïté Seimetz created the ideas of new communities off self-builder that create new spaces and offer training for woman to innovate materiality and manufacturing, by carefully testing and making. The work shows a possibility that self-building hubs and manufacturing academies need to be integrated in the new ideas for a different regeneration of suburbia. Sara Firth, tackles the problem of expansion of land through the idea of densification in these areas, introducing new land use models and denser living without compromising the idea of the single dwelling and its green surrounding's. Through the careful and playful, arrangement of the drawings, the emphasis is to create a much more compact living, to compensate for the imminent need of more living spaces. Her drawings move us back into the story books where we discover new things and can become the actor and not just the observer. Ellie Sampson revisits suburbia as the fourth estate, as a new model of the old. Introducing new activities and sensitively dissecting the rural beauty and introducing new elements into a new planning structure, suddenly the grows and

attori principali e non soltanto meri osservatori. Ellie Sampson rivisita la periferia come il quarto stato, come un nuovo modello del vecchio. Introducendo nuove attività e scomponendo con delicatezza la bellezza rurale, e grazie all'inserimento di nuovi elementi in una struttura urbanistica inedita, improvvisamente gli sviluppi e i cambiamenti nel corso del tempo diventano il motore di un nuovo modello urbanistico. I progetti di Ellie sono una possibilità variopinta di impegnarsi in un metodo alternativo di pianificazione urbana.

La periferia non è mai stato un luogo di innovazione e sperimentazione spaziale, materiale, tecnica o tipologica, ma ha il potenziale per diventare essa stessa un principio innovatore. La periferia è stata al centro delle opere di registi e fotografi, ma si contano sulle dita di una mano gli architetti e i designer che hanno scoperto il suo potenziale per il futuro. Una donna architetto guarda alla periferia in modo diverso e con una maggiore attenzione al benessere e all'ambiente circostante, orientando il cambiamento verso una proficua innovazione sociale che renda consapevoli gli abitanti e combatta il vecchio "nimbysmo", ovvero la sterile opposizione dei cittadini ai cambiamenti nel proprio ambiente edificato circostante.

Rigeneriamo i confini delle nostre città e costruiamoci una periferia gentile, con aree gioco per i bambini e orti collettivi, laboratori di riparazione di biciclette, bar e caffè lungo le strade, e molto altro ancora.

changes over time become drivers of a new town planning model. Ellie's models are a colourful way to engage with the new planning method.

Suburbia was never the place for spatial, material, technical or typological innovation and testing but has the potential to become an innovator itself. Suburbia was in the heart of the filmmakers and photographers, but not many architects and designers have discovered the potential for the future yet. From a woman practitioner's point of view, it seems that we look at suburbia differently with a clearer attention to the wellbeing, the surrounding environments and drive changes towards social beneficial innovation that educates inhabitants and fights the old nimbyism.

Let's regenerate the edges of our cities and let's have a kind suburbia, with playstreets and street allotments, bike repair stations and street cafes and a lot more.

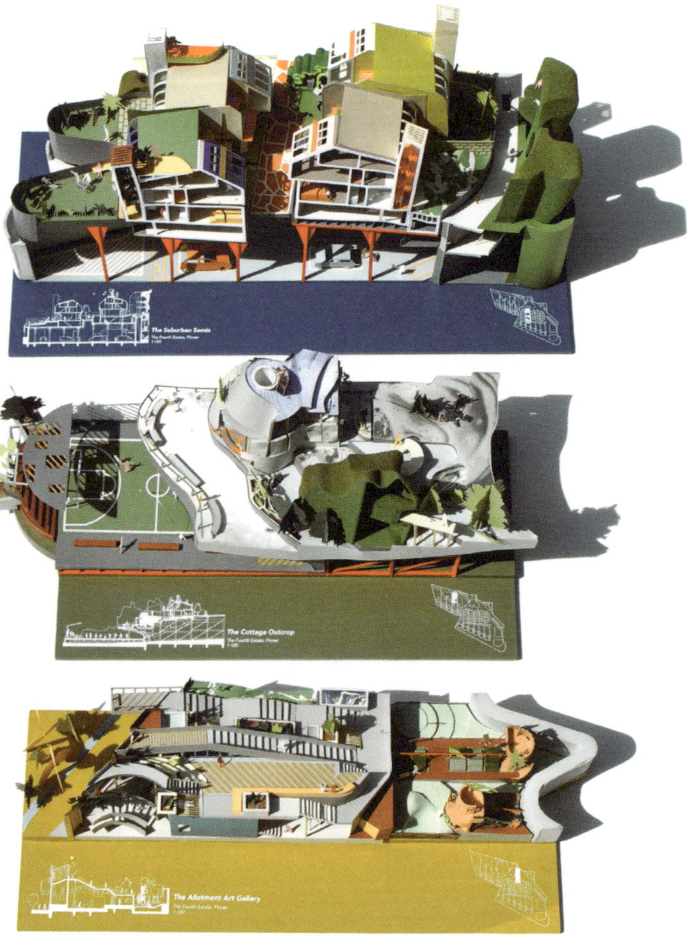

Ellie Sampson – U11. Y5
IL QUARTO STATO / THE FOURTH ESTATE
Tutors: Laura Allen, Mark Smout

Inserito all'interno di quello che in passato era lo Stato suburbano idealizzato di "Metro-Land", a nord-ovest di Londra, questo progetto costituisce un banco di prova per un nuovo modello di edilizia abitativa inglese. Il paesaggio multistrato si propone di emulare comodità e contraddizioni della periferia, adattando al contempo la tipologia della casa bifamiliare alle esigenze di oggi. Il divario tra la realtà urbana e quella rurale influisce sia sulla coltivazione del paesaggio che sull'uso degli edifici ivi inseriti.

Sited within the once idealised suburban state of 'Metro-Land', North-West London, this project is a testbed for a new template of British housing. The multi-layered landscape seeks to emulate the convenience and contradictions of the suburbs, whilst updating the semi-detached housing typology to the needs of today. The urban-to-rural gradient influences both the cultivation of the landscape and the uses of the buildings rooted within it.

GINECEO / GYNAECEUM

Maïté Seimetz – U13. Y4
LA CITTÀ DELL'ECCESSO / THE SURPLUS CITY
Tutors: Sabine Storp, Patrick Weber

Un prototipo di alloggio temporaneo per donne, che mette insieme materialità sperimentale, autocostruzione e partecipazione comunitaria per ridare un senso alla realtà dei senzatetto e alla gestione dei materiali in eccesso. Situato nella zona industriale di Park Royal, questo modello ricorre ai sottoprodotti industriali locali come materie prime per componenti autocostruiti. I makerspace diventano i catalizzatori della riconnessione e dell'integrazione sociale nell'ambito della collettività locale.

A prototype for temporary accommodation for women, combining experimental materiality, self-built construction and community participation to de-stigmatise homelessness and the treatment of surplus material. Set in the industrial zone of Park Royal, the scheme uses local industrial by-products as raw material for self-built components. Maker spaces become the catalysts for social reconnection and integration into the local community.

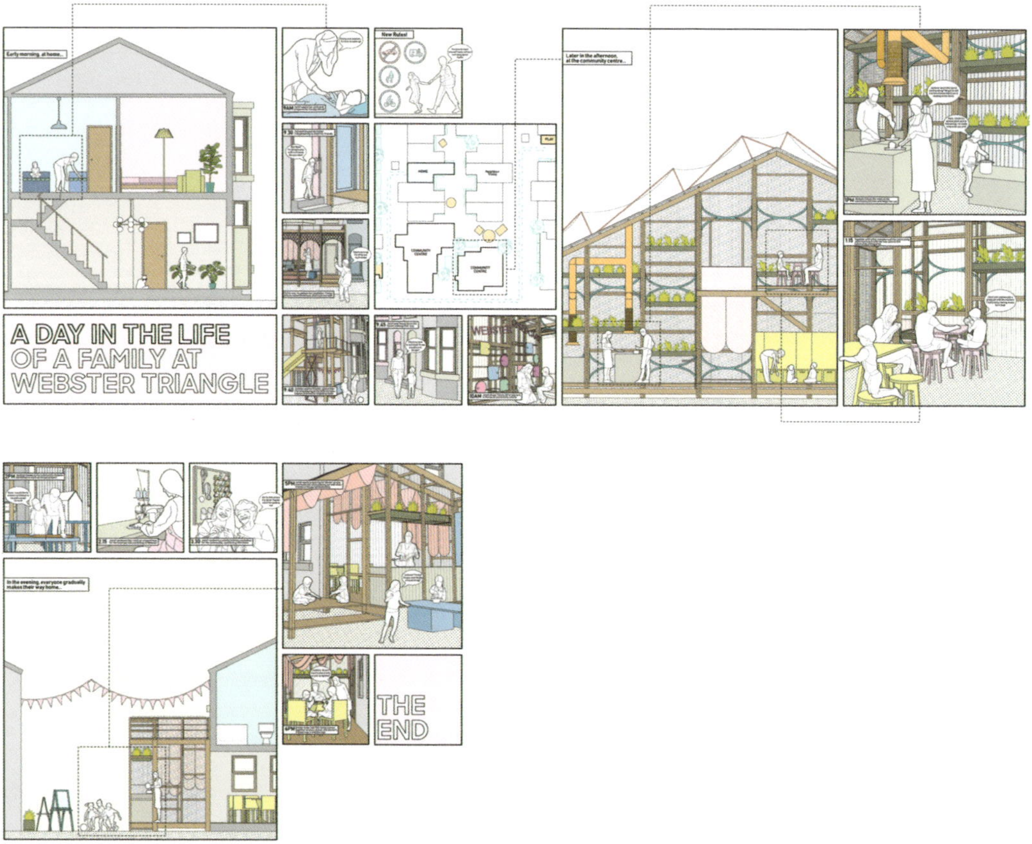

Janis Ho – U22. Y5
DAL GIOCO ALLA COMUNITÀ: COME PROGETTARE UN QUARTIERE CHE PROMUOVE IL BENESSERE DEI SUOI ABITANTI
/ FROM PLAY TO COMMUNITY: HOW TO DESIGN A CARING NEIGHBOURHOOD
Tutors: Izaskun Chinchilla, Daniel Ovalle

Con il venire meno della disponibilità di spazi sicuri e stimolanti per il gioco e per i momenti di svago fuori casa, i bambini stanno scomparendo dalla scena urbana. La carenza di aree gioco non riguarda solo loro, ma smorza anche lo spirito dell'intera comunità. Questo progetto affronta il problema della riduzione delle aree gioco e reintroduce nella progettazione il concetto di autorialità. Valuta inoltre la possibilità di creare quartieri orientati al benessere dei propri abitanti coinvolgendo i bambini – e quindi la comunità – nel tessuto urbano. Il progetto si ispira all'idea di un fortino di coperte, in cui bambini e adulti collaborano per realizzare una struttura trasformando oggetti comuni in materiali da costruzione.

With a diminishing amount of safe and engaging opportunities for play and informal recreation outside the home, children are disappearing from our urban scene. The decline in play spaces not only affects children. As play diminishes, so does community spirit. The project addresses the decline in play spaces and reintroduces the concept of authorship into the design. It explores the possibility of creating a caring neighbourhood by integrating children – and therefore community – back into the urban fabric. The project is inspired by the concept of a blanket fort where children and adults collaborate to build a structure by reimagining common objects as building material.

GINECEO / GYNAECEUM

Janis Ho – U22. Y5

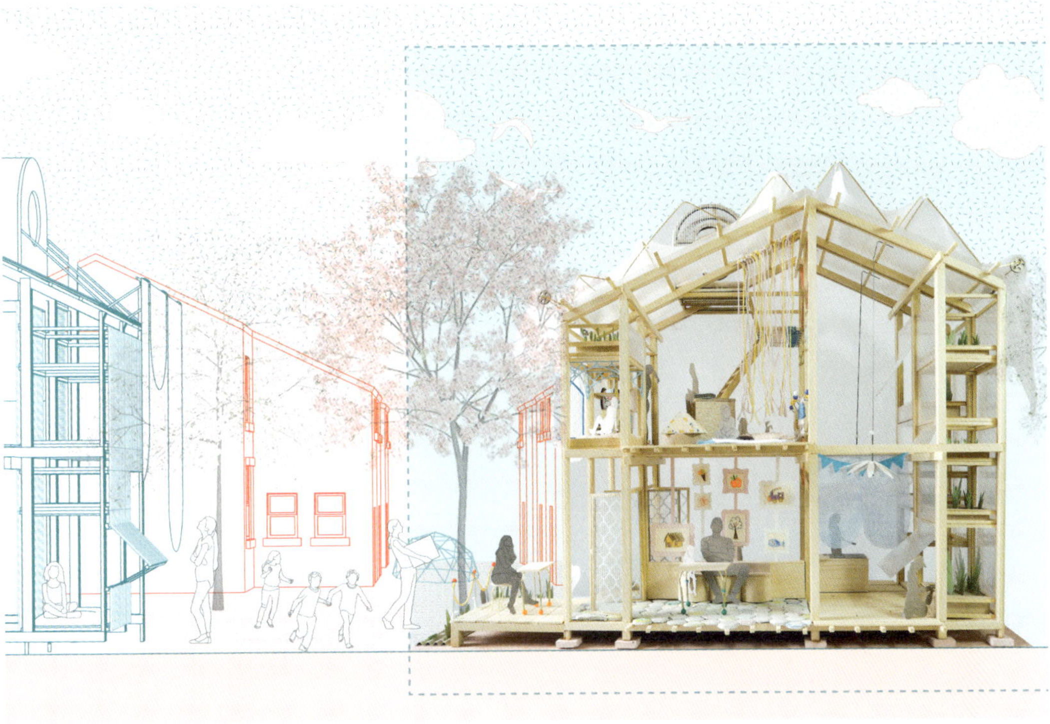

GINECEO / GYNAECEUM

Sara Firth – U22. Y5
NEGOZIAZIONE E FUTURO DELLA NEW TOWN
/ NEGOTIATION AND THE FUTURE OF THE NEW TOWN
Tutors: Izaskun Chinchilla, Carlos Jimenez

Uno sguardo sui trent'anni di sviluppo di Neighbourhood Block. Indagine sul potenziale della New Town suburbana di Hemel Hempstead, nata a seguito dell'emanazione del New Towns Act del 1946, per far fronte all'attuale crisi immobiliare attraverso la densificazione, da realizzarsi favorendo l'attaccamento al proprio luogo di provenienza.

Showing Neighbourhood Block's 30 years of growth. Investigating the potential of government New Town, suburban Hemel Hempstead – born after the New Town Acts in 1946 – to respond to the current housing crisis through densification by means of localism.

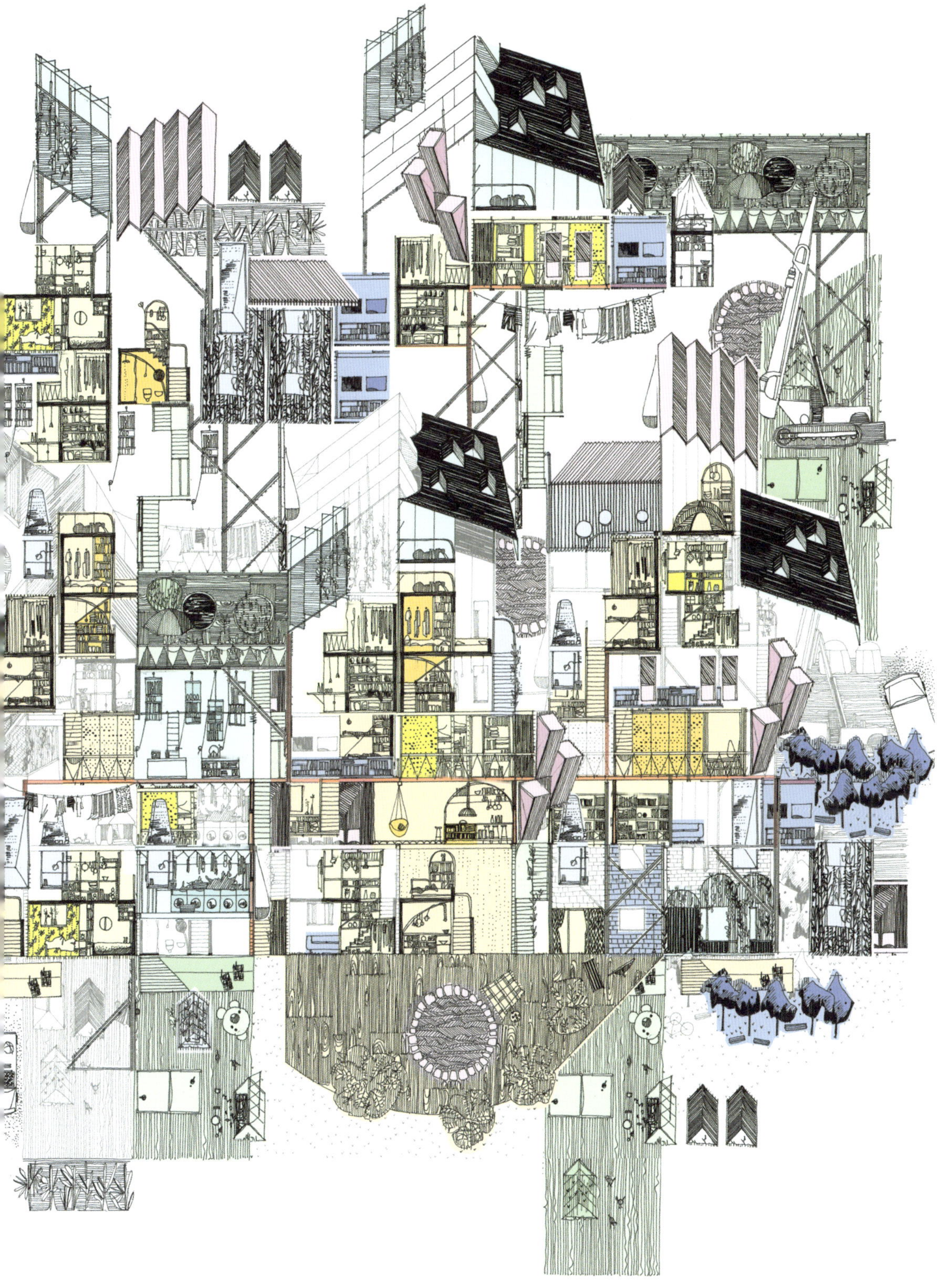

GINECEO / GYNAECEUM

DALLA CASA ALL'UNIVERSO

SFERA / SPHERE 1
ANELLO / RING 3 [retro / back]

FROM HOME TO UNIVERSE

IT Chi ha figli avrà notato che durante il recente lockdown la casa si è trasformata in un universo multidimensionale. I punti di riferimento abituali si sono spostati: sotto il letto si estendeva una grande spiaggia, un bosco era rinchiuso nell'armadio, mentre gli oggetti di uso quotidiano contenevano "porte" di accesso ad ambienti solitamente lontani. La straordinaria capacità di ricreare un intero universo all'interno di una casa non appartiene solo ai bambini, ma può essere acquisita anche da qualsiasi persona o gruppo di persone che trascorrono molto tempo nella propria abitazione, la quale finisce per diventare un elemento essenziale della loro vita. Possono dunque gli architetti trarre spunto da questa esperienza per introdurre nuove dimensioni nella percezione psicologica degli spazi interni?

EN If you have children you might have noticed that during the recent lockdown the house has turned into a multidimensional universe. Habitual reference points have shifted: a wide beach lied under the bed and a forest was in the closet, while everyday objects had 'doors' to usually distant environments. This amazing capability to recreate a whole universe inside a house does not only belong to children, but can be developed by each individual and by communities spending a lot of time at home, that thus becomes a significant environment for them. Could architects get benefit from this experience introducing new dimensions into the psychological perception of indoor spaces?

La Città delle dame

PENELOPE HARALAMBIDOU

The City of Ladies

Le dame sono state abbandonate per molto tempo, allo scoperto come un campo senza siepe, senza trovare nessun campione che le difendesse adeguatamente.
...Per questa ragione noi tre dame che vedi qui, mosse dalla pietà, siamo venute da te per annunciarti la realizzazione di un edificio particolare, costruito come una cittadella fortificata con buone fondamenta.
...A te tra le donne è affidato il compito di progettare e costruire la Città delle Dame, e per realizzare quest'opera attingerai acqua fresca da noi come da chiare fontane; noi ti daremo abbastanza materiale, più resistente e duraturo di quanto potrebbe essere il marmo fissato con il cemento. Così la tua città diventerà bella senza pari e durerà per sempre[1].

Con queste parole Ragione, figura allegorica femminile, spinge la scrittrice medievale italo-francese Christine de Pizan a costruire una cittadella fortificata per proteggere il sesso femminile dalla misoginia. Nel celebre testo *La Città delle dame* (1404-5) viene descritto l'incontro immaginario tra Cristina, l'autrice stessa, Ragione e altre due figure allegoriche: le virtù Rettitudine e Giustizia. Per il fatto di aver creato un legame tra l'atto della scrittura a difesa delle donne e la costruzione di un'immaginaria città difensiva, quest'opera viene considerata un manifesto protofemminista. Sebbene *La Città delle dame* sia già stato ampiamente studiato sotto il profilo del significato letterario, la mia analisi si rifà alla pratica architettonica e si basa sulle esistenti teorie sul rapporto tra immagine e testo nell'opera di Christine de Pizan[2]. Essa si concentra sull'allegoria urbana rappresentata nel testo e sulle miniature di accompagnamento (illustrazioni in miniatura con decorazioni in oro), che ritraggono la città immaginaria in

The female sex has been left defenceless for a long time now, like an orchard without a wall, and bereft of a champion to take up arms in order to protect it.
...For this reason, we three ladies whom you see before you have been moved by pity to tell you that you are to construct a building in the shape of a walled city, sturdy and impregnable.
...You alone of all women have been granted the honour of building the City of Ladies. In order to lay the foundations, you shall draw fresh water from us three as from a clear spring. We will bring you building materials which will be stronger and more durable than solid, uncemented marble. Your city will be unparalleled in splendour and will last for all eternity.[1]

With these words, the allegorical female figure, Reason, compels Italian/French medieval author Christine de Pizan to construct a walled city to protect the female sex from misogyny. De Pizan describes this fictional encounter between herself, "Christine," Reason and another two allegorical figures, the virtues of Rectitude and Justice, in her celebrated text *The Book of the City of Ladies*, 1404–05. Correlating the act of writing a book to defend women, with the construction of an imaginary defensive city, *The Book of the City of Ladies*, has been seen as a proto-feminist manifesto. Although widely studied in terms of its literary significance, my practice-led architectural analysis of the book, entitled *City of Ladies*, builds upon existing scholarship on the relationship between image and text in her work.[2] It focuses on urban allegory depicted in the text and the accompanying illuminations (miniatures illustrations decorated in gold), which portray the imaginary city in three stages of com-

tre fasi di completamento. Il mio progetto per una *Città delle donne* prevede un'installazione fisica articolata in tre tavoli che sorreggono un gruppo di oggetti elaborati appositamente e una pellicola digitale. L'installazione e la pellicola ricostruiscono il manoscritto in termini spaziali e materiali, mettendo in scena la fioritura della città dipinta con il passaggio da due a tre dimensioni[3].

La parte centrale del libro *La Città delle dame* è costituita da una raccolta di storie di donne famose, storiche e immaginarie, che Ragione, Rettitudine e Giustizia raccontano a turno in tre distinti capitoli. Cristina fonde la narrazione di queste storie con la costruzione della città, riferendosi alle donne come alle strutture, agli edifici stessi. In tal senso, la proposta architettonica elaborata da Christine de Pizan in epoca medievale può essere equiparata a quella di Izaskun Chinchilla: un'antologia di edifici immaginati da donne architetto, e presentati alla mostra *Cosmowomen* suddivisi in tre categorie principali, o sfere: Gineceo (intimità), Onsen (natura), Parlamento (sfera pubblica). Quindi *La città delle dame* può essere forse considerato un improbabile antecedente di *Cosmowomen*: anche gli edifici "al femminile" di questa raccolta si fondono per dare vita a una città allegorica, dove le donne architetto ricorrono alla narrazione come sistema di progettazione.

Tornando alla mia interpretazione del testo di Christine de Pizan, la mia versione di riferimento è contenuta nel manoscritto Harley 4431. Si tratta di un'antologia redatta dall'autrice intorno agli anni 1410-1414 per la regina Isabella di Baviera, uno dei manoscritti più importanti conservati presso la British Library dai tempi della sua fondazione nel 1753 come sezione del British Museum. La prima miniatura del libro presenta non una, ma due scene in successione. Sulla sinistra vediamo Cristina in un contesto casalingo, una stanza o forse il suo studio, in pie-

pletion. *City of Ladies* comprises a physical installation that takes a form of three tables carrying a group of specifically designed objects and a digital film. Both the installation and the film spatially and materially reconstruct the manuscript and feature a blossoming of the pictorial city from two dimensions into three.[3]

The main body of the text of the *Book of the City of Ladies* is a compilation of stories about famous women, fictional and historical, which Reason, Rectitude and Justice take turns to narrate in three separate chapters. Christine conflates the narrating of the stories with constructing the city, referring to the women as the structures, the buildings themselves. As such, Christine's medieval speculative architectural proposition resembles Izaskun Chinchilla's compilation of buildings imagined by women architects, which are presented in the *Cosmowomen* exhibition under three main categories, spheres: Gynaecium (intimacy), Onsen (nature) and Parliament (public realm). Therefore, *The Book of the City of Ladies* is perhaps an improbable antecedent of the *Cosmowomen* publication: the feminine buildings of this compilation also come together to form an allegorical city, where the women architects use storytelling as a design method.

Going back to a description of my interpretation of Christine's text, the specific version of that my project interprets is part of Harley MS 4431. This was an anthology that Pizan assembled for Queen Isabeau of Bavaria between 1410–1414 and one of the most important manuscripts held at the British Library, since its foundation as part of the British Museum in 1753. The first illumination in the text presents not one but two consecutive scenes. On the left we see Christine inside a domestic environment, a room or her study, where she stands in front of an open book, pencil in hand, at the moment

di davanti a un libro aperto con la matita in mano, mentre, in uno spazio estremamente ridotto dietro il suo scrittoio, compaiono tre virtù: Ragione, Rettitudine e Giustizia. Questa scena costituisce un forte richiamo alle raffigurazioni dell'Annunciazione contenute nel Libro delle Ore, in cui la Vergine Maria riceve improvvisamente la visita dell'angelo che le annuncia l'Immacolata Concezione e la nascita di un figlio mentre la giovane, come Cristina, è intenta a leggere all'interno di uno studio o di una stanza. Qui le tre virtù annunciano a Cristina la sua immacolata concezione e la fondazione di un edificio: è la nascita di una città. L'azione prosegue sulla destra in uno spazio verde, che lei definisce il "Campo delle Lettere", e che deve essere prima di tutto ripulito dai detriti, ossia le calunnie sulle donne che si trovano in testi celebri scritti da uomini. Le due figure della scena adiacente riappaiono nello stesso luogo ma in un tempo futuro: Ragione porta un blocco di pietra mentre su un muro parzialmente edificato poggia una bacinella di malta. Ora Cristina è raffigurata con in mano una cazzuola, nell'atto di costruire fisicamente il nascente muro di fondazione della città immaginaria.

Per accedere allo spazio figurativo della città abbiamo decifrato la profondità illusoria raffigurata nelle miniature e le abbiamo conferito più sostanza rendendola tridimensionale, seguendo un procedimento progettuale al contrario. La rappresentazione pittorica illusoria della prospettiva intuitiva è stata convertita il più accuratamente possibile in modelli digitali che sono stati stampati in 3D nella stessa scala. I modellini poggiati su blocchi di legno grezzo, che rappresentano le colonne di testo incorniciate dalle miniature, diventano il nucleo della promessa di una città non ancora edificata. La decisione di omettere le figure mette in primo piano l'evoluzione della città e le sue caratteristiche tettoniche. Inoltre, l'assenza di figure muliebri sottolinea l'insistenza di Christine de Pizan

when three virtues, Reason, Rectitude and Justice appear at an impossibly narrow space behind her desk. This scene strongly resembles depictions of the Annunciation in Books of Hours. Similarly to Christine, the Virgin Mary is often depicted within a study/room reading from an open book, when she is startled by the angel, who delivers news of the immaculate conception and birth of a son. Here the three virtues announce to Christine her immaculate conception and foundation of an edifice: the birth of a city. The action continues to the right of the study in a green space, which she calls the "Field of Letters," which had to be first cleared from debris, the slandering of women found in famous men's books. The two figures from the previous adjacent scene appear again in the same space but at a future time: Reason carries a block of stone and a tray of mortar rests on the half-built wall. Christine is now holding a trowel caught in the act of physically laying the nascent foundation wall of the imaginary city.

To enter the figurative space of the city we decoded the illusory depth depicted in the illuminations and fleshed it out into three dimensions, following a design process in reverse. The pre-linear perspective illusory pictorial representation was as accurately as possible translated into digital models that were 3D printed at the same scale. The miniature models propped up on rough blocks of wood representing the columns of text that the illuminations crown, become nuclei of the promise of a city that has not been built yet. The decision to omit the figures of the women from the models brings to the foreground the evolution of the city and its tectonic qualities. Furthermore, the absence of the female bodies accentuates de Pizan's insistence that the stones and the buildings of the city are the renowned women themselves. The new models are of female bodies transformed into feminine buildings.

nel sostenere che le pietre e gli edifici della città rappresentino quelle donne rinomate. I nuovi modelli sono corpi di donna trasformati in edifici femminili.

I manoscritti venivano, appunto, scritti a mano e miniati su fogli di pergamena, materiale estremamente resistente realizzato con pelli di animali, usato per la scrittura come per il disegno architettonico. Il mio progetto ripropone ciascuna delle prime pagine dei capitoli del testo di Christine de Pizan, con un pezzo unico di pergamena, montata su un tavolo appositamente progettato. Ogni tavolo poi porta il nome di una delle tre virtù, Ragione, Rettitudine e Giustizia, che narrano le vicende di donne realmente vissute o immaginarie, guidando Cristina in ogni capitolo nella costruzione della città.

I tre tavoli sono disposti a raggiera e sono sorretti da tre esili gambe di legno. Le pelli di pergamena sono stese sui tavoli come tovaglie, ma fungono anche da superfici da disegno su cui disseminare idee, diagrammi di progettazione e contrassegni per il posizionamento di altri elementi. Sui piani, di un bianco candido, si stendono segni e figure realizzati in foglia d'argento e d'oro giallo e bianco. Per incidere i disegni sulla pelle ho utilizzato una tecnica simile a quella delle miniature medievali, inumidendo col respiro un velo di gesso e applicando poi la foglia di metallo prezioso.

Quando le tre virtù appaiono per la prima volta al cospetto di Cristina, le portano tre doni: uno specchio, un regolo e un vaso. Lei li descrive nel testo come strumenti di misurazione con cui viene esortata a costruire la città. Attraverso un processo di creazione e di progettazione interpretativa permeato di poesia, ho intrapreso una rielaborazione, una trasposizione di questi oggetti in principi guida simbolici per la progettazione di una nuova città, mettendo in primo piano le metafore sovrapposte di corpo, città e libro.

Manuscripts were handwritten and illuminated on sheets of vellum, an extremely durable writing and drawing surface made out of animal skin, which was also used for architectural drawing. In my work, I represent each of Christine's book chapter front pages with a whole skin of vellum, supported and framed by a specially designed table. Each table is also named after the three virtues, Reason, Rectitude, and Justice, which recount historical and fictional women's stories and guide Christine's city building in each chapter.

The three tables are arranged radially and are supported by slender wooden legs. The vellum skins lay on the tables like tablecloths, but are also drawing surfaces that carry ideas, diagrams of the process of design and markings for the positioning of other elements. Their pure white surface carries gilded marks and drawings, using silver, gold and white gold leaf. To etch the drawings on the skin I used a technique similar to the medieval illuminating methods applying gesso, activated with my breath before applying the precious metal leaf.

When they first appear to her, the three virtues bring her three gifts: a mirror, a ruler and a vessel. In the text, de Pizan's describes these as measuring devices that the three virtues urge Christine to directly employ in the construction of the city. Through a process of poetic interpretative design and making, I engaged in a remaking, a translation of these objects into symbolic guiding principles for the design of a new city, while also foregrounding the overlapping metaphors of the body, the city and the book.

The Mirror of Reason

Reason brings a mirror as a device for measuring self-knowledge and self-worth,

Lo specchio della Ragione

Ragione porta uno specchio come strumento per misurare la conoscenza di sé e l'autostima, suggerendo che Cristina ne avrà bisogno per progettare la città. La mia trasposizione di questo artefatto metaforico è un nuovo specchio, che rappresenta la visione binoculare come una matrice visiva alternativa insita nell'organismo, la visione femminile contrapposta alla nitidezza maschile della prospettiva lineare, uno strumento per aiutare a progettare la città. Questo specchio, realizzato in metallo levigato come la maggior parte degli specchi in epoca medievale, rappresenta l'oroptero – una superficie geometrica che indica il piano su cui si forma l'immagine binoculare – ed è sorretto da due grandi supporti a sfera, i bulbi oculari, che proiettano sottili raggi visuali in acciaio. Esso poggia su una base realizzata con legno di noce, che richiama anche il sistema percettivo visivo, e più precisamente il chiasma ottico. La conoscenza di sé e il riconoscimento del valore del punto di vista femminile diventa letteralmente e metaforicamente la base della concezione di una nuova città riservata alle donne. In una sorta di parallelismo con le parti del corpo, lo specchio corrisponde al viso o alla testa, e il tavolo della Ragione diventa un "mobile da toeletta".

Il regolo della Rettitudine

Rettitudine ha in mano un regolo, un metro della verità per distinguere il bene dal male, con cui sostiene che Cristina dovrebbe progettare l'interno della città, edificare alti templi e palazzi, case, strade, piazze e mercati. Molte unità di misura di lunghezza si basano storicamente su alcune parti del corpo umano, come il cubito, il braccio e il piede, con dimensioni variabili a seconda dell'epoca e dell'area geografica. Tuttavia si nota una costante: la misurazione si riferisce sempre al corpo maschile, e anche il termine che definisce lo strumento rimanda alle misure fisiche di un "regolatore" maschio, il re.

which she suggests Christine will need to plan the city. My translation of this metaphorical artifact is a new mirror. It portrays binocular vision as an alternative visual matrix embedded in the body, a feminine vision against the male sharpness of linear perspective; an instrument to help plan the city. The proposed mirror made out of polished metal, as most mirrors were in medieval times, represents the horopter – a geometrical surface indicating a binocular picture plane – and is held in place by two large ball bearings, the eyeballs, carrying slender steel visual rays. It rests on a wooden base made out of machined walnut that also references the visual perceptual system, more specifically the optical chiasma. Self-knowledge and recognition of the value of the feminine point of view literally and metaphorically becomes the basis of the conception of a new feminine city. Relating it to body parts, the mirror is equivalent to the face, or the head, and Reason's table becomes a "dressing table".

The Ruler of Rectitude

Rectitude holds a ruler, a yardstick of truth that separates right from wrong, which she insists Christine should use to design the interior of the city, to build its high temples, palaces and houses, its roads, squares and marketplaces. In the history of measurement, many distance units are based on human body parts such as the cubit, the fathom and the foot with variations in length by era and location. However, one aspect has been constant: the measurements always refer to the male body and even the term defining the instrument, refers to the body measurements of a male "ruler," the king. My interpretation of the ruler is a direct imprint of female hands, particularly my hands. It derived from a complex process of physically casting my hands in ink-tinted plaster; creating a digital model of the casts through photogrammetry;

La mia interpretazione del regolo si traduce nell'impronta diretta di mani femminili, più precisamente le mie. Questo è il risultato di un complesso procedimento in più fasi: innanzitutto le mie mani sono state fisicamente rivestite con calchi di gesso colorato a inchiostro; quindi è stato creato un modello digitale tramite fotogrammetria; infine le impronte delle dita sono state riprodotte in gruppi di cinque alternando mano destra e sinistra lungo un *ell* francese (*aune*), unità di misura un tempo utilizzata per misurare i tessuti. Il modello risultante di impronte concave è stato realizzato utilizzando un pezzo di legno di pero. Il regolo calza come un guanto, e si rivolge a una città fatta non solo per rispondere alle necessità fisiche e spirituali degli uomini, ma anche delle donne. Il regolo ovviamente rimanda alle mani di un corpo umano, e il tavolo della Rettitudine diventa un "tavolo da disegno".

Il vaso della Giustizia

Giustizia infine offre a Cristina un vaso pieno d'oro, un recipiente con cui misurare peso e volume, in grado di calcolare e distribuire dosi di fortuna a ogni singolo individuo, invitandola a usarlo per abbellire le alte torrette e i tetti degli edifici e per decorare d'oro tutta la città. Io vedo il vaso come un rivelatore dei valori femminili, e nella mia interpretazione esso diventa un elaborato recipiente in vetro soffiato formato da due sezioni interdipendenti simili a cellule in procinto di separarsi. Il vaso, un oggetto ibrido a metà tra una clessidra e una coppia di brocche in cui scorrono granelli di sabbia di marmo bianco, consente di misurare il tempo attraverso la massa, favorendo il pensiero a lungo termine, un valore solitamente non richiesto nella progettazione. Poggiato su una base realizzata in legno di tiglio, il recipiente rappresenta l'addome che ingerisce e porta in sé la vita, e la sua presenza sul tavolo della Giustizia rende quest'ultimo un "tavolo da pranzo".

arranging alternating units of fingers to the length of a French ell (*aune*) which was used to measure cloth. The resulting model of concave imprints was machined into a piece of pear wood. The ruler fits like a glove. The ruler points to a city that is made not only for male but also for female human bodies and their needs. The ruler obviously relates to the hands of a body and Rectitude's table becomes a "drawing table".

The Vessel of Justice

Finally, Justice offers Christine a vessel of gold, a container measuring weight or volume, able to calculate and distribute portions of fortune for each individual. She suggests that Christine will use it to embellish the high turrets and roofs of the completed buildings and to adorn the city with gold. I see the vessel as a gauge of feminine values. My interpretation is a complex glass-blown receptacle comprising two interlocking chambers resembling splitting cells. A hybrid between an hourglass and a double pitcher, the vessel decants white marble sand and is able to measure time through mass, promoting long-term thinking, a value usually absent from design. Sitting on a base machined into lime wood, the vessel is the abdomen ingesting and gestating and its presence on Justice's table makes this a "dining table".

In direct dialogue with the installation, which performs a historical reading of the medieval artifact of the book, the sister digital film, attempts to project de Pizan's ideas into the far future, by catching a glimpse of the allegorical genesis of the three artifacts, the mirror, the ruler and the vessel, which lead to the conception and gestation of the city.[4] A central part of the digital animation, enlivens a gilded drawing on Reason's vellum, which attempts to capture the magical transformation from de Pizan's/Christine's study and the process

In uno scambio diretto con l'installazione, che mette in scena una lettura storica del manufatto medievale, la pellicola digitale gemella si propone di proiettare le idee di Christine de Pizan in un lontano futuro, lasciando intravedere la genesi allegorica dei tre manufatti – lo specchio, il regolo e il vaso – che conducono al concepimento e alla gestazione della città[4]. Questa parte centrale dell'animazione digitale anima un disegno dorato sul tavolo della Ragione, che tenta di catturare la trasformazione magica avvenuta nello studio dell'autrice, di Cristina: dal processo di ricerca e scrittura al concepimento di una città allegorica a difesa del sesso femminile. L'intimità di una stanza, che fa da cornice alla ricerca intellettuale di una mente femminile, si trasforma in un muro di fondazione simile a un grembo, che nutrirà il feto nascente di una nuova città per le donne. Utilizzando i traslati visivi e sonori dei film di fantascienza, il video propone un ambiguo viaggio spaziale che partendo dall'interno si dirige verso l'esterno, per poi tornare al momento presente nelle sale della galleria.

Spaziando tra il fisico e il digitale, l'opera esiste nel tempo e nella materia. Fino a questo momento si è trattato per me di un lavoro individuale, di uno spazio in cui riflettere sull'opera di Christine de Pizan attraverso il disegno, la progettazione e la produzione di tre manufatti, che diventano anche il materiale di scena per una performance. Ho visto questo processo come una rappresentazione che favorisce l'esplorazione della storia attraverso il disegno e la creazione, nonché come un modo per dare forma concreta a Christine de Pizan, l'autrice, e al suo sdoppiamento in personaggi di fantasia: Ragione, Rettitudine e Giustizia, le virtù che assumono il ruolo di committenti e di guide e che portano in dono strumenti di misurazione, e Cristina nelle vesti di architetto. Tuttavia, in linea con l'essenza di questo libro come antologia di storie, di cui Christine de Pizan è la compilatrice, il

of researching and writing a book into the conception of an allegorical city as a defender of the female sex. A room of one's own, framing the intellectual pursuit of a feminine mind, transforms into a womb-like foundation wall that will nurture the growing foetus of a new city for women. Using visual and sonic tropes from science fiction films, the film conveys an ambiguous spatial voyage moving from the interior of the body to outer space and back to the present moment in the gallery space.

Moving between the physical and the digital, the work exists in time and in matter. So far it has been a solitary endeavour, a space to think through de Pizan's work through drawing, design and production of the three artifacts, which also become props of a performance. I saw the process as an enactment that allows an exploration of history through drawing and making, and also as a methodology that allows me to embody Christine de Pizan, the author, and her splitting into fictional personas: the commissioning and guiding virtues of Reason, Rectitude and Justice, carrying measuring device gifts, and Christine, the architect. However, following the essence of the book as a collection of stories, and de Pizan as a compilator, my aim is to open up this project as a collective work. Using the installation as a first reading, or a seed, I would like to prepare, not a manifesto, but an invitation to a collective rethinking, a call for the design of feminine buildings for a future city that will take the form of an exhibition and an edited book: a new communal architectural take on *The Book of the City of Ladies*.

My study of de Pizan's text, which was written more than 600 years ago, provokes a stark realization: that, even today, her desire for a city conceived and built by and for women remains unfulfilled. Our cit-

mio intento è quello di estendere il progetto per renderlo un'opera collettiva. Usando l'installazione come una prima lettura, come un seme, vorrei preparare non un manifesto ma un appello alla riflessione collettiva, un invito a progettare strutture al femminile per una città del futuro, e questo assumerà la forma di un'esposizione e di un volume scritto a più mani: una nuova interpretazione collettiva della *Città delle dame*.

La mia analisi del testo di Christine de Pizan, scritto più di seicento anni fa, porta all'amara consapevolezza che ancora oggi il suo desiderio di una città concepita da e per le donne rimane insoddisfatto. Le nostre città sono state quasi interamente concepite e costruite dagli uomini, e principalmente per gli uomini. Il tessuto fisico che ospita, rappresenta e modella il corpo politico è ancora in gran parte privo di ogni traccia dell'immaginazione e del tocco femminili. Tutti i progetti delle studentesse di architettura presentati in questa raccolta, *Cosmowomen*, offrono scorci sul ricco regno dell'immaginazione femminile, visioni provocatorie di possibili relazioni spaziali, di edifici e di città. Queste opere contengono i semi di idee che potrebbero influenzare il modo in cui il nostro ambiente costruito potrebbe apparire tra seicento anni, se le donne si impegnassero a plasmarlo, sia materialmente che allegoricamente.

Il Gineceo (dal greco *gynaikeia*, che si traduce letteralmente con "femminile" o "delle donne") era una parte della casa o di un edificio riservata alle sole donne. *La Città delle dame* di Christine de Pizan è una città riservata alle sole donne virtuose e costruita da una donna, la stessa Christine.

Come abbiamo visto, nella prima miniatura Cristina oltrepassa i confini dell'ambiente domestico del suo studio per dedicarsi alla costruzione del mondo, immaginando una città per le donne in cui svolge il duplice ruolo

ies have been almost entirely conceived and constructed by men, primarily, for men. The physical fabric that hosts, represents and shapes the body politic is still largely devoid of the trace of feminine imagination and female touch. All the projects by women architecture students featured in this collection, *Cosmowomen*, provide glimpses into the rich realm of feminine imagination, provocative visions of possible spatial relationships, buildings and cities. They contain seeds of ideas that might inform the way that our built environment might look 600 years from now, if women were engaged in shaping them both physically and allegorically.

Gynaeceum, from the Greek *gynaikeia*, which translates literally into of, or belonging to women or feminine, was a part of the home or a building reserved for women only. Christine de Pizan's City of Ladies is a city reserved for virtuous women only and built by a woman, Christine herself.

As we have seen, in the first illumination, Christine transcends the domestic environment of her study to engage in an act of worldbuilding, imagining a city for women, where she performs the double role of an architect and a builder. Everyday objects such as the mirror, the ruler and the vessel become metaphorical tools for conceiving and designing an alternative Utopia. This section of the *Cosmowomen* publication entitled "Gynaeceum: from Home to Universe", looks at how the house can be transformed into a "multidimensional universe", where everyday objects become portals to new dimensions through imagination. All the authors/architects in this section engage in a similar act of architectural worldbuilding to Christine, turning ideas of the home into speculative architecture through drawing and storytelling.

di architetto e di costruttrice. Oggetti di uso quotidiano come lo specchio, il regolo e il vaso diventano strumenti metaforici per concepire e progettare un'Utopia alternativa. Questa sezione dell'opera intitolata "Gineceo: dalla Casa all'Universo" mostra come la casa possa essere trasformata in un "universo multidimensionale", dove gli oggetti quotidiani diventano portali che, attraverso l'immaginazione, conducono a nuove dimensioni. Come Christine, tutte le autrici/architetti di questa sezione si dedicano alla costruzione architettonica del mondo, trasformando la propria idea di casa in un'architettura speculativa attraverso la progettazione e la narrazione.

Tutti e quattro i progetti presentati in questa sezione fondono i confini tra la casa, il corpo e un universo architettonico speculativo, utilizzando l'immaginazione femminile come metro di misura. Similmente alla città di Christine de Pizan, il progetto "Dove nascono le bambole" di Siyuan (Amy) Yao concepisce l'edificio come un corpo, seppure di un burattino, che imita "le posture del nostro corpo nel corso della giornata", mentre Ifigeneia Liangi immagina il suo progetto come l'allegoria magico-realistica di un'Atene del futuro. Come Christine de Pizan condanna la misoginia costruendo una città difensiva, così oggetti di uso quotidiano e figure giganti concorrono a un progetto architettonico speculativo, che diventa una critica costruttiva nei confronti delle forze che modellano la città greca contemporanea. Nei progetti di Paula Strunden e Stefania Tsigkouni, gli specchi allegorici diventano oggetti che sfidano le norme consolidate di spazio e tempo. Lo specchio della Tsigkouni si profila all'improvviso lasciandoci intravedere la vita ai tempi di Aristotele, mentre quello della Strunden diventa la finestra portatile su un'altra dimensione. In entrambi i progetti la casa stessa diventa un personaggio, un vascello che ci trasporta in un'altra realtà. Nei "Racconti di seta" della Tsigkouni, l'architettura duetta con la ciclicità del tempo ed è radicata nella mito-

All four projects presented in this section merge the boundaries between the home, the body and a speculative architectural universe, using as measure and ruler feminine imagination. Comparable to de Pizan's city of bodies, Yao's project "Where the Dolls are Born" conceives the building as a body, albeit that of a puppet, that mirrors "the posture of our own bodies throughout the day". Furthermore, Liangi conceives her project as a magic realist allegory of a future city of Athens. Like de Pizan's critique of misogyny in the form of a defensive city, everyday objects and giant figurative characters combine in a speculative architectural project, which becomes propositional critique of the forces shaping the contemporary Greek city. Strunden's and Tsingouni's projects both feature allegorical mirrors as objects that defy our accepted norms of space/time. Tsingouni's mirror appears suddenly allows a glimpse at the time of Aristotle, whereas Strunden's mirror becomes a handheld window into another dimension. In both projects the home becomes itself a character a vessel that transports us into another dimension. In Tsingouni's "Silk Tales", the architecture plays with cyclical time and is engrained with the city's mythology, and history, whereas Strunden's "Micro-Utopia" is the dream of a home sited at the limit of our perception and 'triggered by the metaphorical dimension of the objects we interact with on a daily basis'.

At a time when "humanity" is facing survival challenges, perhaps as a direct result of the unfettered growth of our manmade cities, could de Pizan's book conceal a prescient allusion? That the solution might lie in the imagination of the other half of humanity, the half that has not yet been in a position to conceive and construct its own version of the city, and to propose better, more sustainable and visionary urban

logia e nella storia della città, mentre la "Micro Utopia" della Strunden è il sogno di una casa posta al limite della nostra percezione e "innescata dalla dimensione metaforica degli oggetti con cui interagiamo quotidianamente".

In un momento in cui "l'umanità" sta affrontando una serie di sfide per la sopravvivenza, probabilmente anche come diretta conseguenza della crescita smisurata delle nostre città, edificate dagli uomini, possiamo forse scorgere nell'opera di Christine de Pizan una sorta di premonizione? Forse la soluzione risiede nell'immaginazione dell'altra metà del genere umano, la metà che non ha ancora potuto concepire e realizzare la propria versione della città, e proporre un futuro urbano visionario, migliore e più sostenibile, in grado di soddisfare i bisogni e i desideri di entrambi i sessi.

Prendi i tuoi attrezzi e vieni con me: vieni
avanti, mescola la malta del tuo calamaio
e costruisci con la forza della tua penna,
perché ti fornirò abbastanza materiale.
In poche ore... avremo costruito
gli alti palazzi reali e le nobili dimore
delle eccellenti dame di grande fama
e illustri, che saranno alloggiate in questa
città, dove risiederanno per sempre[5].

futures that cater for the needs and desires of both sexes.

Take your tools and come with me.
Don't hesitate to mix the mortar well in
your inkpot and set to on the masonry
work with great strokes of your pen. I'll
keep you well supplied with materials. ...
We'll soon have put up the royal palaces
and noble mansions for the glorious
and illustrious ladies who will come to live
in this city for evermore.[5]

Note

1 Christine de Pizan, *La città delle dame*, a cura di Patrizia Caraffi, edizione di Earl Jeffrey Richards, versione ridotta a cura di Matteo Luteriani, Luni Editrice, Milano – Trento 1999, pp. 27-28.

2 Questo testo è una rielaborazione di un articolo pubblicato sulla rivista *Architecture and Culture*: Penelope Haralambidou, 2020: *The Female Body Politic: Enacting the Architecture of The Book of the City of Ladies*, https://doi.org/10.1080/20507828.2020.1794146.

3 Penelope Haralambidou, *City of Ladies*, DomoBaal Gallery, gennaio-febbraio 2020, https://www.domobaal.com/exhibitions/112-20-penelope-haralambidou-01.html.

4 Il film è stato realizzato in collaborazione con il progettista architettonico e designer di animazione digitale John Cruwys e con il progettista del suono Kevin Pollard.

5 Rettitudine invita Cristina a iniziare la costruzione della città allegorica. Christine de Pizan, *La città delle dame*, a cura di Patrizia Caraffi, edizione di Earl Jeffrey Richards, versione ridotta a cura di Matteo Luteriani, Luni Editrice, Milano – Trento 1999, parte II, p. 52.

Notes

1 Reason explains the city building task to Christine in Part I. Christine de Pizan, *The Book of the City of Ladies*, trans. Rosalind Brown-Grant (London: Penguin, 1999), 11–12.

2 This text is a reworking of an article in the journal *Architecture and Culture*: Penelope Haralambidou (2020): The Female Body Politic: Enacting the Architecture of The Book of the City of Ladies,
https://doi.org/10.1080/20507828.2020.1794146

3 Penelope Haralambidou, *City of Ladies*, DomoBaal Gallery, January-February 2020. https://www.domobaal.com/exhibitions/112-20-penelope-haralambidou-01.html

4 The film was created in collaboration with architectural/digital animation designer John Cruwys and sound artist Kevin Pollard.

5 Rectitude invites Christine to start building the allegorical city in Part II, de Pizan, *The Book of the City of Ladies*, 91.

Siyuan (Amy) Yao – UG3. Y2
DOVE NASCONO LE BAMBOLE / WHERE DOLLS ARE BORN
Tutors: Ifigeneia Liangi, Daniel Wilkinson

Questo progetto, partendo dagli scavi di un'antica rovina, vuole rappresentare il teatrino di un burattinaio con annessa la sua abitazione, e insieme il burattino stesso. Imitando le posture del nostro corpo nel corso di una giornata, la casa si alza in piedi al mattino e si rimpicciolisce piano piano, fino al momento di andare a letto, la sera, quando si corica accanto ai suoi abitanti.

Working within the pit of an ancient ruin, this project is a puppeteer's theatre and residence, and is also a puppet itself. Mirroring the posture of our own bodies throughout the day, the house is at its most upright in the morning and gradually gets smaller, until the building goes to bed alongside its occupants in the evening.

Ifigeneia Liangi – U12. Y5
NOSTALGIA DEL FUTURO / NOSTALGIA OF THE FUTURE
Tutors: Elizabeth Dow, Jonathan Hill

La casa sull'albero degli innamorati. Gli appartamenti di Kipseli sono particolarmente piccoli e lo spazio privato è limitato. È consuetudine delle famiglie numerose usare il soggiorno come camera da letto extra, rendendo difficile trovare un po' di intimità per il sesso. La casa sull'albero degli innamorati è la risposta al problema dello spazio privato. È progettata in modo che per arrampicarsi le persone debbano tenersi per mano.

The Lover's Tree House. The apartments of the area of Kipseli are particularly small and private space is limited. It is common for big families to use the living room as an extra bedroom, which causes difficulty in having sex. The lover's tree house is a response to limited private space. It is designed so that people would have to hold hands in order to climb on it.

Ifigeneia Liangi

pp. 160 / 161

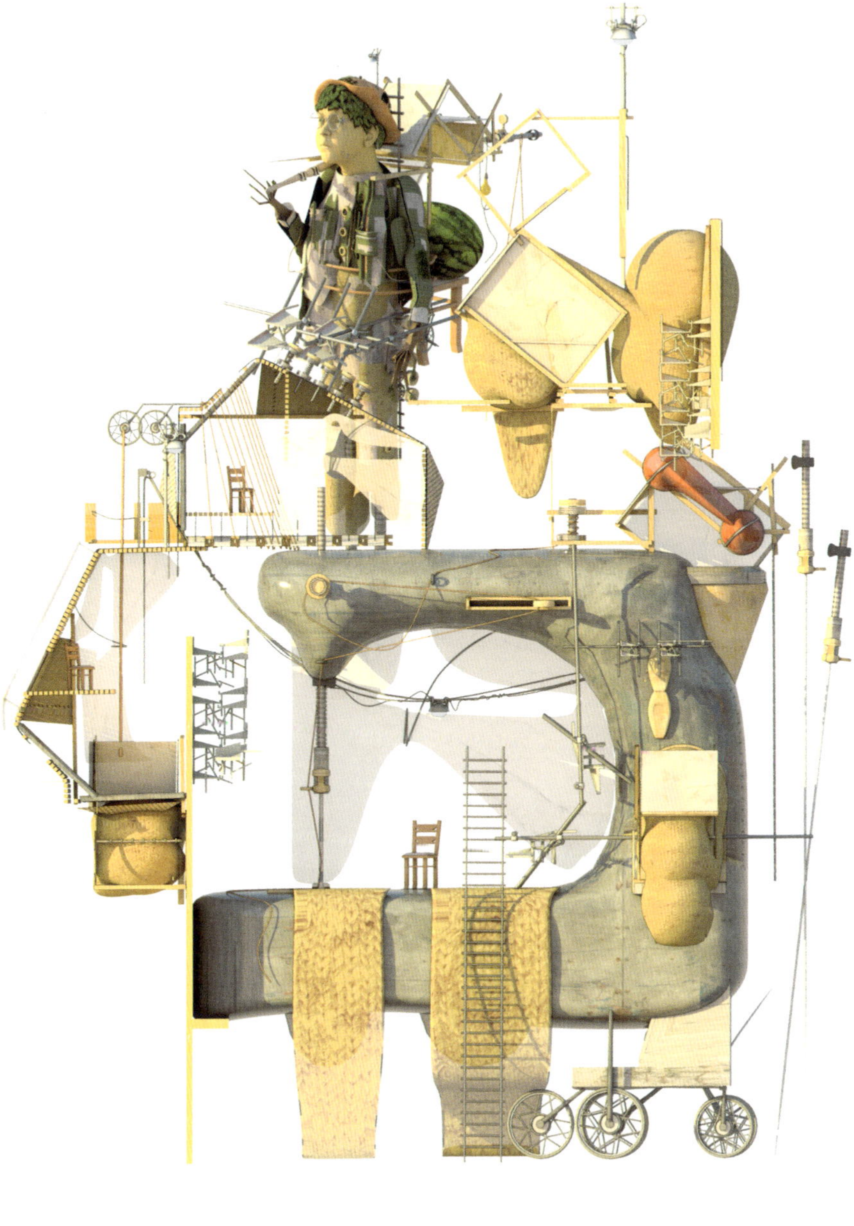

GINECEO / GYNAECEUM

Paula Strunden – U24. Y5
MICRO UTOPIA / MICRO-UTOPIA
Tutors: Penelope Haralambidou, Michael Tite

Il progetto propone una versione immersiva e interattiva della casa, in cui lo spazio nasce dall'armoniosa interazione sensoriale tra il corpo e gli oggetti fisici e virtuali, connessi all'Internet delle cose. Una sedia ci invita a soffermarci un po', mentre una bacinella di liquido digitale è a disposizione per lavarsi le mani. "Micro Utopia" si ispira all'arte radicale, agli arredi raffigurati nei dipinti storici e al design contemporaneo, per diventare il sogno di una casa che equivale ai parametri della nostra percezione, innescata dalla dimensione metaforica degli oggetti con cui interagiamo quotidianamente.

The project proposes an immersive and interactive version of the home, where space is born from the finely-tuned sensorial interplay between the body and the physical/virtual objects connected to the Internet of Things. A chair invites us to stay with it for a moment; our hands are washed in a bowl of digital liquid. Drawing on radical art practice, interiors in historical painting and contemporary product design, "Micro-Utopia" is the dream of a house that is nothing but the parameters of our perception, triggered by the metaphorical dimension of the objects we interact with on a daily basis.

GINECEO / GYNAECEUM

Paula Strunden

GINECEO / GYNAECEUM

Stefania Tsigkouni – U24. Y5
RACCONTI DI SETA / SILK TALES
Tutors: Penelope Haralambidou, Michael Tite

Una favola architettonica studia le complesse dinamiche di Atene, concentrandosi sull'intreccio di vite di una comunità del quartiere operaio di Metaxourgeio. Il progetto gioca con il tempo ciclico come un modo per tessere relazioni tra gli esseri umani e il mondo naturale dimenticato all'interno della città. Elementi magici alimentano i temi dello spostamento, del lavoro e della maestria degli artigiani, ed esplorano la mobilità all'interno di un'ecologia sociale. La realtà è ingannevole e, di conseguenza, la causalità è un'illusione. Gli edifici diventano essi stessi personaggi, radicati nella mitologia e nella storia della città.

An architectural fable studies the complex dynamics of Athens, focusing on the interweaving lives of a community within the working-class neighbourhood of Metaxourgeio. The project plays with cyclical time as a way of drawing out relationships between humans and the forgotten natural world within the city. Magical elements nurture the themes of displacement, labour, craftsmanship and explore mobility within the social ecology. Reality acts as a trickster and consequently, causality is an illusion. Buildings become characters in themselves, engrained with the city's mythology, and history.

GINECEO / GYNAECEUM

ONSEN

SFERA 2

Come ricostruiremo la natura

ONSEN

SPHERE 2

How we will rebuild nature

LA BIOLOGIA UMANA COME PARTE DELL'ECOLOGIA O DEL PAESAGGIO

SFERA / SPHERE 2
ANELLO / RING 1 [fronte / front]

HUMAN BIOLOGY AS PART OF ECOLOGY OR LANDSCAPE

IT La consapevolezza del proprio corpo, i cicli e i ritmi biologici e la maternità possono costituire un ottimo allenamento per prendere coscienza dell'interconnessione dell'uomo con la natura e con l'ecosistema. Il ruolo che l'immagine corporea svolge sulla percezione di sé delle donne potrebbe portarle a ricoprire un ruolo più attivo nella tutela dell'ambiente, che è intrinsecamente percepito come una sfera a cui le donne appartengono per natura, oltre che come un'estensione della loro identità biologica.

EN Body consciousness, biological cycles and rhythms, as well as maternity, can be an excellent training to become aware of the human interconnection with nature and the ecosystem. The role that body image plays in women's sense of self could incline them to have a more active role in the preservation of the environment as it is intrinsically perceived as a sphere women naturally belong to and, even more, as an extension of their biological identity.

La biologia umana come parte dell'ecologia o del paesaggio

MARIA AUXILIADORA GALVEZ

Human biology as part of ecology or landscape

IT Una delle componenti più importanti per la costruzione del genere è l'"immagine corporea". Stando alla definizione che ne dà Shaun Gallagher[1], l'immagine corporea è la rappresentazione di sé, non legata all'azione, ma a qualsiasi altra cosa, inclusa l'immagine concettuale, estetica, emotiva, politica o sociale. L'"immagine corporea" è conscia, quindi possiamo lavorarci per farla evolvere e cambiare, ma per farlo dobbiamo riconoscerla, "vederla". Le pratiche somatiche fra le altre producono queste evoluzioni e cambiamenti, e offrono così possibilità di creare incorporazioni e realtà multiple e più libere. La conoscenza e la consapevolezza fisiologica contribuiscono anche a valorizzare le "immagini corporee" originali e localizzate – personali. Osservando l'anatomia e vedendo come i tessuti corporei sono organizzati, come si rinnovano durante i cicli, e che tipo di strutture e forme materiali costruiscono, scopriamo non solo originali ornamenti e affascinanti paesaggi, ma comprendiamo anche come siamo collegati a tutta la materia vivente. Gli immaginari comuni che abbiamo sul corpo agiscono anche sulla nostra "immagine corporea" particolare. In breve, le immagini corporee influiscono sul modo in cui ci comportiamo e su quello che ci sentiamo in grado di fare. In questo senso gli immaginari di genere influiscono specialmente sul modo in cui i corpi hanno il dovere di essere e su come tali corpi hanno il dovere di agire e creare. A proposito delle immagini corporee femminili possiamo affermare che da molto tempo molte di esse, nate specificatamente dalle esperienze somatiche delle donne – legate a processi come i ritmi della perdita di sangue mensile o i cicli della maternità – sono state circoscritte o messe a tacere, e pertanto la creatività che sarebbe potuta sorgere da questa consapevolezza nella maggior parte dei casi non è emersa. Ma negli ultimi decenni un numero sempre maggiore di corpi femminili si sta liberando e fa affidamento su queste esperienze somatiche e sul sapere che ne deriva come

EN One of the strongest items for gender construction is the "body image". "Body image" as defined by Shaun Gallagher[1] would be that self-representation, not related to action, but related to everything else including conceptual, aesthetical, emotional, political or social image. "Body image" is conscious so we can work with it in order to evolve and change it, but to do so we need to recognize it, "to see" it. Somatic practices in between others produce this evolutions and changes and according to that, give possibilities for more multiple and free embodiments and realities. Physiological knowledge and awareness contributes also to enhance original and situated – personal – "body images". When we look into anatomy and we see how body tissues are organized, how they renovate in cycles, and which kinds of material structures and shapes they build, we discover not only original ornaments and fascinating landscapes but also we understand how we are related to all living matter. Common imaginaries of bodies also act in our particular "body image". And in short, body images affect how we behave and what we feel empowered to do. In this sense gender imaginaries are specially affecting how bodies are supposed to be and how these bodies are supposed to act or are supposed to create. Talking about feminine body images we can say that for long time, many body images growing specifically from somatic women experience – attached to processes like monthly bleeding rhythms or maternal cycles – have been restricted or muted and consequently creativity from that awareness in most of the cases did not appear. But in the last decades more and more feminine bodies are freeing themselves and are able to count on this somatic experience and their learning as a place of discovery and creativity. These experiences create thresholds for something new related to architecture but also to society, politics or ecology. They have high

un luogo di scoperta e creatività. Queste esperienze creano delle soglie per qualcosa di nuovo legato all'architettura, ma anche alla società, alla politica e all'ecologia. Esse hanno un potenziale trasformativo elevato. È creatività nata direttamente dalle viscere del corpo!

Possiamo vedere questa intima consapevolezza del corpo femminile nei progetti di Heba Mohsen – "Memento Mori" – e di Katherine Ramchand – "Il giardino performativo e l'ordine ofeliano" – presentati in questa sezione. L'anatomia qui è anche la chiave di accesso a sistemi architettonici carichi di significato. L'"immagine corporea" dà origine anche all'"immagine architettonica" capace di fornire espliciti immaginari femminili alla società. In questo modo l'architettura viene trasformata in un sistema senziente connesso alla materia vivente. La pelle, l'architettura e il paesaggio si fondono e agiscono insieme. Il corpo è visto da dentro, dal tessuto avviluppato, ma è visto anche come un panorama di architettura del paesaggio. Questa molteplicità di visioni conforma un corpo architettonico multiplo nello stesso modo in cui Annemarie Mol parla di corpo multiplo nelle pratiche mediche[2]. Se sviluppiamo le sue idee in rapporto all'architettura, possiamo dire che l'incorporazione avviene qui in modo diverso, e il suo risultato non è una serie di oggetti – di corpi – ma un corpo multiplo con molteplici rappresentazioni e corporalità immerse in diverse discipline. L'incorporazione qui fa sfumare le convenzionali tassonomie semplificatrici dando origine a un'altra visione della vita e della morte, una visione radicale fondata su base somatica. L'architettura assorbe nella propria pelle i cicli vitali dei corpi umani e non umani. Le costruzioni architettoniche partecipano al ritmo della vita. La pelle gioca un ruolo fondamentale. Ogni piega, ruga o incidente provocati dal trascorrere del tempo, ogni cambiamento nella texture, è un territorio che racchiude differenze, esseri viventi, materia mortale da rinnovare,

transformative potential. It is a creativity born directly from the somatic entrails!

We can see this inner feminine body consciousness in the projects of Heba Mohsen "Memento Mori" and Katherine Ramchand "The Performative Garden and the Ophelian Order" presented in this section. Anatomy is here also the key to access architectural systems full of meaning. The "body image" gives birth also to "architectural image" able to give explicit women imaginaries to society. In this way architecture is transformed into a sentient system connected to living matter. Skin, architecture and landscape merge together and perform together. The body is seen from inside, from the intertwined tissue but also as a landscape architectural panorama. This multiplicity of visions conforms a multiple architectural body in the same way that Annemarie Mol talks about body multiple from medical practices.[2] If we develop her ideas in relation to architecture we could say that embodiment is practiced here in different ways and the outcome of it, is not a collection of objects – of bodies – but a body multiple with manifold representations and corporealities immersed in diverse disciplines. Embodiment blurs here the conventional and simplifying taxonomies giving birth to another radical and somatic based vision of life and death. Architecture absorb in its skin the life cycles of human and non-human bodies. The architectural constructions engage in the pulse of life. Skin plays a fundamental role. Each fold, wrinkle or accident caused by the passage of time, each change of texture, is a territory that hosts differences, living beings, death matter to renovate, in short investigations into what somatic architectural systems can be. Skin, under this approach, is not a superficial layer as traditionally has been understood in architecture. It is a sensitive organ, linked to the core to the nervous system, to the architectural systems engaged with the

in breve, esplorazioni su ciò che possono essere i sistemi architettonici somatici. La pelle, in questo approccio, non è uno strato superficiale come è stata tradizionalmente concepita in architettura. È un organo sensibile, legato fino in fondo al sistema nervoso, ai sistemi architettonici implicati nei corpi che li abitano. Tutto è interconnesso attraverso un sentire non gerarchico e multiplo, a diffondere una panarchia della politica del corpo: ogni corpo qui può sentirsi potenziato.

In tutto questo l'esperienza è un fattore chiave. Dobbiamo sentire nella nostra carne il processo trasformativo di questa modalità di morfogenesi. La novità appare affidando i nostri corpi alla sperimentazione attraverso l'azione, e questo è molto interessante da vedere nei progetti di Laurene McNicoll – "La figura e il figurativo" – e di Malina Dabrowska – "La galleria di scienze della Terra di Klein". In base alle nostre esperienze siamo capaci di ampliare le possibilità di significato e di comprensione di sistemi diversi. Incorporare la presenza e l'assenza trasformando il proprio corpo in una tela, o comprendere la geometria e le relazioni con il mezzo espressivo scelto usando il proprio movimento attraverso di esso e creando dei modelli fisici sono buoni esempi di questo concetto sviluppato da Mark Johnson[3]. Stando a lui, il viaggio del nostro corpo attraverso le esperienze fisiche consente la creazione di diverse figure per l'immaginazione e la comprensione della realtà. Queste esperienze consentono la creazione di ciò che lui chiama "schemi di immagine", una sorta di "diagrammi" ispiratori senza forma ma pieni di contenuto per la nostra conoscenza; attraverso di essi, facendo "proiezioni metaforiche", possiamo applicare quello che abbiamo imparato e scoperto a corpi estranei e ad altri sistemi, come l'architettura in questo caso. Percepiamo l'equilibrio in noi stessi, e questo contribuisce alla nostra comprensione dell'equilibrio in generale, applicandolo ad altri corpi

bodies that inhabit them. Everything interconnected through a non-hierarchical and multiple feel, spreading a panarchy of body politics: all bodies can feel empowered here.

Experience is in all this a key factor. We need to feel in our flesh the transformative process of this mode of morphogenesis. Novelty appears by entrusting our bodies to experimentation through action, and this is very interesting to be seen in the projects by Lauren McNicoll "The Figure and the Figurative" and by Malina Dabrowska "Klein Earth Science Gallery". According to our experiences we are able to enlarge the possibilities of meaning and understanding of different systems. To embody presence and absence transforming your own body into a canvas, or understanding geometry and medium relationships using your own movement through it and making physical models are some good examples of this idea developed by Mark Johnson.[3] According to him the journey of our bodies through physical experiences allows different figures for imagination and comprehension of reality. These experiences allow what he calls "image schemata", a kind of guiding "diagrams" without shape but full of content for our cognition, and through them doing "metaphorical projections" we can apply this learning and discoveries to alien bodies and other systems like architecture in this case. We feel balance in ourselves and this contributes to our understanding of balance in general: applying it to other bodies – also in psychical terms or to other systems – for example structural ones. In these two projects the exposure of the bodies of the authors is high, but is the mode in which they lead the way to design. To be oneself situated within the project create a threshold of embodied cognition that develops at the same time as design. Being actresses and spectators at the same time they design by doing, with no distance between the imagined, the drawn and the built.

– anche in termini fisici – o ad altri sistemi – per esempio quelli strutturali. In questi due progetti l'esposizione dei corpi delle autrici è elevata, ma è il modo in cui esse tracciano la via alla progettazione. Collocare se stesse all'interno del progetto crea una soglia di conoscenza incorporata che si sviluppa in contemporanea con la progettazione. Essendo attrici e spettatrici al tempo stesso, esse progettano facendo, senza nessuna distanza fra ciò che è immaginato, disegnato e costruito.

L'ultimo progetto di questa sezione, quello di Sylwia Poltorak "Lo stato indipendente di Melanfolly" ci consente di indagare un altro tema della biologia umana: il problema delle relazioni interspecifiche nella natura e l'applicazione di questa consapevolezza alla progettazione. Donna Haraway ci ricorda che i genomi umani si trovano solo nel dieci per cento circa di tutte le cellule del nostro corpo. Il resto corrisponde a batteri, protisti, funghi e simili. Quello che consideriamo "noi" come individui è un concerto di organismi polistrumentisti. Letteralmente, il nostro corpo è multiplo e non è separato dalla materia degli altri esseri viventi. "Non siamo mai stati umani" è la frase con cui Haraway comincia *When Species Meet*[4]. Siamo organismi incorporati collegati ad altri più profondamente di quanto pensiamo: a partire dai nostri ricordi e dal nostro sviluppo filogenetico fino al nostro DNA. Il nostro percorso ontogenetico del movimento è pieno di forme di ibridazione con altre specie: prima di camminare andiamo carponi e strisciamo. Come può la progettazione riconoscere tutta questa rete trasversale interspecifica che si sostiene? Ciò crea anche un immaginario molto importante da tenere presente in termini ecologici. Ci comporteremo in modo diverso nel pianeta se avessimo una forte consapevolezza di questo concetto, della mancanza di distanza fra umani e non umani, o in generale fra tutti i processi della materia vivente. Qui, in "Melanfolly", vediamo organi che crescono come

The last project of this section by Sylwia Poltorak "The Independent State of Mellanfolly" allow us to inquire into other human biology issue: the question of interspecific relations in nature and how can we apply this awareness to ours designs. Donna Haraway remind us that human genomes are found only in about the 10% of all the cells of our human bodies. The rest corresponds to bacteria, protists, fungi and such. What we consider "us" as individuals is a concert of multi-instrumentalists organisms. Literally, our body is multiple and is not apart from the matter of other living beings. "We have never been humans" is the first sentence she writes within *When Species Meet*.[4] We are embodied organisms interrelated with other ones more deeply than we think: from our memories and our phylogenetic development to our ADN. Our ontogenetic movement path is full of interbreeding with other species: before walking we crawl and creep. How can design acknowledge all these interspecific transversal mesh supporting us? This also creates an imaginary very important to remember in ecological terms. We should behave differently in the planet if we have a strong awareness about this, about the inexistent distance in between humans and non-humans or in general, in between all living matter processes. Here, in "Mellanfolly" we see organs that grow like plants from the soil or hangs from the trees; humans that are intertwined with lobsters; political revolutions, which are indeed revolutions of interspecific bodies... Architecture here is also a mélange of biological processes giving birth to new alternative socio-politics engagements. And this is performed through practices under the light of the moon. To perform is another way of design exploration. You embody the narratives and the metamorphosis of life in your own flesh. And this shows us not only the interspecific feminine "Frankenstein" who inhabits these architectural systems –

piante dal terreno o che sono appesi agli alberi; umani che sono mescolati ad aragoste; rivoluzioni politiche che sono davvero rivoluzioni di corpi interspecifici... L'architettura qui è anche una mescolanza di processi biologici che danno origine a nuovi impegni socio-politici alternativi. E questo viene rappresentato attraverso delle pratiche eseguite sotto la luce della luna. La rappresentazione è un altro modo di esplorare la progettazione. Si incorporano le narrazioni e le metamorfosi della vita nella propria carne. E questo ci mostra non solo il "Frankenstein" interspecifico femminile che abita questi sistemi architettonici – tutti vivi – ma anche il suo modo di comportarsi che offre agli umani un'ultima opportunità per capire.

Note

1 Shaun Gallagher, *How the body shapes the mind*. Oxford University Press, New York 2005.
2 Annemarie Mol, *The Body Multiple: Ontology in Medical Practice*, Duke University Press, Londra 2002.
3 Mark Johnson, *The Body in the Mind. The Bodily Basis of Meaning, Imagination, and Reason*, The University of Chicago Press, Chicago 1997.
4 Donna Haraway, *When Species Meet*, University of Minnesota Press, USA 2008.

all of them alive – but also her way of behaving giving humans a last opportunity to understand.

Notes

1 Gallagher, Shaun. *How the body shapes the mind*. New York: Oxford University Press, 2005.
2 Mol, Annemarie. *The Body Multiple: Ontology in Medical Practice*. London: Duke University Press, 2002.
3 Johnson, Mark. *The Body in the Mind. The Bodily Basis of Meaning, Imagination, and Reason*. Chicago: The University of Chicago Press, 1997.
4 Haraway, Donna. *When Species Meet*. USA: University of Minnesota Press, 2008.

Heba Mohsen – UG3. Y2

MEMENTO MORI

Tutors: Ifigeneia Liangi, Daniel Wilkinson

Cercando di ridurre la distanza tra nascita, sesso e morte – secondo le teorie di Wilhelm Reich – questo progetto sfuma il confine tra scienza delle costruzioni e decorazioni d'interni. La morte diventa una signora che occupa gli spazi, le superfici e le strutture del progetto.

Looking to close the distance between birth, sex and death through the ideas of Wilhelm Reich, this project blurs the line between tectonics and decoration. Death becomes a lady who occupies the spaces, surfaces and structures of the project.

ONSEN

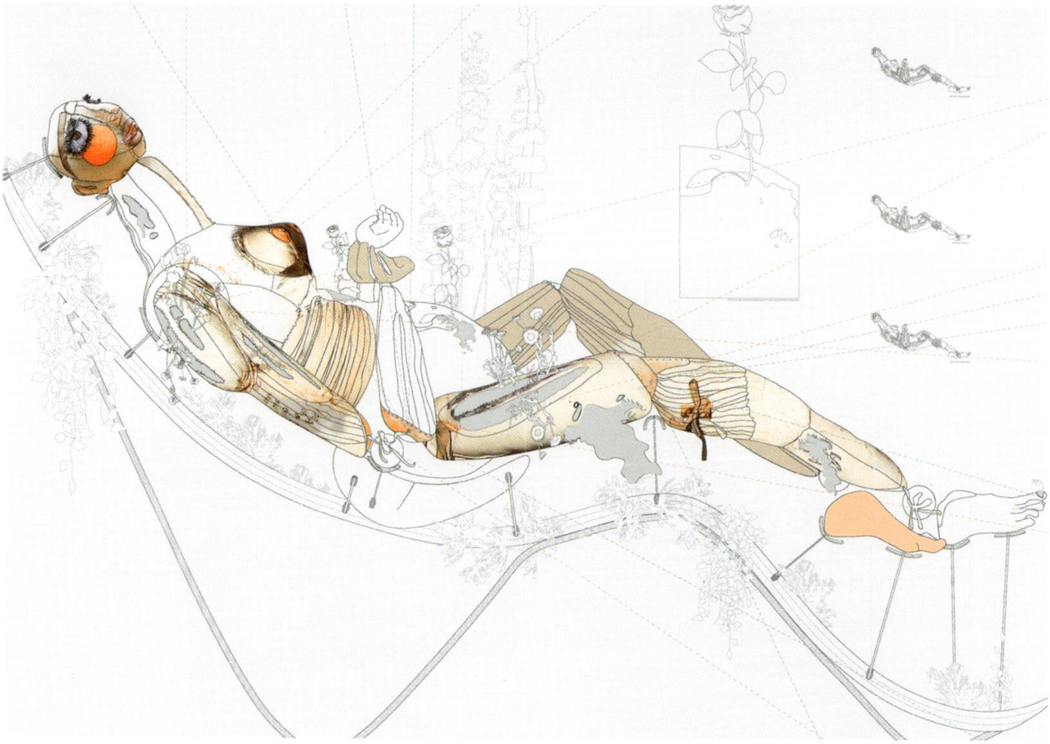

Katherine Ramchand – UG3. Y3
"MADRE E FIGLIA" DA: "IL GIARDINO PERFORMATIVO E L'ORDINE OFELIANO"
/ "MOTHER AND DAUGHTER" FROM "THE PERFORMATIVE GARDEN AND THE OPHELIAN ORDER"
Tutors: Ifigeneia Liangi, Daniel Wilkinson

Attraverso lo studio simultaneo dell'Ofelia shakespeariana e della sua raffigurazione realizzata da Millais, il progetto definisce un ordine architettonico ofeliano, che si basa sul concetto di femminilità, della percezione della propria figura da parte dell'eroina shakespeariana, di amore di sé e di impudenza.

Through a simultaneous investigation of Millais's depiction of Hamlet's Ophelia and the same Ophelia by Shakespeare, the project defines an Ophelian architectural order, reliant on ideas of femininity, her own figure, self-love and sass.

ONSEN

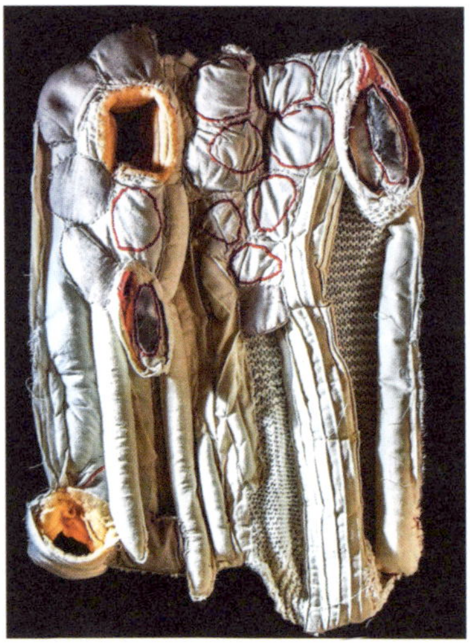

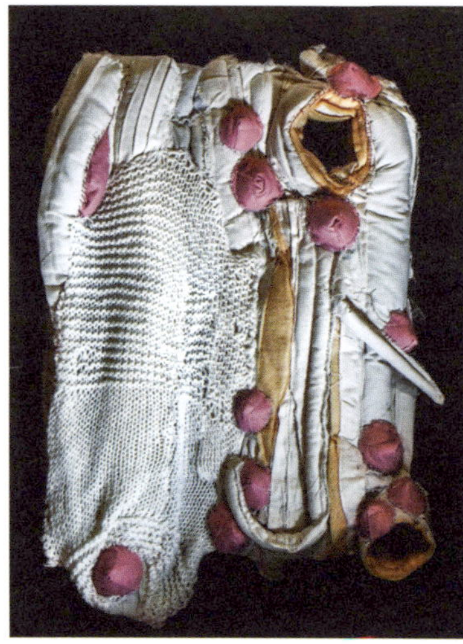

Katherine Ramchand – UG3. Y3

ONSEN

Lauren McNicoll – UG3. Y3

LA FIGURA E L'ARTE FIGURATIVA / THE FIGURE AND THE FIGURATIVE

Tutors: Ifigeneia Liangi, Daniel Wilkinson

Usando la propria carne come tela per un autoritratto, Lauren si cimenta con raffigurazioni del corpo umano in relazione alla sua assenza. Il progetto si è sviluppato in una raccolta di immagini che raccontano la presenza dell'assenza in riferimento ai capolavori siciliani perduti.

Using her own flesh as a canvas for a self-portrait, Lauren engages with depictions of the human body in relation to its absence. The project developed into a gallery concerned with depicting the presence of absence in relation to lost Sicilian masterpieces.

ONSEN

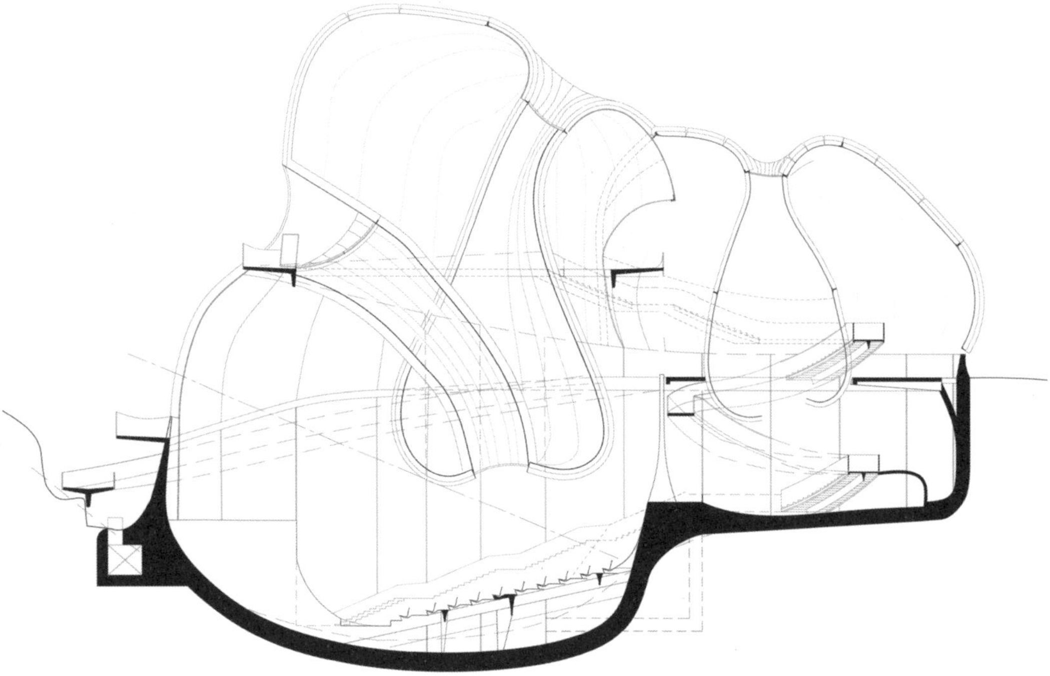

Malina Dabrowska – U17. Y5
"LA GALLERIA DI SCIENZE DELLA TERRA DI KLEIN" – MINIERA DI SALE DI WIELICZKA, POLONIA
/ "KLEIN EARTH SCIENCES GALLERY", WIELICZKA SALT MINE, POLAND
Tutors: Yeoryla Manolopoulou, Níall McLaughlin

Uno studio sulle superfici matematiche di una bottiglia di Klein ha portato alla realizzazione di costruzioni analoghe utilizzando modelli cuciti con la carta. La proposta edilizia riguarda volumi intersecanti fatti di strisce di compensato impregnato di sale e di vetro dicroico, che mostrano la complessità della superficie topologica a doppia faccia di Klein. I due ambienti principali dell'edificio si incastrano tra loro e con il terreno, formando uno spazio che attira il visitatore, attenuando i confini tra gli elementi esterni e quelli interni della struttura. Il progetto è stato studiato con l'ausilio di modelli fisici, che ne testano le qualità spaziali e di luminosità in una varietà di scale e tipologie di superfici geometriche bifacciali.

An investigation of the mathematical surfaces of a Klein bottle led to analogous constructions using paper-sewn models. The building proposal suggests intersecting volumes made of salt-impregnated plywood strips and dichroic glass, expressing the intricacy of the double-sided Klein topological surface. The two main chambers of the building interlock with each other and the ground, forming a space which draws the visitor in, blurring the boundaries between the external and internal elements of the structure. The project has been explored through physical models, which test its spatial and light-based qualities in a variety of scales and typologies of the double-sided geometric surfaces.

ONSEN

Malina Dabrowska – U17. Y5

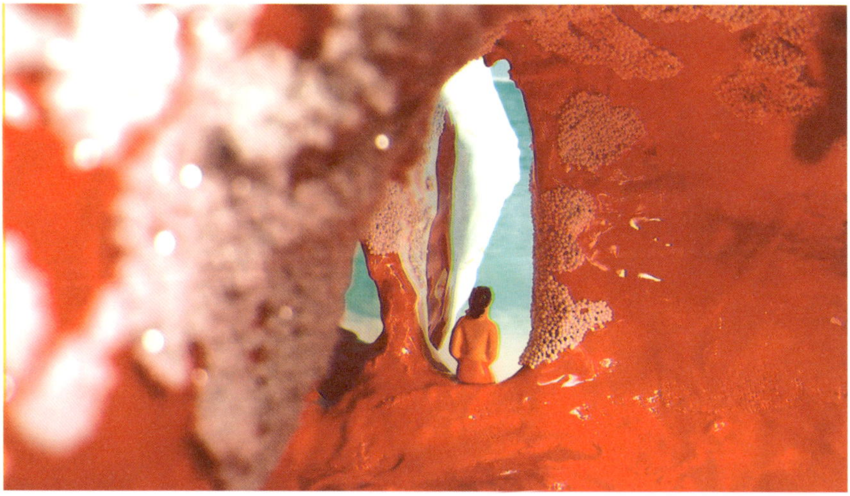

Sylwia Poltorak – U24. Y5

LO STATO INDIPENDENTE DI MELANFOLLY / THE INDEPENDENT STATE OF MELANFOLLY

Tutors: Penelope Haralambidou, Michael Tite

Cos'è l'architettura? Quanto tempo può durare? E può aiutarci a resistere al tempo? La risposta è senza dubbio: sì! Lo Stato indipendente di Melanfolly è uno stato insulare di culto riservato a pochi eletti, sperduto nel Pacifico meridionale. Gli adepti ribelli, che si definiscono "aragoste", hanno sviluppato un misterioso sistema bio-scientifico che sfrutta la produzione criogenica di organi artificiali per allungare la vita. I rami degli alberi sbattono sotto i colpi dei pettegolezzi, dai muri sgorgano misteriosi fluidi rossi e tutto è sorvegliato da una misteriosa "ragazza immagine". Abbandonatevi a questa architettura festosa, tossica e selvaggia, al chiarore della luna. Non potrete evitarlo.

What is architecture? How long can it last? Can it help us endure time itself? The answer is definitively, yes it can! The Independent State of Melanfolly is a secretive cultish island state, lying somewhere in the area of South Pacific. The rebellious insiders, who refer to themselves as 'lobsters', have developed a mysterious bio-scientific system to extend their existence through the cryogenic growth of artificial organs. Trees twitch with gossip, walls flow with mysterious red liquid and all is watched over by the mysterious 'banner girl'. Give in to this wild, noxious, moonlit party-architecture. You cannot escape it.

IL PAESAGGIO CHE CONFIGURA L'ARCHITETTURA

SFERA / SPHERE 2
ANELLO / RING 1 [retro / back]

LANDSCAPE CONFIGURING ARCHITECTURE

IT Negli ultimi decenni, il paesaggio è stato considerato dagli architetti uno spazio per l'immaginazione più di qualsiasi altra cosa e quindi, esclusivamente o quasi concettuale. È stato come uno sfondo che esaltava il sistema compositivo degli architetti. C'è una nuova visione recente, che ha a che vedere con l'emergenza climatica e la sostenibilità fra le altre cose, in cui il tempo, le preesistenze naturali, il terreno o le specie particolari sono di nuovo rilevanti. Le donne hanno svolto un ruolo decisivo nel fare emergere una visione che rivendichi l'importanza del luogo a livello materiale, e questa sezione apre una riflessione con l'intento di capire se il femminismo materiale può essere un retroterra concettuale valido per questo cambiamento.

EN In the last decades, landscape has been considered by architects above all the milieu of imagination, and therefore purely or almost purely conceptual. Landscape has been like a background enhancing architects' compositional system. According to a new recent vision, also linked with climate emergency and sustainability, weather, natural pre-existences, soil or specific species are relevant again. Women have played a fundamental role in the creation of a new vision claiming the importance of a place at a material level, and this section opens a speculation on material feminism as being a good conceptual background for this shift.

Il paesaggio che configura l'architettura

IZABELA WIECZOREK

Landscape configuring architecture

IT Il titolo *Il paesaggio che configura l'architettura* denota uno spostamento di paradigma – una destabilizzazione e un'inversione delle gerarchie, o meglio un ribilanciamento delle interrelazioni fra naturale e artificiale. Nello stesso modo in cui il paesaggio emerge da una negoziazione fra cultura e natura, tale riconfigurazione rende esplicito che l'architettura è anche inquadrata e inserita in questa negoziazione. Ciò inoltre implica un approccio al paesaggio non come un semplice sfondo per i progetti, o una risorsa da gestire, ma come una componente attiva di un (eco)sistema architettonico, dove gli edifici sono immaginati come costruzioni contingenti capaci di abbracciare gli intrinseci valori sociali, estetici e ambientali nonché le molteplicità processuali ed esperienziali del paesaggio.

Incarnando le dinamiche di un tale spostamento di paradigma, le opere di Ellie Sampson, Emma Colthurst, Niki-Marie Jansson e Doville Ciapaite, che costituiscono questo *anello*, esplorano gli strati nascosti e i molteplici significati del paesaggio, proponendo una lettura trasversale delle varie scale, materialità e temporalità attraverso l'uso di un'immaginazione sconfinata che affronta creativamente i limiti architettonici e planetari. Esse ci invitano a pensare in modo critico agli ambienti naturali e a quelli costruiti (e vissuti), dove i paesaggi sono visti come ricettacoli di potenzialità materiali, narrative e atmosferiche, e l'architettura si espande in un regno disincarnato di fenomeni, esperienze, affetti, rituali e storie che vengono riconosciuti come altri *materiali* intangibili attraverso cui gli edifici vengono alla luce.

È interessante che, senza essere esplicitamente informati sulle teorie femministe, i loro progetti portino l'attenzione su questioni comunemente associate ai nuovi approcci femministi materialisti. Impiegato da pensatrici come Karen Barad, Rosi Braidotti

EN The title *Landscape configuring architecture* denotes a paradigmatic shift – a destabilisation and inversion of hierarchies, or rather a re-balancing of the interrelationships between the natural and the humanmade. In the same way that landscape emerges from a negotiation between culture and nature, this reconfiguring makes explicit that architecture is also framed by and embedded in this negotiation. Moreover, it implies an approach to the landscape not as a mere backdrop for the projects, or a resource to be managed, but as an active constituent of an architectural (eco)system, in which buildings are imagined as contingent constructions able to embrace landscape's intrinsic environmental, aesthetic and social values as well as processual and experiential multiplicities.

Embodying the dynamics of such a paradigmatic shift, the works of Ellie Sampson, Emma Colthurst, Niki-Marie Jansson and Doville Ciapaite, which constitute this *ring*, explore landscape's hidden strata and multiple meanings, offering a transversal reading into different scales, materialities and temporalities, using unlimited imagination to creatively tackle both architectural and planetary limits. They invite us to think critically about the natural as well as built (and lived) environments, in which landscapes are seen as repositories of material, narrative, and atmospheric potential, and architecture expands to a disembodied realm of phenomena, experiences, affects, rituals and histories that are recognised as other, intangible *materials* through which buildings come into existence.

Interestingly, without being explicitly informed by feminist theories, their projects draw attention to matters that are commonly associated with feminist new materialist approaches. Mobilised by thinkers such as Karen Barad, Rosi Braidotti and

e Jane Bennett (solo per citarne alcune), un principio centrale del nuovo materialismo è che la *materia* è intrinsecamente trasformativa e dinamica, performativa e agenziale[1]. Questo concetto si situa in uno spazio liminale fra natura e cultura, estetica e politica, corpo e ambiente, aprendo una vasta gamma di modalità di partecipazione attiva (individuale e collettiva) nel mondo materiale, un mondo che è configurato da forze materiali e immateriali nonché da forze umane e non umane e richiede il superamento di queste opposizioni binarie (incluse anche le polarità di femminile e maschile).

In questo contesto, corroborando la crescente complessità dei paesaggi sociopolitici, economici, culturali ed ecologici, i sei progetti, sebbene immaginati da donne, forniscono un'occasione per pensare al nuovo *femminismo materiale* come non necessariamente incentrato sul genere, ma piuttosto come un modo alternativo di intendere l'architettura. Esse rendono la progettazione un intrico di pratiche – curiose, creative, critiche e contingenti – che portano a una reintroduzione dell'agire integrato nelle materializzazioni architettoniche avvicinandosi alla materia come un luogo di produzione, esperienza e azione. Definiti dalle relazioni di prossimità con i loro contesti – intesi come territori multistratificati e multiscalari in termini geografici, culturali e storici – i loro edifici vengono immaginati come dispositivi che palesano e registrano processi materiali e materiali, spostandosi dalla mera appropriazione e dal mero sfruttamento del paesaggio a un coinvolgimento reciproco e produttivo – un atto di co-creazione.

Lavorando sull'attrito fra gli effetti distruttivi e produttivi delle forze naturali, invece di negarne la contingenza, Ellie Sampson abbraccia la possibilità immaginativa della decadenza e dell'erosione, presentando l'architettura come un dispositivo in sintonia

Jane Bennett (to mention but a few), a central tenet of new materialism is that *matter* is inherently transformative and dynamic, performative and agential.[1] This notion is situated in a liminal space between nature and culture, aesthetics and politics, body and environment, opening up a wide range of modes of engagement (individual and collective) with the material world. A world which is configured by both material and immaterial as well as human and non-human forces and calls for overcoming these binary oppositions (including also polarities of female and male).

In this context, underpinning the increasing complexity of socio-political, economic, cultural and ecological landscapes, the six projects, although imagined by women, provide an opportunity to think of new *material feminism* as not necessarily gender focused, but rather as an alternative way of understanding architecture. They render design as a tangle of practices – curious, creative, critical and contingent – leading to a re-enactment of the agency embedded in architectural materialisations by approaching matter as a locus of production, experience and action. Defined by relations of proximity with their contexts – understood as multi-layered and multi-scalar territories in geographical, cultural and historical terms – their buildings are imagined as devices manifesting and registering material processes and materials, moving from a mere appropriation and exploitation of the landscape to a mutual and productive entanglement – an act of co-creation.

Working with the friction between the destructive and productive effects of natural forces, rather than negating their contingencies, Ellie Sampson embraces the imaginative possibility of decay and erosion, presenting architecture as a device attuned to these forces. By registering

con queste forze. Registrando e rivelando le operazioni materiali, gli strati culturali e le forze della natura del paesaggio veneziano, "Il deposito in stile Torcello" passa da una idea della materia associata a entità fisse a ciò che Barad definisce "fenomeni nella loro continua materializzazione."[2] Il progetto è concepito come un monumento che celebra il passato materiale ma anche l'ordine urbano e naturale di Venezia, diventando una rovina in costruzione. In effetti, l'architettura di Ellie Sampson è analoga a un paesaggio. È immaginata come un processo vivente.

Similmente, Niki-Marie Jansson e Doville Ciapaite non presentano gli edifici come entità statiche e isolate, né come oggetti "finiti", ma come realtà inserite in una rete complessa ed estesa che definisce i legami materiali, sociali, economici e affettivi con il paesaggio. Non solo i progetti affrontano le tecniche di costruzione tradizionali e le qualità tettoniche, estetiche e performative dei materiali, ma si concentrano anche sull'esperienza collettiva dei processi di costruzione che sono usati per creare e mantenere le reti sociali, promuovendo paesaggi e comunità urbane resilienti.

Spostando il suo interesse verso materiali tradizionali come la pietra e i mattoni, Niki-Marie Jansson in "La provincia indipendente di Angel" e "La dépendance dell'Ally Pally" riaffronta il potenziale della costruzione contemporanea in muratura per riplasmare la percezione della sostenibilità e dei limiti spaziali, sociali e finanziari. Per Niki-Marie Jansson, i materiali, attraverso le loro storie, associazioni e significati, generano nuove relazioni. I suoi edifici – immaginati come un'infrastruttura alla scala di una megastruttura con una delicatezza paradossale – agiscono come insiemi materiali performativi che celebrano i processi costruttivi tradizionali e la storia culturale del luogo. Essi diventano un luogo di trasmissione del

and revealing material operations, cultural strata as well as forces of nature in the Venetian landscape, 'The Torcello Typology Repository' moves from an understanding of matter as associated with fixed entities towards what Barad defines as '*phenomena in their ongoing materialisation*.'[2] The project is conceived as a monument celebrating Venice's material past as well as urban and natural orders, becoming a ruin under construction. In fact, Sampson's architecture is analogous to a landscape. It is imagined as a living process.

Similarly, Niki-Marie Jansson and Doville Ciapaite do not present buildings as static and isolated entities, or 'finished' objects, but as nested in a complex and extended web that defines material, social, economic and affective entanglements with their landscapes. Not only do the projects address traditional building techniques as well as tectonic, aesthetic and performative qualities of materials, but also focus on collective experience of building processes, which are used to construct and maintain social networks, promoting resilient urban landscapes and communities.

By shifting her interest towards traditional materials such as stone and brick, Jansson in 'The Independent Province of Angel' and 'The Ally Pally Annex' re-addresses the potential of contemporary masonry construction for re-shaping perceptions of sustainability as well as of spatial, social and financial boundaries. For Jansson, materials through their histories, associations and meanings, generate new relationships. Her buildings – imagined as an infrastructure at the scale of a mega-structure with a paradoxical delicacy – act as performative material assemblages celebrating traditional building processes and the cultural history of the site. They become a place of transmission of knowledge, in which craft

sapere, in cui l'artigianato svolge un ruolo importante, creando occasioni per rafforzare le economie locali e, così, sostenere nuove infrastrutture sociali.

L'esplorazione delle risorse locali, l'imparare dai nostri antenati e il recupero delle tecniche e dei materiali tradizionali sono anche al centro del progetto di Doville Ciapaite "L'assemblea legislativa auto-costruita in terra battuta". Occupandosi dei temi del riuso dei materiali e del più ampio contesto di una economia circolare e del cambiamento climatico, il progetto esplora le esperienze partecipative dei processi di costruzione. Esso porta alla luce non solo la coesistenza ma anche l'intreccio produttivo fra materialità e socialità, rivelando anche la partecipazione dei materiali nell'emergere di esperienze e conoscenze condivise oltre che nel costruire nuove ecologie.

Dall'erosione naturale nel progetto di Ellie Sampson all'erosione dell'identità rurale nel paesaggio dell'Essex in "La camminata intorno a Cranham" di Emma Colthurst, i paesaggi vengono visti come palinsesti di strati materiali e culturali che costituiscono il nostro patrimonio tangibile e intangibile. Per Emma Colthurst, la topografia del paesaggio è culturalmente codificata, definendo coreografie sociali e nuovi paesaggi di memorie collettive. Il suo progetto è immaginato come un coinvolgimento attivo nel territorio circostante, dove il movimento diventa un elemento chiave degli insiemi materiali e narrativi, e il paesaggio viene visto non solo come "un ambiente di per sé gravido di passato' – per dirla con le parole di Tim Ingold – ma anche gravido di molteplici significati[3]. Esplorando l'interrelazione fra *paesaggi* e *rituali*, le strutture proposte agiscono come oggetti narranti o narrazioni materializzate che traggono significati culturali e spirituali dal paesaggio e adottano diverse modalità di *potere civico*. L'atto rituale del girare attorno a Cranham

plays a major role, creating opportunities for reinvigoration of local economies and, thus, supporting new social infrastructure.

Exploring local resources, learning from our ancestors, and reclaiming traditional techniques as well as materials, are also at the heart of Ciapaite's project 'The Self-Built Assembly of Rammed Earth'. Engaging with questions of material reuse and the broader context of a circular economy and climate change, her project explores participatory experiences of building processes. It exposes not only a co-existence but a productive entanglement between materiality and sociality, revealing also materials' participation in the emergence of shared experiences and knowledge as well as in the construction of new ecologies.

From material erosion in Sampson's project, to erosion of the rural identity of the Essex landscape in Emma Colthurst's 'The Circumambulation of Cranham', landscapes are seen as palimpsests of material and cultural strata constituting our tangible and intangible heritage. For Colthurst, the topography of the landscape is culturally encoded, defining social choreographies and new landscapes of collective memories. Her project is imagined as a lived engagement with its surroundings, in which movement becomes a key element of material and narrative assemblages, and landscape is seen not only as 'an environment that is itself pregnant with the past'– to borrow Tim Ingold's words – but also pregnant with multiple meanings.[3] Exploring the inter-relatedness between *landscapes* and *rituals*, the proposed structures act as narrating objects or materialised narratives, deriving cultural and spiritual meanings from the landscape and enacting diverse modalities of civic agency. The ritual act of circumambulation both offers an

offre una sensazione concreta del paesaggio e al contempo crea un'atmosfera specifica attraverso cui vengono attivate nuove relazioni, rivelando gli strati delle storie dimenticate e il potenziale socialmente (tras)formativo del paesaggio.

Indubbiamente, i nuovi approcci materialisti sollevano interrogativi interessanti per la pratica architettonica. Con una forte attenzione alla performatività e relazionalità e la considerazione dei non umani come co-creatori della cultura, essi abbracciano un'ampia concezione della *trasversalità* creativa fra animato e inanimato, e umano e non umano, che sono visti come intrecciati in relazioni produttive. Tuttavia, questa *nuova* svolta materiale non deve essere necessariamente associata alla *novità*. In questo senso, "nuovo" non denota una qualità, ma è piuttosto espressione di temporalità (anche trasversale) – un segno proiettivo e generativo di qualcosa che è stato riscoperto e deve ancora venire. Dato che creatività e curiosità sono implicite in ogni scoperta, l'idea di curiosità di Michel Foucault come "un certo accanimento a disfarsi di ciò che è familiare e a guardare le stesse cose diversamente, un ardore di cogliere quello che accade e quello che passa"[4] sembra sintetizzare l'importanza del nuovo materialismo per la pratica architettonica, innescando il recupero di conoscenze dimenticate.

Il nuovo materialismo è spesso visto come un ritorno agli approcci vitalisti, che si possono far risalire alle critiche seicentesche a Cartesio (riprese poi dalla filosofia di Gilles Deleuze, che è centrale alla dialettica del nuovo materialismo). Dall'Illuminismo al Romanticismo, i temi vitalisti hanno avuto un forte impatto anche sulla tradizione della progettazione di paesaggi e giardini, suggerendo una preistoria materiale per la *nuova* pratica materialista. Le teorie sul paesaggio e il giardino di quel periodo hanno ridefinito

embodied sense of the landscape and constitutes a specific ambiance through which new relationships are activated, revealing the strata of forgotten histories and landscape's socially (trans)formative potential.

Undoubtedly, new materialist approaches raise interesting questions for architectural practice. Within a strong focus on performativity and relationality as well as a consideration of non-humans as co-creators of culture, they encompass a broad understanding of creative *transversality* between the animate and the inanimate, and the human and the non-human, which are seen as enmeshed in productive relationships. However, this *new* material turn should not necessarily be associated with *newness*. In this sense, 'new' does not denote a quality, but rather it is an expression of (also transversal) temporality – a projective and generative signature of something that has been re-discovered and is yet to come. As both creativity and curiosity are implicit in every discovery, Michel Foucault's understanding of curiosity as 'a certain determination to throw off familiar ways of thought and to look at the same things in a different way; a passion for seizing what is happening now, and what is disappearing,' seems to encapsulate the relevance of new materialism for architectural practice, triggering the recovery of forgotten knowledge.[4]

New materialism is often seen as a re-turn to vitalist approaches, which can be traced back to seventeenth-century criticisms of René Descartes (and revived in Gilles Deleuze's philosophy, which is central to new materialist dialectic). From the Enlightenment to Romanticism, vitalist themes have also resonated in the tradition of landscape and garden design, suggesting a material pre-history to *new* materialist practice. Landscape and garden theories of that period redefined human-nature re-

le relazioni uomo-natura inglobando dinamiche e azioni non umane, rappresentando il paesaggio come una sequenza in continua evoluzione di scene ed effetti – un campo immersivo associato alle sensazioni e all'esperienza. I paesaggi erano visti non solo come celebrazioni di un mondo naturale "pieno di avvenimenti accidentali" – per citare l'influente teorico settecentesco del paesaggio Christian Cay Lorenz Hirschfeld – ma anche come veicoli per eventi e modelli per l'interazione e l'organizzazione sociali[5]. Cosa ancora più importante, i paesaggi hanno avuto anche un notevole impatto sui modi di concepire l'architettura. È stato nel contesto dei dibattiti di estetica del Settecento che termini quali "palcoscenico", "scena" e "scenario" sono stati adottati nel discorso architettonico proprio dalla teoria del giardino, impregnando lo spazio di teatralità e performatività[6]. Era un'architettura che aveva assunto il carattere stesso del paesaggio, intersecando le sfumature spaziali con le dinamiche ambientali e sociali. Come suggerisce Jonathan Hill, "un'architettura che è concepita come analoga a un paesaggio in continua evoluzione è più sensibile a livello temporale di altri edifici e richiederà una costante rivalutazione, incoraggiando in particolare la messa in discussione e relazioni creative fra oggetti, spazi e fruitori in tempi, scale e dimensioni varie[7].

Oggi, una simile concezione dell'architettura richiede anche la rivalutazione dell'azione dell'architettura nell'affrontare il cambiamento climatico. Nello stesso modo in cui l'arte del giardino per Hirschfeld significava lavorare non *contro* ma *con* la natura, intensificando il suo potenziale immaginativo, essa esige che si agisca non *su* ma *con* il cambiamento climatico, che, al pari del paesaggio, è un insieme multistratificato di sistemi, narrazioni e storie con dimensioni ambientali, sociali, politiche e culturali[8]. Per comprendere come il paesaggio e il clima configurino l'architettura è necessario, come

lationships by encompassing nonhuman dynamics and agency, rendering landscape as an ever-changing sequence of scenes and effects – an immersive field allied with sensations and experience. Landscapes were seen not only as celebrations of a natural world 'full of accidental occurrences' – to quote the influential eighteenth-century landscape theorist Christian Cay Lorenz Hirschfeld – but also as vehicles for events and models for social interaction and organisation.[5] More importantly, landscapes had also a significant effect on conceptions of architecture. It was in the context of eighteenth-century aesthetic debates, that terms such as 'stage,' 'scene', and 'scenery' were adopted by architectural discourse precisely from garden theory, imbuing space with theatricality and performativity.[6] It was an architecture that took on the very character of a landscape, intersecting spatial nuances with the environmental and social dynamics. As Jonathan Hill suggests, 'An architecture that is conceived as analogous to an ever-changing landscape is more temporally aware than other buildings and will require constant re-evaluation, encouraging particularly questioning and creative relations between objects, spaces and users at varied times, scales and dimensions.'[7]

Today, such a conception of architecture also requires re-evaluation of architecture's agency in addressing climate change. In the same way that for Hirschfeld garden art meant working not *against* but *with* nature, intensifying its imaginative potential, it calls for acting not *upon* but acting *with* climate change, which, like landscape, is a multi-layered assemblage of systems, narratives and histories with environmental, societal, political and cultural dimensions.[8] Understanding how landscape and climate configure architecture demands, as Hirschfeld suggested, 'a sharp and sensitive

suggeriva Hirschfeld, "un occhio acuto e sensibile, un'immaginazione vivace, uno spirito capace di afferrare prontamente un insieme ben ordinato in tutte le sue parti"[9]. Un occhio di cui sono sicuramente dotate tutte le autrici incluse in questa sezione.

eye, a quick imagination, a spirit easily capable of grasping well-ordered whole in all of its parts."[9] An eye that all the authors included in this section do certainly have.

Note

1 Si veda per esempio: Rick Dolphijn e Iris van der Tuin (a cura di), *New Materialism: Interviews & Cartographies*, Open Humanities Press, Ann Arbor 2012.
2 Karen Barad, 'Posthumanist Performativity: Toward an Understanding of How Matter Comes to Matter.' *Signs: Journal of Woman in Culture and Society*, The University Chicago Press, 28, n. 3, primavera 2003, pp. 801-831: 3, corsivo nell'originale.
3 Tim Ingold, 'The Temporality of the Landscape'. *World Archaeology. Conceptions of Time and Ancient Society*, vol. 25, n. 2, ottobre 1993, pp. 152-174: 153.
4 Michel Foucault, in *Archivio Foucault. Interventi, colloqui, interviste. 3. 1978-1985. Estetica dell'esistenza, etica, politica*, a cura di Alessandro Pandolfi, traduzione di Sabina Loriga, Feltrinelli, Milano 1998, p. 141.
5 Christian Cay Lorenz Hirschfeld, *Theory of Garden Art*, curatela e traduzione Linda B. Parshall, University of Pennsylvania Press, Philadelphia 2001, p. 184.
6 Per l'influenza delle teorie del giardino sulla teoria dell'architettura di fine Settecento, vd. l'introduzione di Robin Middleton in Nicolas Le Camus de Mézières, *Lo spirito dell'architettura, o l'analogia di quest'arte con le nostre sensazioni*, a cura di Vittorio Ugo, Il Castoro, Milano 2005.
7 Jonathan Hill, 'The ruins of the immaterial'. *Immaterial Materialities. Interstices Journal of Architecture and Related Arts*, edited by Sandra Löschke and Desley Luscombe, n. 14, 2013, pp. 81-93: 84
8 Si veda Hirschfeld, *op. cit.*, p. 134.
9 *Ibid.* 140.

Notes

1 See, for instance: Rick Dolphijn and Iris van der Tuin (eds.), *New Materialism: Interviews & Cartographies*, (Ann Arbor: Open Humanities Pres, 2012).
2 Karen Barad, 'Posthumanist Performativity: Toward an Understanding of How Matter Comes to Matter.' *Signs: Journal of Woman in Culture and Society* (The University Chicago Press) 28, no. 3 (Spring, 2003): 801-831: 3, emphasis in original.
3 Tim Ingold, 'The Temporality of the Landscape'. *World Archaeology. Conceptions of Time and Ancient Society*, Vol. 25, No. 2, (October 1993), 152-174: 153.
4 Michel Foucault, 'The Masked Philosopher'. In *Ethics. Subjectivity and Truth. The Essential Works of Foucault 1954-1984*. Vol. 1, edited by Paul Rabinow (New York: The New Press, 1997), 321-328: 325.
5 Christian Cay Lorenz Hirschfeld, *Theory of Garden Art*, ed. and trans. Linda B. Parshall (Philadelphia: University of Pennsylvania Press, 2001), 184.
6 For the influence of the garden theories on the late-eighteenth-century theory of architecture, see: Robin Middleton, 'Introduction' in *The Genius of Architecture, or, The Analogy of That Art with our Sensations*, by Nicolas Le Camus de Mézières, trans. David Britt, (Los Angeles: The Getty Research Institute, 1992), 17-64.
7 Jonathan Hill, 'The ruins of the immaterial'. *Immaterial Materialities. Interstices Journal of Architecture and Related Arts*, edited by Sandra Löschke and Desley Luscombe, No. 14, (2013): 81-93: 84
8 See, Hirschfeld, *op.cit.*, 134.
9 *Ibid.* 140.

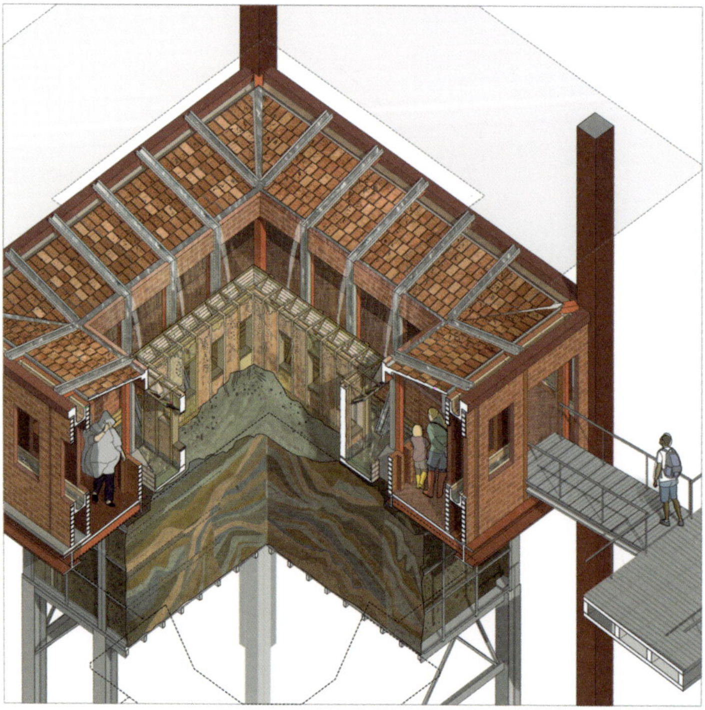

Ellie Sampson – U11. Y4
IL DEPOSITO IN STILE TORCELLO / THE TORCELLO TYPOLOGY REPOSITORY
Tutors: Laura Allen, Mark Smout

Disegno composito. Un'isola rialzata nel paesaggio paludoso verso il nord della laguna, il deposito utilizza acqua canalizzata, imbarcazioni rivestite di pietra calcarea e pareti appositamente erose per ricreare e intensificare i processi che attaccano l'esclusiva infrastruttura di Venezia.

Composite drawing. An elevated island in the marshy landscape towards the north of the lagoon, the repository uses channelled water, limestone-lined vessels and purposefully eroding walls to recreate and intensify the processes attacking Venice's unique infrastructure.

Ellie Sampson – U11. Y4

ONSEN

Emma Colthurst – U11. Y5
LA CAMMINATA INTORNO A CRANHAM / THE CIRCUMAMBULATION OF CRANHAM
Tutors: Laura Allen, Mark Smout

Il progetto esplora le narrazioni più feconde fra la comunità di Cranham e il paesaggio collettivo: un paesino sottourbanizzato alla periferia di Londra. Le future funzioni civiche del paese si trasferiscono lungo l'antico confine della parrocchia su ventisei cippi di confine alfabetici. Ogni funzione civica ospita una funzione politica secondaria, per esempio unisce il Pub alla Chirurgia politica titubante e i Macellai al Welfare per adulti. I residenti e l'amministrazione locale intraprendono insieme questa camminata in cerchio per scoprire e celebrare ulteriormente la loro comunità.

The Circumambulation of Cranham explores the richer narratives between the community of Cranham and their collective landscape: a suburbanised village on the outskirts of London. The future civic functions of the village relocate along the ancient parish boundary on twenty-six alphabetical boundary markers. Each civic function harbours a secondary political function, for example uniting The Pub with Havering Political Surgery and The Butchers with Adult Welfare. The residents and local council collectively embark on this circumambulation to further discover and celebrate the community of Cranham.

ONSEN

Niki-Marie Jansson – U12. Y4
LA PROVINCIA INDIPENDENTE DI ANGEL / THE INDEPENDENT PROVINCE OF ANGEL
Tutors: Elizabeth Dow, Jonathan Hill

Slow City. Il progetto propone un'infrastruttura industriale attorno al cuore di Angel, Islington, reintroducendo la manifattura di mattoni come un'industria produttiva locale capace di fornire un catalizzatore per lo sviluppo/la riqualificazione sociale all'interno della zona e dell'infrastruttura stessa. Questo includerebbe l'edilizia cooperativa, il commercio locale, l'industria leggera e i piani di conciliazione vita/lavoro eccetera. Nonostante la sua vasta scala, la strategia del progetto mira a sostenere uno sviluppo sensibile e progressivo in risposta al materiale sempre più complesso.

Slow City. The Independent Province of Angel proposes an industrial infrastructure circling the heart of Angel, Islington, reintroducing brick manufacture as a local productive industry, in order to provide a catalyst for social (re)development within the area and infrastructure itself. This would include co-operative housing, local commerce, light industry and live/work schemes etc. Despite its large scale, the project's strategy aims to advocate sensitive and incremental development in response to the increasingly complex material.

ONSEN

Niki-Marie Jansson – U12. Y5
LA DÉPENDANCE DELL'ALLY PALLY / THE ALLY PALLY ANNEX
Tutors: Elizabeth Dow, Jonathan Hill

Costruire per la longevità, la diversità e la complessità. "The Ally Pally Annex" propone una serie di infrastrutture in muratura portanti, elevate e sotterranee che si integrano al livello del masterplan dentro Londra, convertendosi in una mega cripta all'Alexandra Palace – "Ally Pally" – nella zona nord di Londra.La proposta sviluppa quello che è stato affrontato in "The Independent Province of Angel" con l'intento di collegare e smantellare i confini sociali e finanziari stabiliti fra i distretti amministrativi di Londra, nel tentativo di affrontare una serie di questioni ambientali, sociologiche e psicologiche.

Building for longevity, diversity and complexity. The Ally Pally Annex proposes a series of elevated subterranean load-bearing masonry infrastructures that integrate themselves on a masterplan scale within London, converting at a proposed megastructure undercroft at Alexandra Palace – "Ally Pally" – in north London. The proposal expands upon "The Independent Province of Angel": Slow city proposal, aiming to connect and dismantle established social and financial boundaries between London boroughs, in attempt to address a series of urban environmental, sociological and psychological issues.

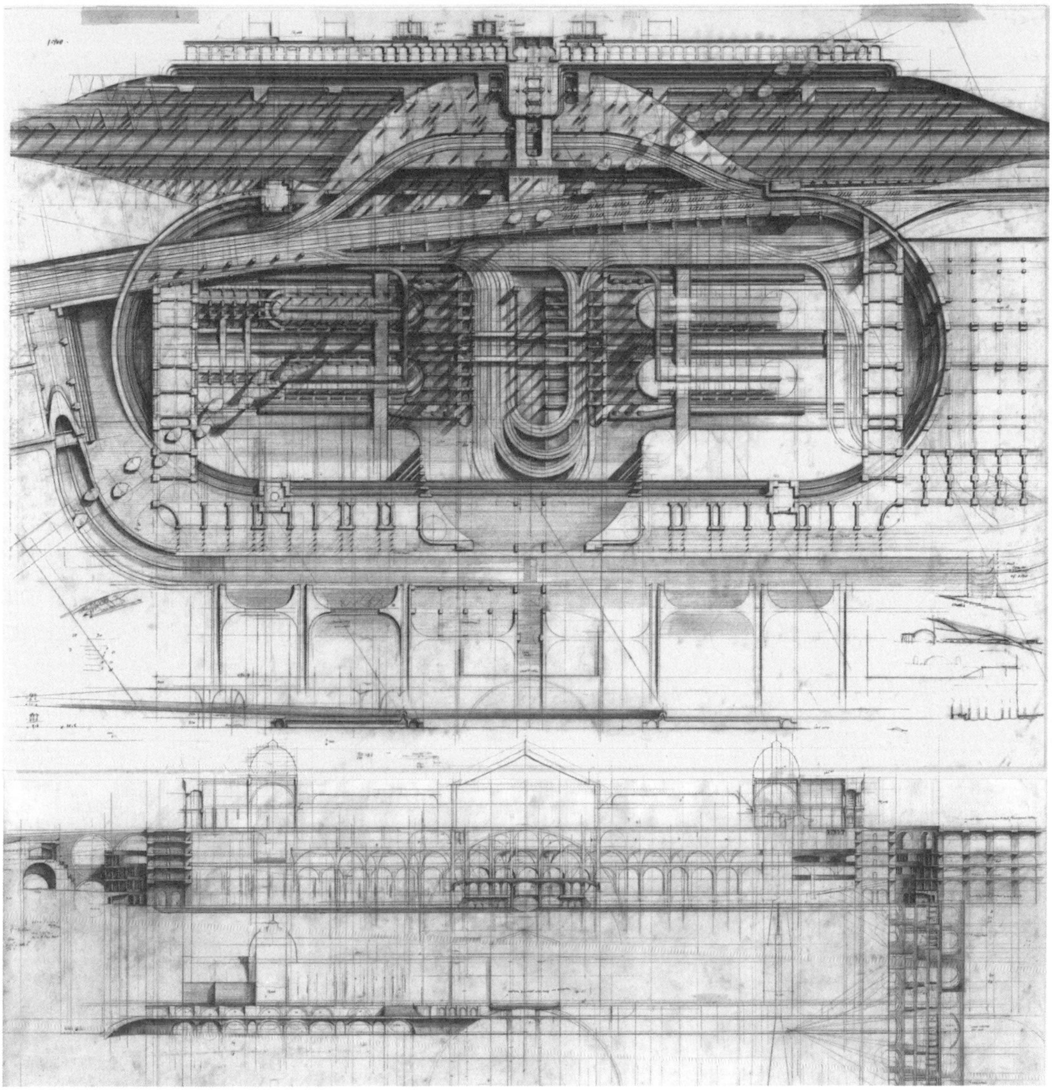

ONSEN

Niki-Marie Jansson – U12. Y5

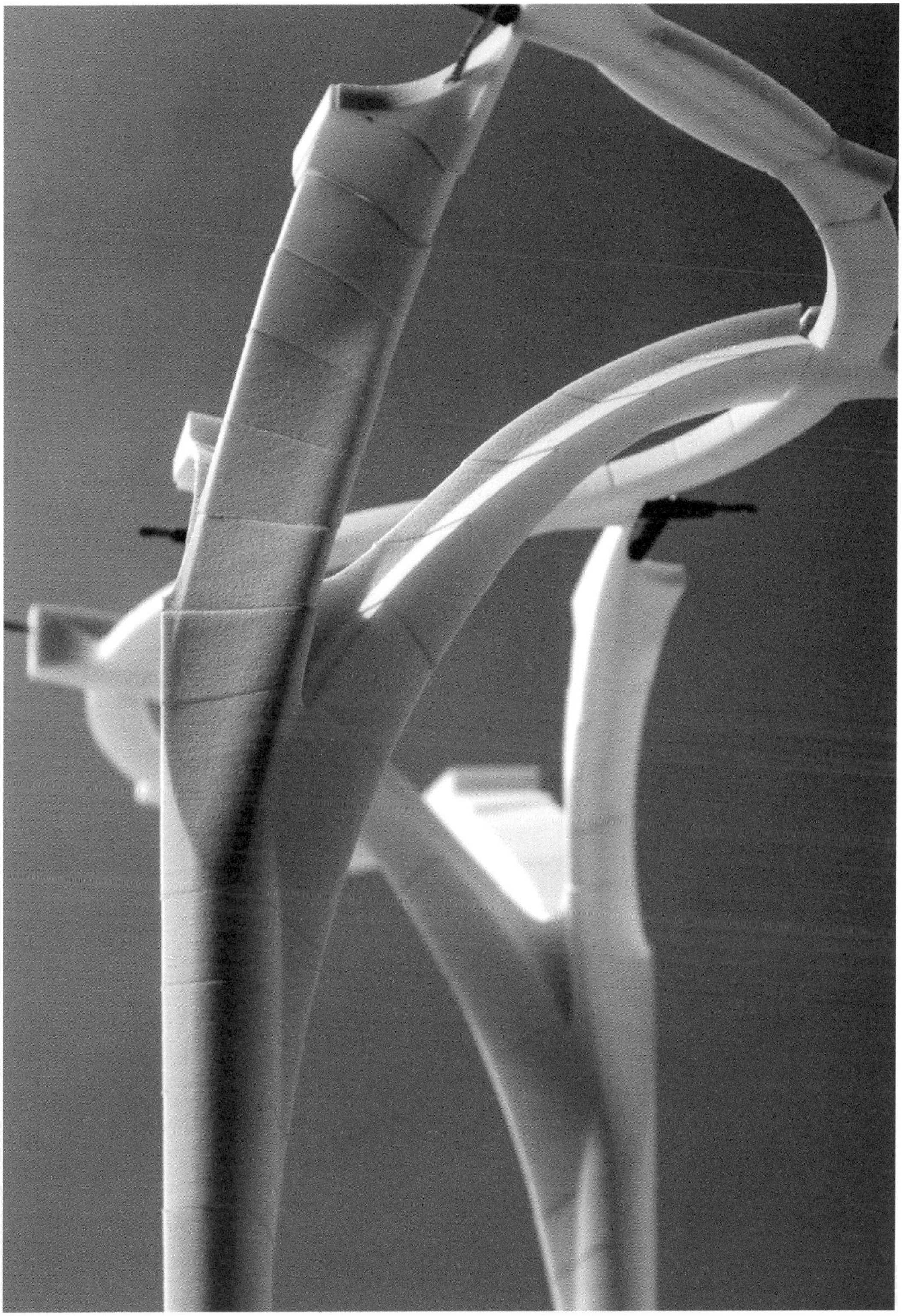

ONSEN

Doville Ciapaite – U13. Y4
L'ASSEMBLEA LEGISLATIVA AUTO-COSTRUITA IN TERRA BATTUTA
/ THE SELF-BUILT ASSEMBLY OF RAMMED EARTH
Tutors: Sabine Storp, Patrick Weber

Il progetto è situato ad Hallfield Estate, vicino Paddington, dove si concentra sull'idea di auto-costruibilità e sulla natura dell'urbanismo artigianale. La proposta riassembla il forum dei residenti abbandonato riutilizzando al contempo materiali disponibili in loco, come argilla e materiali edilizi di scarto, inclusi pietrisco, mattoni, finestre e porte. Il progetto esplora dei modi per coinvolgere gli abitanti in ogni sua fase, dalla programmazione degli eventi sociali al processo di autocostruzione. Il coinvolgimento attivo dei residenti contribuisce a trasferire la fiducia e la responsibilità agli stessi residenti in maniera tale che possano continuare a organizzare in modo autonomo gli eventi della comunità una volta ultimato l'edificio.

The "Self-Built Assembly of Rammed Earth" is situated at the Hallfield Estate near Paddington, where the project focuses on the idea of self-buildability and the nature of handmade urbanism. The proposal re-assembles the neglected residents' forum whilst re-using materials available on site, such as clay, and waste building materials, including concrete rubble, bricks, windows and doors. Project explores ways to engage residents in every stage of the project, from social event planning to self-build process. Active engagement with the residents helps to transfer the confidence and ownership to residents themselves to continue independently organise community events after the building is complete.

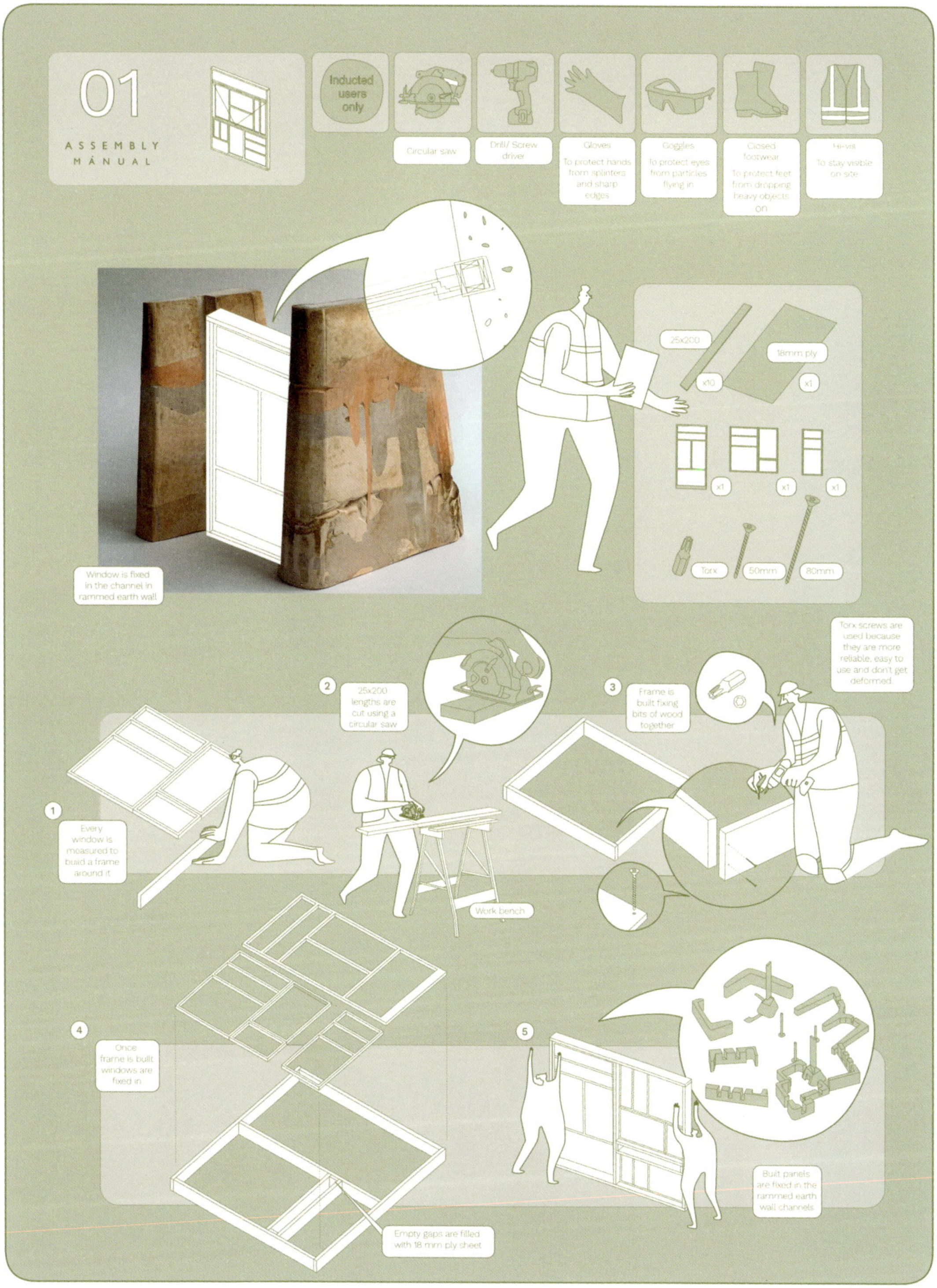

Doville Ciapaite – U13. Y4

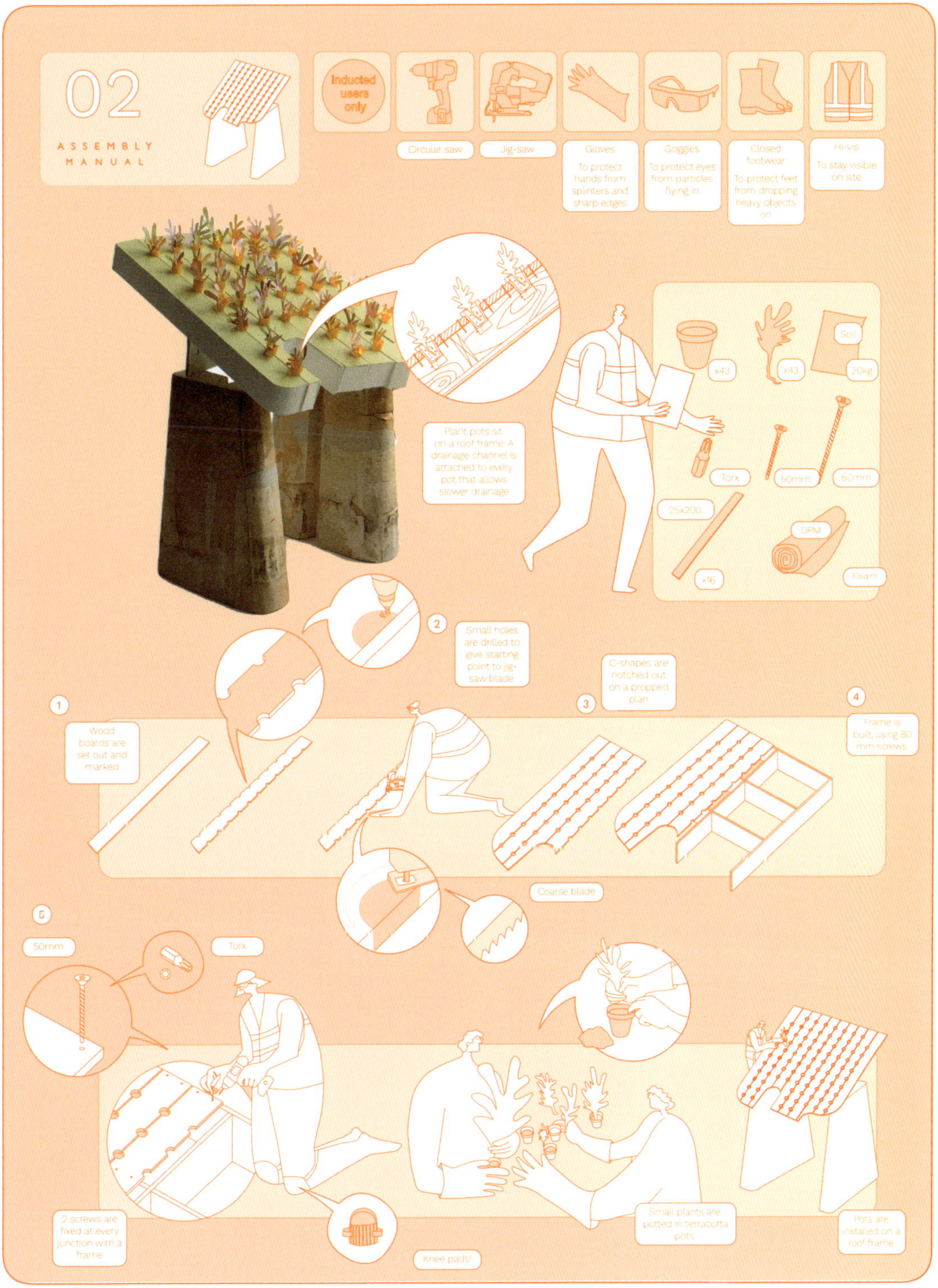

02
ASSEMBLY MANUAL
Inducted users only
Circular saw
Jig-saw
Gloves
To protect hands from splinters and sharp edges
Goggles
To protect eyes from particles flying in
Closed footwear
To protect feet from dropping heavy objects on
Hi-vis
To stay visible on site
Plant pots sit on a roof frame. A drainage channel is attached to every pot that allows slower drainage
x43
x43
Soil
20kg
Torx
50mm
80mm
25x200
x16
DPM
10sqm
2
Small holes are drilled to give starting point to jig-saw blade
1
Wood boards are set out and marked
3
C-shapes are notched out on a propped plan
4
Frame is built, using 80 mm screws
Coarse blade
5
50mm
Torx
2 screws are fixed at every junction with a frame
Knee pads!
Small plants are potted in terracotta pots
Pots are installed on a roof frame

Doville Ciapaite – U13. Y4

Eco-brick
Plastic bottles are filled with shredded plastic waste and inserted in the rammed earth wall. This creates an opportunity to hang tiles on.
Green roof entrance detail
1 Plant pot
2 Drainage pot
3 Rafter
4 Joist
5 Decking boards
6 Plant
7 DPM
8 18mm plywood
Reclaimed windows
Windows are used in Assembly Hall are reclaimed waste from Pickering house. Windows are constructed into full height panels.
OPEN

IL PAESAGGIO DENTRO L'ARCHITETTURA

SFERA / SPHERE 2
ANELLO / RING 2 [fronte / front]

LANDSCAPE INSIDE ARCHITECTURE

IT La teoria delle relazioni internazionali mostra come nella politica e nella cultura si sia comunemente privilegiata la conoscenza maschile come "oggettiva" e la prospettiva femminile come "soggettiva". Molte volte la natura è stata considerata come il regno dell'oggettività, mentre la vita domestica rappresenta e costituisce la soggettività. In questa sezione, le visioni della natura dentro l'architettura invitano a rivisitare la teoria delle relazioni internazionali e a riconsiderare ciò che è realmente oggettivo e soggettivo nel campo dell'architettura, tracciando relazioni diverse fra cultura e natura e accettando, ad esempio, che i concetti mitologici di natura elaborati da una comunità sono stati più efficaci nel mantenere l'ecosistema di quanto non lo siano stati il pensiero esclusivamente analitico e le allerte per le catastrofi.

EN The international relations theory shows how it has been common to privilege male knowledge as 'objective' and feminine perspective as 'subjective' in politics and culture. Nature has often been considered the kingdom of objectiveness, whereas domesticity represents and constitute subjectivity. In this section, the visions of nature inside architecture invite to revisit IR theory and reconsider what is really objective and subjective in the field of architecture, tracing different relationships between culture and nature accepting, for example, that mythological notions of nature put together by a community have been more efficient in maintaining the ecosystem than purely analytical thinking and catastrophe alerts.

Gli spazi fluttuanti e il potere della libertà. *Un approccio femminile alle atmosfere mimetiche*

MARA SANCHEZ LLORENS

Floating spaces and the power of freedom. *A feminine approach to camouflage atmospheres*

IT In questo testo, vorrei esaminare tre approcci femminili che sono in gioco nell'idea di *Paesaggio dentro l'Architettura: lo spazio fluttuante*, l'idea di *co-creatore partecipe* e il concetto di *oggetto relazionale*. Comincio con alcune opportune osservazioni sull'arte brasiliana attraverso il pensiero sull'architettura degli anni sessanta. Il mio scopo è quello di arrivare a un'idea di architettura più complessa, più problematica e meno familiare: un approccio alle atmosfere mimetiche sulla natura. Il *Paesaggio dentro l'architettura* e soprattutto gli oggetti naturali che popolano questi spazi sono spazi primari. Essi consolidano una cultura ecologica per la costruzione degli attuali concetti di ciò che costituisce una soggettività senza precedenti.

Una volta presentato il quadro teorico e il glossario proposto, cerco di individuare i tre concetti suggeriti nelle opere sviluppate in *Anello 2 (fronte)* da Venessa Yau, Gintare Kapociute e Hoy Lei (Kerri) Ngan. Queste opere propongono tre atmosfere che ci attivano come fruitori. Che cosa significa? Ogni ambiente è una realtà intrinseca. Tale realtà si palesa integralmente durante il tempo di espressione dello spettatore creatore. Queste atmosfere non sono solo una potenzialità, ma una prova che forma un unico, totale ed esistenziale, senza alcuna divisione tra soggetto-oggetto. È un corpo a corpo, una fusione. *Parco giochi*, *oasi* e *slow town* sono parole chiave che possiamo estrapolare da *Anello 2 (fronte)*. In queste opere, la dimensione relativa degli oggetti è cruciale. Venessa impiega un'immagine di dimensioni relative insolite e usa il mondo di cioccolata come fossero compagni emotivi e intellettuali che ancorano la memoria, sostengono le relazioni e provocano nuove idee. Gintare e Kerri illustrano la città come un'idea rifondazionale. Le immagini sono finestre dell'immaginazione.

[Miriam Schapiro scrive a proposito della sua opera "Casa delle bambole"]: "La tela è un supporto in

EN In this essay, I would like to examine three feminine approaches at play in the idea of *Landscape inside Architecture: The floating space*, the idea of *cocreator participator* and the notion of *relational object*. I begin with some opportune observations about Brazilian art in the Sixties thoughts on architecture. My purpose is to arrive at a more complex, more problematic, and less familiar understanding of the architecture: an approach to camouflage atmospheres on nature. The *Landscape inside Architecture* and above all (of the natural objects that populate these spaces) are primary spaces. They consolidate an eco-friendly culture and for the construction of current notions of what constitutes an unprecedented subjectivity.

Once I present the theoretical framework and the proposed glossary, I try to identify these three concepts suggested in the works developed in the *Ring 2 (front)* by Venessa Yau, Gintare Kapociute and Hoy Lei (Kerri) Ngan. These works propose three atmospheres that activate us as users. What does this mean? Each environment is an inherent reality. This reality exposes wholly during the time of expression of the spectator-maker. These atmospheres are not only a potential but a test that forms a unique, total, and existential, with no division between subject-object. It is a close fight, a fusion. *Playground*, *Oasis* and *Slow Town* are keywords that we can extract from this *Ring 2 (front)*. In these works, the relative size of things is crucial. Venesse employs an image in unusual relative size and uses the chocolate world as emotional and intellectual companions that anchor memory sustains relationships and provoke new ideas. Gintare and Kerri illustrate the city as a re-foundational idea. The images are windows to imagination.

[Miriam Schapiro writes about Dollhouse] "The canvas is a support in which multiple symbols can be

cui possono essere accolti molteplici simboli intorno alle donne e alle loro attività simboliche. Il quadro di Miriam Schapiro '16 finestre' (1965) è stato descritto come l'opera di transizione che l'ha portata verso il femminismo e l'esplorazione dello spazio architettonico domestico come luogo di trasformazione politica". (Miriam Schapiro, 1965)

Nel 1960 l'artista brasiliana Lygia Clark annunciò la *Morte del piano* (Lygia Clark, 1961). Ha affermato che il piano è un concetto creato dagli uomini con un obiettivo pratico: soddisfare le loro esigenze di equilibrio. Così che il quadrato che ha monopolizzato il Movimento Moderno è una creazione astratta prodotto del piano che ha fissato liberamente i propri limiti nello spazio. Il piano dà all'uomo un'idea completamente falsa e razionale della sua realtà. È un punto di vista femminile questo? Credo di sì. Lygia Clark ha capito che l'architettura contemporanea si sottrae alle leggi della gravità, così lo spazio fluttuante ha sostituito il piano: questa è la mia idea del *paesaggio dentro l'architettura*, una sorta di supporto che fluttua nella realtà cosmica e dove una certa vertigine ci conduce: ci sentiamo come un bambino che deve imparare a trovare l'equilibrio fisico e mentale per sopravvivere e divertirsi: questo è un approccio femminile all'architettura.

"Un parco giochi di cioccolato temperato" non è alla ricerca di un'idea di bellezza ma di libertà. La libertà raggiunta da Venessa Yau che lei ci offre come co-creatori, ha reso possibile che accadessero molte cose nella grande atmosfera; cose che sono anche i nostri sogni. Potrebbe sembrare che le nostre azioni levitino perché "Un parco giochi di cioccolato temperato" è uno spazio fluttuante dove possiamo giocare, per cui questo spazio fluttuante è un parco giochi. Questo approccio è una formulazione della creazione sperimentale e questa strategia è un processo aperto e incompleto. In primo luogo viviamo nella situazione

housed around women and polysymbolic activities. Schapiro's painting '16 windows' (1965) has been described as the transitional work that led her towards feminism and to explore domestic architectural space as a site of political transformation". (Miriam Schapiro, 1965)

In 1960 the Brazilian artist Lygia Clark announced the *Dead of the Plane* (Lygia Clark, 1961). She asserted that the plane is a concept created by men with a practical objective: to supply his needs of equilibrium. So that the square that monopolized the Modern Movement is an abstract creation as a product of the plane. Freely establishing its limits in space. That plane gives man an entirely false and rational idea of his reality.
Is this a feminine point of view? I think so. Lygia Clark understood that contemporary architecture escapes the laws of gravitation, so, the floating space replaced the plane. From this resolved misunderstanding, this is my understanding of *landscape inside architecture*, a kind of support that floats in the cosmic reality as in its fact and where certain vertigo takes us: we feel like a child that must learn how to find equilibrium and balance to survive and enjoy: this is a feminine approach to architecture.

A *Chocolate Tempering Playground* is not looking for any idea of beauty but freedom. That freedom obtained by Venessa Yau that she gives us as cocreators enabled many things to happen in the great atmosphere; things that also are our dreams. Our actions could seem to levitate because *Chocolate Tempering Playground* is a floating space where we can play, so this floating space is a playground. This approach is a lucid formulation of experimental creation, as an open and incomplete process, as situations to be lived in our imagination firstly, and as a re-invent of our existence, making our lives a work of

evocata dall'immagine nella nostra immaginazione, poi questa esperienza visiva diventa parte della nostra immaginazione. Una nuova interpretazione dell'architettura come esperienza è formulata dall'architetta italo-brasiliana Lina Bo Bardi, negli anni sessanta.

"Lo spazio illusorio su cui l'architetta fantastica nel suo acquerello è un diorama finito ma aperto al cambiamento, per questo lo chiama *Studio Preliminare*. Scopriamo lo spirito festoso nei bambini, negli animali domestici e negli adulti. Arrivano felici a gruppi e prendono parte alla scena: i personaggi mostrano la loro gioia alzando le braccia, giocando in cerchio, saltando giù allegramente dallo scivolo, o scambiandosi confidenze dando le spalle alla città. Questo giocoso svago è l'architettura che Lina sogna, un'architettura che acquista il suo pieno significato solo quando viene usata liberamente dai suoi fruitori, e l'acquerello la aiuta a verificare che le sue idee siano realizzabili." (Lina Bo Bardi, *tupí or not tupí. Brasil 1946-1992*, 2018)

L'immagine di Venessa Yau si concentra nel trasportare il colore come Lina Bo Bardi e la forma fuori dal piano come Lygia Clark, dando loro in tal modo corporeità e struttura e integrandoli nello spazio-tempo del fruitore, che vivrà poi l'esperienza attraverso il proprio corpo e i propri sensi.

Le immagini di questa sezione intitolata *Il paesaggio dentro l'architettura* ci invitano a camminare e questa esperienza ci rende fruitori partecipi. I paesaggi che camminano e fluttuano consentono la scelta, il caso, l'imprevedibile, e una trasformazione della virtualità in un'impresa concreta.

Quando attraversiamo una nuova fase in *L'oasi di Southall: la nuova città d'arrivo* sentiamo tutti i sintomi dell'essere creatori,

experimentation. The re-invented understanding of architecture as an experience is formulated by the italo-Brazilian architect Lina Bo Bardi in the Sixties too.

"The illusory place that the architect fantasizes about in her watercolour is a complete diorama but open to change, which is why she calls it a *Preliminary Study*. We discover the festive spirit in children, pets, and adults. They come happy in groups and take part in the scene: the characters show their joy by raising their arms, playing in a circle, jumping joyfully down the slide, or making confidences with their backs to each other the city. This recreation is the architecture that Lina dreams of an architecture that only acquires its full meaning when it is used freely by users, and watercolour helps her to verify that her ideas are achievable." (Lina Bo Bardi, *tupí or not tupí. Brasil 1946-1992*, 2018)

Venessa Yau's image is interested in transporting colour as Bo Bardi and form out of the plane as Clark, thereby giving them corporeality and structure and integrating them into the space-time of the user, who would then live the experience through their body and senses.

The *Landscape inside Architecture* invites you to walk, from where we give absolute importance to the immanent act made up participator. The walking and floating landscapes allow the choice, chance, the unpredictable, and a transformation of virtuality into a concrete undertaking.

When we go through a new phase in *The South Oasis: The New Arrival City*, we feel all symptoms of being a creator, and we suffer all physical discomforts like vertigo. This sense can go through until we can recognize

e soffriamo tutti i disagi fisici tipo vertigini. Questa sensazione può andare avanti finché non riconosciamo il nostro nuovo spazio-tempo nel mondo reale. Questa esperienza avviene quando arriviamo al punto di poter identificare e leggere questa espressione della sua opera nella vita quotidiana che *L'oasi di Southall* illustra.

Il *paesaggio dentro l'architettura* comincia ad avere senso per noi quando camminiamo attraverso le immagini. Percepiamo ogni frammento del paesaggio davanti ai nostri occhi. Quel momento, nell'immanenza del tempo, è la cosa definitiva. Dopo questa esperienza, possiamo riconoscere gli oggetti che hanno accompagnato le quattro atmosfere come una serie di forme virtualmente solide in cui le linee organiche sono pienamente integrate in modo autonomo. Parlando delle immagini proposte da *L'oasi di Southall*, ci sentiamo al sicuro. Queste sperimentazioni con il *paesaggio dentro l'architettura* fatte in contemporanea con gli oggetti relazionali sono tentativi di collegamento con il mondo collettivo perché *L'oasi di Southall* ha cercato di creare un paesaggio-tempo concreto, non solo per la sua creatrice ma anche per gli altri. Questo approccio all'architettura è un'interpretazione femminile che possiamo capire quando siamo coinvolti e diventiamo creatori.

Camminando, si possono trovare oggetti di natura relazionale. *Bukchon, una slow town* esplora questo approccio attraverso un'atmosfera poetica e ancestrale. Il paesaggio tradizionale ci trasporta, graficamente, nell'immaginario che abbiamo delle stampe orientali. Ci conduce alle opere di fine Ottocento che hanno catturato l'anima dell'Oriente nei paesaggi contemporanei. L'influenza delle tavole orientali ha qui un duplice effetto: dimostrare che la natura è l'unico spazio abitabile come speranza di habitat quando l'architettura dialoga intimamente con essa e l'idea di creare dipingendo, non solo dise-

our new space-time in the real world. This experience happens when we can get to the point of being able to identify and read this expression of in her work in the daily life that *The South Oasis* illustrates.

The *Landscape inside Architecture* starts to make sense to us when we walk through images. We feel each fragment of the landscape in front of our eyes. That moment, in the immanence of time, is the definitive thing. After this experience, we can recognize the objects that accompanied the four atmospheres as a series of shapes virtually in which organic lines integrate are completely and autonomies. Now that we talk about the *South Oasis*, we feel safe. This experiments with *Landscapes inside Architecture* made at the same time as the relational objects are attempts of links with the collective world because the *South Oasis* has tried to create a concrete landscape-time, not only for creator but also for the others. This approach to architecture is a feminine understanding that we can understand when we are involved and become a creator.

When you walk, you can find relational nature objects. *Bukchon Slow Town* explores this relational approach through a poetic and ancestral atmosphere. The traditional landscape transports us, graphically, to our imaginary of oriental prints. This operation is of interest and takes us to works from the late nineteenth century that captured the soul of the Orient in contemporary landscapes. The influence of the oriental plates here has a double result: to demonstrate that nature is the only habitable place as the hope of habitat when architecture intimately dialogues with it and the idea of creating by painting, not only drawing. This immersion paintings seem impregnated with the sensitivity that comes from nature. These paintings try to make simple a proposal immersed in the chaos of the contemporary city because, even though

gnando. Questi dipinti sembrano impregnati della sensibilità che proviene dalla natura. Essi tentano di semplificare una proposta immersa nel caos della città contemporanea perché, anche se essa si separa dal paesaggio naturale, esso, a sua volta, divora la città con calma, ed è da qui che viene il concetto di "slow town" del titolo.

"Bukchon, una slow town" si fonde romanticamente con le linee e i colori delle incisioni orientali finché non sviluppa un'aria orientale contemporanea. Stabilendo un dialogo relazionale con ciò che è ancestrale attraverso una connessione grafica con la natura, la nuova proposta di città sembra semplice come lo è respirare.

La lettura di *Anello 2 (fronte)* di Venessa Yau, Gintare Kapociute e Kerri Ngan non è più la stessa. È una traccia che si trova nel passato e nel presente e attira la nostra attenzione verso la bellezza della natura, dei colori, delle texture e delle azioni. Tutte queste sensibilità ispirano un dialogo tra l'idea di spazio fluttuante e realtà. Queste strategie atmosferiche sono approcci mimetici femminili.

Il *Paesaggio dentro l'architettura* è una nuova architettura in cui i partecipanti sono i creatori dei propri spazi, i progettisti li accompagnano con le istruzioni, ma l'opera è un loro atto.

Possiamo affermare che il concetto di *spazio fluttuante*, l'idea di *co-creatore partecipe* e la nozione di *oggetto relazionale* sono approcci creati dall'arte ma applicati all'architettura dalle donne con un obiettivo pratico: le opere di Venessa Yau, Gintare Kapociute e Hoy Lei Ngan sono come oggetti dotati di poteri, quello della comunicazione o del dialogo con lo spettatore o co-creatore partecipe, l'inizio di un dialogo.

it separates from the natural landscape, it, in turn, devours the city calmy that is where the subtitle comes from Slow Town.

Bukchon Slow Town blends romantically with the lines and colours of oriental engravings until it develops a contemporary oriental look. The new city proposal seems as simple as breathing, by establishing a relational dialogue with the ancestral through a graphic connection with nature.

The reading of *Ring 2 (front)* by Venessa Yau, Gintare Kapociute and Kerri Ngan is no longer the same. It is a trace that is present in the past and present and draws our attention to the beauty in nature, colours, textures, and actions. All these sensibilities inspire a dialogue between the idea of floating space and reality. These atmospheric strategies are feminine camouflage approaches.

A *Landscape inside Architecture* is a new architecture in which the participators are the creators of their own spaces, the designers accompany them with the instructions, but the work is their act.

We can assert that the concept of *floating space*, the idea of *cocreator participator* and the notion of *relational object* are approaches created by art but applied to architecture by women with a practical objective: Venessa Yau, Gintare Kapociute and Hoy Lei Ngan's works are like objects with the gift of powers, that of communication or dialogue with the spectator or cocreator participator, a dialogue beginning.

Venessa Yau – UG3. Y3

UN PARCO GIOCHI DI CIOCCOLATO TEMPERATO / A CHOCOLATE TEMPERING PLAYGROUND

Tutors: Ifigeneia Liangi, Daniel Wilkinson

Continuando a coltivare un interesse sulle colate e la viscosità, questo progetto analizza la possibilità di creare una fabbrica di cioccolato esclusivamente con il cioccolato. In risposta alle variabili ambientali di Roma e alla site specificity di un'isola del Tevere, è stato sviluppato un cemento che contiene il 30% di semi di cacao – il "Choc-crete" – in conformità alle norme della UE su quello che può essere legalmente considerato "cioccolato". Le restanti componenti di cioccolato fondente, al latte e bianco del progetto si sciolgono in strutture di immagazzinaggio nel fiume prima di essere ricostruite dopo il caldo estivo.

Continuing an interest in pours and viscosity, this project looks at the possibility of making a chocolate factory entirely from chocolate. Reacting to the environmental variables of Rome and the site-specificity of an island in the Tiber, a concrete was developed which contained 30% cocoa beans – 'Choc-crete' – as a response to EU regulations on what can be legally considered 'chocolate'. The remaining dark, milk and white chocolate components of the project melt into storage pens in the river before being reconstructed after the heat of summer.

Gintare Kapociute – U13. Y5
L'OASI DI SOUTHALL: LA NUOVA CITTÀ D'ARRIVO
/ THE SOUTHALL OASIS: THE NEW ARRIVAL CITY
Tutors: Sabine Storp, Patrick Weber

La rigenerazione urbana di Southall immagina un futuro alternativo per la vita multigenerazionale ad alta densità delle comunità culturalmente diversificate. Attraverso la lente dei concetti indù sulla creazione dello spazio e gli studi sul coinvolgimento della comunità, "L'oasi di Southall" indaga il modo in cui l'utilizzo di terreno incolto possa fornire zone autosufficienti per le abitazioni e stimolare approcci di progettazione alternativi attraverso la coltivazione della salute e del benessere. Il progetto cerca di tenere conto dell'integrazione e della coesione fra la comunità attuale e quella futura incoraggiando la partecipazione al progetto e alla costruzione degli habitat.

The urban regeneration of Southall imagines an alternative future for high-density multigenerational living for culturally diverse communities. Through the lens of Hindu notions of spacemaking and community engagement studies, the "Southall Oasis" investigates how the use of wasteland can provide selfsustaining areas for habitation and stimulate alternative planning approaches though the cultivation of health and wellbeing. The project seeks to provide for integration and cohesion between the existing and future communities by encouraging participation in the design and construction of habitats.

ONSEN

Hoy Lei (Kerri) – U13. Y5
BUKCHON, UNA SLOW TOWN / BUKCHON SLOW TOWN
Tutors: Sabine Storp, Patrick Weber

Il progetto realizza una porzione di paesaggio che invecchia, reimmaginato romanticamente come un contenitore sicuro per gli anziani in un tempo mitico, antecedente alla Caduta. In risposta alla crisi dell'invecchiamento nella Corea del Sud, svela un processo di invecchiamento sostenibile sia per il paesaggio sia per l'uomo. L'indagine critica sottilmente l'irrefrenabile urbanizzazione di Seul, che ha provocato una perdita di diversità negli stili di vita.

This project realises a piece of ageing landscape, romantically reimagined as a safe vessel for the elderly in a mythic, prelapsarian time. In response to the ageing crisis in South Korea, it unveils a sustainable ageing process for both the landscape and man. The exploration subtly criticizes the unstoppable urbanisation in Seoul, which has resulted in a loss of diversity in ways of living.

IL PAESAGGIO COME TAVOLO PROGRAMMATICO

SFERA / SPHERE 2
ANELLO / RING 2 [retro / back]

LANDSCAPE AS A PROGRAMMATIC BOARD

IT Il concetto di sostenibilità che è contenuto nel Rapporto Brundtland si basa sull'equità intergenerazionale: sviluppo sostenibile è quello che soddisfa i bisogni della generazione presente senza compromettere la realizzazione di quelli delle generazioni future. L'istinto materno di una donna si estende potenzialmente fino al desiderio di proteggere e custodire l'ambiente per i suoi figli e, in pratica, ha svolto un ruolo nella creazione di movimenti come Mothers for Climate. L'attivazione non solo dell'istinto materno, ma di quello genitoriale fra gli architetti potrebbe stimolare il loro attivismo e invitarli a mettere in campo nuove tattiche riflessive su come utilizzare la natura senza giungere al suo esaurimento.

EN The notion of sustainability coming from Brundtland Report was based on intergenerational equity: sustainable development is the one satisfying the necessities of the present generation without compromising the fulfilment of future generation needs. A woman's mothering instincts could extend to the desire to protect and preserve the environment for her children and have a role in creating movements like Mothers for Climate. Activating not only the mothering instinct, but the parenting instinct among architects could stimulate their activist behaviour and get them to play new reflective tactics on how we use nature without coming to its depletion.

Amore non-morbido

CRISTINA GOBERNA PESUDO

Unsoft love

IT

"Prendersi cura è tutt'altro che un segno di debolezza."
Noemi Klein

Le donne in quanto portatrici di vita, hanno una sensibilità innata per la "cura" dell'altro, e quindi anche per la "cura" della natura? Queste riflessioni potrebbero contribuire a una raccolta di domande aperte sull'argomento.

I

NATURA SESSUALE

"Noi siamo ecosessuali (...) siamo idrofili, terrofili, ignofili e aerofili. Abbracciamo senza vergogna gli alberi, massaggiamo la terra con i nostri piedi e parliamo eroticamente alle piante. Nuotiamo nudi, siamo adoratrici del sole e osservatori di stelle. Accarezziamo le rocce, godiamo delle cascate e spesso ammiriamo le curve della terra... celebriamo il nostro 'punto E'. Siamo sporcaccione e sporcaccioni"[1]. *Manifesto ecosessuale*

Annie Sprinkle ed Elizabeth Stevens sono le fondatrici del movimento ambientalista radicale dell'Ecosessualità. Gli ecosessuali fanno sesso non solo nella natura ma con la natura; la loro metafora "Terra come amante" è in controtendenza rispetto al concetto ecofemminista che vede la "Terra come madre" e quindi in un rapporto che tiene intimamente legate donne e pianeta. L'Ecofemminismo è una branca del femminismo che analizza la relazione tra donne e natura, svelando così come entrambe siano ugualmente maltrattate dalle società patriarcali e maschiliste. Gli ecosessuali, invece, spiegano Sprinkle e Stevens nel loro manifesto, possono essere indifferentemente GLBTQI, eterosessuali, asessuali e/o altro. "Invitiamo e incoraggiamo gli ecosessuali a farsi avanti. Siamo ovunque". Introducendo l'elemento di genere, essi ampliano la portata del legame con la natura rispetto all'i-

EN

"Care is anything but soft."
Noemi Klein

Do women as life-bearers hold an inherent sensibility towards "care" and therefore towards the "care" for nature? May these ruminations serve as a collection of open questions on the topic?

I

SEXUAL NATURE

"We are the Ecosexuals (...) We are aquaphiles, teraphiles. pyrophiles and aerophiles. We shamelessly hug trees, massage the Earth with our feet and talk erotically to plants. We are skinny dippers, sun worshippers and stargazers. We caress rocks, are pleased by waterfalls and admire the Earth's curves often...we celebrate E-spots. We are very dirty."[1] *The Eco-sexual Manifesto*

Annie Sprinkle and Elizabeth Stevens are the founders of the radical environmental movement Eco-sexuality, which uses the metaphor "Earth as Lover" as they have sex not only in, but also with nature. Eco-feminism, on the other side, is a branch of feminism that believe in an essential kinship between women and the planet. Using the motto "Earth as Mother", it examines the connection between women and nature unveiling in doing so the ways both are equally mistreated by patriarchal or male-cantered societies. Both movements share a common love for the environment - maybe therefore for others - but as Sprinkle and Stevens explain in their manifesto, Eco-sexuality broadens gender wise this connection, as they can be GLBTQI, heterosexual, asexual and/or other.

stanza ecofemminista, pur condividendo con questa un comune atto d'amore e di "cura" per l'ambiente, e di conseguenza, per gli altri.

II
AMORE SENZA DEBOLEZZE

"Prendersi cura" è un concetto semplice ma rivoluzionario, e non ha nulla di naïf. Come afferma Naomi Klein, "prendersi cura è un'idea radicale"[2] ed è "tutt'altro che un segno di debolezza", riferendosi sia alla sua esperienza di madre sia all'urgente necessità di un New Deal verde globale che, ci auguriamo, possa fermare il cambiamento climatico dal catastrofico effetto domino in grado di portare la nostra specie all'estinzione. Tuttavia, anche la cura è un fatto complesso e spesso contiene una componente distruttiva. Troppo spesso la cura riservata a determinati individui e specie si traduce in sofferenza e morte per gli altri, ed è ciò che potremmo definire, la "violenza della cura". La maternità e la natura, o per meglio dire, la maternità come parte intrinseca della natura, possono essere profondamente belle ma altrettanto crudeli.

III
UNA CURA PER CHI COLTIVA LA CURIOSITÀ

Per Donna Haraway "prendersi cura" significa "assecondare la necessità di una curiosità perturbante, quella che alla fine della giornata ti porta a sapere qualcosa di più rispetto all'inizio"[3]. La cura, prosegue l'autrice, non è altro che "pensare con, dissentire con e pensare per" tre azioni che sembrano intimamente intrecciate con la vera idea di curiosità. Curiosità deriva dalla parola latina *Curiosus*, che qualifica qualcosa come attento e interessato, il che si pone esattamente all'opposto della classica agenda neoliberale, a meno che non contenga il miraggio di un congruo profitto a portata di mano. In tal caso, la macchina economica è pronta a dispiegare le sue infinite risorse per studiare la questione potenzialmente redditizia e allettante.

II
UNSOFT LOVE

To Care is a simple but revolutionary concept that lacks naivete. As Naomi Klein claims, "care is such a radical idea"[2] "that is nothing but soft" alluding with it both, her experience as a mother and the urgent need for a planetary Green New Deal that could, hopefully, stop climate change from a catastrophic domino effect. But caring is also complex and often holds a component of destruction within. Too often to care for individuals or species translates into suffering and death for others. We could call it, the "violent-care". As we know, motherhood and nature -or more specifically, motherhood as an inherent part of nature-could also be both, profoundly beautiful and equally cruel.

III
CURIOUS CARE

For Donna Haraway "caring" means "becoming subject to the unsettling obligation of curiosity, which requires knowing more at the end of the day than at the beginning"[3]. To care, she writes, is "thinking-with, dissenting-within and thinking-for" three actions that seem intimately intertwined with the very idea of curiosity. "Curious", comes from the Latin word *Curiosus*, which qualifies something as "careful and inquisitive". The idea of curiosity, therefore, seems like the perfect opposite of a classic neoliberal agenda unless there is proper profit at hand, in which case, the economic machinery always unfolds endless resources to study the potentially profitable matter.

IV
CREATIVE THOUGHT

Angela Davis, in her book *Women, Race and Class* unveils women discrimination in sectors of the population that were already oppressed like among slaves' communities in the USA. These groups were tra-

IV

PENSIERO CREATIVO

Angela Davis, nel suo libro *Donne, razza e classe* mette a nudo la discriminazione delle donne in settori della popolazione già oppressi, come ad esempio accadeva nelle comunità di schiavi negli Stati Uniti. Questi gruppi erano tradizionalmente ma erroneamente considerati come strutture sociali matriarcali. Eppure, le donne venivano spesso stuprate, a volte partorivano mentre lavoravano nei campi, i loro figli potevano essere venduti in qualsiasi momento e comunque il loro prezzo di schiave lavoratrici era allo stesso livello di quello degli uomini.

Davis chiarisce anche un altro aspetto interessante, affermando come esistano due tendenze prevalenti nel pensiero critico afroamericano negli Stati Uniti. La prima focalizza la propria analisi sulla necessaria denuncia di un presente e di un passato di abuso sistematico, la seconda invece è incentrata sul "pensiero creativo", ovvero orientata a un'azione concreta di resistenza, entro margini di reale possibilità.

V

LO SGUARDO FEMMINILE

Un'architettura rivolta maggiormente alla "cura" sarebbe in grado di modificare il nostro ambiente naturale e il nostro ambiente costruito? Certamente. Ma possono un progetto e una pratica architettonica al femminile agire in modo che questo cambiamento di paradigma diventi realtà? Dipende. Tradizionalmente il lavoro di cura è sempre stato confinato nonché affidato a donne di scarsa cultura e di privilegi ancor più scarsi. Perché possa avvenire una rivoluzione nella "cura", anche e soprattutto gli attori femminili maggioritari e svantaggiati dovrebbero poter avere voce in capitolo. In altre parole, i programmi neoliberali non solo sono fondati sul profitto e sulla crescita nonostante producano sistematicamente distruzione, ma anche sullo sfruttamento di classe – e di conseguenza di razza.

ditionally but wrongly considered as matriarchal social structures. And yet, women were often raped, they sometimes gave birth while working in the fields and their children were sold at any given time. Interestingly enough, she also explains how there are currently two trends in Afro-American critical thought in the US: One that centres its study in the necessary unveiling of their present and past of systematic abuse, and another, that focuses in "creative thought", in other words, in the question of what can be done as an active act of resistance.

V

THE FEMININE EYE

Could a more caring architecture change our built and natural environment? Definitely. But could a feminine cantered design of architecture make this change of paradigm happen? It depends. Care work has been both, traditionally marginalized and executed by women of a lower culture and privilege spectrum. For a revolution of "care" to happen, those unprivileged and majoritarian women actors should be able to have a voice too. In other words, neoliberal agendas not only are based in profit and growth despite the destruction that they produce, but also, in class -and therefore in race-.

But what about the new generations of designers (and women specifically) that are now the most informed and educated in history? Could they invent a way to relate to nature that is not based in a past of exploitation? This exhibition displays fearlessly the infinite curiosity of eyes looking at something for the first time. In this very section we find the following examples:

A Break from Reality

"Building Image: Mount Chicago" by Felicity Barbur plays big, orchestrating a playground stage-like mountain that hosts an urban festival. In a Brechtian move, this pro-

Cosa ci possiamo aspettare dalle nuove generazioni di progettisti (e in particolare dalle donne) che sono oggi le più informate e le più istruite della storia? Potrebbero concepire un nuovo modo di rapportarsi alla natura su basi diverse da un passato di sfruttamento?

La bellezza esplosiva di questa mostra consiste nell'offrire senza timore un nuovo orientamento contraddistinto da un'infinita curiosità di sguardi limpidi, che sembrano davvero guardare qualcosa per la prima volta. In questa sezione troviamo gli esempi che seguono:

Una pausa dalla realtà
Building Image: Mount Chicago di Felicity Barbur gioca in grande allestendo un palcoscenico come se fosse una montagna; l'aspetto è quello di un parco giochi e l'obiettivo è organizzare uno spazio per ospitare un festival urbano. Di ispirazione brechtiana, il progetto crea un effetto di straniamento esplosivo. Il pubblico viene attirato da un'offerta di eventi di grande impatto spaziale, e in cambio gli viene data una visione di sé da una prospettiva privilegiata, in un modo davvero fuori dell'ordinario.

Arma segreta
"New Alpine Convention" di Ness Lafoy, prospetta un futuro articolato per il turismo alpino. Si concentra sull'aspetto esclusivo delle stazioni sciistiche e in parallelo propone, come una sorta di agenda invisibile, un piano complessivo per la cura e l'espansione della fauna naturale. L'iniziale e discutibile progetto di resort di lusso viene così trasformato in un potenziale atto fondativo, capace di avviare dinamiche di cura in quello stesso sito e anche in altre realtà.

Capricci nella natura
"Gestural Landscapes" di Feng Yang, arricchisce i percorsi di viaggio attraverso la Valle d'Aosta secondo due modalità: creando ject creates an explosive estrangement effect as it offers spatially engaging events that attracts public, giving them in exchange a view of themselves from the privileged window that only such a high structure could give.

Secret Weapon
"New Alpine Convention" by Ness Lafoy, proposes a mixed future for Alpine tourism. Highlighting the high-end nature of ski resorts, it offers in parallel and as an invisible agenda, a master-plan for the care and expansion of the natural fauna. This, transforms the, at first dubious plan of luxury resorts in a potential founding move that could start dynamics of care in the site and beyond.

Nature Follies
"Gestural Landscapes" by Feng Yang, reinforces the pilgrimage route across the Aosta Valley in a dual manner: It creates a representational system of notation, and designs through it a set of architectural constructions or follies along the way. In doing so, this projects challenges both, our understanding of architectural language across nature, and the architectural potential to anticipate the needs of a walker.

The collection of experiments that you have in your hands could only prove one thing: If to care is to be curious and creative thought can be used against a past that breaths under the weight of destruction, then an interesting future could be on its way.

innanzitutto un sistema di rappresentazione grafica, per poi progettare grazie a esso una serie di strutture e capricci architettonici lungo il percorso. Così facendo il progetto stimola sia la nostra comprensione del linguaggio architettonico inserito nel contesto naturale, sia le potenzialità dell'architettura stessa quando orientata verso le necessità dell'escursionista.

Il ricco ventaglio di sperimentazioni che abbiamo di fronte ci spinge verso un pensiero univoco: se "prendersi cura" significa essere curiosi, e se il pensiero creativo può essere utilizzato per superare un passato scandito dal peso della distruzione, allora un nuovo futuro di speranza è già qui.

Note

1 Annie Sprinkle e Elizabeth Stevens, *The Ecosexual Manifesto*. http://sexecology.org/. Traduzione italiana di Emilia Marra, in *La Deleuziana-online journal of Philosophy*, n. 6, 2017 – I milieux del desiderio. Per mantenere la neutralità generica del testo, la traduttrice d'accordo con le autrici ha scelto di alternare l'uso del maschile all'uso del femminile. Revisione nostra.
2 "Take Back the Power. Naomi Klein" intervista di Laurie Penny per il *New Statesman magazine*, 2 luglio 2017 https://www.newstatesman.com/2017/07/take-back-power-naomi-klein
3 Haraway, Donna, *When Species Meet*, University of Minnesota Press, Minneapolis, 2008.

Notes

1 Annie Sprinkle and Elizabeth Stevens, The Ecosexual Manifesto. http://sexecology.org/
2 "Take Back the Power. Naomi Klein" interviewed by Laurie Penny for the New Statesman magazine https://www.newstatesman.com/2017/07/take-back-power-naomi-klein
3 Haraway, Donna. 2008. *When Species Meet*. Minneapolis: University of Minnesota Press.

Felicity Barbur – U11. Y5
COSTRUIRE L'IMMAGINE: MONTE CHICAGO / BUILDING IMAGE: MOUNT CHICAGO
Tutors: Laura Allen, Mark Smout

Il progetto è una prospettiva etnografica sull'architettura della vita di città che indaga come si semplifica e si mappa l'urbanizzazione di Chicago attraverso eventi coinvolgenti a livello spaziale. L'implementazione di un festival culturale sul fiume serve per stimolare ulteriormente la vita cittadina nel breve periodo, mentre nel lungo periodo sostiene la crescita generazionale continua degli spazi urbani circostanti.

"Building Image" is an ethnographical perspective on the architecture of city life, exploring how one simplifies and maps Chicago's urbanism through spatially engaging events. The implementation of a cultural river festival acts to further stimulate city life periodically and in the long-term supports the evolving generational growth of surrounding urban spaces.

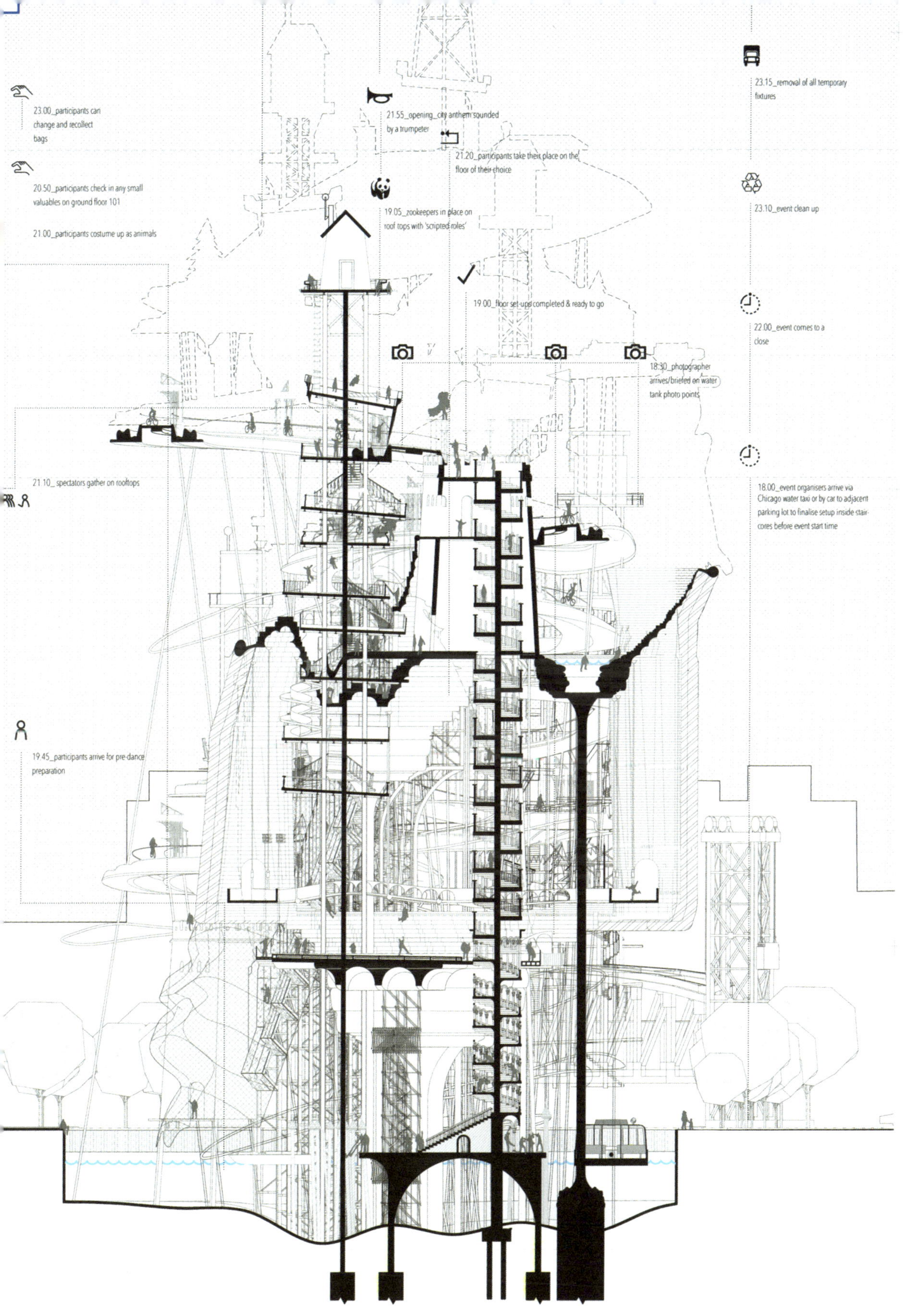
23.15_removal of all temporary fixtures
23.00_participants can change and recollect bags
21.55_opening_city anthem sounded by a trumpeter
21.20_participants take their place on the floor of their choice
20.50_participants check in any small valuables on ground floor 101
21.00_participants costume up as animals
19.05_zookeepers in place on roof tops with 'scripted roles'
23.10_event clean up
19.00_floor set-ups completed & ready to go
22.00_event comes to a close
18.30_photographer arrives/briefed on water tank photo points
21.10_ spectators gather on rooftops
18.00_event organisers arrive via Chicago water taxi or by car to adjacent parking lot to finalise setup inside stair-cores before event start time
19.45_participants arrive for pre-dance preparation

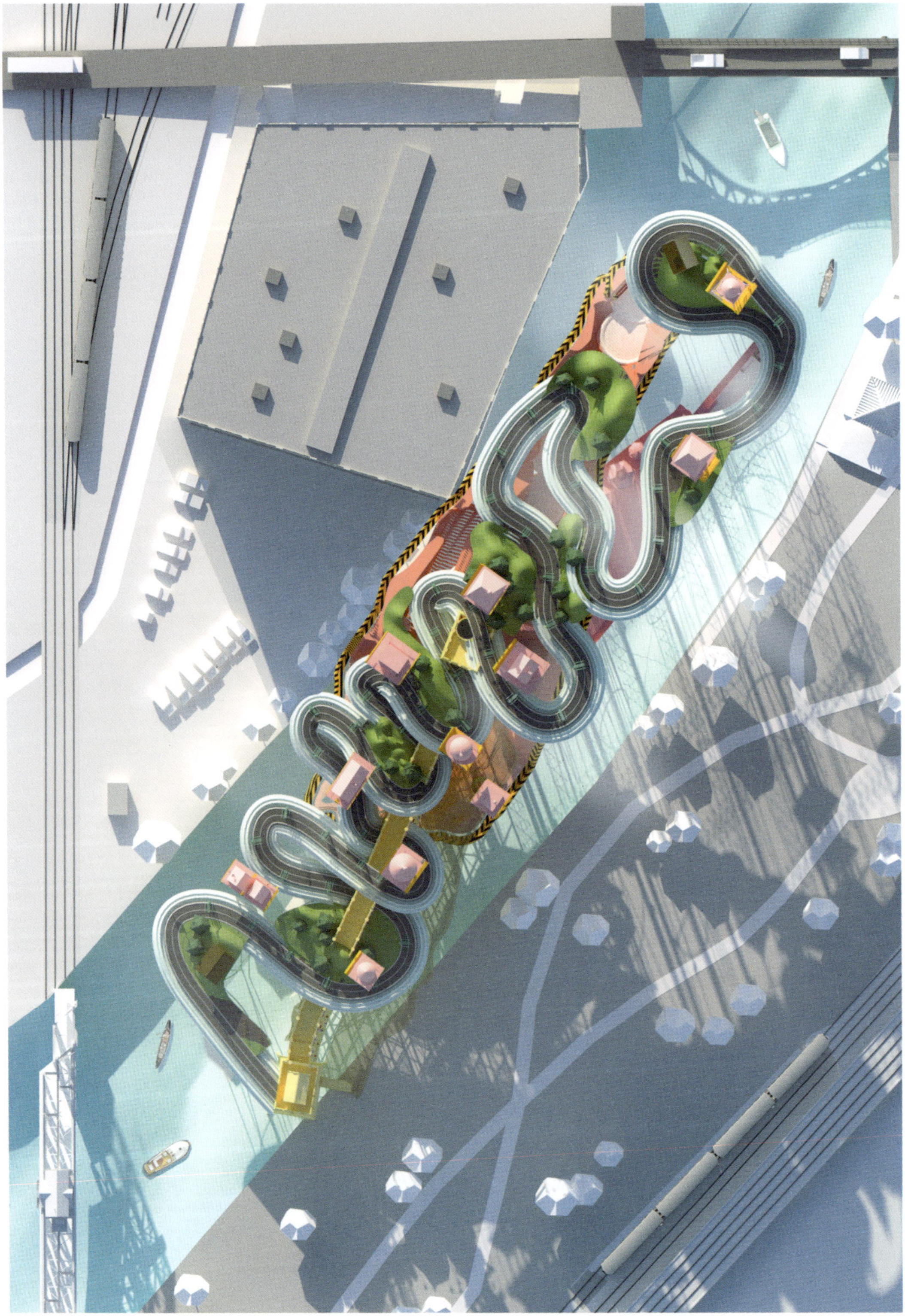

Felicity Barbur – U11. Y5

ONSEN

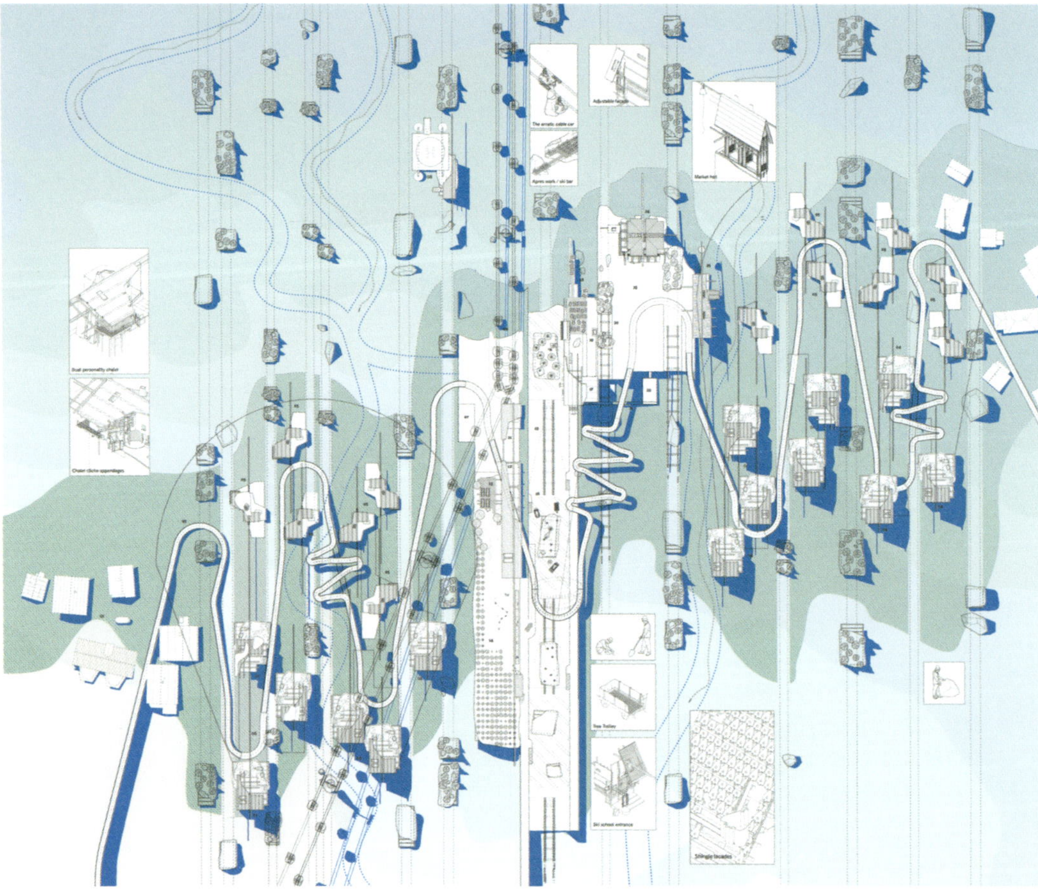

Ness Lafoy – U11. Y5

UNA NUOVA CONVENZIONE ALPINA / A NEW ALPINE CONVENTION

Tutors: Laura Allen, Mark Smout

Il progetto immagina un futuro alternativo per le stazioni sciistiche francesi che combini il turismo di lusso con la missione della Convenzione Alpina, ovvero proteggere il patrimonio naturale della regione. A mo' di banco di prova, delle pinete, curate secondo i principi del "paesaggio alpino romantico", sono coltivate e configurate come un fondale temporaneo per la località turistica. Vengono poi distribuite nei vari luoghi della regione e permanentemente innestate nel paesaggio per favorire la riconnessione degli habitat frammentati.

The project imagines an alternative future for French ski resorts which combines luxury tourism with the Alpine Convention's mission to protect the natural heritage of the region. Pine forest test-beds, curated to 'romantic alpine landscape' principles, are cultivated and configured as a temporary backdrop for the resort. They are subsequently distributed to sites across the region and permanently grafted into the landscape, in order to help reconnect fragmented habitats.

ONSEN

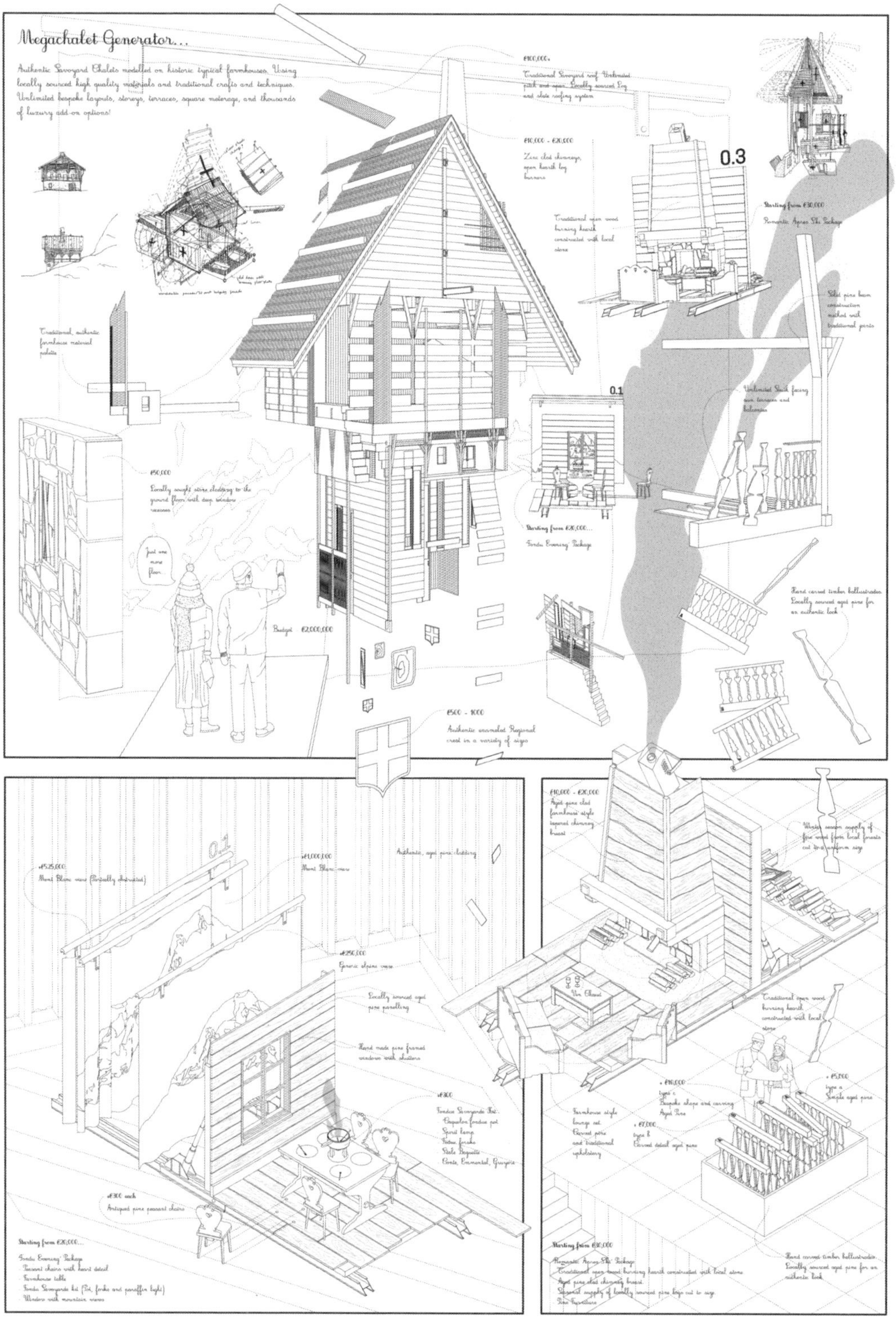

Ness Lafoy – U11. Y5

Ness Lafoy – U11. Y5

ONSEN

Feng Yang – U21. Y5

PAESAGGI GESTUALI / GESTURAL LANDSCAPES

Tutors: Abigail Ashton, Tom Holberton, Andrew Porter

Il progetto cerca di rafforzare l'attuale itinerario di pellegrinaggio lungo la Val d'Aosta attraverso una serie di incontri architettonici nel paesaggio che diventano fari per i passanti. Gli edifici sono inizialmente composti in piano attraverso dei collage dove i pezzi vengono controbilanciati da una linea di contorno, scolpendo il paesaggio e protendendosi da esso. Facendo riferimento al quadro teorico della percezione mente corpo dello spazio architettonico, è stato sviluppato un sistema concettuale per descrivere le esatte sensazioni corporee sperimentate mentre si cammina in modo tale che l'architettura anticipi le esigenze dei camminatori.

This project seeks to reinforce the existing pilgrimage route along the Aosta Valley in Italy through a series of architectural encounters in the landscape. They become beacons for the passers-by. The buildings are initially composed in plan through collages where pieces are balanced against a contour line, carving into and protruding from the landscape. By referring to the theoretical framework of body-mind perception of architectural space, a notional system was developed to describe the exact body sensations experienced whilst walking in order for the architecture to anticipate the needs of a walker.

ITALY,
Valle D'Aosta
+
Contour line
Elevation: 1270 m
-
Étroubles
Mont Fallère 3061 m
7.5 km
Grivola 3969 m
26.4 km
Mont Emilius 3559 m
20.4 km
N

ONSEN

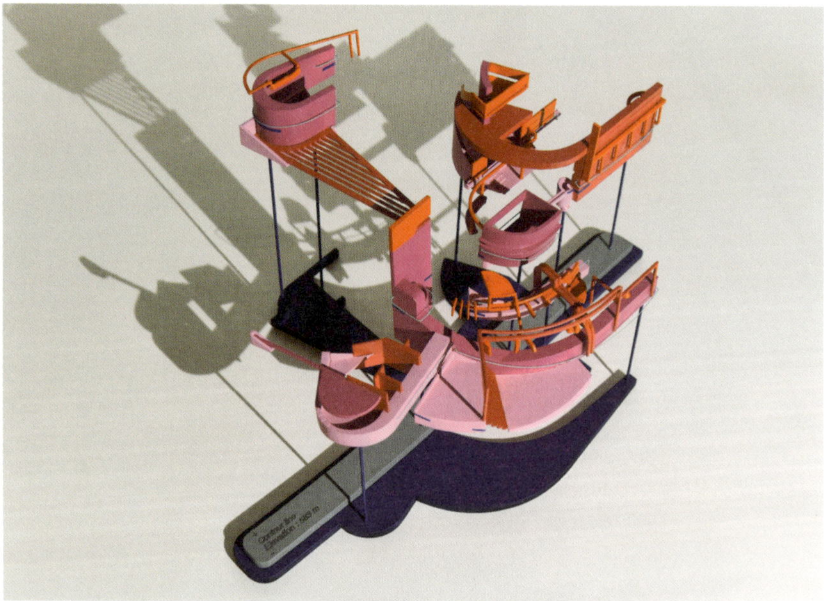

Feng Yang – U21. Y5

ONSEN

PAESAGGIO ABITABILE

SFERA / SPHERE 2
ANELLO / RING 3 [fronte / front]

INHABITABLE LANDSCAPE

IT Questa sezione indaga se la natura è abitabile di per sé solo con una tenue e leggera mediazione dell'architettura (un tetto, un marciapiede, un'ombra) o, ancora di più, se è abitabile senza interfacce architettoniche artificiali ma solo con un precedente intervento che miri a ordinare e mantenere le strutture naturali più come un giardiniere che un costruttore. Scoprire queste illustrazioni e speculazioni visive nel lavoro di alcune studentesse di architettura ci ha permesso di domandarci: il buon selvaggio di Rousseau potrebbe essere una donna oggi? Ciò può costringerci a riaprire una vecchia controversia femminista sulle affermazioni estremamente contraddittorie sull'educazione e le donne che si trovano nell'*Emilio* di Rousseau e su come il libro abbia influenzato la parità di genere in Europa negli ultimi tre secoli.

EN This section analyses whether nature itself can be inhabited after a very soft and light mediation of architecture (a roof, a pavement, a shade) or rather if it is inhabitable without any artificial architectural interface and with just a previous work on ordering and maintaining natural structures more like a gardener than like a builder. Finding these illustrations and visual speculations in the work of women students of architecture made us wonder if Rousseau's Noble Savage could be a woman today. This can make us reopen an old feminist controversy on the extremely contradictory affirmations on education and on women in Rousseau's *Émile* and how it has affected gender equality in Europe in the last three centuries.

Paesaggio abitabile*

ANA MONRABAL-COOK

Inhabitable landscape*

*La trama di un tappeto
*Threads from a carpet

IT L'attenzione alla sostenibilità e al rispetto ambientale costituisce la missione primaria del ventunesimo secolo. Si può dire che ciò abbia avuto origine nel diciottesimo secolo con il Romanticismo, il nascente movimento femminista e il rifiuto della meccanizzazione in una società industriale ormai privata del suo equilibrio naturale.

Questa sezione della mostra illustra il lavoro di tre specializzande della Bartlett School of Architecture di Londra. Le loro opere identificano il paesaggio come parte integrante di un progetto edilizio. Una serie di disegni finemente dettagliati affronta con grande sensibilità i concetti di artificio, di artificiale e di naturale. Le loro proposte si basano su una cooperazione *con* il paesaggio naturale e auspicano una convivenza che rafforzi il legame tra umanità e natura. Questo dialogo si ricollega a quella deferenza emozionale nei confronti della natura che era propria del Romanticismo, un movimento all'epoca radicale e che sta riacquistando sempre più peso ora che ci troviamo di nuovo ad affrontare gli effetti dello sviluppo industriale. Il periodo romantico è stato segnato anche dalla pubblicazione di un libro che ha notevolmente influenzato il modo in cui le donne venivano considerate nella società, accendendo la lotta per l'uguaglianza di genere che si è protratta fino ai giorni nostri.

Nel 1760 lo scozzese Robert Adam, arredatore d'interni, architetto neoclassico e paesaggista, realizzò una serie di acquerelli per un tappeto di grande importanza da destinare a un'influente cerchia di signore dell'alta società[1]. Questo particolare arredo gli era stato commissionato, per la sua casa di Londra, da Elizabeth Montagu, intellettuale, scrittrice e riformatrice: una donna considerata radicale all'epoca, anche per il suo ruolo chiave all'interno del circolo delle *Blue Stockings*, un movimento che nell'Inghilterra georgiana aveva impostato un modello di col-

EN The preoccupation with sustainability and harmony with the environment is the twenty-first century's principal brief. The basis for this can be found in eighteenth-century romanticism, the nascent women's movement and the rejection of mechanisation in a denatured industrial society.

This section of the exhibition includes work by three postgraduate students from The Bartlett School of Architecture. The work considers the landscape as an integral part of a building programme. The ideas shown here in a series of intricately detailed drawings address with sensibility the notions of the artificial, the artifice and the natural. Their proposals focus on working *with* the natural landscape, and the sensitivity towards a form of cohabitation that strengthens the bond between humankind and nature. This dialogue draws parallels with the emotional reverence to nature inherent in Romanticism, a movement that was radical in its time and increasingly relevant today as we address once again the impact of industrial growth. This historic period was also marked by the publication of a book that had a significant effect on the way women were considered in society and ignited the fight for gender equality in the centuries that followed leading to the present day.

In 1760 Robert Adam, the Scottish-born interior designer, neoclassical architect, and landscape artist, produced a series of watercolour drawings for a carpet of notable significance for an influential group of women socialites.[1] This particular piece of interior design was commissioned for the London house owned by Elizabeth Montagu who, amongst other things, was a social reformer, writer, and intellectual; radical for a woman in the eighteenth-century. Relevant to this context is her key role as a member of a Georgian movement – *the*

laborazione per combattere l'oppressione intellettuale nei confronti delle donne, private delle opportunità di studio che erano invece garantite agli uomini[2]. Elizabeth Montagu si era conquistata il titolo di "regina delle intellettualoidi" organizzando incontri nella sua abitazione londinese (sempre in presenza del tappeto di Robert Adam)[3]. Partendo dal centro e irradiandosi verso i bordi, il motivo spaziale del tappeto rappresentava una scena domestica che doveva favorire l'interazione sociale alla pari, disponendo gli ospiti a raggiera in una cerchia dialettica, e segnando in tal modo un passaggio storico molto significativo. Si portava così alla luce una trasformazione culturale che avrebbe rivisitato la posizione della donna all'interno della società[4].

Il 1762 è stato anche l'anno della prima pubblicazione dell'*Emilio* di Jean-Jacques Rousseau, trattato filosofico sull'educazione infantile, l'istruzione e l'inserimento dell'uomo (*non* della donna) nella società[5]. In modo assai controverso, in un'epoca in cui la società considerava le donne inferiori, Rousseau postulava la teoria secondo la quale uomini e donne nascono uguali. Sosteneva, però, che l'istruzione dovesse preparare intellettualmente e fisicamente la donna al solo scopo di diventare una compagna più utile per il marito. Il libro fu pubblicato in lingua inglese nel 1763, in un periodo di grande slancio per il circolo delle *Blue Stockings*, che coinvolgeva nei suoi dibattiti intellettuali gruppi di ambo i sessi. Tra questi, un uomo degno di nota era il politico e filosofo Edmund Burke, che all'epoca, era il 1757, aveva già scritto il suo famoso trattato di estetica, *Un'indagine filosofica sull'origine delle nostre idee di Sublime e di Bello*[6]. Un'opera che sarebbe diventata la base teorica della versione inglese del Romanticismo, movimento nato nell'Europa continentale che annoverava Jean-Jacques Rousseau tra i suoi fondatori.

Le idee di Burke a proposito del *pittoresco*, del *sublime* e del *bello* sono al centro

Bluestocking Society – that established a model of collaboration to resist the intellectual oppression of women, deprived of the educational opportunities available to men at the time.[2] Elizabeth Montagu earned her title of 'queen of the bluestockings' by hosting gatherings in her London house (carpet included).[3] The spatial radial grid pattern of Adam's carpet formed a domestic landscape for egalitarian social interaction, arranging Montagu's guests in a conversational circle of historic significance; a social reform that would symbolise the position of women in society.[4]

1762 was also the year of the first publication of Jean-Jacques Rousseau's *'Emile, or On Education'* a philosophical discourse on raising children, education and the introduction of man (not women) into society.[5] Controversially, at a time when society viewed women as inferior beings, he posited the theory that men and women are born equal. However, he argued that education should prepare women intellectually and physically for the sole purpose of being a more useful companion for her husband. The book was subsequently published in the English language in 1763 coinciding with a period when *The Bluestocking Society* was gaining momentum with groups of women and men participating in intellectual debates. One man of note in this group was the politician and philosopher Edmund Burke, who at this time had written his famous treatise on aesthetics, *'A Philosophical Enquiry into the Origin and our Ideas of the Sublime and Beautiful'* (1757).[6] This treatise would serve as a theoretical foundation for the Romantic Movement in England, a movement that originated on the Continent with Jean-Jacques Rousseau as one of its founding members.

Edmund Burke's ideas of *the picturesque, the sublime and the beautiful* are at

dell'opera di Ting Jui (Brook) Lin esposta in questa mostra. Il suo progetto, "Innestare il pittoresco", guarda con sensibilità estetica alla creazione di un paesaggio artificiale destinato a ospitare un edificio all'interno del Central Park di New York, realizzato interamente con materiali ricavati dal terreno su cui poggerà. In tal modo, l'edificio e il sito diventano un tutt'uno. L'impianto biotecnologico previsto all'interno dell'edificio privilegia le trasformazioni naturali e irrazionali rispetto a una gestione controllata tramite la tecnologia. Gli effetti che ne conseguono vengono illustrati attraverso una serie di disegni animati – mostrati qui come immagini fisse – che descrivono il processo di cambiamento stagionale e a lungo termine.

Il periodo romantico è stato caratterizzato da una reazione di rifiuto nei confronti della città industrializzata e dall'invito a tornare alla natura, abbracciando il concetto di mitico e di immaginario in opposizione al razionale e allo scientifico. Hoy Lei (Kerri) Ngan sviluppa la sua opera a partire da una concezione mitica. I suoi disegni per il progetto "Bukchon Slow Town" rappresentano un mondo in cui il processo di invecchiamento avviene contemporaneamente per il paesaggio e per gli anziani abitanti di una città di nuova concezione in Corea. Il progetto è di per sé una critica rispetto alla perdita di diversità negli stili di vita causata dall'urbanizzazione vertiginosa di Seoul, e propone un'architettura che va a integrarsi all'interno del paesaggio promuovendo l'espressione individuale e la vita comunitaria.

Il concetto di ambiente protettivo e amorevole affonda le proprie radici nei principi del Romanticismo. Il progetto di Anna Andronova, "Il Grand Paris del Niger", accetta la sfida incentrata sul potenziale dell'architettura e del design urbano di soddisfare tre requisiti fondamentali: proteggere, provvedere, partecipare. La sua proposta sperimen-

the centre of the Ting Jui (Brook) Lin's work exhibited here. Her project *'Grafting the Picturesque'* shows an aesthetic sensitivity towards the construction of an artificial landscape to host a building within New York's Central Park made entirely from soil-based products from the site. As such, the building and the site weather as one. The bio-technological hardware proposed within the building is applied to promote irrational and natural change over technically controlled maintenance. The study of this effect is tested through a series of animated drawings (shown here as stills) that describe the process of seasonal and long-term change.

The Romantic era was characterised by a reactive rejection of industrialised cities, promoting a return to nature and embracing the idea of the mythical and imaginary in opposition to the rational and scientific. Hoy Lei (Kerri) Ngan's work is mythical in its conception. Her drawings for the project *'Bukchon Slow Town'* depict a world where the process of ageing happens concurrently for the landscape and the elderly inhabitants of a newly conceived town in Korea. The project critiques the loss of diversity in ways of living caused by the vertiginous urbanisation of Seoul and proposes an architecture that integrates itself within a landscape in a way that promotes individual expression and community living.

Notions of protective and nurturing environments have their roots in romantic principles. Anna Andronova's project *'The Grand Paris of Niger'* responded to a brief that focused on the potential of architecture and urban design to address the fundamental requirements to protect, to provide and to participate. Her speculative proposal for a future city in Niger aims to establish communities on the southern edge of the Sahara in an attempt to reduce migration and the displacement of communities. An exten-

tale per una città del futuro in Niger mira a stabilire un certo numero di comunità lungo il margine meridionale del Sahara, nel tentativo di ridurre la migrazione e lo sfollamento della popolazione. Uno studio approfondito dei sistemi di gestione dell'acqua è alla base di un'incredibile serie di disegni che con grande intensità delineano un paesaggio ben strutturato, in cui i bisogni sociali sono interconnessi con l'ambiente naturale.

Al centro di ogni proposta sperimentale vi è un atteggiamento nei confronti di un paesaggio abitabile che è legato a un atto di collaborazione tra architettura e natura, o che si manifesta come forma di cooperazione umana attraverso l'architettura, o ancora come alternativa architettonica a situazioni di elevata densità urbana. I progetti qui presentati sollevano interrogativi in merito alla tutela dell'ecosistema, cercando soluzioni di equilibrio tra l'ambiente edificato e quello naturale. Soluzioni che non vogliono dominare, né tantomeno conservare la natura al solo scopo di soddisfare le generazioni future. Presumere che la natura esista unicamente in funzione dell'umanità è fuorviante quanto la subordinazione dei generi. Proprio come il tappeto di Elizabeth Montagu aveva posto le basi per un dibattito alla pari tra generi diversi, così questi progetti sperimentali rappresentano il tentativo di promuovere quella stessa uguaglianza tra la natura e il genere umano.

sive study of water management systems supports an incredible set of drawings that intensely convey a patterned landscape of social needs interwoven within the natural environment.

At the heart of each speculative proposal is an attitude towards an inhabitable landscape related to a collaborative act – whether between architecture and nature, or through the formation of a human cooperative facilitated by the architecture, or as an architectural alternative to dense urban conditions. The projects presented here raise questions about the preservation of our environment, seeking solutions of balance between the built and the natural environment. They do not look to dominate, or even conserve nature for the purpose of serving future generations. As to assume that nature purely serves a purpose to humankind is as misguided as the subordination of genders. Just as Montagu's carpet initiated an equality of discourse between different genders, so these speculative projects are an attempt to promote the same equality between nature and humankind.

Note

1 La data esatta del progetto definitivo del tappeto per il salotto della casa londinese al 23 (ora 31) Hill Street (Mayfair) è contestabile. Un piano ad acquerello di un tappeto di Robert Adam, con la scritta "Design for a Carpet for Mrs [Elizabeth] Montagu 19½ feet square" in testa, firmato e datato ('Robt Adam 1760')" è stato elencato alla casa d'aste Sotheby's. I disegni di Robert Adam sono conservati al John Soane Museum di Londra.

2 Amanda Vickery 'Not just a pretty face', The Guardian. 8 marzo 2008. (https://www.theguardian.com/books/2008/mar/08/art) [Accesso: 20 gennaio 2020].

3 Chiamato dallo scrittore inglese Samuel Johnson e utilizzato nel titolo del libro Montagu, Elizabeth, and Emily J. Climenson. *Elizabeth Montagu, the Queen of the Bluestockings: Her Correspondence from 1720 to 1761*, Vol. 1. Cambridge University Press, Cambridge 2011.

4 Amanda Vickery scrive ampiamente sugli interni domestici, sulla società letteraria e sulle donne nell'Inghilterra georgiana, A. Vickery, *Behind Closed Doors: At Home in Georgian England*. Yale University Press, New Haven (CT) 2009.

5 Jean-Jacques Rousseau, *1979. Emile: o, Sull'istruzione*. New York: libri di base.

6 Edmund Burke, *Un'indagine filosofica sull'origine delle nostre idee del sublime e del bello: con un discorso introduttivo sul gusto; e molte altre aggiunte*. Collezione della Biblioteca di Cambridge - Filosofia. Cambridge University Press, Cambridge 2014.

Notes

1 The exact date of the final design of the carpet for the drawing room of the London home at 23 (now 31) Hill Street (Mayfair) is contestable. A watercolour plan of a carpet by Robert Adam, inscribed "Design for a Carpet for Mrs [Elizabeth] Montagu 19½ feet square" at the head, signed and dated ('Robt Adam 1760')" was listed at the auction house Sotheby's. Related drawings by Robert Adam are stored in the John Soane Museum in London.

2 Vickery, A. 'Not just a pretty face'. The Guardian. 8 March 2008. (Available: https://www.theguardian.com/books/2008/mar/08/art) [Accessed: 20 January 2020].

3 Named by English writer Samuel Johnson and used in the title of the book Montagu, Elizabeth, and Emily J. Climenson. *Elizabeth Montagu, the Queen of the Bluestockings: Her Correspondence from 1720 to 1761*. Vol.1. Cambridge: Cambridge University Press, 2011.

4 Amanda Vickery writes extensively about the domestic interior, literary society and women in Georgian England, Vickery, A. *Behind Closed Doors: At Home in Georgian England*. New Haven, CT: Yale University Press, 2009.

5 Rousseau, Jean-Jacques. 1979. *Emile: or, On education*. New York: Basic Books.

6 Burke, Edmund. *A Philosophical Enquiry into the Origin of Our Ideas of the Sublime and Beautiful: With an Introductory Discourse Concerning Taste; and Several Other Additions*. Cambridge Library Collection - Philosophy. Cambridge: Cambridge University Press, 2014.

Anna Andronova – U10. Y5
LA GRANDE PARIS DEL NIGER / THE GRAND PARIS OF NIGER
Tutors: Simon Dickens, CJ Lim

Il cambiamento climatico, provocato dai paesi sviluppati, paradossalmente costringe ad abbandonare la patria soprattutto le comunità dei paesi in via di sviluppo. Il terreno fragile al confine meridionale del Sahara, che si chiama Sahel, indebolito da fenomeni climatici estremi, sta affrontando un'emergenza che scatenerà una delle più massicce migrazioni della storia. La lussureggiante oasi sulla più grande rotta per il traffico di esseri umani mira a rafforzare le comunità locali, scoraggiando al contempo il loro desiderio di migrare. L'acqua è l'elemento fondamentale di unità nell'alleanza fra i vari paesi per ripristinare l'ecosistema. Con un approccio olistico alla gestione dell'acqua, anche la sabbia può dare origine all'acqua.

Climate change, caused by developed countries, paradoxically displaces developing communities the most. The fragile land on the southern edge of Sahara called Sahel, impaired by weather extremes, is facing an emergency which will trigger one of the largest migrations in history. The lush oasis on the major human trafficking route in Niger aims to empower local communities, whilst discouraging their migration ambition. Water is the key element of unity in the cross-country alliance to restore the ecosystem. With holistic water management approach, even sand may give birth to water.

Anna Andronova – U10. Y5

Anna Andronova – U10, Y5

Hoy Lei (Kerri) Ngan – U13. Y5
BUKCHON, UNA SLOW TOWN / BUKCHON SLOW TOWN
Tutors: Sabine Storp, Patrick Weber

Il progetto realizza una porzione di paesaggio che invecchia, reimmaginato romanticamente come un contenitore sicuro per gli anziani in un tempo mitico, antecedente alla Caduta. In risposta alla crisi dell'invecchiamento nella Corea del Sud, svela un processo di invecchiamento sostenibile sia per il paesaggio sia per l'uomo. L'indagine critica sottilmente l'irrefrenabile urbanizzazione di Seul, che ha provocato una perdita di diversità negli stili di vita.

This project realises a piece of ageing landscape, romantically reimagined as a safe vessel for the elderly in a mythic, prelapsarian time. In response to the ageing crisis in South Korea, it unveils a sustainable ageing process for both the landscape and man. The exploration subtly critiques the unstoppable urbanisation in Seoul, which has resulted in a loss of diversity in ways of living.

ONSEN

Hoy Lei (Kerri) Ngan – U13. Y5

ONSEN

Ting Jui (Brook) Lin – U24. Y4
INNESTARE IL PITTORESCO / GRAFTING THE PICTURESQUE
Tutors: Penelope Haralambidou, Michael Tite

Attraverso un processo di ricerca, il progetto esplora l'americanizzazione del paesaggio, trovando forma in una proposta per un centro ricreativo esistente che viene ampliato per includere il Central Park Soil and Education Centre. La proposta celebra il pittoresco approccio di progettazione introdotto da Vaux e Olmstead, svelando la storia della sua manutenzione – quello che appare come terra "naturale" è in realtà una sorta di arcipelago, formato dalla raccolta di terra delle isole vicine. Le tre immagini rappresentano la proposta in tre vedute che raffigurano l'idea che Edmund Burke ha del "pittoresco", del "sublime" e del "bello".

Through a process of propositional research, the project explores the americanisation of the landscape, finding form in a proposal for an existing recreation centre, which is extended to house the Central Park Soil and Education Centre. The proposal celebrates the picturesque painting-design approach introduced by Vaux and Olmstead, unveiling the history of its maintenance – what appears to be a 'natural' land, yet is in fact like an archipelago, formed through the collection of earth from neighbouring islands. The three images represent the proposal in three views which depict Edmund Burke's idea of 'the Picturesque', 'the Sublime' and 'the Beautiful'.

RICOSTRUIRE IL PAESAGGIO

SFERA / SPHERE 2
ANELLO / RING 3 [retro / back]

REBUILDING LANDSCAPE

IT Dagli anni settanta del Novecento, l'eco-femminismo ha individuato lo sfruttamento delle donne e lo sfruttamento della natura come due esiti naturali e paralleli del patriarcato. Di conseguenza, ricostruire la natura rientra nell'agenda di una buona parte del femminismo. In questa sezione, vedremo strutture non-lineari, processi organici, collegamenti olistici, relazioni simboliche e collaborazioni attive fra le entità naturali e umane. Questa visione tenterà di sostituire la parziale e incompleta percezione del mondo dei professionisti di un tempo con una visione globale alternativa che concettualizza la terra come sacra e insostituibile, riconoscendo la dipendenza degli esseri umani dal mondo naturale e abbracciando tutta la vita considerandola preziosa.

EN From the 1970s, ecofeminism has identified the exploitation of women and the exploitation of nature as two natural and parallel results of patriarchy. As a result, rebuilding nature is part of the agenda of a good portion of feminism. In this section, we will see nonlinear structures, organic processes, holistic connections, symbiotic relations and active collaborations between natural and human entities. This vision will try and substitute the partial and incomplete perception of the world from former practitioners through an alternative global view that conceptualized the earth as sacred and priceless, recognizing human dependency on the natural world and embracing all life as valuable.

La ricerca dell'azione

ROMINA CANNA

The pursuit of action

IT Data la sua origine come ritratto pittorico della natura, l'idea più immediata di paesaggio è spesso collegata alla rappresentazione bucolica del mondo e a ciò che sembra la nostra armoniosa coesistenza con esso. L'etimologia della parola, tuttavia, ci offre una definizione più precisa. "Land" denota l'idea di territorio, mentre "-scape", che deriva dall'olandese "-scap" implica il concetto di condizione. Quindi, il paesaggio sfugge alla sua cornice di romanticamente osservato o idillicamente rappresentato e si sposta verso un più complesso status di territorio "qualificato" che esiste in un particolare stato dell'essere.

Dopo secoli trascorsi a "qualificare" i territori a fini industriali e urbanistici, e a causa dei cambiamenti nei modelli di produzione e urbanizzazione, quel che ci rimane sono i segni della nostra presenza umana. Assumendo la posizione del politicamente corretto, o accogliendo onestamente la necessità di riconsiderare il nostro rapporto con l'ambiente, l'urgenza di concentrarsi su questi territori è ampiamente accettata come un dato di fatto. Rigenerare questi paesaggi implica dei processi di risanamento, ricollocazione e ripristino: tutti atti di ricostruzione dei territori. Ma come ricostruirli? Come capire la loro condizione? Come proposta per capire la loro condizione e come possibile modo per affrontare il loro futuro, potremmo prendere in prestito la definizione di "infra-ordinario" di Georges Perec. Per Perec, l'infra-ordinario è ciò che non va bene o non funziona in una struttura di valore attuale e consolidata. Come alcuni dei nostri paesaggi, l'infra-ordinario è semplicemente un testimone di ciò che un tempo è stato creato o prodotto in circostanze particolari per organizzare la vita. Attraverso racconti dettagliati, la prima reazione di Perec al paesaggio dell'infra-ordinario è riconoscerne l'esistenza come scenario vitale. Dopodiché, la sua strategia è produrre una narrazione, strutturando con cura e bellezza una cronaca come se questi paesaggi fossero eventi stra-

EN Due to its origin as a pictorial portrait of nature, the most immediate notion of landscape often relates to a bucolic representation of the world and what seems to be our harmonious coexistence with it. However, the etymology of the word presents us with a more precise definition. The participle "land" denotes the idea of territory and "-scape", rooted in the Dutch "-scap" involves the notion of condition. Then, the landscape escapes its frame as the romantically observed or idyllically represented, and shifts towards a more complex status of a "qualified" territory existing in a particular state of being.

After centuries of "qualifying" territories for industrial and urbanistic purposes, and due to changing production and urbanization patterns, we are left with the signs of our human presence. By assuming the position of the politically correct, or by honestly embracing the need for reconsidering our relationship with our environment, the urgency of focusing on these territories is widely accepted as a fact. Regenerating these landscapes involves processes of remediation, replacement, and restoring: all acts of re-building territories. But, how to rebuild these territories? How to understand the condition of these territories? As a proposal to understand their condition and as a possible way to address their future, we might borrow Georges Perec's definition of the "infra-ordinary". For Perec, the infra-ordinary is what does not fit or work under a present and established structure of value. Like some of our landscapes, the infra-ordinary is merely a witness of what was once created or produced under specific circumstances for staging life. Through detailed recounts, Perec's first response to the landscape of the infra-ordinary starts by acknowledging its existence as vital scenarios. Then, his strategy is to produce a narrative, carefully and beautifully structuring a chronicle as if these landscapes were

ordinari degni di attenzione. Perec ricostruisce l'infra-ordinario attraverso la narrazione come strumento per restituire valore.

I quattro progetti qui presentati ricostruiscono il paesaggio partendo dalla narrazione come strumento per svelare nuovi futuri ma anche per riconoscere le fondamenta da cui sorgono. In questo senso, la narrazione diventa un esercizio di proiezione che funziona in due direzioni: una per riassegnare il significato, l'altra per affrontare in modo critico il passato. Come nell'approccio di Perec, queste narrazioni sono dichiarazioni fedeli sulla capacità della nostra disciplina di trasformare il nostro rapporto con l'ambiente. Nel suo progetto per la cappella nuziale di Lyle Park, Alex Mok propone una narrazione che funziona come un atto globale di riconciliazione fra il passato e un possibile futuro, e quindi, le ideologie produttive e in questo caso religiose che vi sono integrate. Circondata da edifici destinati alla produzione e attorniata da una piccola isola di alberi, la cappella interreligiosa è costruita di carta come un segno delicato di esistenza effimera e come una dichiarazione assertiva sui temi della coesistenza religiosa, dei bisogni spirituali e del nostro rapporto con lo spazio. Per Mok, ricostruire il paesaggio è una questione di pacificazione con la nostra condizione umana e con il nostro ambiente. Cambiando drasticamente lo sfondo culturale, il progetto di Minghui Ke per il teatro Kabuki all'aperto propone una narrazione che fonde l'esigenza di rivalutare l'importanza culturale di un'antica arte e il paesaggio che cambia. Proponendo una relazione fra arte e natura, e fra il corpo umano e lo spazio, il progetto suggerisce la costruzione di una simbiosi, con l'intento di catturare e rafforzare gli scenari di queste relazioni. Il progetto di Ke sembra suggerire che il tempo, e la nostra comprensione del tempo nello spazio, sia il materiale per ricostruire il paesaggio. La narrazione di Sarah Izod scava in un territorio profondamente

extraordinary events worthy of attention. Perec rebuilds the infra-ordinary through the narrative as a tool to reinstate value.

The four projects included here rebuild the landscape from the narrative as a tool to unveil new futures but also to recognize the foundation from which they arise. In this sense, narrative becomes a projective exercise, working in two directions: one for re-assigning meaning, another for critically addressing the past. As in Perec's approach, these narratives are faithful statements on the capacity of our discipline to transform our relationship with the environment. In her project for the Lyle Park Wedding Chapel, Alex Mok proposes a narrative that works as a comprehensive act of reconciliation between the past and a possible future, and therefore, the productive and in this case religious, ideologies embedded in them. Embraced by production buildings and in modest island of trees, an interfaith chapel is built on paper as a delicate sign of ephemeral existence and as an assertive statement on issues of religious coexistence, spiritual needs, and our relationship with space. For Mok, rebuilding the landscape is a matter of appeasement with our own human condition and with our environment. Drastically changing cultural backgrounds, Minghui Ke project for the Open-Air Kabuki Theatre proposes a narrative that merges the need for re-valuing the cultural significance of an ancient art and the changing landscape. Proposing a relationship between art and nature, and between the human body and the space, the project suggests the construction of a symbiosis, aiming to capture and strengthen the scenarios of those relations. Ke's project seems to suggest time, and our understanding of it in space, as a material to rebuild the landscape. Sarah Izod's narrative digs into a territory heavily affected by industrialization, a wasteland with a long history of use, and abuse, of the landscape.

colpito dall'industrializzazione, una terra desolata con una lunga storia di uso, e abuso, del paesaggio. In "Un paesaggio che scivola" Izod fa appello alla condizione intrinseca di cambiamento permanente di questo territorio come autentica possibilità di auto-rigenerazione fuori dalle convenzioni o dalle posizioni intransigenti su quello che dovrebbe essere un paesaggio. La ricostruzione del paesaggio è qui prodotta sfidando la nostra idea di questi territori, lasciando che siano essi a gestire le regole del suo sviluppo per riportare le orme della nostra presenza. Infine, Katherine Scott affronta l'evoluzione materiale e la sua traduzione nel paesaggio costruito in "Archiviare l'Antropocene: l'architettura nell'Era dell'Uomo". Considerando l'architettura come dei "dati" e l'ambiente costruito come un processo che riflette il tempo, Scott propone un ambiente complesso, semi-urbano che mette in mostra la nostra evoluzione vitale e materiale per attivare una memoria critica. In questo caso, la ricostruzione del paesaggio è prodotta da una narrazione che esalta e perfino esagera la nostra presenza materiale, inquadrando le sue qualità all'interno di un significato storico e critico. Attraverso acute esplorazioni, queste proposte sono i sintomi della necessità di riconoscere questi territori e dell'innegabile esigenza di fornire loro nuovi significati. Quindi, ci si potrebbe chiedere, se ricostruire questi territori è un'azione indispensabile per equilibrare l'impatto della nostra presenza nello spazio, che cosa comporta questa azione? E ancora, questa azione ricostruisce soltanto i territori fisici o potrebbe essere ampliata facendola diventare un'opportunità per "ricostruire" le strutture professionali dietro di essa?

Per Hannah Arendt la nozione di azione implica due principi fondamentali: libertà e pluralità, come definizioni specifiche. La prima, intimamente legata al concetto di inizio, è collegata alla condizione biologica dell'essere nato e all'abilità, o possibilità, innata di

In "A Slipping Landscape," Izod appeals to the inherent condition of permanent change of this territory as a genuine possibility for self-regeneration outside conventions or judgmental positions of what a landscape should be. Re-building the landscape is here produced by defying our understanding of these territories, letting them run the rules of its own development to revert the footprints of our presence. Lastly, Katherine Scott addresses material evolution and its translation into the built landscape for "Archiving the Antrophocene: Architecture in the Age of Man". Considering architecture as "data", and the built environment as a process that reflects time, Scott proposes a complex, quasi-urban environment that puts on display our vital and material evolution for triggering a critical memory. In this case, the rebuilding of the landscape is produced by a narrative that enhances and even magnifies our material presence, framing its qualities under historical and critical meaning. Through acute explorations, these proposals are the symptoms of a necessary task of acknowledging these territories, and the undelayable need to provide them with new meanings. Then, one might ask, if rebuilding these territories is an indispensable action to balance the impact of our presence in space, what does this action encompass? And further, is this action only about rebuilding physical territories or might it well be extended as an opportunity to "rebuild" the professional structures behind it?

For Hannah Arendt the notion of action involves two fundamental principles: freedom and plurality, as specific definitions. The former, intimately linked with the notion of beginning, relates to the biological condition of being born and the innate ability, or possibility, to start something new. The latter is founded on the principles of equality, under the notion of being, simply, "human"; and difference, involving individual identi-

cominciare qualcosa di nuovo. La seconda si fonda sui principi di uguaglianza, che si riconduce al concetto di essere, semplicemente, "umani", e differenza, che implica identità individuali e fruttuose interazioni con gli altri. Nel contesto della crescita professionale, la definizione di azione di Hannah Arendt, in termini di ricostruzione dei territori disciplinari per le donne, appare illuminante come progettazione per le pratiche future ma anche accurata per rivedere le strutture che ancora considerano queste idee quasi utopie.

Nel contesto professionale dell'architettura e del suo più ampio campo, la definizione o la possibilità di azione per le donne ha storicamente seguito due linee parallele. Una è la capacità teorica di agire, l'altra è la possibilità pratica di agire. Se la preparazione a compiere "l'azione" attraverso l'istruzione è notevolmente migliorata, la sua implementazione pratica continua a essere profondamente inadeguata. La discussione sulla posizione delle donne all'interno della forza lavoro e le disuguaglianze nella loro crescita professionale vengono ampiamente affrontate da decenni e da varie prospettive, che vanno dalle discussioni intorno alle loro presunte diverse capacità ai quadri di riferimento all'interno di costruzioni sociali e culturali. Non affronteremo qui questo problema, ci limiteremo a dire che dovremmo essere una fetta uguale della forza lavoro perché siamo pronte a farlo! Non dovremmo sentire il bisogno di giustificare certe specifiche capacità o particolari competenze, è nostro diritto adesso, come è stato nostro dovere in passato perseguire gli stessi obiettivi educativi dei nostri colleghi maschi. In questo contesto, vorrei proporre di concentrarci di più sulle strutture istituzionali che tuttora permettono, con il consenso o l'omissione consapevoli o meno, una persistente "segregazione", uno scenario di situazioni e opportunità diverse basate sul genere. Anche se può apparire meno evidente o crudele di altre storiche pratiche di segregazione, le isti-

ties and the fruitful interaction with others. In the context of professional development, Arendt's definition of action, in terms of rebuilding disciplinary territories for women, seems enlightening as a projection for future practices as well as precise for revising the structures that leave these ideas as, still, almost utopias.

Within the professional context of architecture and its extended field, the definition or the possibility of action for women has historically run through two parallel lines. One is the theoretical capacity to act, the other is the practical possibility to act. While the preparation to perform "action" through education has noticeably improved, its practical implementation continues to be profoundly inadequate. The discussion about the position of women within the work force and the inequalities of their professional development, has been largely addressed for decades and from diverse perspectives, from discussions revolving around alleged distinct abilities to frames of reference within social and cultural constructions. We will not enter that conundrum here, we will rather just state that we should be an equal part of the work force because we are prepared for it! We should not feel the need to justify some specific ability or particular skill, it is our right now, as it was our duty to fulfill the same education objectives as our male colleagues did. In this context, I would propose we should focus more on the institutional structures that still allow, by conscious or unconscious permission or omission, a persistent "segregation", a setting of different status and opportunities based on gender. Although it might be less apparent or cruel than other historical segregation practices, there is still not enough being made by institutions that could change the trajectory of things. Institutions of all kinds are still modeled under old paradigms based on old social agreement of roles, carrying, in the way they operate, an unquestioned iner-

tuzioni non hanno ancora fatto abbastanza per cambiare il corso delle cose. Istituzioni di ogni tipo sono ancora modellate secondo vecchi paradigmi basati sul vecchio patto sociale sui ruoli e si portano dietro, nel modo in cui operano, un'indiscussa inerzia che rallenta il movimento in avanti. In questa rivendicazione ci sono però delle sfumature da considerare: le politiche o qualcosa di semplice come i gesti per la piena integrazione delle donne nella forza lavoro assomigliano a un cerotto che cerca di coprire un problema che richiede sì molta attenzione, ma fondamentalmente azioni più audaci. In sintesi, vorremmo qui proporre che queste misure comincino a ruotare intorno a tre categorie: rappresentanza istituzionale, cultura e leadership.

Per la rappresentanza istituzionale ci concentriamo sul ruolo delle nostre associazioni professionali. Le professioni tecniche, per il loro rapporto con i materiali, la manodopera e il lavoro in cantiere, sono state tradizionalmente considerate maschili. La nostra associazione professionale, il cui obiettivo è apparentemente quello di rappresentare e garantire lo sviluppo equo ed etico della professione, potrebbe essere più coinvolta attivamente per la promozione della parità. Come in alcuni paesi dove queste associazioni hanno il potere di accettare o rifiutare il modo in cui costruiamo l'ambiente, un maggiore impegno sulle norme dell'esercizio della professione, e non solo sui suoi prodotti, potrebbe provocare un effetto trasformativo. Oltre ai tentativi già esistenti che consistono nel mandare messaggi o adottare posizioni su questo tema, le associazioni professionali potrebbero lavorare attivamente a fianco delle aziende per implementare il cambiamento, promuovere e spiegare i benefici delle politiche da attuare e proporre misure pratiche che potrebbero spezzare l'inerzia, eliminare le divisioni e gli stereotipi sul lavoro, dando potere ma fondamentalmente sostenendo le donne nella crescita professionale.

tia for moving forward. In this claim, there are nuances to be considered, however, policies or something as simple as gestures for fully integrating women into the work force resembles a band-aid trying to cover an issue that requires much attention but fundamentally, bolder actions. Concisely, we would like to propose here that these measures should revolve around three categories: institutional representation, culture, and leadership.

For institutional representation, we focus on the role of our professional associations. Technical professions, for their relationship with materials, labor, and site work were traditionally assigned to be male. Our professional association, whose goal is ostensibly to represent and ensure the fair and ethical development of the profession, could get more involved as active agents for promoting equality. As in some countries where these associations have the power to accept or reject the way we build our environment, a more active engagement with the norms of the exercise of the profession, and not only with the products of it, could produce a transformative effect. Besides the already existing attempts to send messages or adopt positions around this issue, professional association could work actively alongside firms in implementing change, promoting and explaining the benefits of policies, and proposing practical measures that could break inertia, eliminating work divisions and stereotypes, empowering, but fundamentally supporting, women in professional development.

Institutional culture is a complex issue whose foundations rest on education. Access to academia has undoubtedly improved. However, there are still remaining effects of gender bias rooted in a division of work and social roles. Unfortunately, this bias works too often in assigning gender-related identities to both professors and students.

La cultura istituzionale è una questione complessa le cui fondamenta poggiano sull'istruzione. L'accesso all'università è indubbiamente migliorato. Tuttavia, ci sono ancora effetti residui di pregiudizi di genere che affondano le loro radici in una divisione del lavoro e dei ruoli sociali. Purtroppo, questi pregiudizi compaiono troppo spesso nell'assegnazione di identità legate al genere sia per i professori che per gli studenti. La sensibilità di una studentessa è solitamente considerata una debolezza, un ostacolo per leggere l'ambiente o essere, semplicemente, capace. Tuttavia, pochissimi mettono in dubbio il modo in cui ci si rivolge alle studentesse, se c'è rispetto ma anche empatia per capire come tutti noi ci impegniamo in una discussione, o in una critica, considerando valide tutte le sensibilità. D'altro canto, le professoresse spesso notano che ci sono standard diversi sia da parte degli studenti che dell'istituzione nel modo in cui ci si rivolge loro. In modo consapevole o meno, le professoresse sono talvolta confuse con una sorta di figura materna, sempre pronta a sorridere, a essere amichevole o più buona, o più flessibile. Affermazioni come "la professoressa potrebbe guadagnarsi l'affetto dei suoi studenti se non fosse così severa e rigorosa" sono una buona dimostrazione di quanto sia confusa l'idea di autorità e guida influenzata da concettualizzazioni di genere. Misure pratiche come una maggiore attenzione all'uso del linguaggio e alle nostre "regole" di coinvolgimento, una revisione degli standard, una discussione e delle critiche più aperte tra colleghi potrebbero senz'altro riorientare la cultura istituzionale in modo da farla essere più in linea con i nostri tempi.

Infine, la leadership è fondamentale. Essa è solitamente identificata con le gerarchie o il management. Tuttavia, il suo vero significato riguarda la capacità di influenzare e plasmare processi, comportamenti o conoscenze. Se essa è concepita in questo modo,

A female student's sensitivities are usually considered as a weakness, an impediment to read the environment or to be, simply, capable. However, very few question the way the student is addressed, if there is respect but also empathy to understand how we all engage in a conversation or critique considering all sensitivities as valid. On the other side, women professors often find that there are different standards, from students as well as the institution, for addressing them. Conscious or not, women professors are sometimes confused with some sort of maternal figure, always willing to smile, to be friendly or closer, or more flexible. Statements such as "the professor could earn the affection of her students if she weren't so strict and disciplined" are a good demonstration of a confused understanding of authority or guidance colored by gender conceptualizations. Practical measures such as more care in the use of language and our "rules" of engagement, a revision of standards, and more open conversation, and criticism, between colleagues could surely redirect institutional culture to be more in accordance with our times.

Finally, leadership is key. Leadership is usually identified with hierarchies or management. However, its true meaning is about the capacity to influence and shape processes, behaviors, or knowledge. Understood this way, universities are agents of leadership as institutions whose behavior and action have an impact in society. Although the number of women students and professors are in a rise, universities could develop a more prominent role in the practicalities of the position of women in our field. In many institutions lectures, seminars, and groups are emerging, but often as internal forums for discussions or theoretical claims. Then, we might ask, would it be possible, for universities, to extend its capacity to influence society beyond the education but rather into the passage to professional development? Could universi-

le università diventano agenti di leadership come istituzioni il cui comportamento e la cui azione hanno un impatto sulla società. Anche se il numero di studentesse e professoresse è in crescita, le università potrebbero sviluppare un ruolo più decisivo per gli aspetti pratici che riguardano la posizione occupata dalle donne nel nostro settore. In molte istituzioni si stanno organizzando conferenze, seminari e gruppi, ma spesso sotto forma di forum interni per discussioni o rivendicazioni teoriche. Allora, ci si potrebbe chiedere, sarebbe possibile per le università estendere la propria capacità di influenzare la società al di là dell'istruzione, concentrandosi piuttosto sul passaggio alla crescita professionale? Le università potrebbero agire come osservatori più attivi e operare in modo da garantire che le loro laureate, su cui le istituzioni hanno investito le loro migliori conoscenze e risorse finanziarie, abbiano pari opportunità una volta lasciate le aule?

Restano ancora molte domande da porre, e nei prossimi anni il modo in cui le istituzioni si assumeranno la responsabilità di agire per la piena integrazione delle donne nella forza lavoro sarà un passo fondamentale per raggiungere il concetto di azione proposto da Hannah Arendt. La libertà e la pluralità come principi guida dell'azione dovrebbero trascendere la discussione sul genere ed essere ritenuti un cambiamento necessario, strategico nella nostra crescita professionale per tutti. La nostra società diventerà più sana se tutti noi, al di là dei diretti interessati, saremo in grado di capirlo e di considerarlo un cambiamento culturale in cui i vecchi modelli saranno diventati, già da tempo, obsoleti.

ties act as more active observers, and work to ensure that their graduates, in which the institutions invested the best knowledge and financial resources, have equal opportunities after leaving the classrooms?

There are many question we should keep asking, and in the upcoming years, the way institutions assume their responsibility to act in the full incorporation of women to the work force would be a fundamental step to reach the notion of action Arendt proposes. Freedom and plurality as guiding principles for action should transcend the discussion of gender and be understood as a necessary, strategic change in our professional development for all. Our society will grow healthier if we are all capable of understanding this beyond the directly implicated people, but rather as a cultural change where the old models have turned, already a while ago, obsolete.

Alex Mok – U17. Y5
LA CAPPELLA NUZIALE DI LYLE PARK / LYLE PARK WEDDING CHAPEL
Tutors: Yeoryla Manolopoulou, Níall McLaughlin

La cappella è costruita con carta post-consumo scartata che proviene dall'attigua Bow Waste Paper Mill (cartiera di carta riciclata) ed è nascosta fra gli alberi dell'idilliaco Lyle Park lungo il Tamigi, circondato dalle industrie in declino di Silvertown. L'edificio è costituito da una serie di piegature: piegature di robusto packaging strutturale per la costruzione principale e un diafano velo di origami tassellati geometrici che fornisce un rainscreen (schermatura alla pioggia). La cappella intende accogliere più di una fede, ma attinge al rapporto storico fra forma spirituale e luce.

The chapel is constructed from discarded and worthless post-consumer paper from the adjacent Bow Waste Paper Mill. The chapel nestles within the trees of the idyllic Lyle Park alongside the Thames, surrounded by the declining industries of Silvertown. The building is constructed with a range of folds; heavy duty structural packaging folds from the main construction and a diaphanous veil of geometric tessellated origami provides a rainscreen. The chapel seeks to accommodate more than one faith, but draws on the historical relationship between spiritual form and light.

Harland and Wolff Gate
Entrance Courtyard
Altar
31° E
Back of the Chapel
Protected Park Seating

ONSEN

Minghui Ke – U17. Y5
TEATRO KABUKI ALL'APERTO, SHIRAKAWAGO, GIAPPONE
/ OPEN-AIR KABUKI THEATRE, SHIRAKAWAGO, JAPAN
Tutors: Yeoryla Manolopoulou, Níall McLaughlin

Il progetto propone un teatro Kabuki all'aperto per gli spettacoli invernali a Shirakawago. Questo tradizionale tipo di spettacolo giapponese sta affrontando una sfida per riprendersi dall'oblio in cui è caduto. Il suo stesso sviluppo storico è strettamente legato e plasmato dall'evoluzione della forma architettonica dei teatri Kabuki. La proposta mira quindi a collegare queste forme tradizionali con il paesaggio naturale circostante, creando una serie di "momenti performativi" per rigenerare questa antica arte. Il movimento e lo scioglimento della neve nel tempo influenzano l'atmosfera dello spettacolo e diventano un elemento indispensabile per comprendere questo nuovo tipo di Kabuki.

The project proposes an open-air Kabuki theatre for winter performances in Shirakawago. This traditional Japanese performance art is facing a challenge in regenerating itself from dereliction. The historical development of the performance itself is closely related to and shaped by the evolution of the architectural form of Kabuki theatres. Hence, the proposal aims to connect these traditional forms with the surrounding natural landscape, creating a series of 'performance moments' to regenerate the ancient performative art. The movement and melting of the snow in time influences the atmosphere of the performance and becomes an indispensable element in understanding this new type of Kabuki.

ONSEN

Minghui Ke – U17. Y5

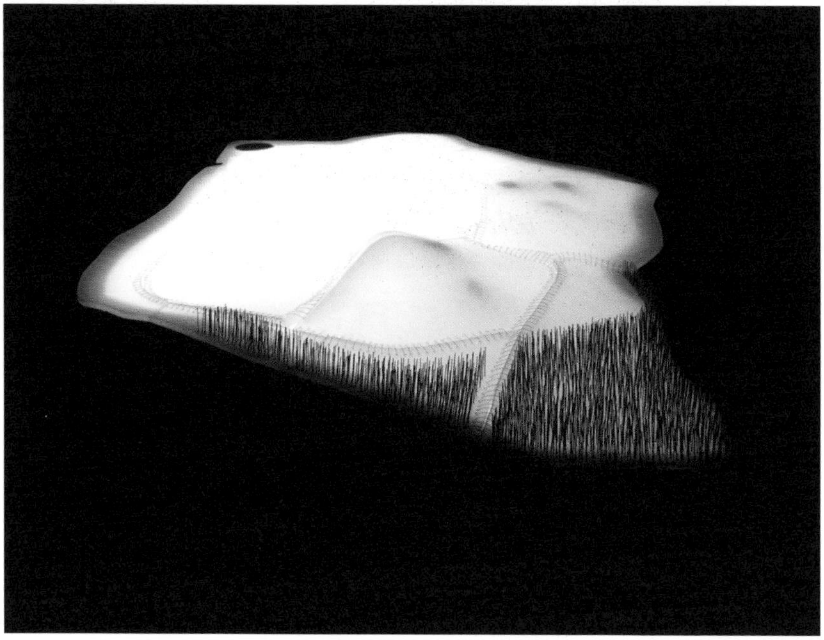

Sarah Izod – U17. Y4
UN PAESAGGIO CHE SCIVOLA / A SLIPPING LANDSCAPE
Tutors: Yeoryla Manolopoulou, Níall McLaughlin

Tripcock Point si trova come una nocca spettrale sul bordo del Tamigi. Nel 1800, l'Arsenale Reale utilizzava il terreno per testare le armi, smaltire le bombe e stoccare gli esplosivi ad alto potenziale, quindi il terreno è adesso contaminato da metalli pesanti. Oggi Tripcock Point rimane un luogo proibito. Come sito con una discarica operativa, ha una capacità di ricevere 75.000 tonnellate di rifiuti l'anno. È una topografia artificiale costruita con rifiuti inerti e terreno contaminato del posto. Luogo Clandestino. In questa terra abbandonata e desolata si nasconde un mondo trattenuto: una terra selvaggia di imperfezione e distruzione, una terra di partenze infestata. Muto verso l'esterno e non domato dall'uomo, è un paesaggio che si fa da sé.

Tripcock Point sits like a ghostly knuckle on the edge of the River Thames. In the 1800s, the Royal Arsenal used the ground for weapons-testing, bomb-disposal and storage of high explosives, thus the soil is contaminated with heavy metals. Today Tripcock Point remains an outlawed place. As an operational landfill site, it has a capacity to receive 75 000 tonnes of waste per annum. It is an artificial topography constructed from local inert waste and contaminated soil. A Clandestine Place. In this abandoned wasteland hides a contained world; a wild land of defect and destruction, a haunted land of departure. Mute to the outside and untamed by man, it is a landscape making itself.

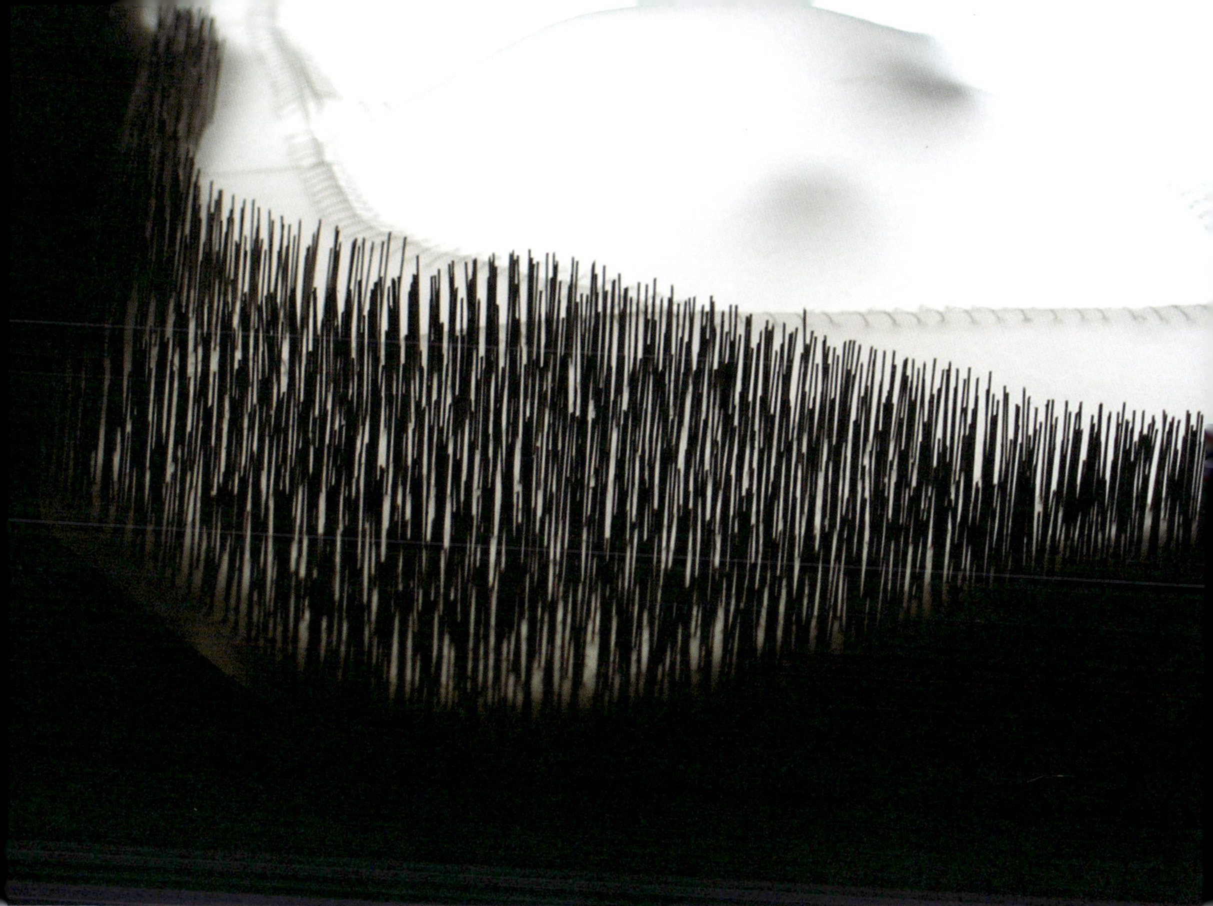

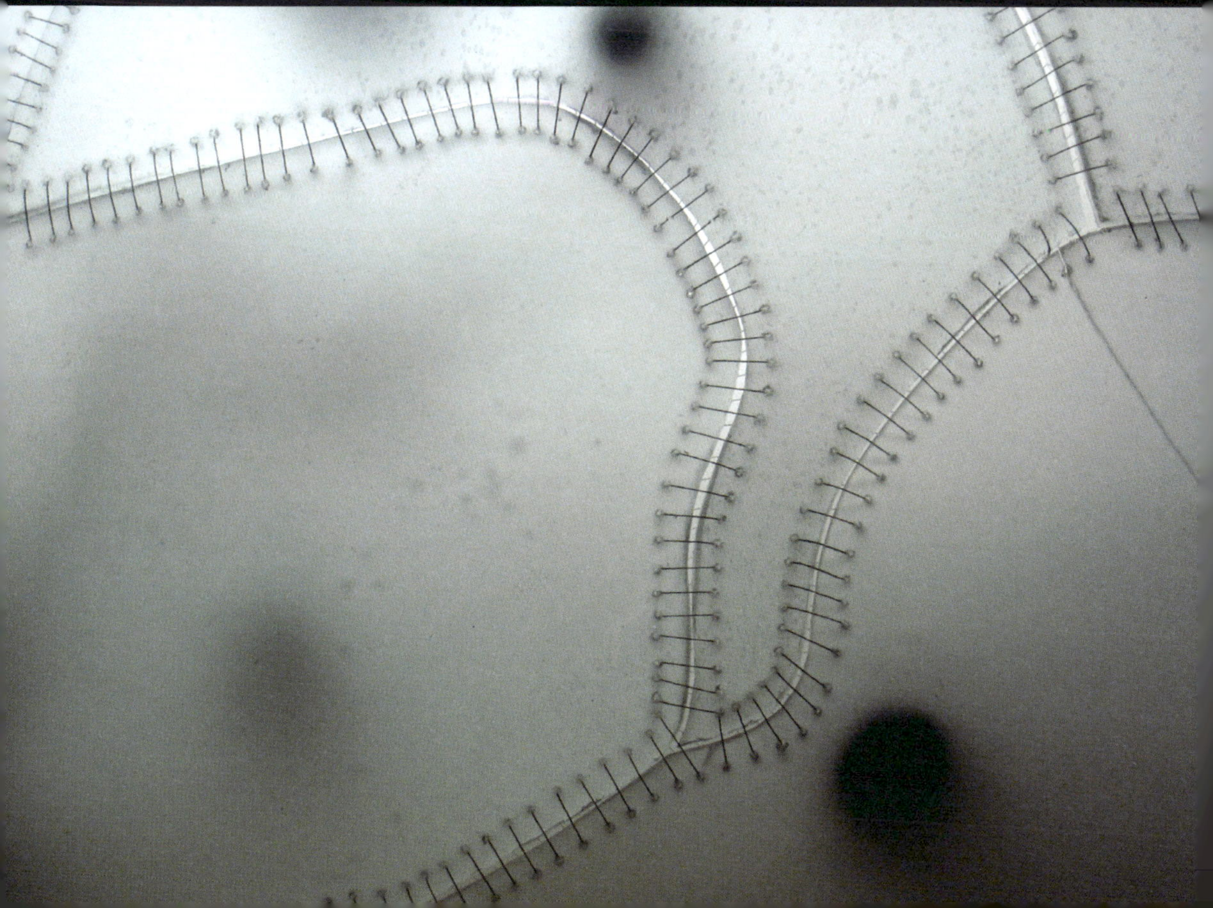

Katherine Scott – U21. Y5
ARCHIVIARE L'ANTROPOCENE: L'ARCHITETTURA NELL'ERA DELL'UOMO
/ ARCHIVING THE ANTHROPOCENE: ARCHITECTURE IN THE AGE OF MAN
Tutors: Abigail Ashton, Tom Holberton, Andrew Porter

"Antropocene" è il termine utilizzato per descrivere la nostra attuale era geologica. Il masterplan proposto è un archivio lungimirante che critica il ruolo dell'architettura nell'Antropocene. Il paesaggio è una simultaneità bergsoniana con tracce architettoniche storiche di forma geometrica ripristinate come nuovi edifici per il lontano futuro. Il paesaggio costruito è visto come un processo che si evolve costantemente nel corso del tempo, con ogni struttura architettonica che funziona come un dato di per sé. Questo crea le rovine di un archivio antropocenico per il futuro.

'The Anthropocene' has been proposed as a term that describes our current geological age. The masterplan proposed is a forward-facing archive, criticizing the role of architecture in the Anthropocene. The landscape is a Bergsonian simultaneity, with historic geometric traces of architecture on the site re-established as new buildings for the deep future. The built landscape is considered as a process, constantly evolving in the duration of time, with each piece of architecture acting as a piece of data itself. This creates the ruins of an Anthropocenic archive for the future.

ONSEN

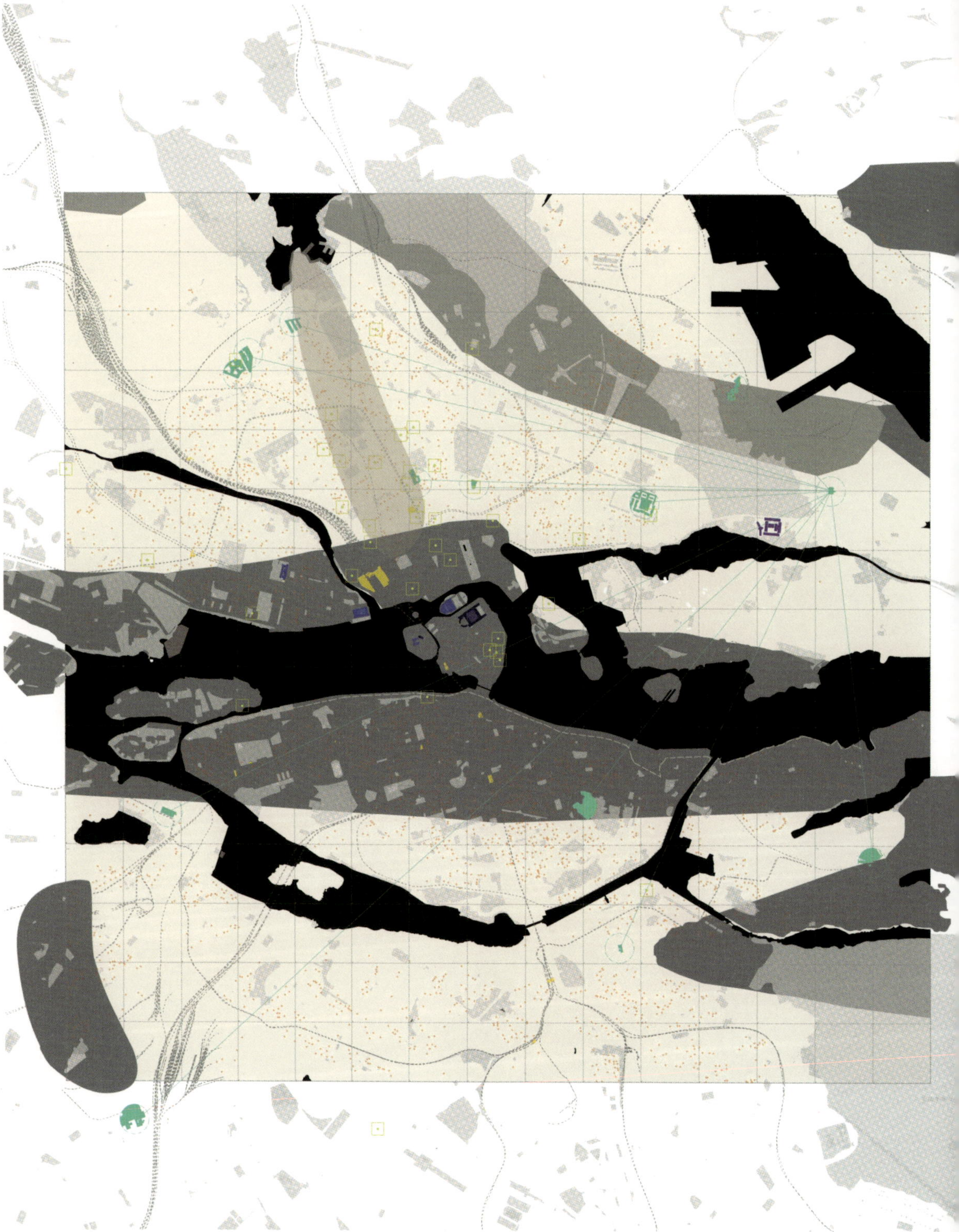

Katherine Scott – U21. Y5

CRUISE PORT TERMINAL
INTERNATIONAL TERMINAL
TRANSFER ROUTE
MUSEUM OF THE ANTHROPOCENE
ANTHROPOCENE CALIBRATION INSTRUMENTS
ARCHIV TRAIN STATION
OBSERVATION PLATFORM
AND BOAT LANDINGS
PUBLIC DATA BANK: BUILT INTO ROCK TO STAY COOL
RESEARCH DATA CENTRE

PARLAMENTO

SFERA 3

Come costruiremo la sfera pubblica

PARLIAMENT

SPHERE 3

How we will build the public realm

LA FABBRICA, IL TERZO SPAZIO

SFERA / SPHERE 3
ANELLO / RING 1 [fronte / front]

THE FACTORY, THE THIRD SPACE

IT Terzo luogo o terzo spazio è una categoria creata nel mondo accademico che opera in opposizione al "primo spazio", la casa, e il "secondo spazio", il lavoro. La sua caratteristica principale è che gioca un ruolo cruciale nella costruzione della comunità. Il principale approccio al terzo spazio si è orientato verso la definizione delle sue diverse tipologie (chiese, bar, club, biblioteche, librerie, pub, circoli sportivi, co-working e anche social media), delle sue caratteristiche fisiche (spensierato, accogliente, neutro, orientato a promuovere la conversazione…) e del suo importante ruolo sociologico (lo scenario per la crescita del capitale sociale). La prospettiva femminile sul terzo spazio può dare un contributo attraverso informazioni esperienziali e storie vere che potrebbero giungere inaspettate: "L'unico momento in cui riesco a parlare con la gente è al mercato o quando aspetto all'asilo nido". L'apporto di narrazioni specifiche rispetto al tempo e all'identità su come avviene la costruzione della comunità nella sfera pubblica può alimentare una teoria urbana critica e aiutare gli architetti a progettare partendo da concetti universali (per lo più costruiti su una prospettiva maschile) tenendo però conto di tutte le esperienze individuali.

EN Third place or third-space is a category raised in academics operating in opposition to the "first-space", home, and the "second-space", work. Its main characteristics is that it plays a crucial role in community building. The main approach to third space has been oriented to the definition of its different typologies (churches, cafes, clubs, libraries, bookstore, pubs, sport clubs, coworking and also social media), its physical characteristics (playful, hommy, neutral, oriented to promote conversation…) or its important sociological role (the scenario for social capital growth). Feminine perspective of third space can contribute with experiential information and real stories which might come unexpected: "The only moment I can really talk to people is in the market or when waiting at the nursery". Bringing time specific and identity specific narrations, on how community building happens in public spaces can feed critical urban theory and helping architects to design upon universal notions (mostly built with a male perspective) but also taking all individual experiences on board.

La fabbrica, il terzo spazio

LUCÍA C. PÉREZ-MORENO

The factory, the third space

IT La cultura occidentale moderna si basa sul pensiero dualistico. Varie dicotomie sono profondamente radicate nella nostra società. Una delle più importanti è la dicotomia privato/pubblico. La prima sfera è il privato e il suo spazio naturale specifico è la casa. La seconda sfera è il pubblico e il suo spazio specifico è il luogo di lavoro. La prima era lo spazio della donna.

La naturalizzazione dell'assenza delle donne nella sfera pubblica e, di conseguenza, nella vita politica e civile, è stato uno dei principali pregiudizi che il pensiero femminista ha decostruito. Negli anni ottanta del Novecento, la teorica politica Carole Pateman ha evidenziato come le basi del contrattualismo moderno, soprattutto nei testi di Locke e Rousseau, considerassero naturale l'esistenza di queste due sfere particolari, che definivano la vita degli uomini e delle donne. La sfera pubblica era quella dove si manifestava il potere e avvenivano i processi decisionali che permettevano di costruire una società apparentemente moderna per tutti i cittadini. La società politica e civile, tuttavia, veniva sviluppata esclusivamente attraverso gli sforzi e le decisioni di uomini privilegiati. Come ha chiarito Pateman, il concetto ideale di una società moderna universalmente equa era una "finzione" per le donne che si trovavano fisicamente all'interno della società civile, ma non ne facevano pienamente parte. All'epoca, non erano considerate cittadine a pieno titolo. Il loro compito principale consisteva nell'occuparsi della casa e della famiglia – sempre circoscritto alla sfera privata. La famiglia aveva bisogno dell'abbraccio dell'amore materno e relegava le donne all'ambito privato della casa; la vita domestica divenne femminile, e le virtù dell'amore, della pietà, della sensibilità, della cura dell'altro e del sentimentalismo divennero naturali per le donne.

Il terzo spazio appare come una conseguenza di questi due poli. Stando alla defi-

EN Modern Western culture is based on dualistic thinking. Diverse dichotomies are deeply rooted in our society. One of the most important is the private/public dichotomy. The first sphere is the private and its proper and natural space is the home. The second sphere is the public and its proper space is the workplace. The first was the woman's place.

The naturalization of the absence of women in the public sphere and, consequently, in political and civil life, was one of the main prejudices that feminist thinkers de-constructed. In the 1980s, political theorist Carole Pateman highlighted how the foundations of modern contractualism, especially in the texts of Locke and Rousseau, naturalized the existence of these particular two spheres, which defined the lives of men and women. The public sphere was where power was manifested, where decision-making took place in order to build a supposedly modern society for all citizens. However, political and civil society was exclusively developed by the efforts and decision making of privileged men. As Pateman explained, the ideal concept of a universally equitable modern society was a 'fiction' for women. Women were physically in the civil society but they were not fully members of it. At that time, women were not considered as full citizens. Their main task was to look after the home and family – always, in the private sphere. The family required the embrace of maternal love, relegating women to the private realm of the home; domesticity became feminine, and virtues of love, piety, sensibility, nurturing and sentimentalism became natural for them.

The third place appears as a consequence of these two poles. As Ray Oldenburg defined it in the Eighties, the third place is different from the home and from the workplace. It is a place that could be reg-

nizione che ne ha dato Ray Oldenburg negli anni ottanta del secolo scorso, il terzo spazio è diverso sia dalla casa sia dal luogo di lavoro. È uno spazio che si può regolarmente frequentare per vedere gli amici, i vicini, i colleghi o gli estranei. Può trattarsi di piccole attività, caffè, bar, pub, ristoranti, centri ricreativi o negozi di generi vari. Sebbene questi terzi spazi non appartengano del tutto né alla sfera pubblica né a quella privata, essi sono stati prevalentemente maschili – basti pensare ai caffè della Londra del Settecento. Questi spazi sono stati tradizionalmente luoghi dove la conversazione prevalente era collegata alla sfera pubblica, soprattutto al lavoro e al potere, e dove la partecipazione delle donne non era ritenuta adatta. Dopo un paio di secoli di campagne per un'istruzione paritaria delle donne e per la loro piena integrazione nello spazio pubblico, le architette possono – e devono – ri-significare il concetto tradizionale di questi spazi. Nel contesto occidentale, dove le relazioni fra i generi sono diverse rispetto a due secoli fa – pur essendo ancora sotto un sistema patriarcale – e dove le donne non possono solo abitare questi terzi spazi ma anche progettarli e ridefinirli, devono emergere altri valori architettonici e spaziali.

Dal punto di vista sociologico, il terzo spazio è definito come un luogo in cui stare a proprio agio, che dà una sensazione di appartenenza e, soprattutto, un senso di sicurezza; sentirsi "a casa", "a proprio agio" è essenziale per creare la necessaria sensazione di appartenenza.

Le proposte presentate da Elin Soderberg, Feng Yang, Paddi Alice Benson e Gergana Popova ci portano a esplorare una serie di valori architettonici scollegati dai modi moderni (e prevalentemente patriarcale) di comprendere l'architettura. Forse l'aspetto più notevole di questo quartetto è la fuga da ciò che è permanente, eterno, fisso, stabile. Nessuna di loro propone spazi deter-

ularly visited as a way to see friends, neighbours, co-workers or strangers. They could be small businesses, cafes, coffee shops, bars, pubs, restaurants, community centres or general stores. Although these third spaces belong neither completely to the public sphere nor to the private, they have been mainly male – think of the coffee houses of eighteenth-century London. These spaces have traditionally been places where the dominant conversation was linked to the public sphere, especially work and power, and where women were not suitable participants. After a couple of centuries of campaigning for equal education for women and for the full incorporation of women into the public realm, women architects can – and should – re-signify the traditional understanding of these places. In a Western context, where gender relations are different to those of two centuries ago –but still under a patriarchal system –, and where women cannot just inhabit these third places but also design and redefine them, other architectural and spatial values should emerge.

From a sociological point of view, third spaces are defined as places to be comfortable, to have a sense of belonging and, above all, a sense of security; feeling 'at home', 'at ease' is essential to create that necessary sense of belonging.

The proposals presented by Elin Soderberg, Feng Yang, Paddi Alice Benson and Gergana Popova lead us into an exploration of a series of architectural values disconnected from modern (and mainly patriarchal) ways of understanding architecture. Perhaps the most striking aspect of this quartet is their flight from the permanent, the timeless, the fixed, the stable. None of them proposes spaces determined by clearly defined architectures, neither formally nor constructively. None of them creates a special order, nor configures a Cartesian

minati da architetture definite nettamente, né a livello formale né costruttivo. Nessuna di loro crea un ordine speciale, né configura uno spazio cartesiano definito. Questo non significa che lo spazio architettonico sia caotico o disordinato, ma semplicemente che la sua organizzazione si allontana da ciò che è canonico, cartesiano. Le quattro autrici propongono un'organizzazione dei vari elementi del progetto che da un lato sono intrecciati con quelli già esistenti, siano essi architettura costruita o natura, mentre dall'altro rendono molto più plausibile la libertà che il fruitore ha di cambiare e partecipare attivamente all'organizzazione e alla personalizzazione di ogni spazio. Ogni persona, ogni corpo che abita lo spazio sarà così in grado di essere a proprio agio, di "sentirsi a casa".

Soderberg, Yang, Benson e Popova propongono inoltre dei metodi per risignificare degli spazi prima mascolinizzati. Alcuni decenni fa, Jencke ci ha parlato della crisi di significato verso cui stava andando l'architettura e dell'importanza di recuperare la capacità dell'architettura di significare recuperando la memoria popolare, storica e della cultura alta. Elin ha proposto una ristrutturazione del Riksdagshus svedese, il parlamento, il luogo del potere politico. Ha spostato il parlamento dal centro di Stoccolma nel fitto del Parco cittadino nazionale reale, una foresta ai confini della città. Questa decisione implica il distaccamento del potere del "Parlamento" dal centro della capitale, dallo spazio degli uomini, dal luogo in cui tradizionalmente avvenivano i processi decisionali. Il suo sguardo femminile porta la presenza concreta della natura nel processo decisionale. Infatti, nel suo piano di ristrutturazione, Elin propone di ricollegare il parlamento a madre natura e pertanto prende in considerazione una ripresa dell'architettura svedese del legno. I suoi lavori in legno recuperano motivi e decorazioni tradizionali, trasportando i simboli di una specifica tradizione culturale nel presen-

defined space. This does not mean that the architectural space is chaotic or disordered, but simply that its organisation moves away from the canonical, the Cartesian. The authors advocate an organisation of the various design elements, that on the one hand, are interwoven with those already existing, whether built architecture or nature, and on the other makes the user's freedom to change and actively participate in the organization and personalisation of each place much more plausible. Each person, each body, that inhabits the space will thus be able to make themselves comfortable and 'feel at home'.

In addition, they propose methods of re-signifying the previously masculinized spaces. A few decades ago, Jencks spoke to us about the crisis in the signified towards which architecture was heading and the relevance of recovering architecture's capacity to signify by reviving historical, hi-cult and popular memory. Elin proposed a renovation of the Swedish Riksdagshus – the Parliament, the place of political power. She relocated the Parliament from central Stockholm to the depths of the Royal National City Park, a forest at the outskirts of the city. This decision entails detaching the power of 'Parliament' from the city centre, from the men's place, from the place where traditionally decision-making was done. Her feminine gaze brings nature's physical presence into this decision-making. Indeed, in her renovation plans, she proposes to re-connect Parliament with Mother Nature and, hence, she speculates on a revived Swedish timber architecture. Her timberwork recovers traditional patterns and decorations, dragging the symbols of a specific cultural tradition into the present. Likewise, Feng is interested in analysing the repetitive tasks carried out by men and machines inside the industrial work place. What was a grey place (a sign of modern alienation) be-

te. Analogamente, Feng si occupa dell'analisi dei compiti ripetitivi eseguiti dagli uomini e dalle macchine all'interno dello spazio di lavoro industriale. Quello che era un luogo grigio (segno dell'alienazione moderna) diventa una performance, uno spettacolo gioioso e dinamico (pieno di colori). Frammenti di oggetti e macchinari ordinari che facevano parte della produzione seriale vengono realizzati a mano e ridisegnati. Dei pezzi unici vengono collocati in modo tale da costruire un terzo spazio dove le persone possano divertirsi e condividere esperienze vissute.

Queste proposte investigano anche il concetto di permeabilità fra gli spazi. Cercano una permeabilità fra spazi interni ed esterni, evidente nell'opera di Elin, e fra gli spazi interni, come rivela il lavoro di Gergana. Così, all'interno delle proposte, vengono concepiti dei microspazi. "La città come palcoscenico" non solo intende fondere le tipologie tradizionali con le esperienze sociali (il teatro, il mercato e il museo) ma propone anche passaggi variabili, non cartesiani né lineari, ma liberi, al di là di una geometria imposta – usando appieno il colore e gli elementi decorativi come strumenti di risignificazione dello spazio. Questi terzi spazi appaiono come luoghi di vitalità e divertimento che il progetto di Paddi Alice materializza in modo particolare. In questo caso, la studentessa propone la costruzione di una stanza dei giochi. Ma le installazioni proposte nello studio e sull'isola di Langholmen sono anche risignificate da una serie di elementi ordinari, quotidiani tratti dalla sua esperienza personale. In tal modo il ricordo di queste tracce simboliche che fanno parte delle sue esperienze personali diventa parte del luogo.

È sorprendente che il modo in cui le quattro proposte tentano di raggiungere questo senso di permanenza, questo "essere a proprio agio", non sia associato a una particolare estetica, a forme preconcette, alla

comes a performance, a joyful and dynamic spectacle (full of colour). Fragments of ordinary objects and machines that were part of the serial production are hand-made and redesigned. Unique objects are placed to construct a third place where people can enjoy and share lived experiences.

These proposals also delve into the idea of permeability between spaces. They seek a permeability between interior and external spaces, evident in Elin's proposal, and between interior spaces, as Gergana's proposal reveals. Thus, within the proposals, micro-places are conceived. 'City as Stage' not only sets out to merge traditional typologies with social experiences (the theatre, the market and the museum) but, also proposes variable transits, not Cartesian, not lineal, but variable, free, beyond an imposed geometry - that makes full use of colour and decorative elements as a means of re-signifying the place. These third places appear as spaces of vitality and enjoyment, which Paddi Alice's project particularly materialises. In this case, the student proposes the construction of a playroom. Both the installation proposed in the studio and on Langholmen island are also re-signified with a series of ordinary, everyday life elements from her personal experience. Thus, the memory of these symbolic traces that form part of her personal experiences become part of the place.

It is striking that the way in which the four proposals seek to achieve this sense of permanence, this 'being at ease', is not related to a specific aesthetic, to preconceived forms, to continuity with a dominant or traditionally accepted 'way of doing'. For them, this sensation of permanence is related to the emotions, the affections, the sensitive (the corporeal), aspects traditionally linked to femininity.

continuità con un "modo di fare" dominante o tradizionalmente accettato. Per loro, questa sensazione di permanenza è associata alle emozioni, agli affetti, alla sensibilità (la corporeità), aspetti tradizionalmente collegati alla femminilità.

La dicotomia corpo/mente è, forse, uno dei dualismi più profondamente radicati nella cultura occidentale. Un dualismo che, peraltro, ha privilegiato il mentale sul fisico, escludendo al tempo stesso i sentimenti e le sensazioni corporee da qualsiasi partecipazione alla progettazione architettonica. Già Nietzsche, come ermeneutica del sospetto, sottolineava che il pensiero occidentale moderno considera i sensi causa di inganno, e pertanto estranei a tutto ciò che anela alla perfezione, alla bellezza "ideale" (canonica, moderna, ptriarcale).

Notiamo che in tutte e quattro le proposte manca questa ricerca dell'"ideale". È, al contrario, una comprensione concreta del processo di progettazione che domina. Ciò rifugge dai valori universali (moderni) come generatori della progettazione per cercare invece significati particolari, personali, circostanziati. Le quattro autrici cercano di creare spazi scollegati dall'universale (astratto e puramente razionale) e di esplorare proposte che si colleghino e intreccino alla realtà della vita delle persone.

Come diceva Nietzsche, il corpo include la ragione, e il corporeo è fonte di creatività e di volontà di potenza. Noi architette possiamo – e dobbiamo – decostruire lo sguardo dualista moderno, quello che si basa sulle dicotomie escludenti, perché il semplice atto di riconoscere l'importanza dei dualismi limita la capacità di riflessione, pensiero e creatività. Spezzare il corsetto generato dal pensiero dualistico escludente è una missione fondamentale per le pensatrici, le attiviste e le professioniste femministe.

The body/mind dichotomy is, probably, one of the most deeply-rooted dualisms in Western culture. A dualism that, moreover, has privileged the mental over the physical, excluding feelings as well as bodily senses from any participation in architectural design. Already Nietzsche, as a hermeneutics of suspicion, pointed out that modern Western thought considered the senses as a cause of deception, and therefore were alien to everything that yearns for perfection, the 'ideal' beauty (canonical, modern, patriarchal).

We see in all four proposals that they lack this quest for 'the ideal'. It is, on the contrary, a material understanding of the design process that dominates. This shuns universal (modern) values as design generators to instead seek particular, personal and situated meanings. They seek to create spaces disconnected from the universal (abstract and purely rational) and to explore proposals that connect and interweave with the reality of people's lives.

As Nietzsche said, the body included reason, and the corporeal is a source of creativity and will to power. We women architects can – and must – deconstruct the modern dualist gaze, that which is based on excluding dichotomies, because the mere act of recognising the relevance of dualisms, limits the capacity for reflection, thought and creativity. Breaking the corset generated by exclusionary dualistic thought is a key mission for female feminist thinkers, activists and practitioners.

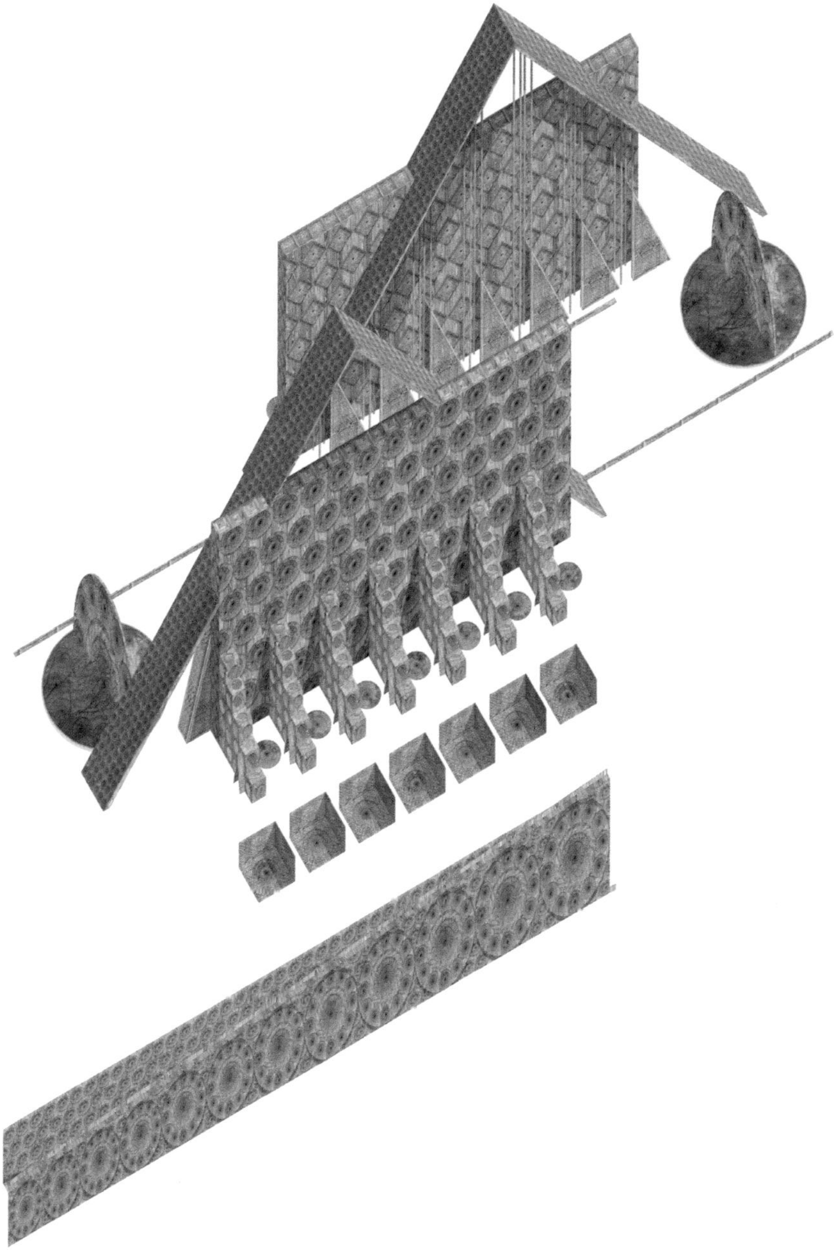

Elin Soderberg – U12. Y5
IL PARLAMENTO NELLA FORESTA / THE WOODLAND PARLIAMENT
Tutors: Elizabeth Dow, Jonathan Hill

Il Riksdagshus svedese (ovvero, la sede del parlamento) ha bisogno di essere ristrutturato. Il progetto propone una sede alternativa per il Riksdag, spostandolo dal centro di Stoccolma nel fitto delle foreste del Parco cittadino nazionale reale ai bordi della città, e indaga sul recupero dell'architettura svedese in legno che continua ad attingere agli antichi ricordi della foresta.

The Swedish Riksdagshus (i.e. the Parliament seat) is in need of renovation. The project proposes an alternative seat for the Riksdag, relocated from central Stockholm to the depths of the Royal National City Park forests at the fringes of the city, and speculates on a revived Swedish timber architecture that continues to draw upon the primitive memories of the forest.

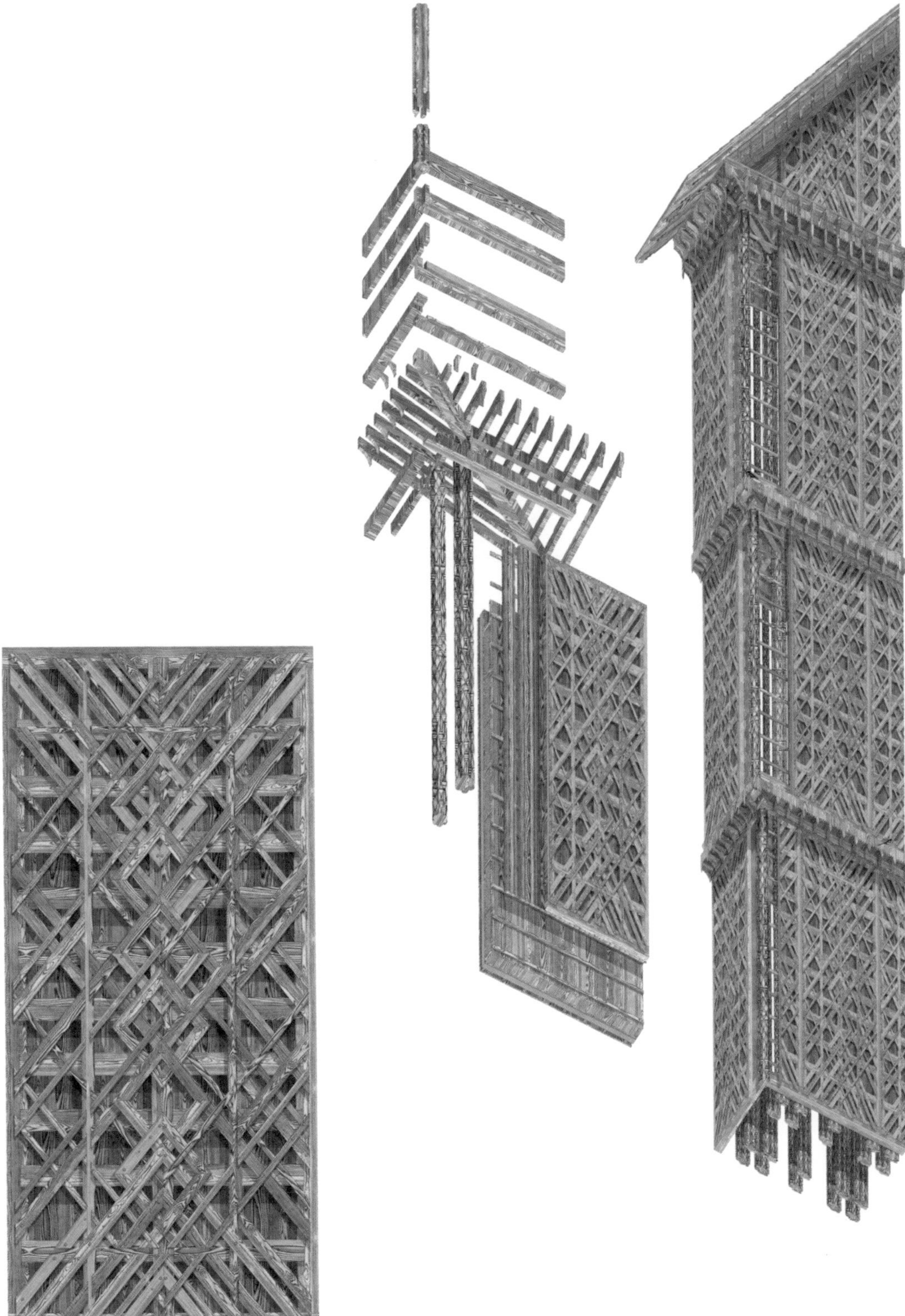

Elin Soderberg – U12. Y5

PARLAMENTO / PARLIAMENT

Feng Yang – U21. Y4
I GESTI DEL LINGOTTO / LINGOTTO'S GESTURES
Tutors: Abigail Ashton, Tom Holberton, Andrew Porter

Questo progetto indaga le prestazioni altamente coreografate della produzione di auto all'interno della fabbrica FIAT del Lingotto attraverso una serie di modelli notazionali astratti. I compiti ripetitivi eseguiti dall'uomo e dalle macchine contrastano con il percorso lineare delle auto, dai materiali grezzi al prodotto finito. La costruzione deve mantenere il tempo e la funzione come un unico organismo dato che le varie velocità degli interventi umani e dei macchinari devono coesistere nel processo. Queste azioni e comportamenti si possono leggere come una performance – uno spettacolo del processo produttivo.

This project investigates the highly choreographed performance of car manufacturing in Turin's Lingotto FIAT factory through a series of abstracted notational models. The repetitive tasks carried out by man and machine contrast with the linear journey of the car, from raw materials to finished product. The building needs to keep time and function like one organism as the varying speeds of human interventions and machines needs to co-exist in this process. These actions and behaviours can be read as a performance – a show of the production process.

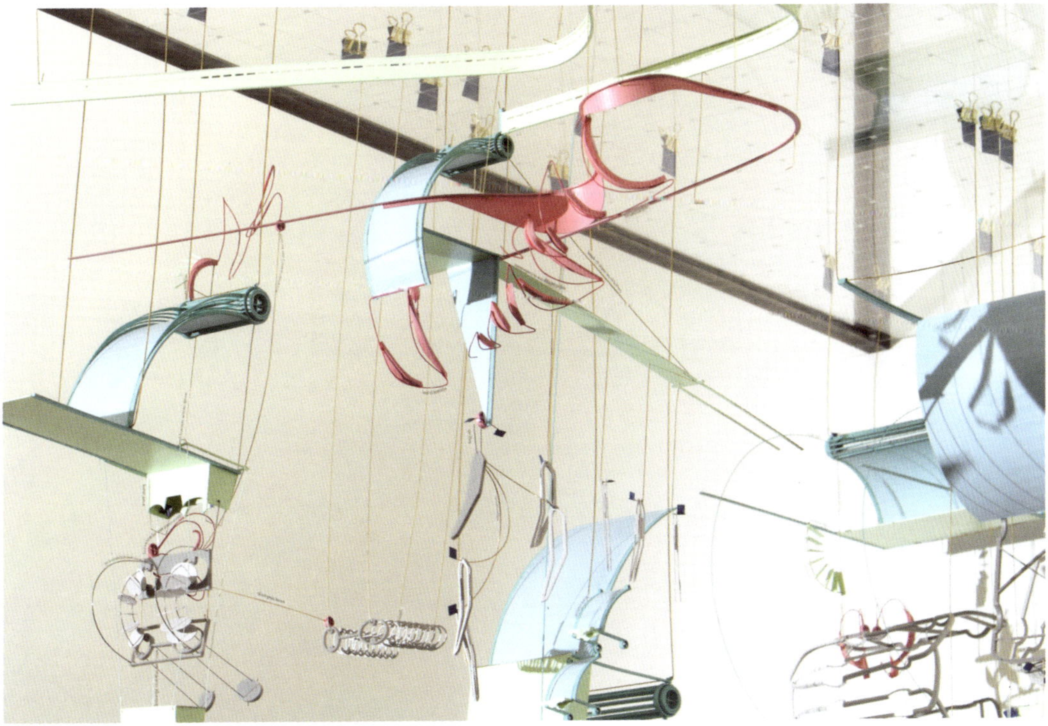

PARLAMENTO / PARLIAMENT

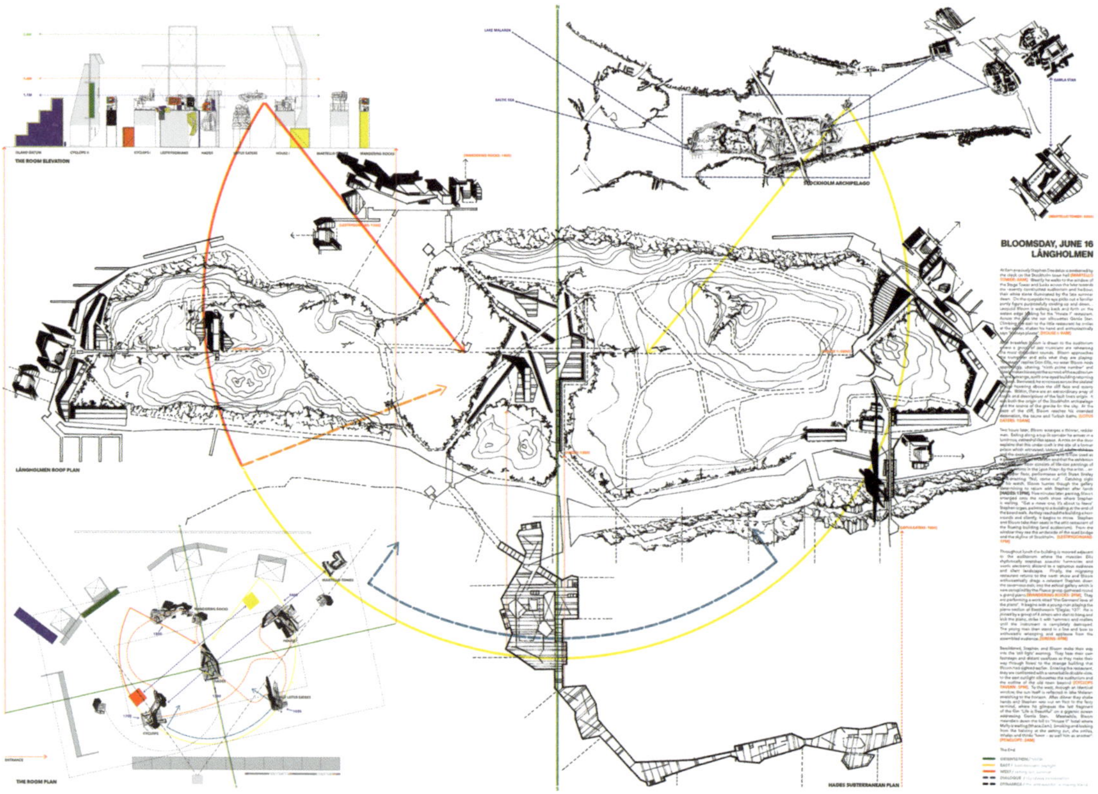

Paddi Alice Benson – U21. Y5

PERDERSI [E RITROVARSI] NEL GIOCO / LOST [AND FOUND] IN PLAY

Tutors: Abigail Ashton, Tom Holberton, Andrew Porter

Il progetto costruisce una stanza dei giochi, ovvero un intervento nello spazio reale all'interno di uno studio della Bartlett collegato all'isola di Langholmen, Stoccolma. Le identità recuperate di Langholmen vengono poi esplorate ed esaminate attraverso i modelli di ciascuno degli interventi e delle loro relazioni reciproche all'interno della stanza dei giochi. Il progetto quindi abita due luoghi: l'isola abbandonata e lo spazio di gioco interattivo costruito all'interno dello studio della Bartlett. Ciascuno degli interventi è un oggetto transizionale all'interno della stanza dei giochi. Presi singolarmente, essi sono informati e informano lo scopo e l'identità della loro collocazione.

The project constructs a playroom or real-space intervention within a Bartlett studio which relates to the island of Langholmen, Stockholm. The reclaimed identities of Langholmen are then explored and examined through models of each of the interventions and their relationship to each other in the playroom. The project therefore inhabits two sites; the disused island and the constructed interactive space of play within the Bartlett studio. Each of the interventions is a traditional object within the playroom. Individually, they are informed by, and inform the purpose and identity, of their location.

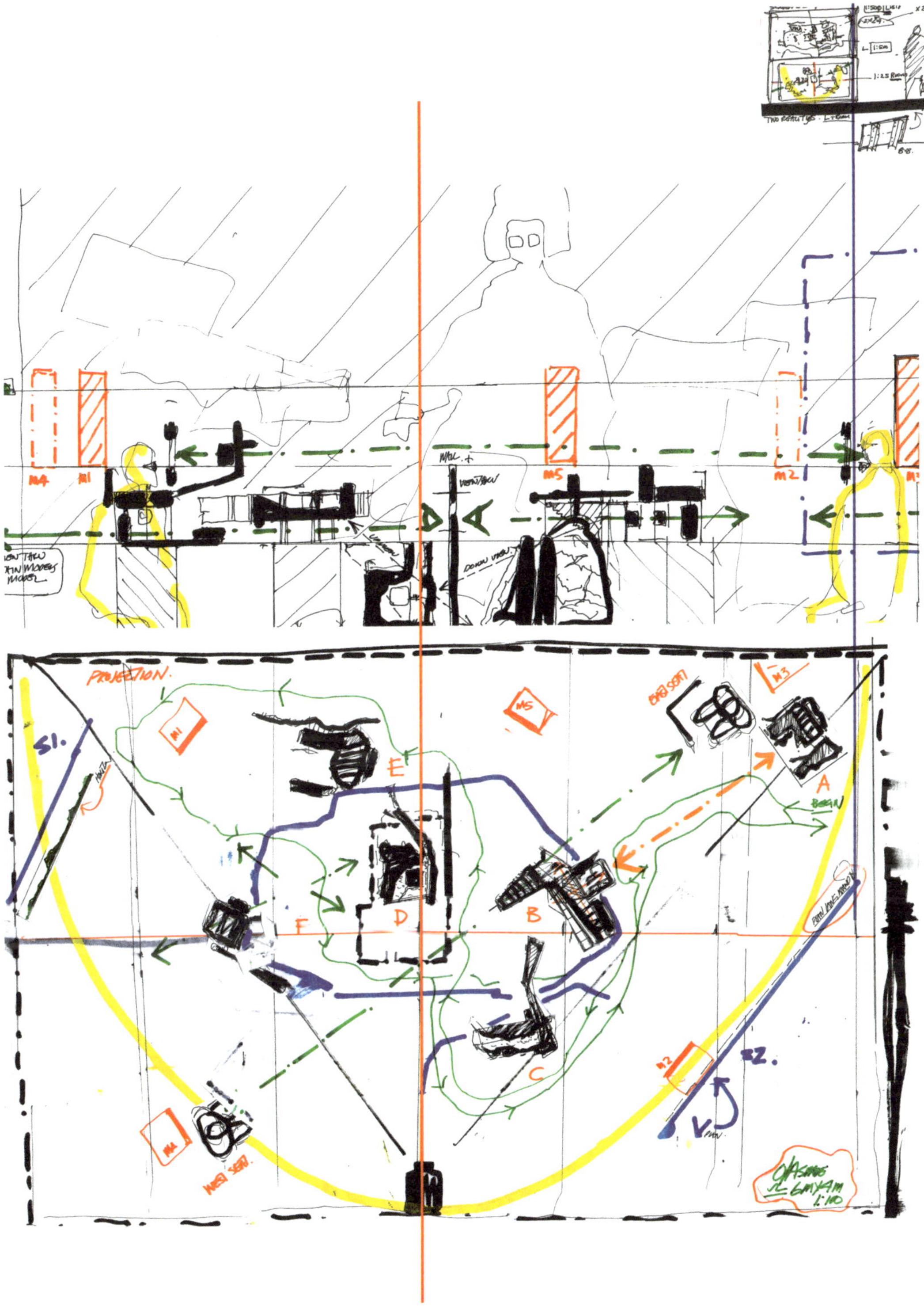
PROJECTION
M1
M2
M3
M4
M5
A
B
C
D
E
F
BEGIN
S1.
S2.

Paddi Alice Benson – U21. Y5

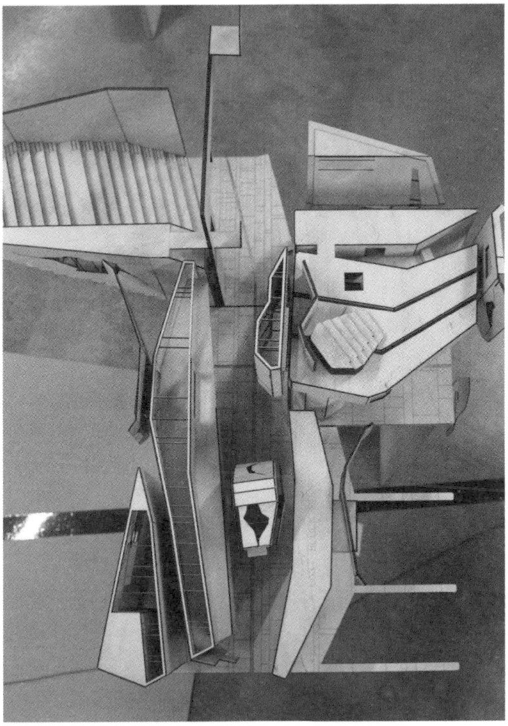

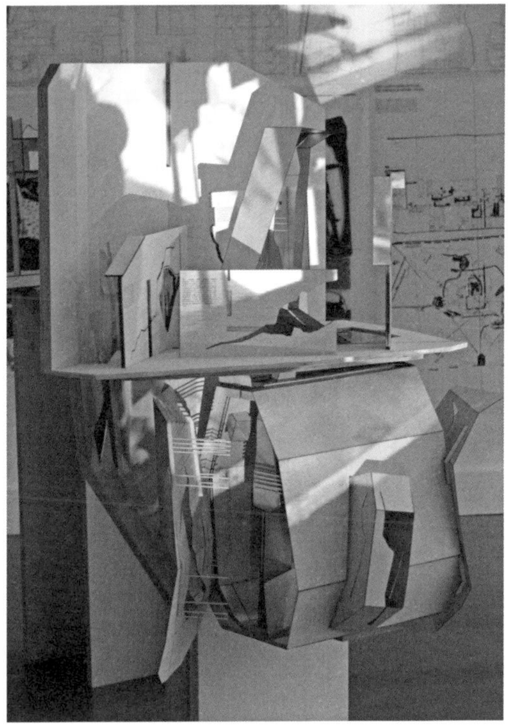

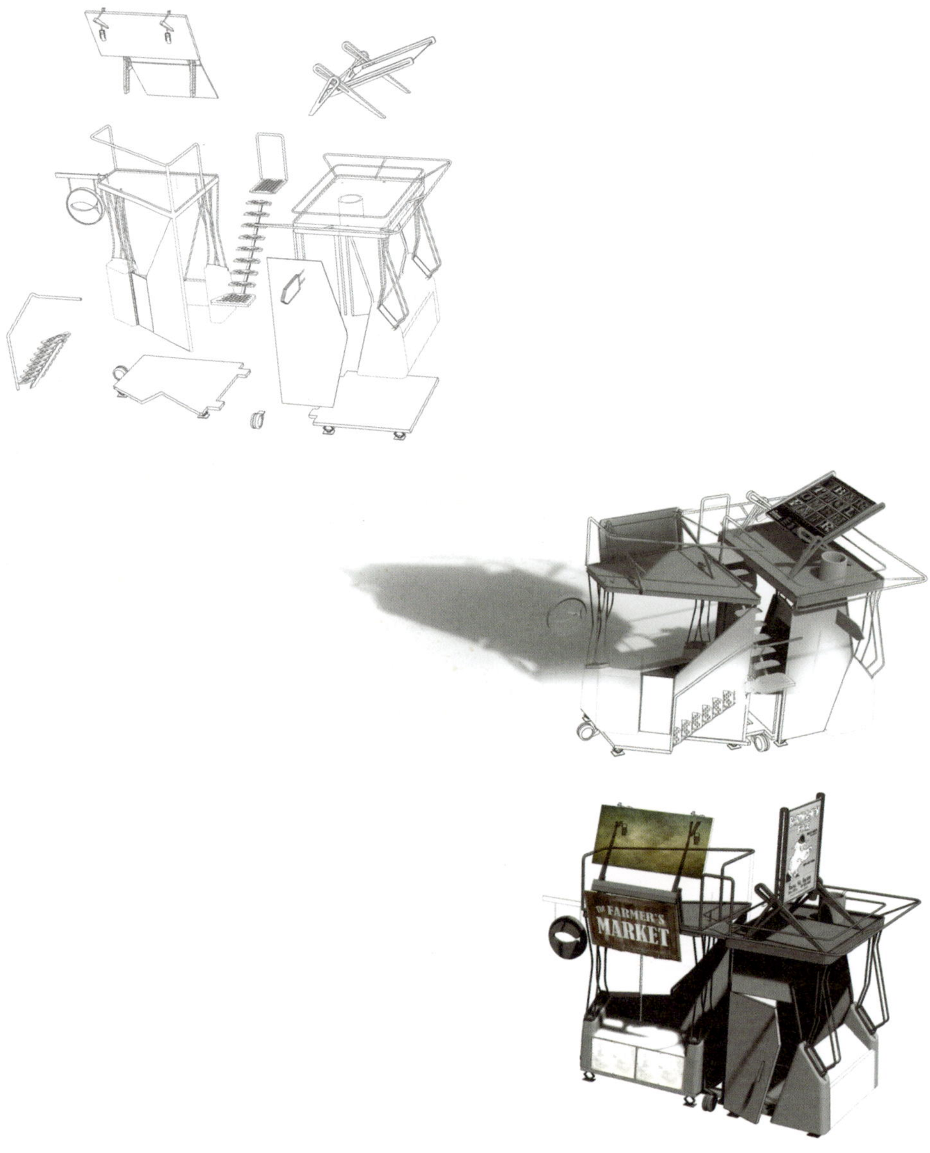

Gergana Popova – U24. Y5
LA CITTÀ COME PALCOSCENICO / CITY AS STAGE
Tutors: Penelope Haralambidou, Michael Tite

Il progetto rivisita un'epoca della storia di Londra in cui il teatro e la città si costruivano a vicenda. Situato al Smithfield Market, il New Museum of London si oppone al desiderio contemporaneo nei confronti dell'oggetto, esplora la parte intangibile del nostro patrimonio e celebra le tracce della storia caduta nell'oblio. Ispirato dalla lunga storia di coesistenza fra un mercato e un luna park che si trovavano lì in passato, questo progetto fonde teatro, mercato e museo.

The project revisits a period in the history of London, where theatre and city were constructing each other. Sited in Smithfield Market, the New Museum of London opposes the contemporary desire for the object, explores the intangible part of our heritage and celebrates traces of forgotten history. Inspired by the site's long history of co-existence between a market and a funfair, 'City as Stage' merges theatre, market and museum.

PARLAMENTO / PARLIAMENT

Gergana Popova – U24. Y5

PARLAMENTO / PARLIAMENT

ISTITUZIONI E PUBBLICO

SFERA / SPHERE 3
ANELLO / RING 1 [retro / back]

INSTITUTIONS AND PUBLICS

IT Da vent'anni il Nuovo Istituzionalismo valorizza il ruolo centrale delle istituzioni nelle dinamiche e negli esiti politici che plasmano la vita quotidiana. Diversi suoi approcci hanno già compiuto uno sforzo rivendicando un'equa rappresentazione di genere nelle istituzioni e hanno fornito importanti idee per comprendere e modificare le ineguaglianze nella vita pubblica e privata nonché i meccanismi istituzionali di continuità e cambiamento. Poco è stato fatto per capire come queste nuove istituzioni che hanno una più equa rappresentazione di genere, sostengono una più giusta distribuzione del potere e hanno meccanismi migliori e più trasparenti rispetto alla continuità e all'evoluzione dovrebbero essere collocate nel contesto urbano. Le studentesse di questa sezione promuovono la dimensione pubblica e l'apertura delle istituzioni nella città sperimentandone nuove possibili collocazioni che danno al Nuovo Istituzionalismo ulteriori strumenti e riflessioni per futuri sviluppi.

EN For two decades, New Institutionalism (NI) has been enhancing the central role of institutions in the political dynamics and outcomes shaping everyday life. Different NI approaches have already made an effort and claim for equal representation of gender in the institutions and have provided important insights for understanding and altering power inequalities in public and political life as well as institutional mechanisms of continuity and change. Little work has been done in researching how these new institutions with more fair representations of gender, supporting a more equal distribution of power and with better and more transparent mechanism for continuity and evolution should be laid out in the urban context. Female students in this section promote the public dimension and openness of the institutions in the city, experimenting with new possible layouts giving New Institutionalism additional tools and considerations for future potentials.

Istituzioni e pubblico

BARBARA PENNER

Institutions and publics

IT Esiste oggi termine più dibattuto di quello di "pubblico"? Ben poche parole sono più usate e abusate di questa, il che costituisce una sfida singolare per architetti e urbanisti. Le città hanno il compito di fornire spazi istituzionali destinati a incontri pubblici formali, ma anche spazi aperti in cui i cittadini possano riunirsi ed esprimere le proprie opinioni in modo più libero. Entrambe le tipologie sono considerate essenziali per una democrazia partecipativa funzionante.

Tuttavia, un rapido esame del termine "pubblico" ne dimostra a conti fatti tutta l'ambiguità. La prima sfida consiste nel determinare il pubblico cui dovrebbe rivolgersi un architetto. A seconda di chi lo evoca e del contesto di riferimento, il concetto di pubblico varia notevolmente. È interessante notare come i progetti presentati in questa sezione eludano sostanzialmente l'ambiguità, proponendo strutture a metà strada tra gli edifici istituzionali (come il parlamento o il municipio) e i luoghi di ritrovo meno formali (come le piazze). Questi architetti infatti propongono strutture, dai centri culturali alle scuole, che favoriscono lo scambio formale e informale tra gruppi di persone per promuovere il senso di appartenenza e il bene comune.

Il loro approccio collettivo all'attività associativa pubblica altro non è che un rimando al concetto seminale di "sfera pubblica" teorizzato da Jürgen Habermas. Per il filosofo tedesco la sfera pubblica è qualcosa che si colloca tra lo stato e la società civile, e ha avuto origine nel diciottesimo secolo grazie a una nuova forma di comunicazione, il "dibattito razionale-critico": una modalità di discussione deliberativa volta a creare consenso e a plasmare l'opinione pubblica. La quale, a sua volta, influenza il processo decisionale dello stato attraverso una serie di meccanismi, tra cui la libertà di parola, di stampa, di associazione e le istituzioni parlamentari del governo rappresentativo.

EN Is there any term today more contested than 'the public'? Certainly, few terms are more used and abused, a situation that creates particular challenges for architects and urban designers. Cities are meant to provide institutional spaces for formal public assemblies, as well as open public spaces where citizens may assemble and air their views less formally. Both types of places are considered essential for a functioning participatory democracy.

Yet a quick examination of the term 'the public' shows how elusive it is to design for in practice. The first challenge is: what 'public' should an architect take as representative? The public is conceptualized very differently depending on who invokes it and in what context it is invoked. Interestingly, the projects gathered in this section largely get around this conundrum by proposing structures that sit somewhere in between formal assembly buildings (such as parliament buildings or townhalls) and less formal ones (such as agoras). Instead, these architects propose building types, from Johanna Just's Palazzo Pubblico cultural center to Christia Angelidou's School for Cypriot Peace Culture Education, which encourage formal and informal exchange between various publics to enhance belonging, mutual understanding and the common good.

Their collective approach to public association calls to mind nothing so much as Jurgen Habermas's seminal formulation of the 'public sphere.' For Habermas, the public sphere is something which lies between the state and civil society. In his account, the public sphere first emerged in the eighteenth century thanks to a new form of communication, 'rational-critical discourse', a deliberative mode of debate that produces consensus or public opinion. Public opinion, in turn, is conveyed back to and shapes the state's decision-making via a range

Sebbene le idee di Habermas siano state oggetto di intensi dibattiti e critiche per ragioni di cui parleremo a breve, la sua opera rimane essenziale per comprendere le possibilità e il potere degli spazi e del dibattito pubblici. Perfino i critici più convincenti, come Nancy Fraser, teorica femminista ed esperta in filosofia politica, continuano a dare credito alla sua fiducia nel processo deliberativo, dalla quale traggono ancora oggi ispirazione. In un'arena politica sempre più polarizzata e combattiva, effettivamente, la convinzione che molteplici prospettive possano trovare spazio in un dibattito pubblico razionale, e che si possa ottenere un consenso attraverso il confronto – anziché continuare a proporre programmi prestabiliti a tavolino – sembra quanto mai allettante.

La prospettiva di una "sfera pubblica" pone a sua volta una nuova sfida agli architetti: dove e come dovrebbe avvenire questo scambio di idee, questo dibattito deliberativo? Va detto che Habermas esclude che la sfera pubblica imponga il ricorso ad ambientazioni formali: in teoria il confronto critico-razionale può avvenire ovunque. Tuttavia, Habermas chiarisce come questo debba necessariamente trovare *un luogo* in cui svolgersi e nella sua analisi storica osserva come inizialmente abbia prosperato in ambienti particolari come i salotti e i caffè letterari. Ciò che colpisce di questi spazi è che fanno sfumare i confini tra pubblico e privato. Cioè, un salotto solo sulla carta "domestico" può servire da spazio per il dibattito critico-razionale tanto quanto un locale commerciale semi-privato. Questo suggerisce che determinate caratteristiche spaziali, come la permeabilità o l'intimità, possono favorire la creazione di una sfera pubblica.

Questi esempi, però, mettono subito in luce anche le principali critiche mosse al modello di Habermas: nonostante la loro permeabilità, infatti, tali spazi non sono to-

of mechanisms, including free speech, free press, free assembly and parliamentary institutions of representative government.

While Habermas's ideas have been subject to intense debate and critique for reasons we will shortly discuss, his work remains key to understanding the possibilities and power of public discourse and spaces. Even his most articulate critics, such as the feminist political theorist Nancy Fraser, continue to find value and inspiration in his faith in the deliberative process. Indeed, in light of our increasingly polarized and combative political arena, the conviction that multiple perspectives can be accommodated in rational public debate and that people can reach consensus through deliberation rather than always promoting pre-formed agendas seems more appealing than ever.

But the idea of a 'public sphere' again throws up a challenge for architects: where and how should this deliberative debate and exchange happen? Note that Habermas does not claim that the public sphere requires any kind of formally realized setting; rational-critical discourse can in theory happen anywhere. However, he also makes clear that it must happen *somewhere*; and, in his historical discussion, he notes that it initially flourished in specific spaces such as salons or coffee houses. What is striking about these spaces is that they blur the lines between public and private. That is, the nominally domestic salon can serve as a space for rational-critical discourse as well as the semi-private commercial coffee house. This observation suggests that particular spatial qualities, such as porousness or intimacy, can help to encourage the public sphere's realization.

However, these examples also immediately highlight the main criticism levelled against Habermas's model: despite their po-

talmente aperti. Per entrare a far parte di uno spazio destinato al dibattito critico-razionale, è necessario essere invitati o almeno bene accetti. Per questo Nancy Fraser, seppure ispirata dall'analisi del processo deliberativo di Habermas, rimane perplessa di fronte al suo disinteresse per il modo in cui i soggetti coinvolti vi partecipano. Chi ne fa parte e chi no? Non ci vuole molto per rendersi conto che un solo gruppo sociale è universalmente accettato negli spazi destinati al dibattito critico-razionale: quello costituito dagli uomini bianchi e facoltosi. Accogliendo la loro pretesa di essere *il* pubblico, Habermas dimentica come la stessa sfera pubblica sia diventata un meccanismo di esclusione, cementando il dominio di un'élite prevalentemente maschile, borghese e, non dimentichiamolo, europea.

La Fraser, superando la concezione singolare e maschilista del filosofo tedesco, sostiene autorevolmente un diverso modello di sfera pubblica, che sembra avvicinarsi molto agli esempi presentati in queste pagine. La sua sfera pubblica consiste in una miriade di "contro-pubblici" concorrenti (nazionalisti, contadini, femminili elitari, della classe operaia), rappresentanti di interessi che vanno contro quelli della sfera pubblica borghese e la contestano vigorosamente. Anticipando la tesi secondo cui tali contro-pubblici possano in qualche modo svilire la coesione e la forza critica della sfera pubblica, Nancy Fraser sostiene che gli stessi non debbano necessariamente concorrere al separatismo – cioè all'interruzione del dibattito razionale-critico – ma che possano invece contribuire alla realizzazione di uno spazio di discussione complessivamente più ampio. Sottolineando poi il punto cruciale che non c'è motivo per cui uguaglianza sociale e diversità culturale non possano coesistere con i processi deliberativi. La Fraser sostiene infatti che l'interazione tra pubblici che viene attuata in questo scenario è più che mai essenziale, evocando in tal modo l'opera di Freya Cobbin, *Harbour*

rousness, these are not totally open spaces. To participate in the spaces of rational-critical discourse, one needs to be welcomed or invited into them. This leads Fraser to note that, even as she is inspired by Habermas's account of the deliberative process, she is troubled by his lack of interest in how discussants participate in it. Who is included and who is excluded? It does not take long to realize that only one social group is universally accepted in the spaces of rational-critical discourse: propertied, white men. And, in accepting their claim to be *the* public, Habermas overlooks how the public sphere itself has become a mechanism of exclusion, cementing the dominance of a predominantly male, bourgeois and, let us not forget, European elite.

In place of Habermas's singular and masculinist conception, Fraser influentially argues for another model of the public sphere, one which seems to come much closer to the models presented in these pages. Her public sphere consists of a host of competing counterpublics (nationalist publics, popular peasant publics, elite women's publics, and working-class publics), with interests that go against those of the bourgeois public sphere and vigorously contest it. Anticipating the argument that these counterpublics in some ways will degrade the cohesiveness and criticality of the public sphere, Fraser argues that they need not contribute to separatism – that is, the breakdown of discourse – but can instead contribute to a more expansive discursive space overall. She makes the crucial point that there is no reason why social equality and cultural diversity can't co-exist with deliberative processes. In fact, she argues that interpublic interaction in this scenario is more essential than ever, , in a way that evokes Freya Cobbin's Harbour of Exchanges. This project, an inhabitable roofscape in Cartagena, rises out of the city's existing fabric – one historical-

of Exchanges. Questo progetto esplora il panorama urbano di Cartagena partendo dal tessuto preesistente di una città segnata da un passato di profonde divisioni sociali e razziali, per promuovere uno spazio distribuito su più livelli e adibito a incontri, momenti di lavoro e di svago e, soprattutto, alla socialità.

Anche se forse non consapevolmente, è proprio il più ampio spazio discorsivo che viene evocato nei vari progetti avanzati in queste pagine. Ma mentre la sfera pubblica della Fraser – non meno di quella di Habermas – è concepita indipendentemente dallo spazio, tali proposte indicano invece con forza che, quali che siano i suoi elementi costitutivi, *la sfera pubblica non può prescindere da uno spazio specifico*. Questo emerge più chiaramente nell'opera di Rose Shaw, *Ebbsfleet Town Square*, una proposta concreta seppur giocosa per un nuovo tipo di spazio urbano, in cui gruppi diversi sono invitati a riconfigurare un kit di componenti nei modi che plasmeranno le loro relazioni future. Il progetto personalizzabile di Rose Shaw chiarisce bene il concetto che uno spazio, a partire dalla sua progettazione e fino alla sua occupazione, plasma materialmente il modo in cui la sfera pubblica arriva a manifestarsi. In altre parole, le relazioni sociali non esistono a priori, ma si sviluppano – letteralmente – nello spazio. Inoltre questi spazi, dalla progettazione al loro popolamento, plasmano materialmente il modo in cui la sfera pubblica è a sua volta in grado di manifestarsi. Perciò tutti gli architetti qui rappresentati propongono modi di progettare dialogici e associativi: fanno spazio a pubblici variegati e mettono in moto – pur senza fissarli rigidamente – processi e percorsi attraverso i quali le persone possono relazionarsi tra loro e con l'ambiente.

È proprio l'insistenza sulla natura fisica e materiale dei pubblici l'aspetto più convincente di questo gruppo di opere, che rimuovono la sfera pubblica dal regno astratto

ly marked by deep social and racial divides – to offer a layered space for meetings and work, recreation and, importantly, sociality. Whereas Fraser's public sphere, no less than Habermas's, is conceived independently of space, the proposals here strongly indicate that, however constituted, the public sphere cannot exist apart from particular spaces. This comes through most clearly in Rose Shaw's *Ebbsfleet Town Square*, a concrete if playful proposal for a new kind of urban space, one in which different groups are invited to reconfigure a kit of parts in ways that shape their relations going forward. Shaw's configurable project drives home the point that, from their design to their occupation, spaces materially shape the manner in which the public sphere is able to manifest. To put it another way, social relations are not a priori but must play out – here quite literally – in space.

It is this insistence on the material and embodied nature of publics which is the most compelling aspect of this group of projects: they remove the public sphere from the abstract realm of political theory and situate it firmly within the phenomenal built one. The four architects here propose ways of designing that are dialogic and associative: they explicitly make room for multifold publics and set in motion – but do not rigidly script – structures, processes or exchanges which allow people to engage with each other and with their environment. In so doing, they remind us of the difference between active public discourse and passive cultural consumption and underscore that the provision of public space alone is no guarantor of democracy; the public sphere will be constituted by actions within space, whether this involves adopting particular modes of discourse or taking new journeys in the company of others. While not feminist per se, the creation of spaces that make room for plural interactions is a radical

della teoria politica e la collocano saldamente in un contesto fenomenico tangibile. I quattro architetti qui rappresentati propongono modi di progettare dialogici e associativi, facendo espressamente spazio a pubblici variegati e mettendo in moto – pur senza fissarli rigidamente – strutture, processi e scambi che consentono alle persone di relazionarsi tra loro e con l'ambiente. In tal modo, ci ricordano la differenza tra dibattito pubblico attivo e fruizione passiva della cultura, sottolineando che da sola la disponibilità di uno spazio pubblico non basta a garantire la democrazia; il pubblico sarà identificato in base ai comportamenti tenuti all'interno di quello spazio, che si tratti di un particolare stile di discussione o dell'adozione di determinate azioni sociali. Sebbene non sia di per sé femminista, la creazione di spazi capaci di favorire una pluralità di interazioni è un gesto radicale, che può portare benefici a contro-pubblici di ogni tipo: quelli già esistenti e quelli che devono ancora nascere.

gesture, one which benefits counterpublics of all kinds – those currently existing and those which have yet to be born.

Riferimenti bibliografici

Jürgen Habermas, *Strukturwandel der Öffentlichkeit. Untersuchungen zu einer Kategorie der bürgerlichen Gesellschaft* (Habil.), Neuwied 1962 (nuova ed.: Frankfurt a.M. 1990). Ed. italiana: *Storia e critica dell'opinione pubblica*, trad. di Augusto Illuminati, Ferruccio Masini e Wanda Perretta, Laterza, Bari 1971 (nuova ed. a cura di Mario Carpitella, 2002).

Nancy Fraser, "Rethinking the Public Sphere: A Contribution to the Critique of Actually Existing Democracy", Social Text, (25/26), 1990, pp. 56-80, doi:10.2307/466240. Ed. italiana: "Ripensare la sfera pubblica: Contributo alla critica della democrazia attualmente esistente", in Nancy Fraser, *La giustizia incompiuta. Sentieri del post-socialismo*, pp. 203-227, trad. di Irene Strazzeri, Pensa MultiMedia, Lecce-Brescia 2011.

Readings

Habermas, J. ([1962] 1991), *The Structural Transformation of the Public Sphere: An Inquiry into a Category of Bourgeois Society*, trans. Thomas Burger, Cambridge: MIT Press.

Fraser, N. (1990). Rethinking the Public Sphere: A Contribution to the Critique of Actually Existing Democracy. *Social Text*, (25/26), 56-80. doi:10.2307/466240

Johanna Just – U11. Y5
PALAZZO PUBBLICO / PUBLIC BUILDING
Tutors: Laura Allen, Mark Smout

Il progetto esplora il potenziale della progettazione associativa orientata al processo nella pratica architettonica sotto forma di un nuovo centro culturale per Venezia. Pur essendo stata testimone dell'ascesa e della caduta di un impero che abbracciava l'intero Mediterraneo, oggi la laguna veneziana sta morendo sotto il peso della sua ricca storia, evidentemente continuando a esistere solo per soddisfare le aspettative preconfezionate dei turisti. Giocando con l'idea del facciatismo teatrale veneziano e sfruttando la memoria collettiva dei suoi visitatori, il progetto mira a interrompere il ciclo autoreferenziale in cui la città sembra bloccata con un nuovo linguaggio progettuale realizzato con il crowdsourcing.

The project explores the potential of process-driven, associative design for architectural practice in the form of a new cultural center for Venice. Witnessing the rise and fall of an empire that embraced the whole Mediterranean, today the Venetian Lagoon is perishing under the burden of its own rich history, seemingly only existing to fulfil tourists' preconceived expectations. Playing on the idea of Venetian theatrical facadism and harnessing the collective memory of its visitors, the project aims to disrupt the self-referential loop the city seems to be caught in with a new crowdsourced design language.

association facade
1
2
cantral staircase
section model number
market floor
Palazzo
Pubblico
Unrolled
3
heterotopia rosegarden
pigeon tower
outside
inside

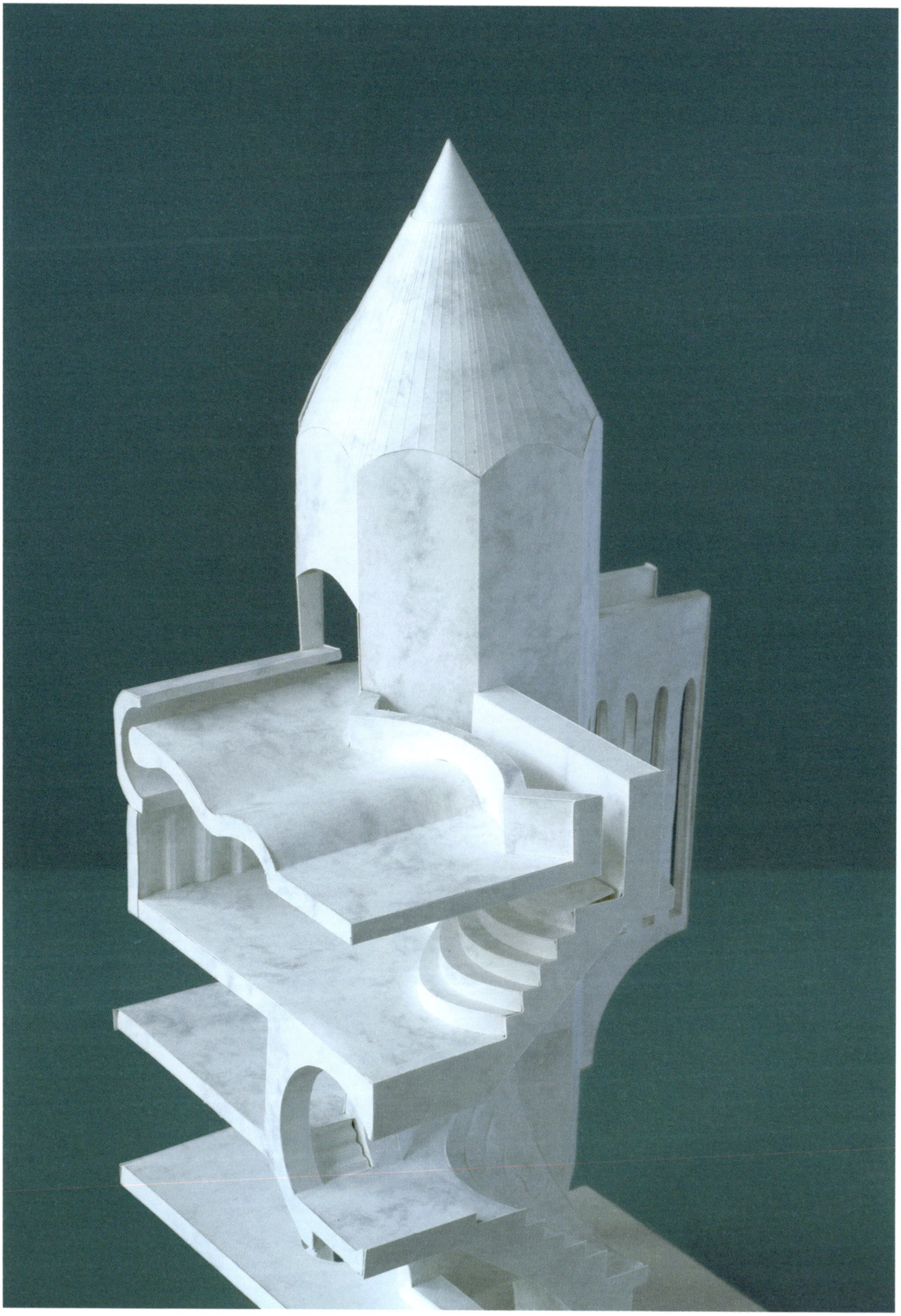

Johanna Just – U11. Y5

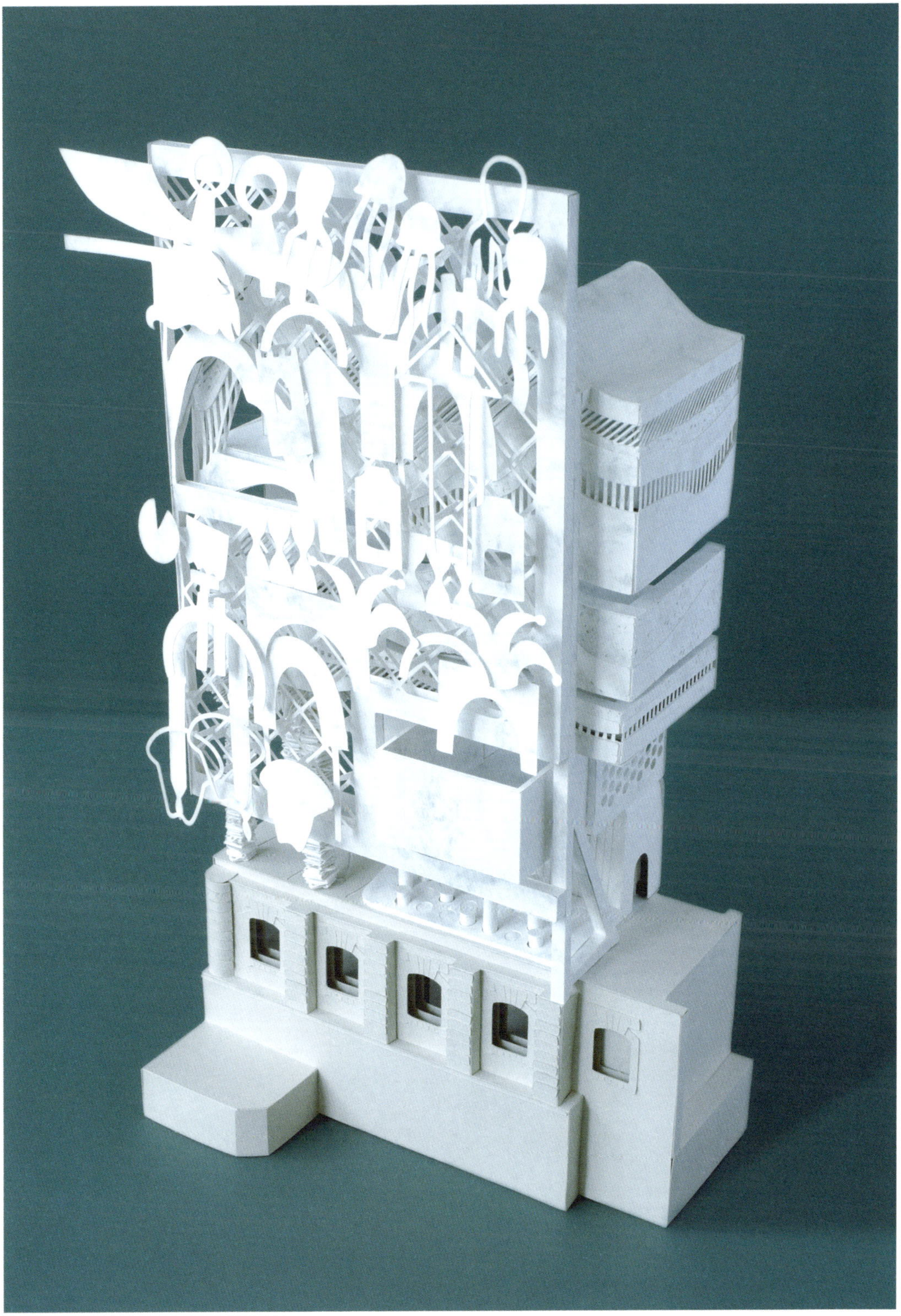

PARLAMENTO / PARLIAMENT

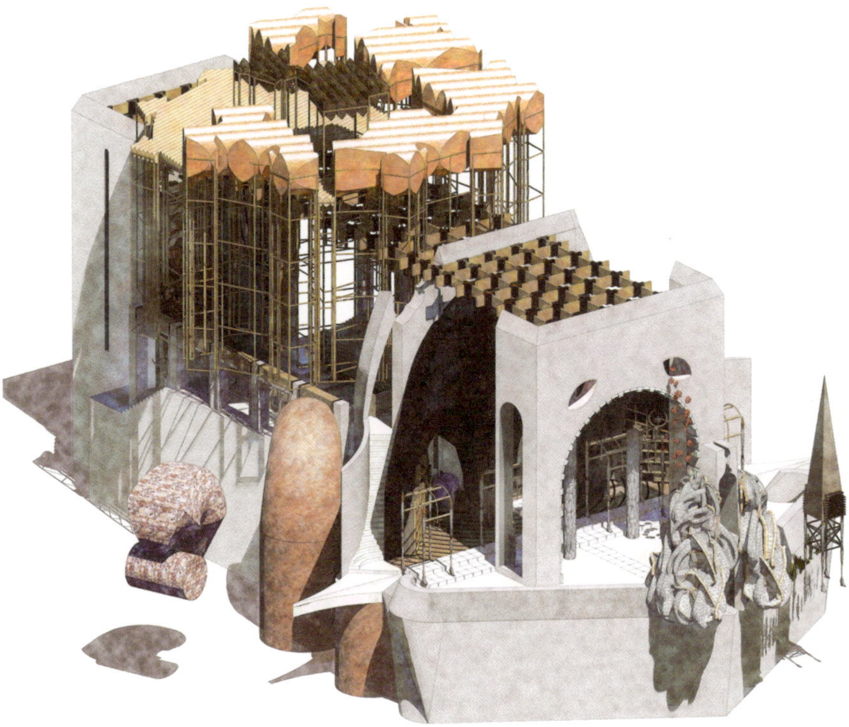

Christia Angelidou – U12. Y5
QUATTRO PERCORSI A 'NEW HOPE' / FOUR JOURNEYS TO 'NEW HOPE'
Tutors: Elizabeth Dow, Jonathan Hill

Una scuola per l'educazione, la cultura e la pace a Cipro, nell'ultima capitale divisa: Nicosia. Il progetto tenta di ristabilire la pace nell'isola, invitando le persone delle comunità greche e turche di Cipro a riconoscere i legami condivisi che hanno con i luoghi di divisione esistenti. Quattro percorsi attraverso quattro diverse parti della scuola rivelano spazi temporali e fisici del passato come un mezzo fondamentale per creare comprensione fra i diversi gruppi di persone.

A School for Cypriot Peace Culture Education, in the last divided capital: Nicosia, Cyprus. The project attempts to restore peace in the island of Cyprus, by inviting people from both Greek and Turkish Cypriot communities to recognize their shared connections to existing places of division. Four journeys through four different parts of the school unfold temporal and physical locations of the past as a crucial means of creating understanding between the different groups of people.

PARLAMENTO / PARLIAMENT

Christia Angelidou – U12. Y5

PARLAMENTO / PARLIAMENT

Freya Cobbin – U22. Y5
PORTO DI SCAMBI. CARTAGENA / HARBOUR OF EXCHANGES. CARTAGENA
Tutors: Izaskun Chinchilla, Carlos Jimenez

La tecnica del pop up a foglio unico ha reso possibile lo sviluppo di tetti terrazzati abitabili. Cartagena de Indias sta rapidamente emergendo come una delle più importanti destinazioni turistiche internazionali. Tuttavia, dietro la patina cadente dei suoi ex palazzi coloniali e i bastioni color corallo protetti dall'UNESCO, la città è stata teatro di un passato tumultuoso fatto di invasioni straniere, dissacrazione, (ri)fortificazioni, commercio di schiavi, endemie di colera e guerra civile che ha prodotto una notevole divisione socio-razziale che mette in dubbio la forza della sua identità contemporanea.

Single cut pop-up technique enabled development of an inhabitable terraced roofscape. Cartagena de Indias is rapidly emerging as a top international tourist destination. However, behind the crumbling patina of its former colonial mansions and UNESCO certified coral ramparts, the city has witnessed a tumultuous past of foreign invasion, desecration, (re)fortification, slave-trading, cholera endemics and civil war, resulting in a conspicuous socio-racial divide that questions the acuity of its contemporary identity.

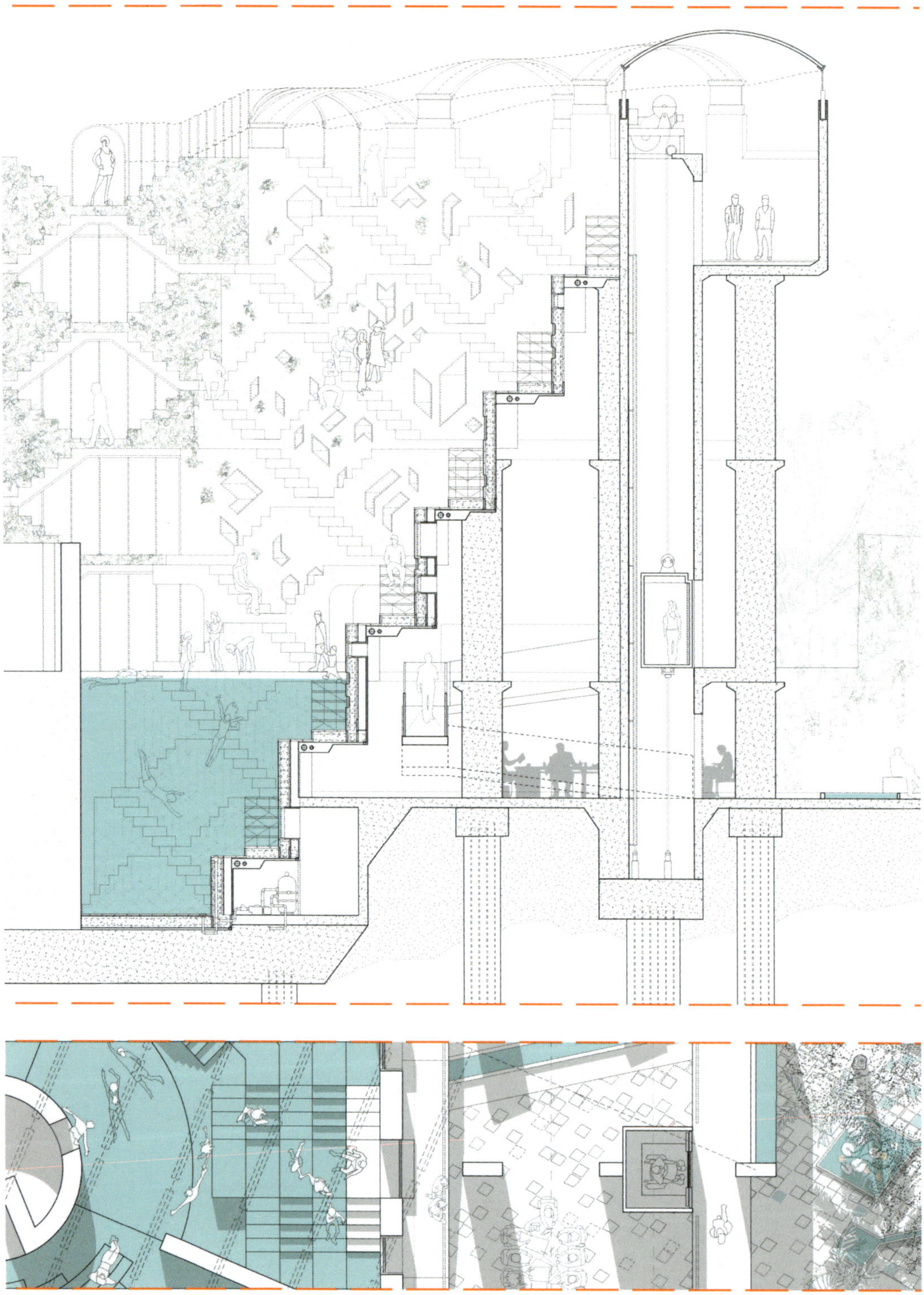

Freya Cobbin – U22. Y5

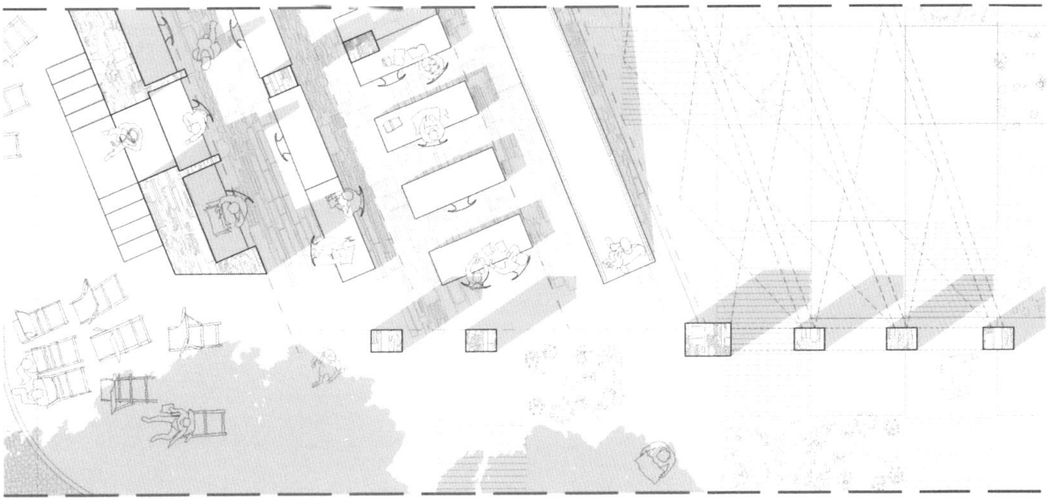

PARLAMENTO / PARLIAMENT

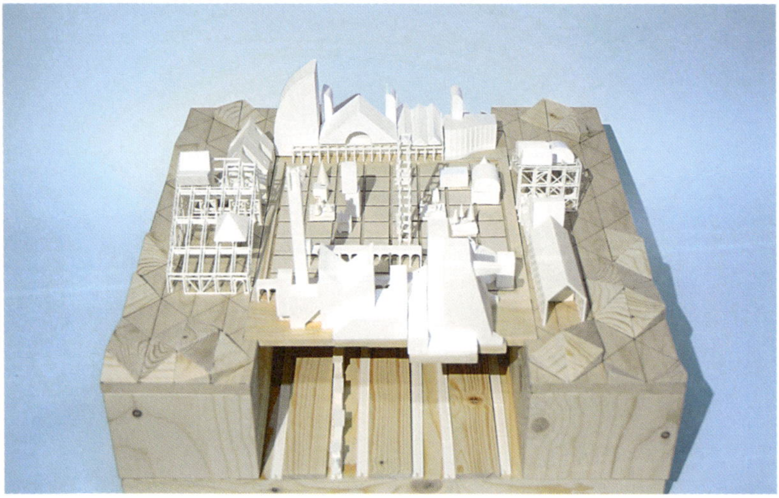

Rose Shaw – U24. Y5
LA PIAZZA DI EBBSFLEET / EBBSFLEET TOWN SQUARE
Tutors: Penelope Haralambidou, Michael Tite

Se lo spazio urbano è oggetto di gioco invece che di progettazione può dar vita a usi più creativi? Situata all'epicentro di un progetto di una città giardino, la proposta è un quadro speculativo per la gestione responsabile dello spazio pubblico che reinventa la piazza per la Gran Bretagna post-Brexit. All'interno di un sistema di regole strutturato, il *kit of parts* può essere riconfigurato da diversi gruppi di parti interessate. Un mondo dove il pensiero laterale, le capacità di negoziazione e anche un pizzico di tatticismo sono le forme più alte di influenza.

If urban space is played rather than planned can it give rise to more creative uses? Located at the epicentre of a planned Garden City, the proposal is a speculative framework for public space ownership, re-inventing the town square for post-Brexit Britain. Within a structured system of rules, the kit of parts can be re-configured by differents stakeholder groups. A world where lateral thinking, negotiation skills and even a little gamesmanship are the highest forms of influence.

PARLAMENTO / PARLIAMENT

Rose Shaw – U24. Y5

NUOVA MOBILITÀ

SFERA / SPHERE 3
ANELLO / RING 2 [fronte / front]

NEW MOBILITY

IT In seguito agli accordi di Parigi del 2015, nel 2023, le città con più di 50.000 abitanti dovranno attivare un'area a bassa emissione proporzionale alle dimensioni della loro popolazione. Queste aree mirano a produrre una diminuzione del 50% del numero di veicoli in circolazione in ogni città. L'Europa ha cinquecento città con più di 150.000 abitanti. In questo scaglione abbiamo Mosca, la più grande, con più di otto milioni di abitanti, e tante altre città con circa 150.000 abitanti: nei Paesi Bassi, Neuss in Germania, Grenoble in Francia, tanto per citarne alcune. Questa sezione intende valutare se il ricorso alla creazione di zone a bassa emissione può portare a una trasformazione positiva della città e dei suoi spazi al di là della diminuzione del numero di macchine in circolazione. Vale a dire, la cultura femminile della cura può aiutarci a dare un nuovo uso a questo nuovo spazio nelle città?

EN Following Paris agreements in 2015, cities with more than 50,000 inhabitants will have to enable a low emission area proportional to the size of their population in 2023. These areas aim to make a 50% decrease in the number of vehicles in circulation in each city. Europe has 500 cities with more than 150,000 inhabitants. In this bracket we have cities like Moscow, the biggest one, with more than 8 million, and many of them that have around 150,000 inhabitants: in the Netherlands, Neuss in Germany, Grenoble in France just to mention some. This section will try to assess whether this deployment of low-emission zones can lead to a positive transformation of the city and its spaces beyond just having fewer cars. That is, could feminine caring culture help us give a new use to this new space in the cities?

Nuove mobilità?

CHRISTINA LINDKVIST

New mobilities?

IT La questione dei cambiamenti climatici si impone in modo sempre più pressante e gli obiettivi di sostenibilità indicati dalle Nazioni Unite sottolineano la necessaria e non più differibile transizione dei trasporti e della mobilità verso un decisa riduzione dell'impronta di carbonio. Il paradigma della pianificazione urbanistica tradizionale, espresso nelle utopie urbane di concezione maschile[1] racchiude in sé l'idea di ruoli di genere tradizionali, come l'eteronormatività e il non riconoscimento delle persone di colore e delle disabilità. Gli avanzamenti in campo tecnologico e la costante crescita economica hanno creato i presupposti per l'affermarsi di un regime del trasporto su gomma[2], a fondamento delle società industrializzate. Ancora oggi, malgrado la consapevolezza che l'effetto serra sta rapidamente cambiando le condizioni di vita delle persone in tutto il mondo, e il conseguente aumento dei rifugiati climatici, della violenza e delle tensioni lungo i confini degli stati, fenomeni che segnano una ancor più netta dicotomia tra "noi" che stiamo dentro e "gli altri" che vengono a bussare alla nostra porta, ancora oggi dicevamo, le zone urbane a bassa emissione sono troppo limitate ancorché accolte come un primo importante passo nella ridefinizione e ripensamento dei concetti di centro urbano e di trasporto intesi secondo nuove modalità.

Justine Bell, lavorando sul tema del superamento dei confini e sui centri per i rifugiati climatici, ci sfida a interrogarci su tutto ciò che i più poveri e i più esposti nel sud del pianeta sono costretti a fare per poter sopravvivere di fronte alle misure correttive richieste da una modernità insostenibile, prodotta essenzialmente e prima di tutto dal ricco nord. Inserendo manufatti provenienti dai paesi d'origine dei rifugiati per creare e plasmare il concetto di identità e di appartenenza in un posto nuovo, la sua opera mette anche in discussione le strutture di potere e di dominio, reclamando lo spazio per nuove costruzioni e la comprensione del significato di "noi".

EN The climate issue is pressing and the United Nation Sustainability Goals emphasize the much-needed transition of transports and mobilities that ensure a development of low carbon footprints. The urban rational planning paradigm, manifested in the urban utopias designed by men[1] carried with it the ideas of traditional gender roles, heteronormativity and the dis-recognition of people of colour and disabilities. The tech fixes and steadily growth of the economy lay the ground for an automobility regime[2] which has trickled down into the very foundation of the industrialized societies. Even today, with the knowledge how green-house gases are rapidly changing the living conditions for people all over the globe, forcing people to become climate refugees and creating tensions and violence around borders resulting in a "us" within and "they" knocking at the door, the low emission zones in the cities are small but welcomed interventions as a first step to redefine ideas of what the city should be about and how to think about transports.

Here, the work of Justine Bell on border transitions and climate refugee center, is an example of how to challenge our understanding of what the mitigation from an unsustainable modernity, produced by first and foremost the wealthy global north, forces more exposed and poor people in the global south to do in order just to survive. By inlcuding artefacts from the refugee's home countries and use it in the process of creating and forming an identity and beloning in a new place, it also challenges structures of power and domination. Demanding space for a new construction and understanding of the meaning of "us".

The future need for transportation will however continue to be of great importance. People will still have to move around, reaching important everyday destinations

La necessità dei trasporti continuerà a essere un tema di grande rilievo anche in futuro. La gente dovrà continuare a spostarsi per raggiungere le proprie fondamentali destinazioni, a volte anche molto lontane. Si pone quindi la seguente domanda: quali mezzi di trasporto useranno le persone per muoversi e in che modo la pianificazione del trasporto urbano può orientare una transizione verso soluzioni più sostenibili?

Da sempre, i servizi di trasporto sono modellati in gran parte dalle tradizioni della pianificazione urbanistica razionale. Le problematiche dei trasporti e le relative soluzioni sono risolte e individuate da esperti altamente qualificati, laddove però le persone che utilizzano quei sistemi di trasporto sono ridotte a meri flussi indicati su una mappa. Secondo il parere di un progettista intervistato, considerare le persone nella loro specificità, donne e uomini, giovani e vecchi, disabili e non, si pone come una faccenda alquanto complessa quando si pianificano i trasporti secondo l'ottica dei progettisti. L'idea del sistema di trasporto deve essere invece quella di un servizio da rendere a tutte le persone, in quanto bene universale.

La ricerca femminista su trasporti e mobilità ha messo in discussione questa concezione razionale, ovvero l'idea riduttiva di fornire servizi di trasporto per spostarsi da A a B nelle ore di punta[3], quando invece le situazioni di vita richiedono una mobilità adattata a una vita quotidiana più articolata e contestualizzata. Il viaggio ha inizio quando si esce dalla porta di casa; soltanto colui che ha accesso a un'auto privata può utilizzarla come unico mezzo di trasporto, e statisticamente chi usa un'auto privata è un uomo. Non esiste il prototipo di viaggiatore universale, esiste solo una massa disordinata di persone eterogenee che cercano di organizzarsi per usufruire dei servizi di trasporto forniti loro dagli esperti del settore. Servizi di

sometimes far away. The question is what modes of transport people will use to move around and how urban transport planning can support a transition to more sustainable solutions?

Historically and today, transport planning share many of the rational planning. The transport needs and the solutions to these needs are identified and solved by highly technical trained experts and people using the transport system becomes reduced to flows on a map. To think of people, women and men, young and old, with or without disabilities becomes so messy when to plan for transport, according to an interviewed transport planner. Instead the idea of the transport system is to serve all people, like a universal good.

Feminist research on transport and mobilities has questioned this rationality, the partial idea of providing transport from A to B under rush hours[3], when life situations ask for mobilities which are adjusted to more complex and contextualized everyday-life. The trip starts when leaving the front door of the home, and using one single mode of transport is delimited to individuals with access to a private owned car, statistically the user of the private car is a man. There is no universal traveller, there are only a messy mass of heterogenous people trying to organize themselves to make use of the transport services provided for them by the experts. The transport services sometimes do not even serve its purpose. Children can't manage the system; old people have difficulties in orientate themselves with the new technology requirements for getting a ticket; there is no one around except from a synthetic voice in the cell phone to answer questions; young women, youngsters, people with different impairments, immigrants and people with other sexual preferences than heterosexuality and people openly

trasporto che a volte nemmeno si avvicinano al proprio obiettivo. I bambini non sono in grado di gestire il sistema; gli anziani hanno difficoltà a orientarsi con i nuovi dispositivi tecnologici nell'acquisto del biglietto; non c'è nessuno che possa dare loro assistenza, a parte una voce artificiale registrata nel cellulare che risponde a eventuali domande; le giovani donne, i giovani più in generale, le persone disabili, gli immigrati e le persone con preferenze sessuali non omologate all'eterosessualità, o le persone che indossano apertamente simboli o accessori di carattere religioso si sentono spesso offese o insicure quando viaggiano sui trasporti pubblici. Treni, autobus e tram non sono progettati per il trasporto di carichi ingombranti, è perciò complicato doversi occupare di più bambini contemporaneamente o utilizzare sedie a rotelle o altri dispositivi che supportano bisogni speciali assicurando maggiore libertà di movimento a chi ne ha necessità[4].

Il concetto dell'uomo pendolare e utente dei servizi di trasporto quale soggetto adulto, normodotato, senza vincoli né carichi pesanti, è stato contestato da molte femministe. In tal senso, le argomentazioni di Tanja Joelsson sul diritto del bambino a muoversi liberamente come soggetto indipendente (cfr. Tanja Joelsson: "Hypermobile, Sustainable or Safe? Imagined Childhoods in the Neo liberal Transport System", in Lindkvist Scholten, C. & Joelsson, T., Integrating Gender into Transport Planning, Springer International, 2019, e-book) si ricollegano opportunamente alla visione di Jiao Peng di una società in cui i bambini hanno diritto a usufruire di tempo e spazio per attività creative e per imparare a diventare adulti maturi e indipendenti.

I problemi che riguardano la condizione femminile nella pianificazione dei trasporti e della mobilità sono state analizzate e sviluppate dalla ricerca femminista. Interrogarsi sulle modalità di acquisizione delle abi-

wearing religious symbols and costumes are offended or feeling insecure when using public transportation services. The trains, busses and trams are not designed to carry heavy loads, caring for several children at the same time or using wheel chairs or other utensils for being able to move more freely[4].

The idea of the male commuter and user of the transport system as an able bodied, grown-up with no strings attached and no heavy loads in his hands, has been contested by many feminists. Tanja Joelsson's (reference Joelsson, T. (2019). "Hypermobile, Sustainable or Safe? Imagined Childhoods in the Neo-liberal Transport System" in Lindkvist Scholten, C., & Joelsson, T. (2019). Integrating Gender into Transport Planning. Springer International. E-book.) arguments about the child as entitled with rights to move more freely as an idependent subject correlates well in this case with Jiao Peng's visions of a society where children are entitled time and space for creative activities and learning to become independent and mature adults.

Women's issues in transport and mobility planning has become explored and developed by feminist research. Question about how knowledge on travel habits are being constructed has contributed to scrutinize the rationalistic and conventional travel survey methods which are commonly used. By actually following women in their daily travel patterns, the researchers found out that women were conducting complex and short distance travels often by foot and with the purpose to help a dependent family member. These short distance travels were named caring trips[5]. When summarized, the caring trips became an important typology which is not accounted for in the ordinary travel surveys and thereby invisible. Feminist research has contributed to our knowledge that boards where decisions about in-

tudini di viaggio delle persone ha dato modo di esaminare con maggiore attenzione i metodi razionalistici e convenzionali di indagine sui viaggi comunemente applicati. Seguendo nel concreto le donne nei loro spostamenti quotidiani, i ricercatori hanno osservato che si tratta di spostamenti complessi e di breve distanza, spesso a piedi e motivati dal desiderio di aiutare un membro della famiglia a carico. Questi tragitti brevi sono stati definiti "viaggi di assistenza"[5]. Di fatto, i viaggi di cura sono un'importante tipologia che normalmente non viene presa in considerazione nei sondaggi, e che pertanto rimane occultata. La ricerca femminista ha ben evidenziato come i centri decisionali che gestiscono gli investimenti nel settore dei servizi e delle linee di trasporto pubblico abbiano ancora una connotazione di genere, trattandosi di un ambito politico prettamente maschile[6], in cui gli uomini, spesso con una limitata esperienza di trasporto pubblico[7], prendono decisioni senza chiedersi quali siano le reali esigenze o i desideri degli utenti che possano orientare l'offerta di un servizio più funzionale, fino a trasportarli verso fondamentali destinazioni quotidiane, come ad esempio i luoghi di lavoro[8]. La ricerca femminista ha altresì fornito ai pianificatori strumenti atti a sviluppare criteri di misurazione della parità di genere nella pianificazione territoriale, per giungere a una migliore consapevolezza di genere nella pianificazione; dalla semplice progettazione delle fermate di autobus e tram all'inclusione di genere come strumento di politica strategica[9].

La sicurezza e la protezione sui mezzi di trasporto, nonché un uso sapiente dei tempi di transito, che si tratti di staccare dalle incombenze quotidiane o di organizzare le attività dei figli o di altri familiari che dipendono da noi, o ancora di tenersi in contatto con parenti e amici, costituiscono un tassello fondamentale nella creazione di un sistema di trasporto che garantisca accessibilità, equità e parità di genere. L'opera di Kate Woodcock

vestments in the supply for public transport and the routes of public transport are made still heavily gender coded as a masculine take out[6], where men, often with limited experience of public transport themselvels[7] are making decisions without asking what needs or desire the users have in order to provide a more functional service, or even bring the users to important everyday destinations, such as workplaces[8]. Feminist research has also provided transport planners with instruments and knowledge on how to develop gender equality measurement tools for physical planning to enhance a gender aware planning; from the design of the bus or tram stop to include gender in the strategic policy instruments[9].

Safety and security in the transport system and meaningful transit time wether it is about relaxin from everyday burdens or organizing the children and dependent relatives activities or catching up with friends and family are important dimensions in creating a just and gender equal accessible transport system. Kate Woodcock Fowles presents an artpiece in how to understand the importance of connectivity of everyday's destinations. The details in the masterplan gives important notions about what needs to be considered - it not simply about having access to the mood of transportation, the estethics and services included in the built environment in combination with greenery contributes to emotional calm and healthier envirionments.

According to OECD, mobility solutions is one of the crucial problems to solve for the future growing urban regions. Without well-functioning and accessible public transport, the cities risk to drift apart, spatially, socially, culturally and economically. Creating urban spaces where accessibility is the starting point instead of the need to move physically is a challenge but there are

Fowles ci insegna a riconoscere l'importanza della connettività nelle destinazioni di tutti i giorni. I dettagli del master plan forniscono nozioni importanti su ciò che va tenuto in considerazione quando si parla di mezzi di trasporto. Non si tratta solo di coglierne l'aspetto emotivo: le scelte estetiche e i servizi compresi in un ambiente edificato e inserito nel verde, infatti, concorrono a creare una dimensione di calma e benessere.

Secondo l'OCSE, la ricerca di soluzioni di mobilità rappresenta uno dei nodi cruciali da sciogliere in un prossimo futuro per le aree urbane in espansione. Senza un trasporto pubblico efficiente e accessibile, le città rischiano di operare una frattura al loro interno, in termini spaziali, sociali, culturali ed economici. Creare spazi urbani in cui l'accessibilità sia il punto da cui partire che vada ben oltre la pura e semplice necessità di spostarsi fisicamente è certamente una sfida, ma non mancano in questo senso gli esempi positivi. Il decentramento dei servizi pubblici che inverta la tendenza a concentrarli, come è avvenuto negli ultimi decenni di nuova gestione pubblica, contribuisce a creare le condizioni per una reale accessibilità. Un po' ovunque si stanno già diffondendo i punti di consegna a livello di quartiere dove le persone possono ritirare gli articoli acquistati online. In Svezia, i produttori locali consegnano settimanalmente i loro prodotti alimentari prepagati che il cliente si incarica poi di ritirare.

Il futuro è già qui, ma la maggior parte dei settori della società nei vari paesi attende ancora le decisioni necessarie in materia di pianificazione di trasporti e mobilità. Il futuro richiede politici coraggiosi che prendano decisioni coraggiose che non sempre sono in linea con l'idea di uno stato sociale progressista, come molti paesi hanno già sperimentato. Il benessere del futuro, possibile soltanto grazie a un minore impatto sul clima, rappresenta un progresso in una accezione molto diver-

examples. Re-distribution of public services instead of concentration which has been the case during the last decades of new public management, contributes to accessibility. Neighbourhood delivery points were people can collect the items bought on-line has already started to emerge. In Sweden, local producers deliver on weekly basis different pre-paid food products to be collected by the customer.

The future is already here but most societies are still waiting for the necessary decisions around transport planning and mobilities to be taken. The future requires brave politicians making brave decisions which not always are in line with the idea of the progressive welfare state as many countries have come to know it. The welfare of the future with less climate impact holds within it another kind of welfare. The welfare of accessibility, the welfare of cleaner air, the welfare of less pollution, the welfare of noise reduction. Low emission zone's in the cities, built around the idea of a local community, where walking distance to many of the everyday destinations is the precondition for planning, can solve some but not all needs for transport. However, if many of the everyday destinations can be reached by foot or by bike, more care can be put into the design of safe and secure public transports and the travel nodes. The pieces presented here by young talented architects, brings hope for the future on how different social groups can be addressed, how practices of domination and exclusions can be challenged and how planning for accessible and healthier environments become created. By eliminating private cars in the low carbon zones and supporting energy efficient delivery transports, some of the street space can be redistributed to pedestrian areas and public spaces where greenery improves the air quality, the noise reduction and create a more livable urban environment. This im-

sa dal passato. Il benessere dell'accessibilità per tutti, il benessere dell'aria più pulita, di un minor inquinamento, di un minor impatto acustico. Le zone urbane a bassa emissione, costruite intorno all'idea di comunità locale, dove le distanze si percorrono a piedi verso molte destinazioni quotidiane, sono il giusto punto di partenza per la pianificazione e possono costituire la soluzione ad alcune esigenze di trasporto anche se non a tutte. Tuttavia, se molte delle destinazioni giornaliere fossero raggiungibili a piedi o in bicicletta, si potrebbe prestare maggiore attenzione alla progettazione di trasporti pubblici e nodi di interscambio più sicuri. Le opere qui esposte, realizzate da giovani architette di talento, costituiscono una speranza per il futuro se pensiamo ai modi in cui potremo rivolgerci a classi sociali diverse, mettere in discussione le vecchie logiche di supremazia e di esclusione, e pianificare ambienti più sani e accessibili. Eliminando le auto private nelle zone a basse emissioni di carbonio e sostenendo i trasporti a basso costo energetico, parte dello spazio stradale potrà essere ridistribuito tra aree pedonali e spazi pubblici verdi, per una migliore qualità dell'aria e con una netta riduzione del rumore, in modo da creare un ambiente urbano più vivibile. Ne conseguirebbe un miglioramento delle condizioni di vita di donne e bambini, a oggi i più esposti alle emissioni nocive delle città[10]. Mentre, come statisticamente rilevato, gli uomini si servono dell'auto privata per raggiungere il proprio posto di lavoro alla periferia della città, le donne vanno a piedi o in bicicletta in pieno centro, spesso per accompagnare i bambini piccoli. È da qui che deve cominciare la pianificazione per il domani. Partire dalle persone comuni per trovare soluzioni socialmente giuste e sostenibili per l'ambiente: l'attenzione ai più vulnerabili è il punto di partenza per una pianificazione urbana che rappresenti un reale progresso[11].

proves the living conditions for women and children, who are the take out most exposed to hazardous emissions in the cities[10]. While men, statistically, drive the private car to a work place in the outskirt of the city, women walk or bike in the city centre often accompanying small children. It is here the planning for tomorrow needs to start. From the ordinary member of the city to find social just and environmental sustainable solutions where the most vulnerable are the starting point for the planning.[11]

Note

1 G. Baeten, Western utopianism/dystopianism and the political mediocrity of critical urban research. *Geografiska Annaler: Series B, Human Geography*, 2002, 84(3-4), pp. 143-152.
2 S. Böhm, C. Jones, C. Land, M. Paterson, Against automobility, 2006.
3 R. Law, Beyond 'women and transport': towards new geographies of gender and daily mobility. *Progress in human geography*, 1999, *23*(4), pp. 567-588; L. Levin, C. Faith-Ell, C. Scholten, Å. Aretun, J. Halling, K. Thoresson, Att integrera jämställdhet i länstransportplanering: Slutredovisning av forskningsprojektet Implementering av metod för jämställdhetskonsekvensbedömning (JKB) i svensk transportinfrastrukturplanering, 2016. C. Levy, Travel Choice Reframed: "Deep Distribution" and Gender in Urban Transport. In *Integrating Gender into Transport Planning*, pp. 43-65, Palgrave Macmillan, Cham, 2019.
4 T. Friberg, M. Brusman, M. Nilsson, *Persontransporternas "vita fläckar" [Elektronisk resurs] : om arbetspendling med kollektivtrafik ur ett jämställdhetsperspektiv / Tora Friberg, Mats Brusman, Micael Nilsson*. Linköping: Centrum för kommunstrategiska studier, 2004.
5 I. S. De Madariaga, E. Zucchini, Measuring Mobilities of Care, a Challenge for Transport Agendas. In *Integrating Gender into Transport Planning*, Palgrave Macmillan, Cham, 2019, pp. 145-173.
6 L. S. Rosqvist, Gendered perspectives on Swedish transport policy-making: an issue for gendered sustainability too. In *Integrating Gender into Transport Planning*, Palgrave Macmillan, Cham, 2019, pp. 69-87.
7 K. Book, S. Westerdahl, Kollektivtrafik i storstadens skugga – Krönikor från Living lab i Uddevalla. K2 Outreach 1019:2. Lund [Public transport in the shadow of the metropolitan – chronicles from the Uddevalla living lab, 2019.
8 M. Henriksson, The 'I'in sustainable planning: Constructions of users within municipal planning for sustainable mobility. In *Integrating Gender into Transport Planning*, Palgrave Macmillan, Cham, 2019, pp. 177-197.
9 C. Faith-Ell, L. Levin, *Kön i trafiken: jämställdhet i kommunal transportplanering*. Sveriges kommuner och landsting, 2013; C. Faith-Ell, L. Levin, How to apply gender equality goals in transport and infrastructure planning. In *Integrating Gender into Transport Planning*, Palgrave Macmillan, Cham, 2019, pp. 89-118.
10 K. Mattisson, *Commuting, Health, and Wellbeing: Mode and duration matters* (Doctoral dissertation, Lund University), 2016.
11 S. S. Fainstein, *The just city*. Ithaca, N.Y.: Cornell University Press, 2010; T. Joelsson, C. L. Scholten, Towards a Feminist Transport and Mobility Future: From One to Many Tracks. In *Integrating gender into transport planning*, Palgrave Macmillan, Cham, 2019, pp. 271-282.

Notes

1 Baeten, G. (2002). Western utopianism/dystopianism and the political mediocrity of critical urban research. *Geografiska Annaler: Series B, Human Geography, 84*(3-4), pp. 143-152.
2 Böhm, S., Jones, C., Land, C., & Paterson, M. (2006). Against automobility.
3 Law, R. (1999). Beyond 'women and transport': towards new geographies of gender and daily mobility. *Progress in human geography, 23*(4), pp. 567-588; Levin, L., Faith-Ell, C., Scholten, C., Aretun, Å., Halling, J., & Thoresson, K. (2016). Att integrera jämställdhet i länstransportplanering: Slutredovisning av forskningsprojektet Implementering av metod för jämställdhetskonsekvensbedömning (JKB) i svensk transportinfrastrukturplanering. [To implement gender equality in strategic transport planning]. Levy, C. (2019). Travel Choice Reframed:"Deep Distribution" and Gender in Urban Transport. In *Integrating Gender into Transport Planning* (pp. 43-65). Palgrave Macmillan, Cham.
4 Friberg, T., Brusman, M. & Nilsson, M. (2004). *Persontransporternas "vita fläckar" [Elektronisk resurs] : om arbetspendling med kollektivtrafik ur ett jämställdhetsperspektiv / Tora Friberg, Mats Brusman, Micael Nilsson*. Linköping: Centrum för kommunstrategiska studier. [The white spots of public transport : On commuting with a gender equality perspective]
5 De Madariaga, I. S., & Zucchini, E. (2019). Measuring Mobilities of Care, a Challenge for Transport Agendas. In *Integrating Gender into Transport Planning* (pp. 145-173). Palgrave Macmillan, Cham.
6 Rosqvist, L. S. (2019). Gendered perspectives on Swedish transport policy-making: an issue for gendered sustainability too. In *Integrating Gender into Transport Planning* (pp. 69-87). Palgrave Macmillan, Cham.
7 Book, K., & Westerdahl, S. (2019). Kollektivtrafik i storstadens skugga – Krönikor från Living lab i Uddevalla. K2 Outreach 1019:2. Lund [Public transport in the shadow of the metropolitan – chronicles from the Uddevalla living lab
8 Henriksson, M. (2019). The 'I'in sustainable planning: Constructions of users within municipal planning for sustainable mobility. In *Integrating Gender into Transport Planning* (pp. 177-197). Palgrave Macmillan, Cham.
9 Faith-Ell, C., & Levin, L. (2013). *Kön i trafiken: jämställdhet i kommunal transportplanering*. Sveriges kommuner och landsting. (Gender and transport: gender equality in municipal transport planning); Levin, L., & Faith-Ell, C. (2019). How to apply gender equality goals in transport and infrastructure planning. In *Integrating Gender into Transport Planning* (pp. 89-118). Palgrave Macmillan, Cham.
10 Mattisson, K. (2016). *Commuting, Health, and Wellbeing: Mode and duration matters* (Doctoral dissertation, Lund University).
11 Fainstein, S.S. (2010). *The just city*. Ithaca, N.Y.: Cornell University Press; Joelsson, T., & Scholten, C. L. (2019). Towards a Feminist Transport and Mobility Future: From One to Many Tracks. In *Integrating gender into transport planning* (pp. 271-282). Palgrave Macmillan, Cham.

Justine Bell – U17. Y5
APPRODO ALL'ALTRA RIVA / REACHING THE OTHER SHORE
Tutors: Yeoryla Manolopoulou, Níall McLaughlin

Centro per l'immigrazione dei rifugiati climatici. Questo spazio liminale o intermedio che si crea dall'incontro di due prospettive culturali diverse ha un enorme potenziale creativo (teoria post-coloniale). Intersezioni di cultura e storia. Come metodo sono stati utilizzati disegni multi-prospettiva basati sui processi con esiti sconosciuti o non programmati. Nuove costruzioni vengono fatte riciclando gli oggetti trovati in loco e gli oggetti che arrivano con gli immigranti (navi, manufatti culturali di terre straniere).

Immigration centre for climate refugees. The liminal or in-between space that is created by the meeting of two different cultures perspectives is a space charged with a huge creative potential (post-colonial theory). Intersections of culture and of history. Multi-perspective drawings that were process-based with unknown or unplanned outputs were used as method. New constructions are made by upcycling found objects on site and objects that arrive with the immigrants (ships, cultural artefacts from foreign lands).

Jiao Peng – U22. Y5

PROGETTO PER IL TEMPO DEI BAMBINI: MENO TEMPO NEGLI SPOSTAMENTI QUOTIDIANI, PIÙ TEMPO PER IL DIVERTIMENTO PER I BAMBINI DI PECHINO / CHILDREN'S TIME PROJECT: LESS COMMUTING TIME, MORE FUN TIMES FOR THE CHILDREN IN BEIJING

Tutors: Izaskun Chinchilla, Carlos Jimenez

Il progetto mira a ridurre il tempo impiegato negli spostamenti quotidiani dai bambini di Pechino attraverso nuovi ambienti educativi e residenziali. La proposta è costituita da due elementi principali. Un autobus didattico che fornisce spazi di studio ai ragazzi mentre si spostano per la città e una serie di nuove torri che intendono fornire spazi residenziali e di studio per le famiglie più vicini ai distretti scolastici.

This project proposes to reduce children's commuting time in Beijing through new educational and residential environments. The proposal consists of two main elements, a tutorial bus that provides study spaces for children while they commute across the city and a series of new towers that look to provide study and residential spaces for families closer to their school districts.

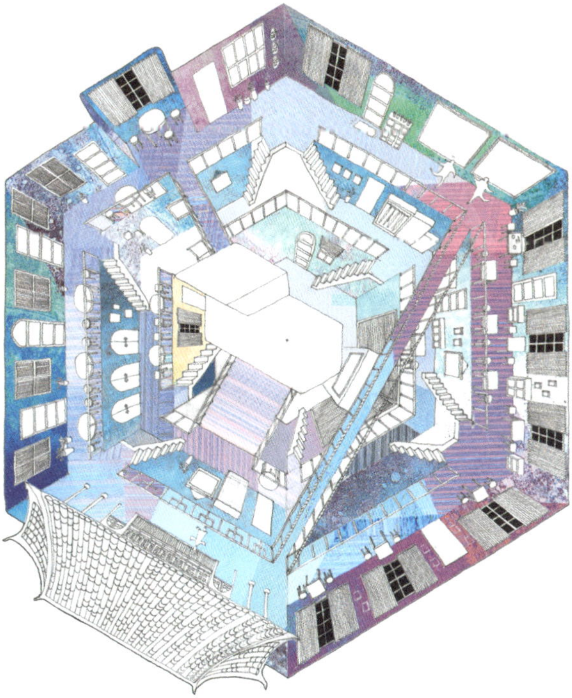

PARLAMENTO / PARLIAMENT

Jiao Peng – U22. Y5

PARLAMENTO / PARLIAMENT

Kate Woodcock Fowles – U22. Y5
L'ARCHITETTURA DELL'ATTESA E DELLA TRANSIZIONE
/ THE ARCHITECTURE OF WAITING AND TRANSITION
Tutors: Izaskun Chinchilla, Daniel Ovalle

Masterplan per un nuovo hub di trasporto a Bulwell. Il progetto mira a creare una città più "premurosa" reimmaginando l'architettura che supporta la rete di trasporti pubblici di Nottingham, in particolare gli spazi di attesa e di transizione. La proposta si avvale di due strategie, una urbana e una suburbana, che intendono ridurre la disparità negli spostamenti e migliorare la qualità della vita degli abitanti di Nottingham. Togliendo privilegi agli utilizzatori di auto, il progetto incoraggia le persone a viaggiare in modi alternativi – a piedi, in autobus, in tram, in scooter o in bici. Con meno veicoli per strada, l'asfalto viene gradualmente recuperato per fornire più spazio verde alla città. La strategia di progettazione suburbana propone il potenziamento e la costruzione di insterscambi chiave che portano dentro e fuori dal centro di Nottingham. La riqualificazione della stazione di autobus, tram e treni di Bulwell è il fulcro del progetto. Nel centro della città, gli hub di trasporto sono progettatti in modo tale da fornire punti di riferimento culturali e storici.

Masterplan for a new transport hub in Bulwell. This project aims to create a more 'caring' city by re-imagining the architecture which supports Nottingham's public transport network, specifically spaces of waiting and transition. The city-wide proposal employs two strategies, urban and suburban, which are intended to reduce travel inequality and improve quality of life for Nottingham's residents. In taking privileges from car users, the project encourages people to travel in alternative ways – on foot, on buses, trams, scooters and bikes. With fewer vehicles on the roads, the tarmac is gradually reclaimed to provide more green space in the city. The suburban design strategy proposes upgrading and building key interchanges which lead in and out of Nottingham's city centre. The redevelopment of Bulwell Bus, Tram and Train Station is the focus of the project. In the city centre, transport hubs are designed to provide cultural and historical markers.

PARLAMENTO / PARLIAMENT

Kate Woodcock Fowles – U22. Y5

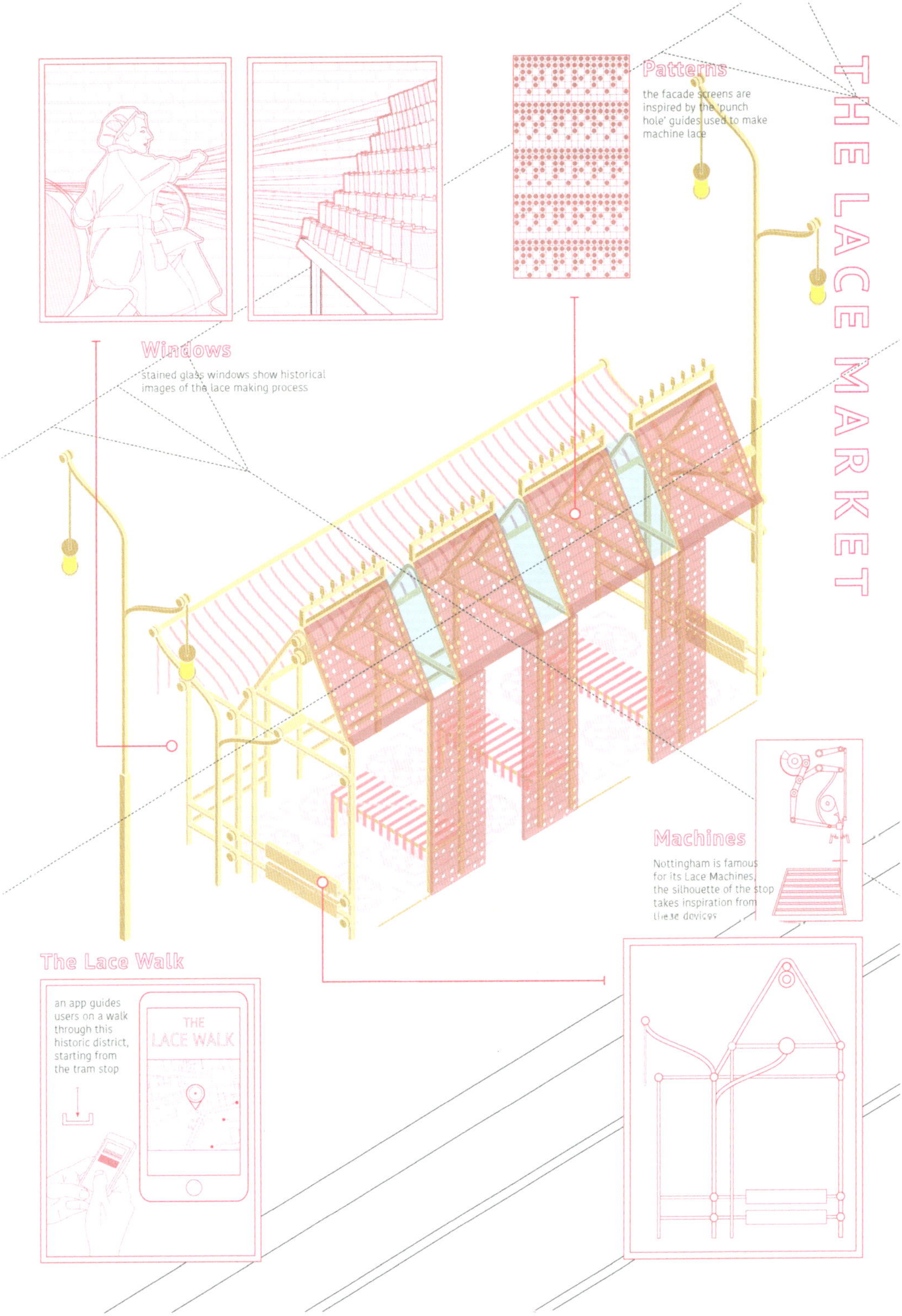

PARLAMENTO / PARLIAMENT

LO SPAZIO PRIVATO COME OCCHIO DELLO SPAZIO PUBBLICO

SFERA / SPHERE 3
ANELLO / RING 2 [retro / back]

PRIVATE SPACE AS THE EYE OF PUBLIC SPACE

IT *Vita e morte delle grandi città. Saggio sulle metropoli americane*, pubblicato da Jane Jacobs nel 1961 è stato di per sé un evento che ha portato una nuova dimensione agli studi di urbanistica grazie a una prospettiva femminile particolare. Questa sezione parte dalla definizione che Jane Jacobs ha dato di una strada ben fatta individuandone tre caratteristiche: (1) netta demarcazione fra quello che è lo spazio pubblico e quello che è lo spazio privato, (2) avere occhi sulla strada, occhi che appartengono a coloro che potremmo chiamare i proprietari naturali della strada, e (3) sul marciapiede devono esserci passanti abbastanza costantemente. La prospettiva femminile potrebbe aiutare gli architetti, i progettisti e i decisori politici a pensare agli edifici non come a oggetti finiti ma come a componenti fondamentali della complessa strategia di costruzione di una città vivace e capace di ospitare vite felici e soddisfacenti.

EN *The Death and Life of Great American Cities*, published by Jane Jacobs in 1961, was itself a blooming bubble that brought urban studies a new dimension coming from a distinctive feminine perspective. This section builds upon Jacobs' definition on a successful street having three characteristics: clear demarcation between what is public space and what is private space (1); having eyes upon the street, eyes belonging to those we might call the natural proprietors of the street, the neighbours (2); the sidewalk must have users on it fairly continuously (3). Feminine mindset could help architects, planners and policymakers think about buildings not as ended objects but as fundamental components in the complex strategy of building a lively city able to host happy and fair lives.

La natura specifica degli spazi collettivi

SOPHIA PSARRA

The peculiar nature of assembly spaces

IT Nell'ambito degli studi urbanistici, nessun'altra donna ha espresso un'originalità e una capacità di influenzare i contemporanei al pari di Jane Jacobs, la giornalista americana naturalizzata canadese, scrittrice e attivista, che ha radicalmente trasformato il modo di concepire la città e la vita urbana. In *Vita e morte delle grandi città: saggio sulle metropoli americane*, scritto nel 1961, la Jacobs descrive le città come un insieme di complessità organizzate che richiedono da parte degli studiosi la capacità di "affrontare contemporaneamente un numero enorme di fattori interconnessi tra loro in un insieme organico"[1]. Uno di questi fattori consiste nei "tanti sguardi attenti che popolano la strada", in grado di costituire sugli estranei una sorveglianza spontanea e continua da parte degli abitanti che vanno e vengono nella loro vita quotidiana tracciando una complessa rete di riti e successione di sguardi. Per la Jacobs quest'ordine è la "forma d'arte tipica della città" fatta di movimento e di mutamento, paragonabile a un complicato balletto in cui le parti dei singoli danzatori e gruppi si esaltano mirabilmente l'un l'altra, componendo un tutto organico. Lo spettacolo offerto dalle strade, scrive, "cambia continuamente da un posto all'altro, e in ciascun posto è sempre ricco di nuove improvvisazioni"[2].

I riti mattutini e gli insiemi che Jacobs descrive – lo spostamento del carretto della lavanderia ormeggiato di notte alla porta di uno scantinato, l'accatastamento delle casse vuote dinanzi al negozio di gastronomia, signore ben vestite o addirittura eleganti e uomini con la borsa portacarte, provenienti dalle abitazioni della nostra strada o dalle strade laterali – passano in gran parte inosservati. Sono pratiche spaziali che vengono eseguite inconsciamente, e restano invisibili e non misurabili. Fluiscono e rifluiscono definendo un ordine di azioni impossibili da catturare nel disegno o nella scrittura. Una telecamera puntata su uno spazio che riprendesse la dan-

EN In the field of urban studies, no other woman has been as original and influential as Jane Jacobs, the American-Canadian journalist, author and activist, radically transforming existing approaches to the city and urban life. In *The Death and Life of Great American Cities*, written in 1961, Jacobs described cities as problems of organised complexity which require that those studying them be capable of 'dealing simultaneously with a sizeable number of factors which are interrelated into an organic whole'.[1] One of these factors was 'the number of effective eyes on the street', keeping strangers under the casual surveillance of the inhabitants as they go about their everyday lives through a complex web of rituals and succession of glances. For Jacobs this order is the 'art form of the city' composed of movement and change that can be likened to an intricate ballet where all the individual dancers and ensembles miraculously reinforce each other and compose an orderly whole. The ballet of the street, she wrote, 'never repeats itself from place to place, and in any one place is always replete with new improvisations.'[2]

The rituals and ensembles Jacobs describes – the unlocking of the laundry's handcart from its mooring to the cellar door, the stacking out of the empty crates from the delicatessen, the well-dressed and elegant women and men with brief cases emerging from the doorways and side streets – largely go unnoticed. They are spatial practices that are unconsciously performed, remaining unmeasurable and unseen. They ebb and flow defining an order of actions that is impossible to capture in drawing or writing. A camera over a space recording the ballet of movement and change could give only a partial record of the complexity of the assembly of glances, pathways, greetings, conversations, vibrations, the bewildering number of components that stir it and go into the ballet. We have no means to describe the flux of life

za del movimento e del mutamento potrebbe restituire solo parzialmente la complessità della relazione di sguardi, percorsi, saluti, conversazioni, vibrazioni, il numero sconcertante di componenti che lo agitano e che entrano nella danza. Non abbiamo mezzi per descrivere il flusso della vita e del rituale negli edifici e nelle città, né parole, né strumenti, né attrezzi da disegno con cui catturare le loro complesse operazioni che si svolgono nello spazio e nel tempo.

Per la Jacobs, la danza della strada è un fattore essenziale per la sicurezza, il contatto, la crescita dei bambini, la vitalità economica e la stabilità nelle strade cittadine. Ma ciò che deve essere più esplicitamente riconosciuto di tali pratiche spaziali è la loro funzione cruciale come forza politica a sé stante. La terza sezione di questo catalogo, intitolata *Parlamento*, e in particolare, *Sfera 3*, *Spazio privato come occhio dello spazio pubblico* mette in primo piano i progetti, i processi e i materiali alla base delle forme di spazio collettivo in architettura e del suo rapporto con la città, evidenziandone la natura intrinsecamente politica. La politica ha radici nel pensiero utopico ed è legata all'etica. Nella sua forma quotidiana, essa riguarda i rapporti di identità e le forme di identificazione delle persone con spazi, luoghi, proprietà e status.

La politica e l'elemento politico nelle città e negli edifici sono una presenza multiforme. Una loro espressione specifica è rappresentata da spazi dedicati agli incontri sociali, come un mercato, una piazza dove si svolge una manifestazione, una sala plenaria in un Parlamento, una sala consiliare in un municipio, un ufficio in un luogo di lavoro o un edificio universitario. Poi c'è un altro modo molto più sfumato rispetto alle pratiche di incontro collettivo più formale in cui lo spazio diventa politico, e riguarda le attività non programmate e non segnalate, come la danza della strada, il movimento della gen-

and ritual in buildings and cities, no words, no tools, no drawing instruments by which to capture their complex operations as they unfold in space and time.

For Jacobs, the ballet of the street is an essential factor for safety, contact, the rearing of children, economic vitality and stability in city streets. But what needs to be more explicitly acknowledged about such spatial practices is their crucial function as a political force in its own right. Entitled *Parliament*, the third section in this catalogue, and in particular, Sphere Three, *Private Space as the Eye of Public Space* foregrounds designs, processes and materials underlying forms of assembly in architecture and its relationship to the city that are inherently political. Politics has a root in utopian thinking and is related to ethics. In its everyday form, politics is about power relations related to the distribution of resources, the boundary of negotiation between identities and forms of identification of people with spaces, places, ownership and status.

Politics and the political in cities and buildings have multiform presence. One particular manifestation is through spaces dedicated to social gatherings, such a market place, a square where a demonstration takes place, a plenary chamber in a Parliament, a committee room in a town hall, an office in a workplace or a university building. The second way in which space is political is far more nuanced than the practices of formal assembly, concerning unscheduled and unrecorded activity, such as the street ballet, the movement of people from space to space, from street to street and from building to building, mixing informally, engaging in casual contact, greeting each other, stopping for a quick chat, or withdrawing in the quiet corner of a busy space for a private conversation. These interactions and rituals of informal politics allow people to feel part of

te da uno spazio all'altro, da una strada all'altra e da un edificio all'altro, la mescolanza informale, il contatto casuale, il saluto, la sosta per una chiacchierata veloce, o l'appartarsi in un angolo tranquillo di uno spazio affollato per una conversazione privata. Queste interazioni e questi rituali di politica informale permettono alle persone di sentirsi parte della città, del quartiere, della strada, dell'istituzione, della vita sociale a cui sono riferite, dei processi e delle operazioni sociali che le definiscono. Il balletto degli spazi facilita la socializzazione, la negoziazione, la partecipazione informale nei network sociali, economici e professionali che compongono un luogo. Consapevoli di questa dimensione della politica in architettura, gli architetti spesso progettano spazi con l'obiettivo di generare la politica invisibile della danza, rafforzando l'agentività sociale e dando potere alle persone. Non è un caso che nell'attuale situazione della pandemia, la maggior parte delle persone prenda coscienza di come lo spazio abbia il potere di facilitare la spontaneità e di come la spontaneità si perda nelle interazioni online.

I progetti illustrati in questa sezione offrono molteplici esempi di quelli che qui identifico come modelli formali e informali della politica e dell'elemento politico. "La Banca di Valdo Fusi" a Torino di Mica Helen Zacharias è organizzata come una sequenza di cortili e percorsi pubblici che si aprono sulle strade esterne. I server contenenti le valute digitali sono integrati negli edifici e contribuiscono a dare presenza fisica al denaro. Le pratiche spaziali incentrate su documenti e operazioni fisiche avevano fortemente modellato i distretti finanziari come la City di Londra e le sue istituzioni, prima che avvenisse il passaggio dalle operazioni manuali alle transazioni online. La complessa rete di cortili, percorsi e server della Banca di Valdo aderisce alla politica della presenza fisica e dell'interazione.

the city, the neighbourhood, the street, the institution, the social life they are associated with, the processes and social operations that define them. The ballet of spaces facilitates socialisation, negotiation, informal participation in the social, economic and professional networks that make up a place. Aware of this dimension of politics in architecture, architects often design spaces with the view to generate the invisible politics of the ballet, strengthening social agency and empowering people. It is no accident that in the current situation of the pandemic, most people become aware of the power of space to facilitate spontaneity and the loss of this spontaneity in online interactions.

The projects in this section provide multiple examples of what I have identified here as the formal and informal models of politics and the political. "The Banca di Valdo Fusi" in Turin by Mica Helen Zacharias is designed as a sequence of courtyards and public walkaways that open to the streets outside. Servers containing digital currencies are integrated into the buildings giving money physical presence. Spatial practices relying on physical documents and operations had fundamentally shaped financial districts such as the City of London and its institutions before the shift from manual operations to onscreen transactions. The Banca di Valdo's complex network of courts, pathways and servers subscribes to the politics of physical presence and interaction.

Cristine Bjeeke's "The FX Beauty Club" is another manifestation of communication networks, digitally trading money through the global Forex currency market. The project challenges the idea of financial markets being controlled purely by males. But it also inverts the politics of public buildings and the street through the enclosed space of a club that is exclusively dedicated to women. Our identities are shaped by spatial and social networks

"The FX Beauty Club" di Cristine Bjeeke è un'altra espressione che deriva dai network di comunicazione, e dal trading digitale di denaro attraverso il mercato valutario globale del Forex. Il progetto si misura con l'idea che i mercati finanziari siano controllati esclusivamente da uomini. Ma ribalta anche la politica degli edifici pubblici e della strada attraverso lo spazio chiuso di un club dedicato esclusivamente alle donne. Le nostre identità sono plasmate da network spaziali e sociali di interazione, nella nostra casa, città e luogo di lavoro (spaziale), ma anche da legami concettuali che ci tengono insieme sulla base di forme concettuali di appartenenza. Possiamo definire questi collegamenti concettuali "transpaziali" perché non dipendono dalla nostra identificazione con una particolare località o luogo, in quanto operano al di là dello spazio[3]. Basti pensare all'appartenenza dei politici a un partito, ai loro comitati, circoscrizioni elettorali e così via, che danno forma a identità definite sia dal punto di vista spaziale che "transpaziale". Amministratori, corporazioni, enti professionali, professionisti, organizzazioni e membri di club fanno altrettanto, creando il tessuto concreto e concettuale dello spazio e della società. Un club è il luogo dell'identità "transpaziale", ovvero della politica di un gruppo disperso che per manifestarsi nello spazio e nel tempo, come nel progetto di Cristine Bjeeke, ha bisogno di una netta separazione tra l'interno e gli spazi quotidiani esterni.

Nel suo libro *In the King's Shadow*, Philip Manow spiega che la politica e la democrazia sono concetti astratti[4]. La disposizione a emiciclo nei moderni parlamenti delle democrazie occidentali non dovrebbe essere vista come "il risultato di considerazioni puramente funzionali di visibilità e udibilità, o di una cultura politica consensuale piuttosto che competitiva e conflittuale"[5]. Essa ha infatti lo scopo di sviluppare un nuovo simbolo di unità nazionale, giacché dopo la Rivolu-

of interaction in our home, city and workplace (spatial), but also by conceptual links that hold us together based on conceptual forms of membership. We can call these conceptual links 'transpatial' because they do not depend on our identification with a particular locality or place, operating over and above space.[3] We only need to think of politicians' affiliation with a party, their committees, constituencies and so on, shaping identities that are both spatially and transpatially defined. Councillors, guilds, professional bodies, professionals, organisations and club members follow suit, crafting the concrete and conceptual fabric of space and society. A club is the locus of transpatial identity, that is, of the politics of a dispersed group that in order to manifest itself across space and time, as in Cristine Bjeeks' project, needs a clear separation of the interior from the everyday spaces of the exterior.

In his book *In the King's Shadow*, Philip Manow explains that politics and democracy are abstract concepts.[4] The modern semi-circular seating plan in Western democracies should not be seen as 'resulting from purely functional considerations of visibility and audibility, or from consensual rather than competitive-confrontational political culture'.[5] It had the purpose of developing a new symbol of national unity as after the French Revolution the king's body could no longer serve as a symbol of political rulership and will formation. Manow points to the power of symbolic expression as another dimension of politics. In some projects such as the Reichstag in Berlin by Foster Associates, glass and the hemi-circular shape of the plenary chamber are used to represent transparency and unity in terms of both political processes and spirit. Emily Doll's "The Garden of Assembly: East Midlands Parliament" instead, chooses the individual view point of politics of deception designed to be experienced as a visual sequence with buildings and the gar-

zione francese il corpo del re non poteva più servire come simbolo di governo politico e di formazione e sintesi di una volontà. Manow indica il potere dell'espressione simbolica come un'altra dimensione della politica. In alcuni progetti come il Reichstag di Berlino della Foster Associates, il vetro e la forma semicircolare della sala plenaria sono utilizzati per rappresentare la trasparenza e l'unità sia in termini di processi politici che dello spirito. *The Garden of Assembly: East Midlands Parliament* di Emily Doll al contrario, sceglie il particolare punto di vista dell'individuo davanti alla politica dell'inganno modulando un progetto percepito come una sequenza visiva articolata in edifici e giardini che nascondono e rivelano diverse parti di sé stessi. Doll suggerisce l'idea che indipendentemente dal fatto che il nostro edificio sia trasparente o ingannevole, questo non influenza la politica reale. Potremmo invece renderci più consapevoli della trasparenza e dell'inganno in politica, sostenendo la necessità di un maggiore impegno pubblico nel processo politico.

Il progetto di Angeline Wee "A Movable Immovable" si focalizza su un altro aspetto che investe la problematica dello spazio collettivo nelle città e più in generale in architettura. Wee richiama l'attenzione sull'aggregazione di regole nel patrimonio materiale, sulla legislazione in materia di conservazione e sulla politica urbanistica, sollevando una serie di domande: di chi è il patrimonio? Cosa si intende per patrimonio? Chi lo valuta? Quali sono i limiti o il potenziale combinatorio delle regole? Qual è il sottile confine tra conservazione e sperimentazione progettuale? Rimette la conservazione al centro della politica, nei confronti dei soggetti agenti, delle regole, delle forze che producono edifici e città, e assegna valori culturali agli edifici.

Infine, "The Performing Ground of Fragmented Identity" di Naomi Gibson vede la politica come una performance teatrale

dens concealing and revealing different parts of themselves. She shows that independently of whether we make building appearances transparent or deceptive, we do not influence actual politics. But we might awaken awareness about transparency and deception in politics, strengthening the need for public engagement with the political process.

Angeline Wee's project "A Movable Immovable" points to another framework of assembly in cities and architecture. Wee draws attention to the assembly of rules in material heritage, legislation in conservation and urban planning policy, opening questions such as: whose heritage? What counts as heritage? Who evaluates it? What are the limits or the combinatorial potential of rules? What is the fine boundary between conservation and design experimentation? She thus, re-centres conservation on the politics in the agents, the rules the forces that produce buildings and cities, and assign cultural values to buildings.

Finally, Naomi Gibson's *The Performing Ground of Fragmented Identity* envisions politics as a theatre of performance capable of transforming socio-political tensions in a culturally diverse district of Copenhagen. Centred on two sites of local collective memory, locals are invited to perform and celebrate heterogeneity. Starting as a ritualistic dance of an entire community in ancient Greece (dithyramb), theatre solidified to a static architectural and artistic form in the Classical period. Gibson's project mobilises theatre as a dramatic form and political process, re-imagining a typology and an art form that remains unchanged for nearly 2,500 years.

A key issue in the projects presented in Sphere 3 is the complex network of exchanges between one space and another, carrying along implications about exchanges between people. All projects manifest an engagement

capace di trasformare le tensioni sociopolitiche, all'interno di un quartiere culturalmente diverso di Copenhagen. Lasciandosi ispirare da due siti di memoria collettiva locale, la gente del posto è invitata a esibirsi e a celebrare l'eterogeneità. Nato come danza rituale di un'intera comunità nell'antica Grecia (ditirambo), il teatro si è cristallizzato in una forma architettonica e artistica statica nel periodo classico. Il progetto di Gibson mobilita il teatro come forma drammatica e come processo politico, ripensando una tipologia e una forma d'arte che è rimasta immutata per quasi 2.500 anni.

Un tema chiave dei progetti presentati in *Sfera 3* è la complessa rete di scambi tra uno spazio e l'altro, e le implicazioni sugli scambi tra le persone. Tutti i progetti manifestano l'impegno di un'architettura capace di re-immaginare processi, luoghi, la sfera sociale e la politica attraverso varie forme di resistenza. La resistenza che non deriva solo dalla conoscenza comparativa di forme esistenti e dal desiderio di mobilitare mondi alternativi possibili, ma anche dalla resistenza del medium – le forme di rappresentazione architettonica – al fine di cogliere il formale e l'informale, il tangibile e l'intangibile, gli aspetti misurabili e incommensurabili dello spazio e dell'elemento politico, per mettere in scena la politica come una danza di sguardi, come una successione di occhi, come una sinfonia di sussurri, una coreografia di passeggiate, come particelle di polvere che si muovono in modo variabile e all'apparenza generativo nello spazio.

with architecture capable of re-imagining processes, places, the social and the political through various forms of resistance. Resistance comes not only from comparative knowledge of existing forms and the desire to mobilise alternative possible worlds, but also from the resistance of the medium – the forms of architectural representation – to capture the formal and the informal, the tangible and intangible, the measurable and the immeasurable aspects of space and political elements, to stage politics as a ballet of glances, as a succession of eyes, as a symphony of whispers, a choreography of walks, like dust particles moving variably and seemingly generatively in space.

Note

1 Jane Jacobs, *The Death and Life of Great American Cities*, New York, Random House, 1961. Ed. It. *Vita e morte delle grandi città: saggio sulle metropoli americane*, Einaudi, Torino 1969.
2 Jacobs, 1969, p. 46.
3 Bill Hillier, J. Hanson, *The Social Logic of Space*, Cambridge University Press, Cambridge 1984.
4 Philip Manow, *In the King's Shadow: The Political Anatomy of Democratic Representation*, Polity, Cambridge 2010.
5 Manow 2010, p. 38.

Notes

1 Jacobs, Jane. *The Death and Life of Great American Cities / Jane Jacobs*. New York: Random House, 1961.
2 Jacobs, 1961, 60-61.
3 Hillier, Bill, and Hanson, Julienne. *The Social Logic of Space*. Cambridge: Cambridge University Press, 1984.
4 Manow, Philip. *In the King's Shadow: The Political Anatomy of Democratic Representation / Philip Manow*. Cambridge: Polity, 2010.
5 Manow, 2010, 38.

Christine Bjerke – U12. Y5
IL CLUB FX BEAUTIES / THE FX BEAUTIES CLUB
Tutors: Elizabeth Dow, Jonathan Hill

Il progetto è legato a una curiosità e alla celebrazione dell'attuale fenomeno delle FX Beauties di Tokyo, nato nel 2007 come un club virtuale di trentasei casalinghe giapponesi e che adesso si stima abbia più di cinque milioni di socie. Dal regno privato delle loro abitazioni, le donne si scambiano denaro digitale attraverso il "mondo fluttuante" e intricato di Forex, mercato valutario globale, sconfiggendo così la storica idea del mercato finanziario controllato esclusivamente dagli uomini. Il progetto propone un club concreto per le donne del Ventunesimo secolo.

The project is anchored in a curiosity and celebration of the current phenomenon of the FX Beauties in Tokyo, established in 2007 as a virtual club of thirty-six Japanese housewives and now estimated to five million female members. From their private domestic realms the women trade digital money through the intertwined and 'floating world' of the global Forex currency market, outplaying the historical idea of the financial market being controlled purely by men. The FX Beauties Club proposes a physical women's club of the 21st century.

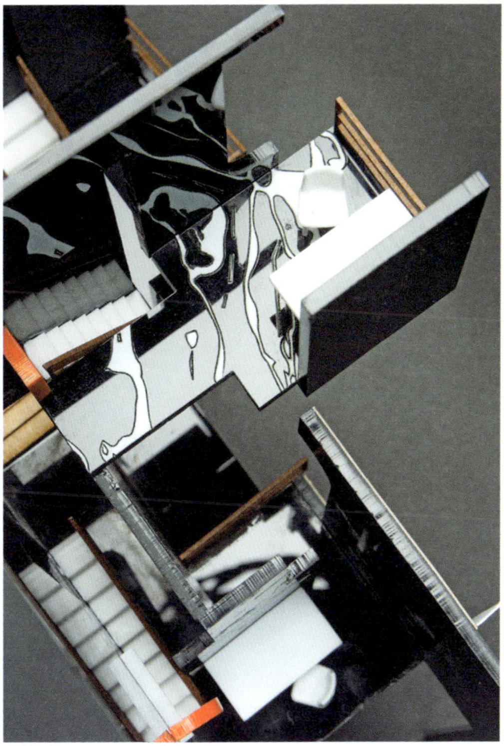

Emily Doll – U17. Y5

IL GIARDINO DELL'ASSEMBLEA LEGISLATIVA: IL PARLAMENTO DELLE EAST MIDLANDS / THE GARDEN OF ASSEMBLY: EAST MIDLANDS PARLIAMENT

Tutors: Yeoryla Manolopoulou, Níall McLaughlin

Si tratta di una proposta per il nuovo edificio dell'assemblea legislativa regionale delle Midlands Orientali. Il complesso è costruito attorno alla prospettiva individuale ed è progettato in modo da essere sperimentato come una sequenza visiva con gli edifici e i giardini che variamente scelgono di nascondere o rivelare diverse parti di sé. La politica può essere ingannevole, e l'edificio inganna di proposito: cerca di separare se stesso dalla sua diretta collocazione. Esiste come un oggetto dislocato, o una composizione di oggetti che agiscono per dislocare a livello spaziale e temporale gli abitanti dal proprio contesto.

The proposal is for a new Regional Assembly building for the East Midlands. The complex is constructed around the individual viewpoint and is designed to be experienced as a visual sequence with the buildings and their gardens variously choosing to conceal and reveal different parts of themselves. Politics can be deceptive, and the building willfully deceives: it seeks to separate itself from its direct locality. It exists as a dislocated object, or arrangement of objects, which act to spatially and temporally displace its inhabitants from their context.

PARLAMENTO / PARLIAMENT

Mika Helen Zacharias – U17. Y5

BANCA DI VALDO FUSI, TORINO / BANCA DI VALDO FUSI, TURIN

Tutors: Yeoryla Manolopoulou, Níall McLaughlin

La banca proposta risponde al contesto urbano aprendo degli scorci sulle piazze vicine che costellano la griglia della città, come uno spazio che è aperto all'uso pubblico e ne è condizionato. Si fa esperienza dell'edificio attraverso il movimento nei cortili e lungo i tortuosi passaggi pedonali pubblici; gli spazi di incontro sono disposti in modo tale da favorire i raduni sociali. Server che contengono valute digitali sono integrati nell'edificio, conferendo al denaro una presenza fisica. L'edificio è costruito con elementi sia solidi sia temporanei: vetro e acciaio sono inseriti all'interno di una robusta struttura in pietra. Esso diviene una forma che è malleabile e può essere soggetta ai cambiamenti programmatici che avranno luogo nel corso del tempo.

The proposed bank responds to the urban context by opening views to nearby piazzas which punctuate the city grid, as a space which is open to and effected by public use. The building is experienced through movement across courtyards and along meandering public walkways; meeting spaces are arranged to encourage social gatherings. Servers containing digital currencies are integrated into the building, giving money a physical presence. The building is constructed of both solid and temporary elements; glass and steel are inserted within a robust stone framework. It becomes a form which is malleable and can be subjected to the programmatic changes that will take place on the site over time.

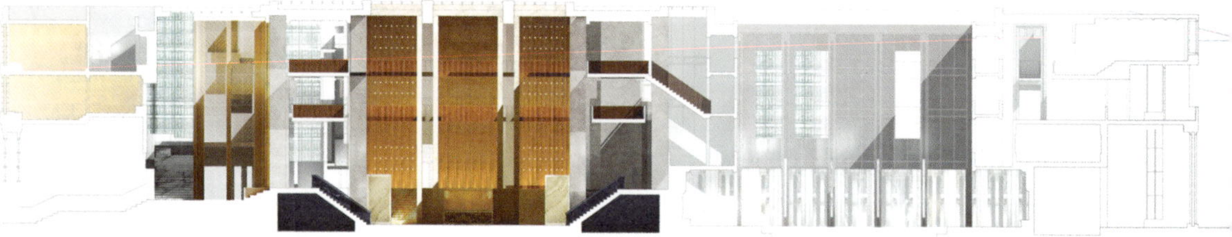

Mika Helen Zacharias – U17. Y5

PARLAMENTO / PARLIAMENT

Mika Helen Zacharias – U17. Y5

Angeline Wee – U21. Y5
UN IMMEUBLE MEUBLE – UN MOBILE IMMOBILE / A MOVABLE IMMOVABLE
Tutors: Abigail Ashton, Tom Holberton, Andrew Porter

I principi di conservazione, fondamentalmente basati su "valori culturali" mutevoli, sono integrati nelle politiche di pianificazione urbana scritta e vengono poi tradotti in forme costruite. Questo progetto esplora le stranezze e le possibilità di applicazione di tali norme prestabilite al patrimonio materiale su varie scale, celebrando l'interpretazione soggettiva della legge nel nome della conservazione. Modificando gli edifici lungo l'iconico Vieux Port di Marsiglia, il progetto fa riferimento all'attuale Code du Patrimone, alle osservazioni sulla preservazione delle città e altri metodi di tutela, usando la modellazione algoritmica per creare un sistema di progettazione basato sulle regole e rappresentando l'applicazione non-negoziabile e, talvolta, insensata, di certe politiche di pianificazione basate sul patrimonio culturale.

Conservation principles, fundamentally based on changing 'cultural values', are integrated into written urban planning policy, then translated into built form. This project explores the quirks and possibilities of applying such fixed regulations to material heritage at varying scales, celebrating subjective interpretation of legislation in the name of conservation. Modifying buildings along Marseille's iconic Vieux Port, it draws from the existing Code du Patrimone, questioning on preservation in the city and other methods of memorial, using algorithmic modelling to create a rule-based design system, representing non-negotiable and, at times, nonsensical application of certain heritage-based planning policies.

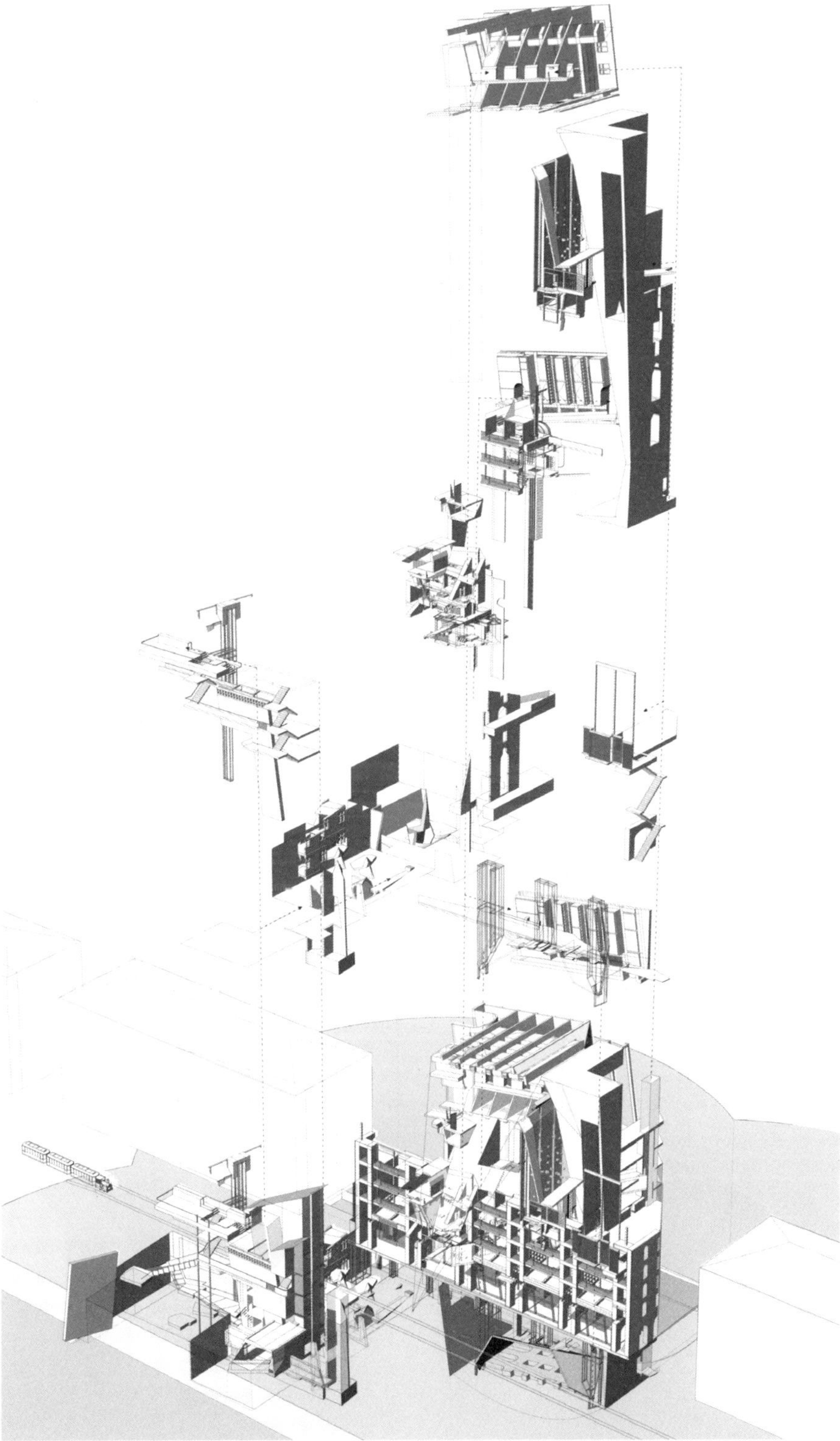

PARLAMENTO / PARLIAMENT

Naomi Gibson – U21. Y5
IL TERRENO DI RAPPRESENTAZIONE DELL'IDENTITÀ FRAMMENTATA
/ THE PERFORMING GROUND OF FRAGMENTED IDENTITY
Tutors: Abigail Ashton, Tom Holberton, Andrew Porter

Questa proposta utilizza l'atto microcosmico della performance e le qualità socio-spaziali delle tipologie di palco per re-immaginare le attività locali e trasformare le tensioni socio-politiche di Nørrebro, un quartiere di Copenaghen diversificato a livello culturale. Centrato e basato su due luoghi della memoria collettiva locale – lo spazio disabitato di Jagtvej 69 e un angolo sconsacrato di Assistens Cemetery – i residenti vengono invitati a incontrarsi e a esplorare "l'altro" sia in modo pacifico che combattivo, e a celebrare l'eterogeneità del luogo.

This proposal uses the microcosmic act of performance and the socio-spatial qualities of stage typologies to re-imagine local activities and transform the socio-political tensions of Nørrebro, a culturally diverse district of Copenhagen. Centered round and based upon two sites of local collective memory – the void site of Jagtvej 69 and a deconsecrated corner of Assistens Cementery – locals are invited to meet and explore the 'other' both peacefully and agonistically, and to celebrate local hetereogeneity.

PROSCENIUM
MEMORIAL

THRUST
HALL

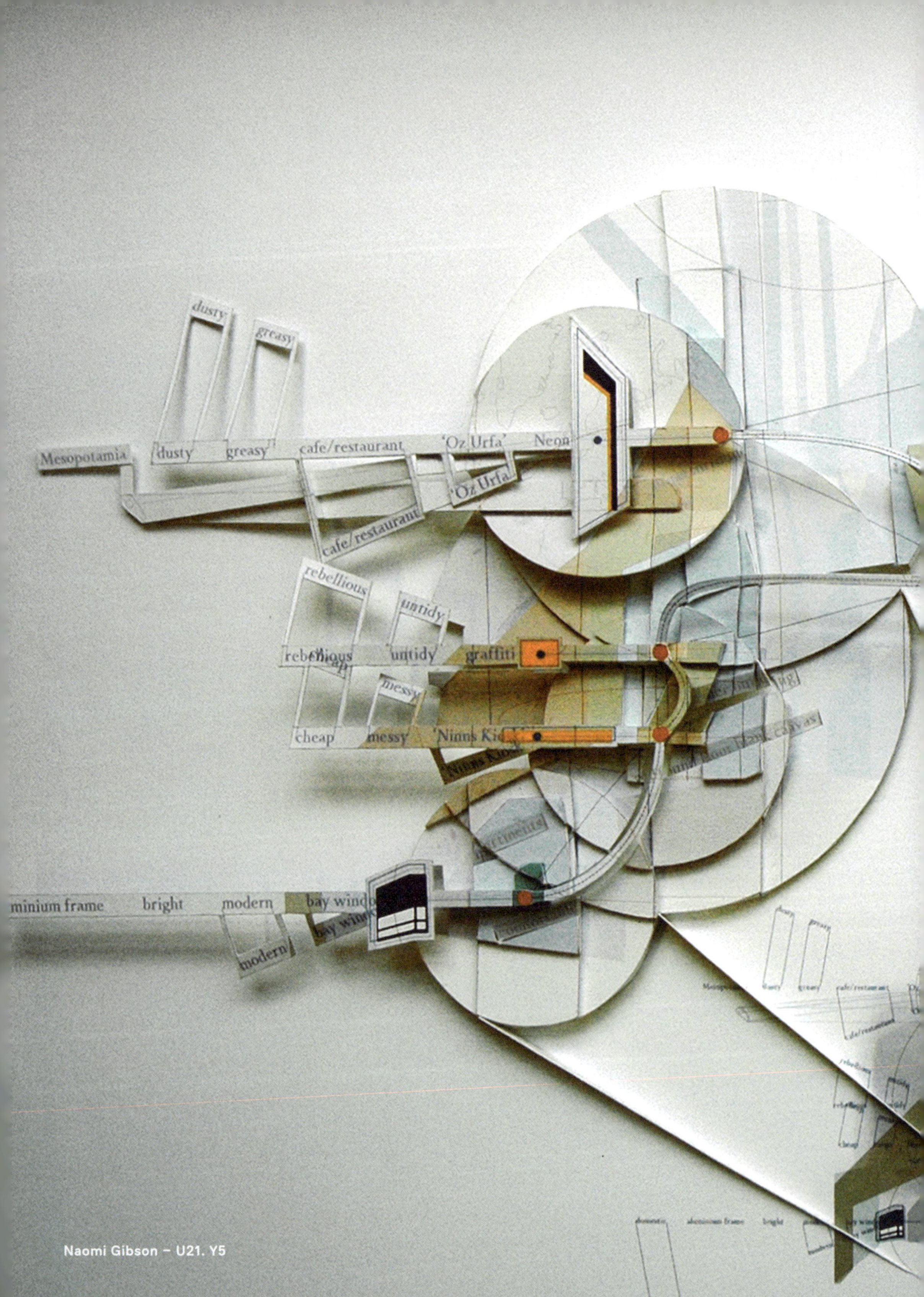

Naomi Gibson – U21. Y5

28:00
yellow
'Kebabistan'
introverted
scruffy
cheap
Turkey
'Kebabistan'
28:30

COSTRUIRE CON IL TEMPO

SFERA / SPHERE 3
ANELLO / RING 3 [fronte / front]

BUILDING WITH TIME

IT Essere fuori dal tempo è stata un'importante aspirazione degli architetti nel corso della storia. Il principio della firmitas porta gran parte degli architetti a pensare che le loro strutture fisiche dureranno per sempre e a ignorare nel progetto quello che accadrebbe se le loro strutture dovessero essere demolite, ridotte, trasformate o aumentate di superficie perché, ad esempio, cambiano il loro uso sociale. Alberti ha efficacemente promosso l'idea che la perfezione nello stile e nella composizione significa l'immutabilità e che la migliore architettura è in qualche modo senza tempo in termini di linguaggio. La consapevolezza femminile del tempo può portare agli architetti la capacità di progettare prendendo in considerazione il tempo.

EN Being outside time has been an important aspiration for architects over history. 'Firmitas' principle has made most architects think that their physical structures would last forever and ignore in their designs what would happen if their structures had to be demolished, reduced, transformed or increased in surface, for example due to a change in their social use. Alberti efficiently promoted the idea that perfection in style and composition meant immutability and that the best architecture was somehow timeless as for language. Women's awareness of time can grant architects the ability to design having time in mind.

Un approccio femminile e femminista all'architettura

KAREN A. FRANCK

A feminine and feminist approach to architecture

IT Sia i programmi sia i progetti esposti in questo catalogo intitolato *Cosmowomen. Places as constellations* mettono in luce e attingono ai modi di essere e di acquisire la conoscenza propri alle donne. Per questo sono opere di architettura "femminili" o "al femminile". I progetti, a loro volta, sostengono e incoraggiano condizioni e rapporti sociali che rivelano modi di essere peculiari delle donne. Ciò è in parte inevitabile poiché programmi e progetti sono stati appunto realizzati da donne. Ma io suppongo che si tratti anche di decisioni ponderate e pienamente consapevoli prese da queste donne architetto. Data l'intenzionalità, le opere non rappresentano soltanto architetture "femminili", ma anche "femministe".

Molte studiose femministe degli anni 70 e 80 hanno sottolineato che le donne stabiliscono una relazione implicita di connessione con il mondo, mentre quella degli uomini è basata sulla separazione. Nancy Chodorow spiega questa differenza da una prospettiva psicoanalitica. Poiché una figlia femmina è dello stesso sesso della madre, lo sviluppo della sua auto-identità è incentrato sull'attaccamento alla figura genitoriale principale e tramite questa a un "altro" generalizzato e al mondo. Al contrario, lo sviluppo dell'auto-identità del figlio maschio richiede la differenziazione e la separazione dalla madre, con conseguente separazione dall'"altro" e dal mondo. Così la femminilità è definita come "idea di sé in relazione all'altro", rendendo il rapporto implicito di una donna con gli altri e con il mondo, una relazione di connessione, mentre al contrario la mascolinità si basa sulla negazione di tale connessione. È utile sottolineare altre due differenze tra mascolinità e femminilità. Nancy Hartsock descrive lo sviluppo dell'auto-identità nelle donne come qualcosa che abbraccia e valorizza la vita e l'esperienza di tutti i giorni, mentre l'auto-identità negli uomini esalta l'astrazione denigrando il valore della vita quotidiana.

EN The programs and the designs of the projects in this catalogue *Cosmowomen. Places as constellations* both draw upon and manifest women's ways of being and knowing. In this way they are "female" or "feminine" works of architecture. The projects, in turn, support and encourage social conditions and relationships that manifest ways of being that are particular to women. This is partly unavoidable since women themselves have invented the programs and made the designs. But I surmise that this circumstance also arises from thoughtful and fully conscious decisions these women architects have made. Given that intentionality, the works are not only "feminine" works of architecture but "feminist" as well.

Many feminist scholars in the 1970s and 1980s pointed out that women's underlying relationship to the world is one of connection while men's is one of separation. Nancy Chodorow explains this difference from a psychoanalytic perspective. Since the daughter is of the same gender as the mother development of the daughter's self-identity centers on attachment to the main parenting figure and thereby to a generalized "other" and the world. In contrast, development of the son's self-identity requires differentiation and separation from the mother, which leads to separation of the "other" and the world. Thus femininity is defined as self-in-relationship, making the underlying relationship of women to others and to the word one of connection whereas masculinity depends upon a denial of connection. Two other differences between masculinity and femininity are relevant here. Nancy Hartsock describes the development of feminine self-identity as one that embraces and values everyday life and experience while male self-identity prizes abstraction and degrades the value of everyday life. And Carol Gilligan con-

Carol Gilligan, da parte sua, contrappone la capacità delle donne di rispondere ai bisogni degli altri e la loro "etica della cura" alla più astratta "etica della giustizia" degli uomini.

Nel 1989, attingendo a queste opere sul femminismo, ho scritto un saggio intitolato *A feminist approach to architecture* per individuare le qualità che caratterizzano le modalità di acquisizione del sapere delle donne e, di conseguenza, anche il loro modo di concepire il design. Molti dei progetti della sezione intitolata *Parlamento* rivelano ed esemplificano alcune di queste qualità. Ovvero ottemperano alla responsabilità dell'architetto di soddisfare le esigenze degli abitanti di un edificio; favoriscono la nascita di possibili rapporti tra le persone; riconoscono il valore della vita quotidiana e dell'esperienza; offrono opportunità di cambiamento e di flessibilità, in linea con le iniziative degli occupanti. Tutte queste caratteristiche sono in netto contrasto con le acclamate opere realizzate da architetti uomini, in particolare durante il periodo modernista, che privilegiano l'aspetto visivo e la purezza rispetto alla funzionalità, mostrano scarsa attenzione alle esigenze degli abitanti e si basano sulla premessa che l'atemporalità e l'assenza di cambiamento siano tanto desiderabili quanto realizzabili.

L'obiettivo di riconoscere e favorire le relazioni tra le persone è evidente nella "Banca di Valdo Fusi" di Mika Helen Zacharias, nel "Performing Ground of Fragmented Identity" di Naomi Gibson, nel centro di accoglienza per i rifugiati climatici di Justine Bell, nell'autobus-tutor di Jiao Peng che offre un luogo di studio ai bambini che si spostano in città, e nella club house di Christine Bjerke per le donne che trattano valute virtuali. Questi progetti non si limitano a facilitare l'esecuzione pratica di determinate funzioni, ma rispettano anche un'"etica della cura" in quanto soddisfano le esigenze di gruppi specifici di persone, promuovendo una condotta etica tra i fruitori.

trasts women's responsibility to respond to the needs of others and their "ethic of care" with to men's more abstract "ethic of justice."

In 1989 I wrote an essay "A Feminist Approach to Architecture" drawing upon these writings in feminism to identify qualities that characterize women's ways of knowing and, consequently, would also characterize their ways of designing. Many of the projects in the section called "Parliament" both reveal and exemplify some of those qualities. That is, they fulfill the architect's responsibility to meet the needs of a building's occupants; they support possible connections between people; they acknowledge the value of everyday life and experience; and offer possibilities for change and flexibility, as undertaken by the occupants. All of these features stand in sharp contrast to celebrated works of architecture by men, particularly during the modernist period, that prize visual and pristine appearance over use, that show a lack of attention to occupants' needs and that are based on the premise that timelessness and the absence of change is both desirable and achievable.

The goal of recognizing and supporting connections between people is evident in Mika Helen Zacharias's "Banca di Valdo Fusi", Naomi Gibson's "The Performing Ground of Fragmented Identity", Justine Bell's immigration center for climate refugees, Jiao Peng's tutorial bus providing study spaces for children as they travel across the city, and Christine Bjerke's club house for women trading virtual money. The projects do not simply support the practical execution of certain functions. Instead they follow an "ethic of care" in attending to the needs of specific groups of people and support an ethic of care that occurs between occupants.

La valorizzazione della vita e dell'esperienza quotidiane è evidente in tutti questi progetti, ma lo è in particolar modo nel masterplan di Kate Woodcock Fowles per un nuovo hub di trasporto a Bulwell, intitolato "The Architecture of Waiting and Transition". Nei progetti tradizionali il vissuto quotidiano non viene studiato con particolare attenzione, né viene presa in considerazione l'esperienza sensoriale del contatto con le superfici.

Diversi progetti prevedono da subito la possibilità di modificare un edificio nel tempo. Una tale flessibilità si riscontra nella "Banca di Valdo Fusi" di Mika Helen Zacharias, nella casa espandibile di Emma Louise Carter, e nella "fuoriuscita in massa" da un'ambasciata giapponese a Londra, di Ting-Jui (Brook) Lin. Alcuni di essi, quali "The Drummond Street Weave" di Julia Schütz, "Craft Guild of Polychromy" di Helena Howard, nonché "The Boxed Sandwich Revolution" e "Cultivating Craft" di Faye Greenwood, lasciano intuire anche un altro obiettivo, collegato al precedente: quello di offrire alle persone l'opportunità di fare, cambiare e crescere autonomamente.

Definire un'opera di architettura "senza tempo" è da sempre un'attestazione di grande stima. Un apprezzamento che implica diversi significati: che in qualche modo l'opera è indipendente dal tempo, che è eterna e perenne, non influenzata dallo scorrere del tempo, dagli agenti atmosferici o dal degrado.[1] Sebbene ciò sia fisicamente impossibile, il presunto valore di "essere al di fuori del tempo" gode ancora di grande influenza nella cultura architettonica, almeno in Occidente. In altre tradizioni culturali, come quella giapponese, il cambiamento e gli effetti degli agenti atmosferici vengono valorizzati, soprattutto in riferimento ai templi, come riconosce Charlotte Page. La quale estende quest'esaltazione dell'"impermanenza" suggerendo che anche il paesaggio intorno

Valuing everyday life and experience is evident in all the projects generally but particularly so in Kate Woodcock Fowles's masterplan for a new transport hub in Bulwell, called "The Architecture of Waiting and Transition". In traditional transportation projects, the daily experiences of people would not be addressed with such careful attention, even to the sensory experience of ground surfaces.

In several projects possibilities for changing the building over time are built in from the beginning. This flexibility is notable in Mika Helen Zacharias's "Banca di Valdo Fusi"; Emma Louise Carter's incremental house; and Ting-Jui (Brook) Lin's 'spilling out' of a relocated Japanese embassy in London. A related goal is also suggested: giving people opportunities to do the making, the changing, the growing themselves: Julia Schütz's "The Drummond Street Weave"; Helena Howard's "Craft Guilds of Polychromy"; Faye Greenwood's "The Boxed Sandwich Revolution"; and Faye Greenwood's "Cultivating Craft".

Calling a work of architecture "timeless" has traditionally been a form of high praise. The compliment has several meanings. One is that somehow the work is independent of time, that it is eternal and everlasting, unaffected by the passage of time – by weathering or by decay.[1] While this is physically impossible, the presumed value of being outside of time still holds great sway in the culture of architecture, at least in the west. In other cultural traditions, including in Japan, change and weathering are embraced, particularly with respect to temples, as Charlotte Page recognizes. She extends this celebration of "impermanence" by proposing that the landscape around the Japanese temple Daibutsu-den be changed over time as well. Building in possibilities for change and flexibility in

al tempio giapponese Daibutsu-den debba essere modificato nel tempo. Creare nuove possibilità di cambiamento e di flessibilità, caratteristiche comuni a molti progetti, non è solo un modo per riconoscere il trascorrere del tempo, ne è anche la celebrazione. Una lezione straordinaria.

use, as many of the projects do, not only recognizes the passage of time but celebrates it. What an excellent lesson that is.

Riferimenti bibliografici

Nancy Julia Chodorow, *The Reproduction of Mothering. Psychoanalysis and the Sociology of Gender*, Berkeley, The University of California Press, 1978 (seconda ed. aggiornata: 1999). Ed. it. *La funzione materna: psicoanalisi e sociologia del ruolo materno*, La Tartaruga Edizioni, Milano 1991.

Karen A. Franck, *A feminist approach to architecture: Acknowledging women's ways of knowing*, in Ellen Perry Berkeley & Matilda McQuaid (a cura di), *Architecture: A Place for Women.*, Smithsonian Institution Press, Washington DC 1989, pp. 201-216.

Karen A. Franck, *Designing with time in mind*, in Karen A. Franck (a cura di), *AD: Architectural Design*, John Wiley & Sons, Chichester 2016, pp. 8-17.

Carol Gilligan, *Women's place in a man's life cycle, Harvard Educational Review*, 1979, pp. 431-446.

Nancy Hartsock, *The feminist standpoint*, in Sandra G. Harding & Merrill B. Hintikka (a cura di), *Discovering Reality*, D. Reidel, Dordrecht 1983, pp. 283-319.

Readings

Chodorow, N. (1978) *The Reproduction of Mothering*, Berkeley: University of California Press.

Franck, K.A. (1989) "A feminist approach to architecture: Acknowledging women's ways of knowing." In E.P. Berkeley and M. McQuaid (Eds) *Architecture: A Place for Women*. Washington D.C.: Smithsonian Institution Press, 201-216.

Franck, K.A. (2016) "Designing with time in mind." In. KA. Franck (Ed) *AD: Architectural Design*. Chichester: John Wiley & Sons, 8-17.

Gilligan, C. (1979) "Women's place in a man's life cycle." *Harvard Educational Review*, 431-446.

Hartsock, N. (1983) The feminist standpoint". In *Discovering Reality*, (Eds) S. Haring and M.B. Hintikka, Dordrecht, Holland: D. Reidel, 283-319

Charlotte Page – U17. Y5
FRA L'IMPERMANENZA / BETWEEN IMPERMANENCE
Tutors: Yeoryla Manolopoulou, Níall McLaughlin

Il Daibutsu-den a Nara, 751 d. C., è stato ricostruito diverse volte ed è esemplificativo del retaggio giapponese, riflettendo i processi culturali e sociali del Paese. Tutto è in uno stato di flusso. L'intervento è concepito come se il pubblico facesse da cornice a vari momenti nel corso del tempo in occasione della rovina, della ricostruzione e della vita successiva del tempio. Lo scenario muta mentre l'edificio invecchia, i paramenti in rame della setta Kegon accolgono i visitatori, si coglie ogni "occasione" di impermanenza.

Daibutsu-den in Nara, 751 AD, has been reconstructed several times and is exemplary of Japanese heritage, reflecting the cultural and social processes of Japan. Everything is in a state of flux. The intervention is understood as an audience that frames moments in time during the temple's ruination, reconstruction and afterlife. The scenery shifts as the building ages, the copper Kegon sect vestments welcome visitors, every 'occasion' of impermanence is perceived.

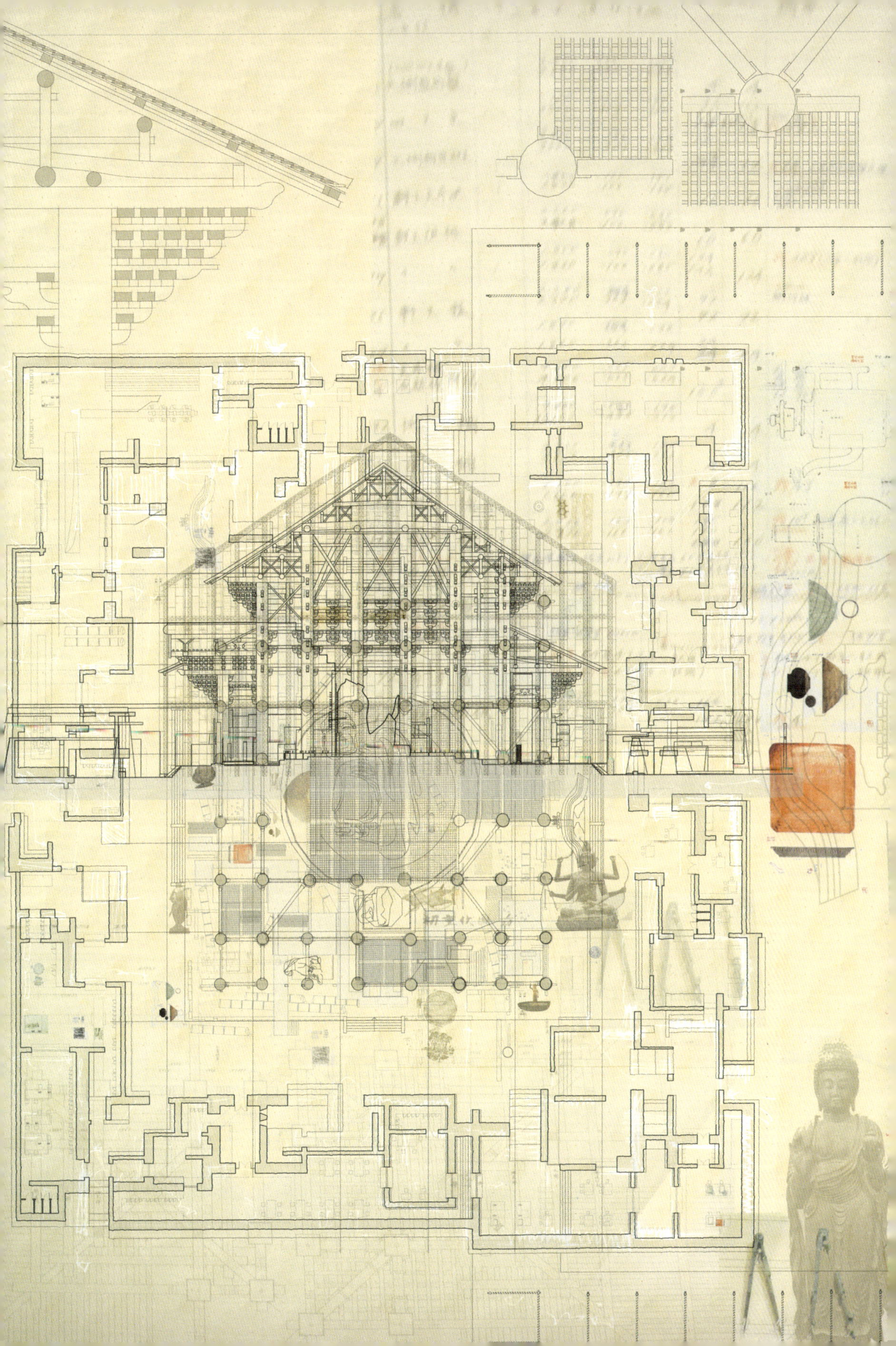

Charlotte Page – U17. Y5

PARLAMENTO / PARLIAMENT

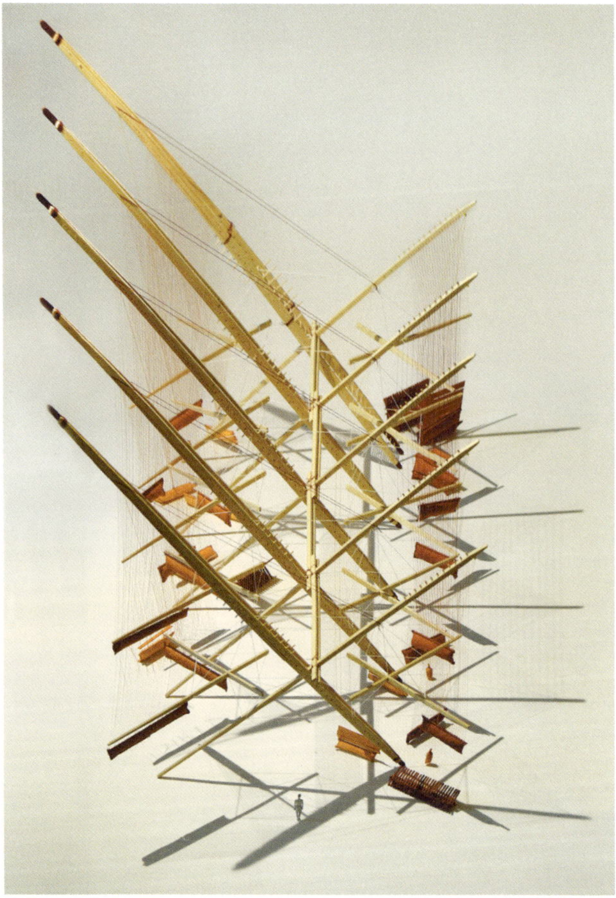

Julia Schütz – U17. Y5
LA TESSITURA DI DRUMMOND STREET / THE DRUMMOND STREET WEAVE
Tutors: Yeoryla Manolopoulou, Níall McLaughlin

La proposta per questa comunità intende riconnettere le persone di Drummond Street. Componenti in legno leggeri e trasformabili ed elementi di trazione formano una struttura abitata da una variazione delle qualità spaziali. Un'architettura fatta di cambiamenti offre flessibilità e spazi non prescritti. Il principio degli opposti agisce come ordine sottostante.

This community proposal seeks to reconnect the people of Drummond Street. Lightweight, transformable timber components and tensile elements form a framework that is inhabited by a variation of spatial qualities. An architecture of changes offers flexibility and non-prescribed space. The principle of opposites acts as an underlying order.

Julia Schütz – U17. Y5

PARLAMENTO / PARLIAMENT

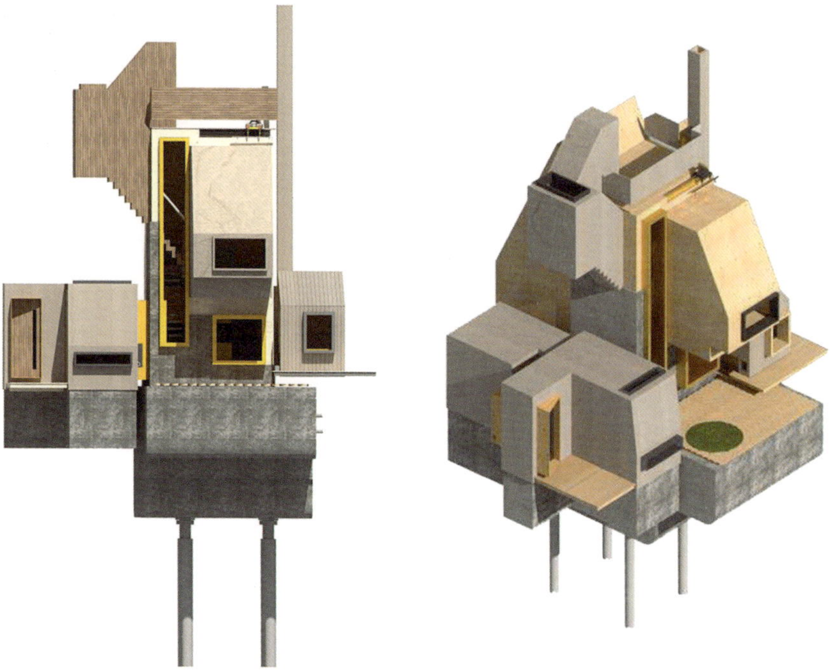

Emma Louise Carter – U21. Y5

COSTRUIRE MEGLIO: LA CASA INCREMENTALE / BETTER BUILDING: THE INCREMENTAL HOUSE

Tutors: Abigail Ashton, Tom Holberton, Andrew Porter

La proposta tratta dei vantaggi che apporta la costruzione incrementale di case familiari variabili. Una casa comincia come un piccolo nucleo di servizio strutturale che viene sviluppato nel corso del tempo attraverso l'aggiunta di spazi plug-in in legno scelti, prodotti e costruiti in un momento che soddisfa ogni singola famiglia a livello finanziario e sociale.

The proposal discusses the beneficial development offloating incrementally building family houses. A house begins as a small, structural service core that is developed over time through the addition of timber plug-in spaces chosen, manufactured and constructed at a time that suits each individual household financially and socially.

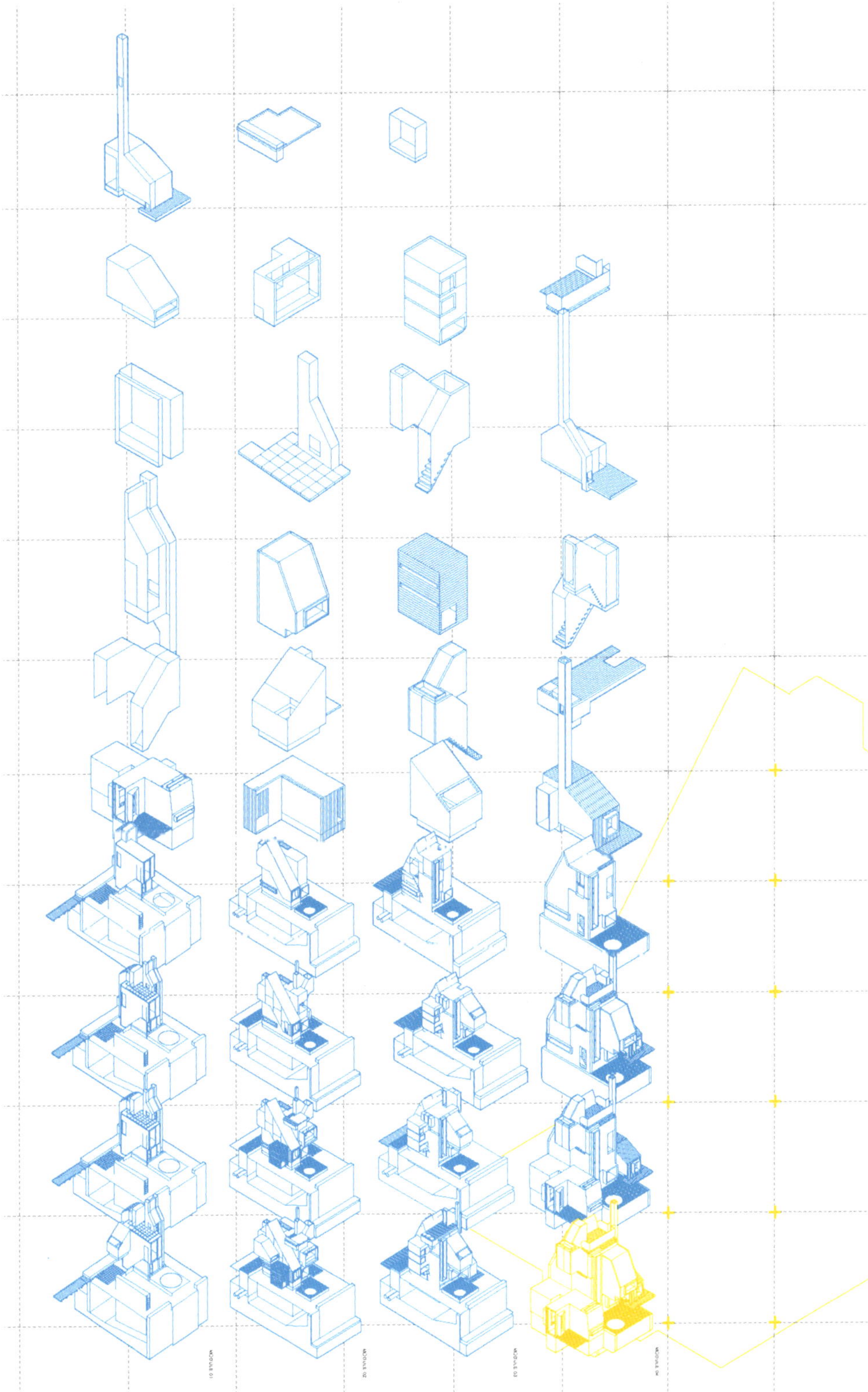

PARLAMENTO / PARLIAMENT

Emma Louise Carter – U21. Y4

RINNOVAMENTO IN TANGERI, PLAGE MUNICIPALE / B[R]EACHING TANGIER, PLAGE MUNICIPALE

Tutors: Abigail Ashton, Tom Holberton, Andrew Porter

Interventi rispettosi negli spazi pubblici, abbandonati e in disuso, lungo la spiaggia antistante Tangeri, allo scopo di dare nuova vita a un'area non sviluppata e dimenticata di questa città in evoluzione, eppure stagnante.

Respectful interjections into abandoned and disused public spaces along the beach fronting Tangier, aiming to rejuvenate an undeveloped and leftover area of a currently evolving, yet stagnant city.

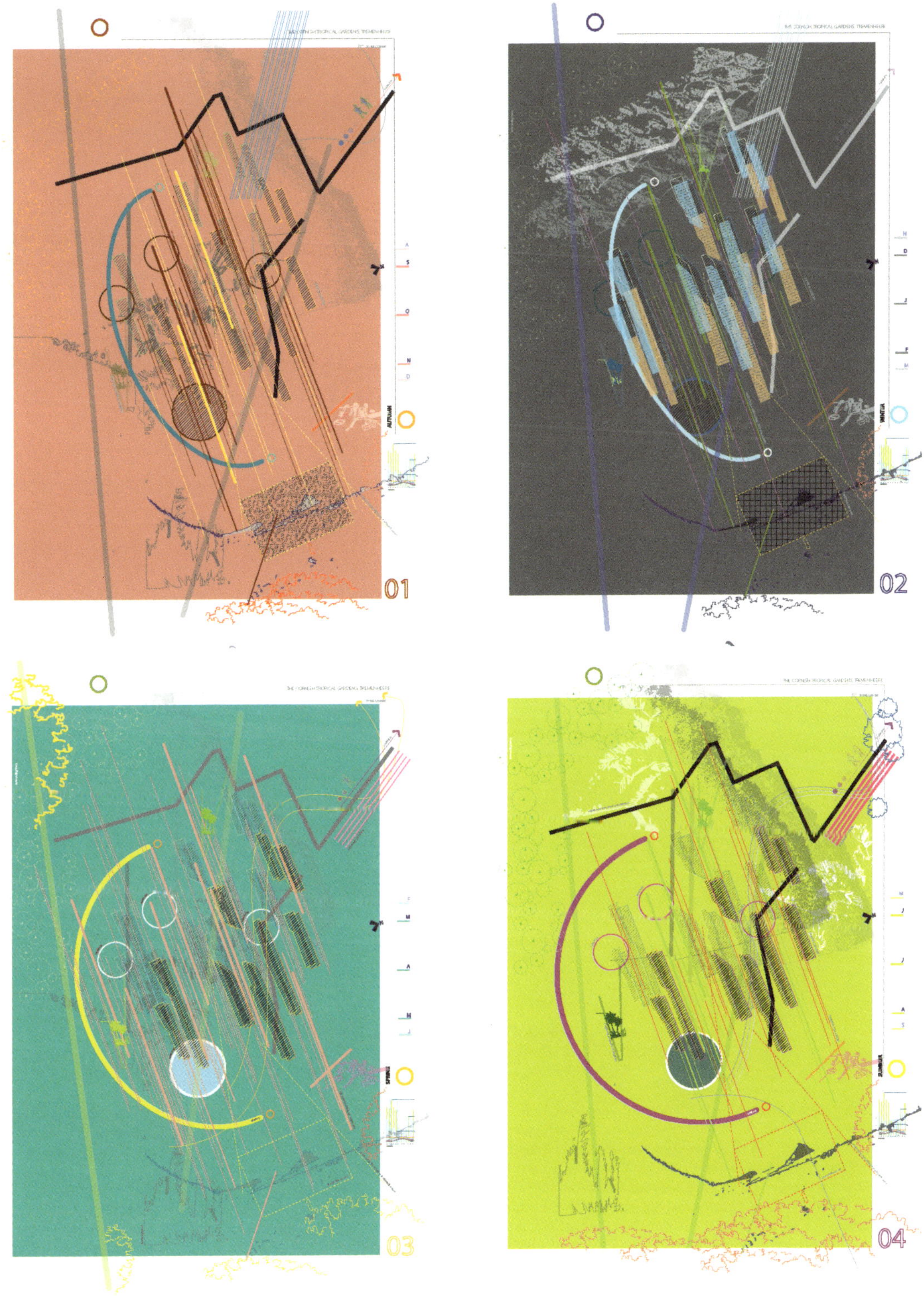
01
02
03
04

Ting-Jui (Brook) Lin – U24. Y5

UN'AMBASCIATA ANATOMICA / AN ANATOMICAL EMBASSY

Tutors: Penelope Haralambidou, Michael Tite

Una ristrutturazione dell'attuale ambasciata del Giappone a Piccadilly che immagina il suo temporaneo trasferimento al confine settentrionale dell'adiacente Green Park. Gli organi procedurali, gestionali e diplomatici dell'ambasciata vengono cerimoniosamente sventrati dal corpo vittoriano e si riversano nel parco, come "semi" sparpagliati che crescono formando interventi simili a piccoli padiglioni. Queste strutture vengono reinserite nell'edificio originale dopo un periodo di uso libero nel parco: le due identità e i due tipi di lessico – quello dell'architettura e della progettazione dei giardini – alla fine si innestano e sbocciano insieme.

A refurbishment of the current Embassy of Japan in Piccadilly, imagining its temporary relocation to the north edge of the adjacent Green Park. The procedural, operational and diplomatic organs of the embassy become ceremonially eviscerated from the Victorian body and spill out into the park, like scattered 'seeds', which grow into small pavilion-like interventions. These vessels become re-inserted into the original building after a period of open use within the park: the two identities and two sets of vocabularies – architecture and garden design – eventually grafting and budding together.

PARLAMENTO / PARLIAMENT

EQUILIBRIO FRA VITA PRIVATA E LAVORO

SFERA / SPHERE 3
ANELLO / RING 3 [retro / back]

PRIVATE LIFE AND WORK BALANCE

IT Gli studi e le rivendicazioni sull'equilibrio fra vita e lavoro facevano anch'essi parte di una bolla fiorita vent'anni fa, che è stata portata all'attenzione del pubblico dibattito dalle donne ed è rimasta con noi per migliorare la vita dei cittadini, senza distinzione di genere. I ruoli di genere tradizionali impongono che i lavoratori di sesso maschile lavorino più ore e diano la priorità al successo professionale rispetto alla felicità personale, mentre presuppongono che le lavoratrici siano più sensibili alle loro responsabilità fuori dal luogo di lavoro (matrimonio, maternità e impegno civile). Se può ancora essere vero in molti ambienti professionali, c'è un numero crescente di lavoratori, uomini e donne, che costruiscono la vita e il lavoro come un continuum creato e vissuto in modo consapevole e critico. L'architettura e l'urbanismo possono, in modo molto attivo, favorire l'organizzazione di questo continuum.

EN Work-life balance studies and claims were also part of a blooming bubble appearing two decades ago, brought by women to the public debate, and that has stayed with us to improve citizen's life with no gender distinction. The traditional gender roles dictate that men employees will work long hours and prioritize professional success over personal happiness, while female employees are supposed to be more responsive about their responsibilities outside the workplace such as marriage, motherhood or civic engagement. While this might be still the case in many professional environments, there is an increasing amount of employees, both men and women, building work and life as a continuum constructed and navigated consciously and critically. Architecture and urbanism can, very actively, help in the organization of this continuum.

Collocare il sé fra le bolle

FANI KOSTOUROU

Locating the self between bubbles

IT Dalle norme sociali agli accordi di lavoro, dai mezzi di produzione alle infrastrutture urbane e tecnologiche, il Covid-19 ci ha costretto a ripensare il modo in cui viviamo, lavoriamo e socializziamo nell'ambiente costruito. Obbligando molti a lavorare da casa, la pandemia ha dimostrato quanto siano sfumati i confini fra le diverse sfere dell'esistenza umana. Se il lavoro e la vita privata sono due di queste sfere, o bolle per dirla con Peter Sloterdijk[1], entro le quali gli individui pensano, esistono e operano da soli e in relazione con gli altri, come si collegano, interagiscono ed equilibrano fra loro? E se i confini fra di esse diventano sempre più sfumati, come possiamo noi, come individui e professionisti, imparare a destreggiarci in questo continuum e collocare noi stessi dentro, fuori e fra queste due bolle[2]?

La lotta per destreggiarsi nel continuum vita-lavoro non è una novità. Il dibattito è emerso negli anni sessanta del Novecento con l'introduzione di politiche lavorative a difesa della famiglia, ma ha acquisito nuovo slancio verso la fine del secolo scorso quando un numero crescente di donne ha cominciato a entrare nella forza lavoro; oggi si è ampliato al di là delle strutture familiari tradizionali e dei discorsi sul genere binario per includere altre identità, stili di vita e modelli non-normativi[3]. Ciononostante, il concetto non si è mai del tutto liberato dai vecchi stereotipi di genere che considerano gli uomini coloro che guadagnano il pane per la famiglia e le donne coloro che si prendono cura degli altri e della casa[4]. Le ricerche si sono soffermate in modo particolare sulla lotta delle donne per conciliare maternità e ambizioni di carriera documentandone le conseguenze negative a livello economico ed emotivo[5].

Il dibattito ha inoltre in gran parte ignorato le particolarità delle varie professioni. Concentrandosi sull'industria delle costruzioni, Valerie Caven e Ani Raiden, docenti

EN From social norms to working arrangements, means of production, urban and technological infrastructures, Covid-19 made us rethink the way we live, work, and socialise in our built environment. By forcing many to work from home, the pandemic demonstrated how blurred the boundaries can be between the different spheres of human existence. If work and private life are two of these spheres, or bubbles in Peter Sloterdijk's terms,[1] within which individuals think, exist and operate on their own and in relation to others, how do they connect, interact and balance? And if the boundaries between them become increasingly blurred, how can we, as individuals and professionals, learn to navigate the continuum and locate ourselves inside, outside and between these two bubbles?[2]

The struggle for navigating through the work-life continuum is not new. The debate emerged in the 1960s with the introduction of family-friendly working policies but gained momentum towards the end of century when a growing number of women started entering the workforce; today it has extended beyond traditional family structures and binary gender discourses to include other non-normative identities, lifestyles and models.[3] Nonetheless, the concept has never really broken free from longstanding gendered stereotypes which see men as breadwinners and women as caregivers and housekeepers.[4] Studies have particularly described the struggle of women to reconcile motherhood with their career ambitions and have documented its negative economic and emotional consequences.[5]

The debates have also largely ignored the idiosyncrasies of various professions. Focusing on the construction industry, human resource academics Valerie Caven and Ani Raiden found that work-life balance among architects is harder to achieve due to the pro-

universitarie di risorse umane, hanno scoperto che l'equilibrio fra vita e lavoro per gli architetti è più difficile da raggiungere perché la loro attività si basa su dei progetti, e la situazione è ancora più grave per le donne che lavorano come dipendenti negli studi (in confronto a chi lavora negli enti locali, ai liberi professionisti o ai capi di azienda)[6]. I fattori che rendono più difficile l'equilibrio sono:

1 - le tante ore di lavoro, una prassi consolidata coltivata per rispettare le scadenze dei progetti e dimostrare dedizione nonostante l'insicurezza lavorativa che prevale nella professione. Mentre consultava gli ingegneri civili, Jacqueline Watts ha osservato che "chi non poteva conformarsi a questa aspettativa [disponibilità e desiderio di rimanere al lavoro finché era necessario] era considerato meno ligio e senz'altro meno impegnato[7].

2 - La mancanza di flessibilità o di controllo sull'orario di lavoro che scaturisce dalla scarsa pianificazione del carico di lavoro e dall'imprevedibilità del suo flusso. Caven e Raiden riconoscono che "le iniziative per equilibrare lavoro e vita, siano esse lavoro flessibile, permessi e ferie, agevolazioni per la cura dei figli o la salute e il benessere, sono praticamente inesistenti nella professione [degli architetti][8]. Al di là dello stigma per chi lavora con modalità flessibili,[9] c'è anche la percezione che molte di queste iniziative esistano per soddisfare le esigenze dei datori di lavoro più che per sostenere i lavoratori.

3 - i frequenti spostamenti avanti e indietro fra i progetti (visite in cantiere) e il lavoro (pendolarismo quotidiano) che possono ad esempio limitare le donne incinte.

La situazione è peggiorata con il sempre maggiore numero di lavoratori da remoto e l'iper-connettività delle tecnologie emergenti, che hanno costretto le bolle del lavoro e della vita a fondersi a livello concettuale e spaziale – specialmente durante la pandemia. Il concetto del "lavoro da casa"[10] si è rapida-

ject-based nature of the work, which is even worse for women working as salaried architects in practices (in comparison to local authority architects, self-employed and company principals).[6] Factors which make the balance harder are:

1 - the long working hours, an accepted norm cultivated to meet project deadlines and demonstrate commitment in the face of the employment insecurity that prevails in the profession. While consulting civil engineers, Jacqueline Watts observed that "those who could not conform to this expectation [availability and willingness to stay at work as long as necessary] were regarded as less loyal and certainly less committed".[7]

2 - The lack of flexibility or control over working time, which stems from poor workload planning and the unpredictability of the workflow. Caven and Raiden admit that "work-life balance initiatives, whether flexible working, leave and time off, childcare facilities or health and well-being, are virtually non-existent in the [architectural] profession".[8] Beyond the 'stigma' for those who work in flexible terms,[9] there is also the perception that many of these initiatives exist to meet the needs of employers rather than to support employees.

3 - The frequent travels to and from projects (site visits) and work (daily commuting), which may hold back pregnant women for instance.

The situation has worsened with the rising number of remote workers and the hyper-connectivity of emerging technologies, which have forced the bubbles of work and life to conceptually and spatially merge – especially during the pandemic. The concept of the 'work-home'[10] has rapidly expanded and new forms of labour have emerged that further accentuate the merging. In their Living/Working research, Dogma founders, Pier Vittorio Aureli and Martino Tattara, observed:

mente ampliato e sono emerse nuove forme di impiego che accentuano ulteriormente questa fusione. Nella loro ricerca Vivere/Lavorare, i fondatori di Dogma, Pier Vittorio Aureli e Martino Tattara, hanno osservato: "Questa condizione è ancora più estrema nel caso del lavoro creativo, dove la distinzione fra l'ambito della vita e del lavoro sembra crollare in uno spazio comune. Malgrado questa situazione, le città continuano a essere sviluppate attorno a una netta distinzione fra luogo di lavoro e spazio abitativo"[11]. Ma se ora più che mai siamo tenuti a svolgere – e presumibilmente ne siamo anche capaci – il lavoro produttivo e riproduttivo entro bolle diffuse, come possiamo collocarci dentro e fra di esse senza "compromettere un'esperienza soddisfacente" di entrambe[12]?

Ciò richiede un'organizzazione, che è sia spaziale sia programmatica a scale diverse per l'architettura e l'urbanismo. Le opere delle professioniste, particolarmente i progetti delle quattro studentesse presentati qui, possono fornire informazioni e ispirazione su:

(1) come collocare noi stessi in modo consapevole, efficace e ponderato, sia a livello funzionale sia fisico dentro e fra gli spazi in cui abitiamo, lavoriamo e interagiamo con gli altri.

Per illustrare questo concetto, il progetto presentato da Faye Greenwood al quarto anno, "La rivoluzione del sandwich confezionato", propone un nuovo tipo di spazio di coworking che mette insieme il lavoro con l'atto di cucinare e mangiare, incoraggiando le persone a interagire e a condividere la responsabilità della preparazione del cibo oltre allo scambio di conoscenze. Il progetto si ribella all'idea che preparare e cucinare il cibo siano ruoli tradizionalmente determinati dal genere e siano parte delle attività non remunerate (fatte prevalentemente dalle donne) che vanno a sostenere il posto di lavoro. Si ispira in gran parte allo

"This condition is even more extreme in the case of creative work, where the distinction between the realm of living and the one of working seems to collapse into a common space. Despite this condition, cities continue to be developed around a clear distinction between the workplace and housing."[11] But if we are now more than ever expected—and allegedly able—to undertake both productive and reproductive labour within diffused bubbles, how can we locate ourselves in and between them without "undermining the satisfactory experience" of either?[12]

This requires an organisation, that is both spatial and programmatic at different scales for architecture and urbanism. The works of women practitioners, particularly the four student projects presented below, can provide information and inspiration on:

(1) how to locate ourselves in a conscious, efficient and considerate way, both functionally and physically in and between the spaces we dwell, work and interact with others

To illustrate this, the fourth-year design project of Faye Greenwood, 'The Boxed Sandwich Revolution', proposes a new type of co-working space, which combines work with cooking and eating, encouraging people to interact and share food preparation responsibilities alongside the exchange of knowledge. It reacts on the idea that cooking and food preparation is traditionally a gendered role, and part of the unpaid labour (done predominantly by women) that sustains the workplace. Largely inspired by the Mediterranean lifestyle of slow living and the idea of eating as a social activity, the project critiques the long commuting hours to and from London, using a flagship store in Ipswich as a prototype to test the idea. At its core, 'The Boxed Sandwich Revolution' highlights the importance of lunch breaks and dinners within our daily routine and envisions their better integration

stile di vita lento dei paesi mediterranei e sull'idea del mangiare come attività sociale e critica le tante ore trascorse sui mezzi di trasporto da e verso Londra, usando un *flagship store* a Ipswich a mo' di prototipo per testare l'idea. Al centro del progetto vi è l'intento di sottolineare l'importanza delle pause per il pranzo e la cena all'interno della nostra routine quotidiana e di immaginare una loro migliore integrazione nel continuum vita-lavoro di ciascuno di noi indipendentemente dal genere di appartenenza. E come aggiunge Greenwood, la pandemia ha rafforzato le idee proposte dal progetto: "Dato che non ci spostiamo da e verso il luogo di lavoro, possiamo prenderci la briga di rifiutare i menù con i piatti pronti e i sandwich confezionati e ritrovare il tempo da dedicare al cibo nella nostra vita privata e sociale".

(2) Come collocare noi stessi a livello intellettuale ed etico in rapporto alla paternità collettiva delle nostre pratiche e dell'ambiente costruito.

È questa in gran parte l'idea che sta dietro al progetto finale di Helena Howard, "La gilda della policromia della City di Londra". Il progetto propone un nuovo edificio per la gilda circondato da maestose strutture colorate dove le competenze artigianali vengono apprese in modo collaborativo e vengono condivisi vari mestieri e idee. Per molti versi, il concetto è in antitesi al modello della gilda medievale e al suo modo riservato, mimetico, prevalentemente maschile di operare e pubblicizzare sé stesso nella città. In effetti, Howard sottolinea: "La perdita di un confine netto fra vita e lavoro garantiva che una competenza fosse preservata e nascosta alla vista, ma non permetteva l'evoluzione e lo sviluppo che avviene attraverso l'innovazione apportata dalla concorrenza e dagli influssi esterni". Il progetto ha inoltre consentito all'architetta di sperimentare in prima persona l'intero processo artigianale, usando per la prima volta macchinari, software e materiali altamen-

within the work-life continuum of everyone irrespective of gender. And as Greenwood adds, the pandemic has reinforced the project's ideas: "While we are not commuting to and from work, we can take the time to reject the ready meals and boxed sandwich meal deals and regain the time for food as part of our private and social lives."

(2) how to locate ourselves intellectually and ethically in relation to the collective authorship in our practices and built environment

This was largely the idea behind Helena Howard's final project 'The City of London Craft Guild of Polychromy'. The project proposes a new guild-building surrounded by bombastic colourful structures where craft skills are learned collaboratively and various trades and ideas are shared. In many ways, the concept is an antithesis to the medieval guild model and its secretive, male-dominated, and camouflaged way of operating and publicising itself in the city. Indeed, Howard remarks "the blurring of the boundary between living and working ensured that a skill would be preserved and hidden from view, but not allowed to evolve and develop through innovation brought about through competition and outside influence." The project also allowed the architect to experience the entire craftmaking process herself, using for the first time highly specialised machines, software and materials. Through the process, Howard located her own voice and "benefited from a network of expertise and a generosity of spirit" while noticing that "the 9-5 window [of the university workshop] helped to empower and democratise the making process for everyone, ensuring equal access to materials, tools, staff and colleagues, and relying on one's ability to prepare in advance and manage time."

The question is also addressed by the final project of Faye Greenwood, 'Cultivating

te specializzati. Attraverso questo processo, Howard ha individuato la propria voce e "ha tratto vantaggi da una rete di esperti e dalla generosità d'animo" e ha notato che "l'orario continuato dalle 9 alle 5 [del laboratorio all'università] ha contribuito a rafforzare e democratizzare il processo costruttivo per tutti, assicurando un accesso equo a materiali, strumenti, personale e colleghi, e contando sulla capacità di ognuno di prepararsi in anticipo e di gestire il tempo".

La stessa questione viene affrontata anche dal progetto finale di Faye Greenwood, "Coltivare l'artigianato", che celebra l'artigianato nell'era digitale, proponendo accordi di lavoro e sistemazione flessibili a produttori di piccola scala che si dedicano alla creazione di oggetti fatti a mano. Il progetto si prefigge la ristrutturazione della Royal Pottery Works, una fabbrica di ceramiche abbandonata di Burselm, a Stoke-on-Trent, fornendo laboratori, sistemazione e strutture che agevolano la produzione e il commercio degli oggetti, attraendo al contempo "estranei" attraverso un programma di apprendistato. "Gestendo un'azienda di artigianato, il tempo e l'energia degli artigiani non saranno sempre rivolti agli strumenti, bisogna anche curare le vendite, le email, verosimilmente compiti fondamentali, promuovere il lavoro e adesso i social media" dice l'architetta e continua: "C'è un interessante scambio fra l'artigianato come lavoro e l'artigianato come vita privata esplorati attraverso i social media, in particolare su Instagram, dove i turisti dell'artigianato vengono incoraggiati a condividere le esperienze di vita privata avute con i Burslem Craftworks". Qui, l'architettura usa i confini fisici e i materiali perforati per fornire diversi livelli di accessibilità e visibilità per il pubblico e perciò organizzare l'equilibrio fra gli individui, il collettivo e le diverse bolle in cui agiscono.

(3) Come collocare noi stessi nella città, impegnandosi con gli altri e la

Craft', which celebrates craftmanship in the digital age, providing flexible working and living arrangements for small-scale producers who engage with handmade crafts. It proposes the refurbishment of the abandoned Royal Pottery Works factory in Burselm, Stoke-on-Trent, and the implementation of an apprentice scheme to attract 'outsiders'. "While running a craft business, the craftspeople's time and energy will not always be on the tools, but also involve maintaining sales, emails, possibly primary jobs, promoting work and now social media," the architect says and continues "There is an interesting cross over between craft as work and craft as private life explored through social media, particularly through Instagram, where craft tourists are encouraged to share their private life experiences of Burslem Craftworks." Here, architecture uses physical boundaries and perforated materials to provide different levels of accessibility and visibility for the public and therefore, organise the balance between individuals, the collective, and the different bubbles they operate.

(3) how to locate ourselves in the city, engaging with others and the community and reshaping our practices to echo their voices

The final project of Emily Martin, 'Community Catalyst', is a series of small-scale interventions tactically inserted into the urban fabric that serve as an opportunity to bring the architect, the inhabitants and other stakeholders together and develop a manual of engagement for the direct involvement and collective action of local communities. Architecture here provides a platform to speak and discuss. It also diffuses into the urban, working parasitically to the existing fabric, benefitting from its location, social networks and physical infrastructure. Similar to the previous three works, the project negotiates the role and future of architectural practice, critically reflecting on the ways the

comunità e riorganizzando le nostre pratiche per far echeggiare le loro voci.

Il progetto finale di Emily Martin, "Catalizzatore di comunità" è una serie di interventi di piccola scala strategicamente inseriti nel tessuto urbano che servono come opportunità per riunire l'architetto, gli abitanti e le altre parti interessate e sviluppare una manuale di partecipazione per il coinvolgimento diretto e l'azione collettiva delle comunità locali. L'architettura qui si propaga nel tessuto urbano, lavorando come un parassita sul tessuto già esistente, traendo vantaggio dalla sua collocazione, dalle sue reti sociali e dalle sue infrastrutture fisiche. Analogamente ai tre lavori precedenti, questo progetto affronta il ruolo e il futuro della pratica architettonica, riflettendo in modo critico sui modi in cui la professione e i suoi vari processi e infrastrutture hanno tradizionalmente amplificato le voci dei pochi privilegiati, incluso il maestro architetto, di solito un uomo.

I quattro contributi di cui abbiamo parlato ci invitano a riconsiderare l'organizzazione delle bolle del lavoro e della vita a scale diverse, né come completamente a sé stanti né completamente crollate, e a sfidare le disparità di genere preesistenti che sono state esacerbate dalla pandemia. In particolare, quando ci si concentra sul lavoro delle donne e sul carico sproporzionato che spesso devono sopportare, vale la pena immaginare i modi in cui la professione può contribuire a riconfigurare i ruoli di genere a livello spaziale abbracciando riti quotidiani, esperienze corporee, estetica, tecnologie, relazioni intime umane e non umane che la prospettiva femminista porta con sé.

profession and its various processes and infrastructures have traditionally amplified the voices of the few privileged, including that of master architect – usually a man.

The four contributions above invite us to reconsider the organisation of work and life bubbles at different scales, neither as fully distinctive nor fully collapsed, and to challenge the pre-existing gender disparities which have been exacerbated by the pandemic. Particularly when focusing on women's labour and the disproportionate burden they often have to carry, it is worth imagining the ways the profession can help reconfigure gender roles spatially to embrace quotidian rituals, bodily experiences, aesthetics, technologies, intimate human and non-human relations brought from the feminine perspective.

Note

1 Sloterdijk, Peter. *Bolle: Sfere, I*, Raffaello Cortina, Milano 2014.

2 La frase rende omaggio al discorso che Leonard Cohen tenne nel 2011quando ricevette il Premio Principe delle Asturie per la letteratura: "È stato solo quando ho letto le opere di Lorca, perfino in traduzione, che ho capito che c'era una voce. Non è che ho copiato la sua voce: non avrei mai osato. Ma Lorca mi ha dato il permesso di trovare una voce, cioè, di collocare un sé, un sé che non è fisso, un sé che lotta per la sua esistenza".

3 Si veda per esempio Gregory, Abigail and Susan E. Milner. "Work-life balance: a matter of choice?" *Gender, Work and Organization* 16, n. 1, 2009, pp. 1-13; Ramarajan, Lakshmi, Kathleen L. McGinn, and Deborah Kolb. "An Outside-Inside Evolution in Gender and Professional Work." *Harvard Business School Organizational Behavior Unit Working Paper*, nn. 13-51, 30 novembre 2012; Smithson, Janet, and Elizabeth H. Stokoe. "Discourses of work–life balance: negotiating 'genderblind' terms in organizations." *Gender, Work and Organization* 12, n. 2, 2005, pp. 147-168.

4 Si veda per esempio Blair-Loy, Mary. *Competing Devotions: Career and Family among Women Executives*, Harvard University Press, Cambridge (MA) 2003; Hays, Sharon. *The Cultural Contradictions of Motherhood*. Yale University Press, New Haven (CT) 1996; Wharton, Amy S. *The sociology of gender: an introduction to theory and research*, Wiley-Blackwell, Malden (MA) 2005.

5 Approfondimenti in Glass, Jennifer. "Work-life policies: Future directions for research." *Work-life policies*, 2009, pp. 231-250; Weigt, Jill. "Compromises to Carework: The Social Organization of Mothers' Experiences in the Low-wage Labor Market after Welfare Reform." *Social Problems* 53, 2006, pp. 332-51; Wharton, Amy S. "Work and Family in the Twenty-first Century: Four Research Domains." *Sociological Compass* 6, n. 3, 2012, pp. 219-35.

6 Caven, Valerie and Ani Raiden. "Work-life balance among architects." In *Proceedings 26th Annual ARCOM Conference*, vol. 1, pp. 533-542. Leeds: Association of Researchers in Construction Management (2010).

7 Watts, Jacqueline H. "'Allowed into a man's world' meanings of work–life balance: Perspectives of women civil engineers as 'minority' workers in construction." *Gender, Work and Organization* 16, n. 1, 2009, pp. 45-46.

8 Caven and Raiden, Work-life balance among architects, p. 541.

9 Williams, Christine L. "The Gendered Discourse of Work-Family Balance in the Oil and Gas Industry." *Social Currents* 5, n. 2, 2018, p. 122.

10 Holliss, Frances. *Beyond Live/Work: The Architecture of Home-based Work*. Routledge, Abingdon 2015.

11 Tattara, Martino (Dogma). "Living and working: How To Live Together" Lecture on Living/Working: Domestic Space and the Project of the City, MIT Architecture, 23 febbraio 2015. Disponibile su: https://architecture.mit.edu/sites/architecture.mit.edu/files/attachments/lecture/Tattara_living%20and%20working_intro.pdf

12 Blyton, Paul, and Mike Noon. "The Realities of Work: Experiencing work and employment in contemporary society", 2007, p. 356.

Notes

1 Sloterdijk, Peter. *Bubbles: Spheres, Volume I: Microspherology*. Semiotext(e) / Foreign Agents (2011)

2 The phrase pays tribute to Leonard Cohen's speech when he received the Prince of Asturias Award for Literature in 2011: "*It was only when I read, the works of Lorca that I understood that there was a voice. It is not that I copied his voice; I would not dare. But he gave me permission to find a voice, to locate a voice, that is, to locate a self, a self that is not fixed, a self that struggles for its own existence.*"

3 See for example Gregory, Abigail and Susan E. Milner. "Work-life balance: a matter of choice?" *Gender, Work and Organization* 16, no. 1 (2009): 1-13; Ramarajan, Lakshmi, Kathleen L. McGinn, and Deborah Kolb. "An Outside-Inside Evolution in Gender and Professional Work." *Harvard Business School Organizational Behavior Unit Working Paper* No. 13-051 (November 30, 2012); Smithson, Janet, and Elizabeth H. Stokoe. "Discourses of work–life balance: negotiating 'genderblind' terms in organizations." *Gender, Work and Organization* 12, no. 2 (2005): 147-168.

4 See for example Blair-Loy, Mary. *Competing Devotions: Career and Family among Women Executives*. Cambridge, MA: Harvard University Press (2003); Hays, Sharon. *The Cultural Contradictions of Motherhood*. New Haven, CT: Yale University Press (1996); Wharton, Amy S. *The sociology of gender: an introduction to theory and research*. Malden, MA: Wiley-Blackwell (2005).

5 More in Glass, Jennifer. "Work-life policies: Future directions for research." *Work-life policies* (2009): 231-250; Weigt, Jill. "Compromises to Carework: The Social Organization of Mothers' Experiences in the Low-wage Labor Market after Welfare Reform." *Social Problems* 53 (2006):332–51; Wharton, Amy S. "Work and Family in the Twenty-first Century: Four Research Domains." *Sociological Compass* 6, no.3 (2012):219–35.

6 Caven, Valerie and Ani Raiden. "Work-life balance among architects." In *Proceedings 26th Annual ARCOM Conference*, vol. 1, pp. 533-542. Leeds: Association of Researchers in Construction Management (2010).

7 Watts, Jacqueline H. "'Allowed into a man's world' meanings of work–life balance: Perspectives of women civil engineers as 'minority'workers in construction." *Gender, Work and Organization* 16, no. 1 (2009): 45-46.

8 Caven and Raiden, Work-life balance among architects, 541.

9 Williams, Christine L. "The Gendered Discourse of Work Family Balance in the Oil and Gas Industry." *Social Currents* 5, no. 2 (2018): 122.

10 Holliss, Frances. *Beyond Live/Work: The Architecture of Home-based Work*. Abingdon: Routledge (2015).

11 Tattara, Martino (Dogma). "LIVING AND WORKING: How To Live Together" Lecture on Living/Working: Domestic Space and the Project of the City, MIT Architecture (February 23, 2015). Available at: https://architecture.mit.edu/sites/architecture.mit.edu/files/attachments/lecture/Tattara_living%20and%20working_intro.pdf

12 Blyton, Paul, and Mike Noon. "The Realities of Work: Experiencing work and employment in contemporary society." (2007): 356.

Helena Howard – U12. Y5
LA GILDA DELLA POLICROMIA DELLA CITY DI LONDRA
/ THE CITY OF LONDON CRAFT GUILD OF POLYCHROMY
Tutors: Elizabeth Dow, Jonathan Hill

La gilda propone un nuovo impegno nell'artigianato attraverso l'introduzione di un revival gotico. La policromia viene usata per neutralizzare la nuova piattezza del Ventunesimo secolo – quella dell'acciaio e del vetro del settore finanziario. Ad apprendisti che hanno dai diciotto anni in su vengono insegnate le tecniche digitali e analogiche della produzione del colore architettonico in modo da facilitare la diffusione della policromia del Nuovo Gotico per tutto il Miglio Quadrato e oltre.

The guild proposes a re-engagement with craft through the introduction of a 21st-century Gothic revival. Polychromy is used to counteract the new 21st-century blandness – that of the steel and glass financial sector. Apprentices aged 18 and above are taught both digital and analogue techniques of architectural colour production, in order to facilitate the spread of the New Gothic polychromy throughout the Square Mile and beyond.

Helena Howard – U12. Y5

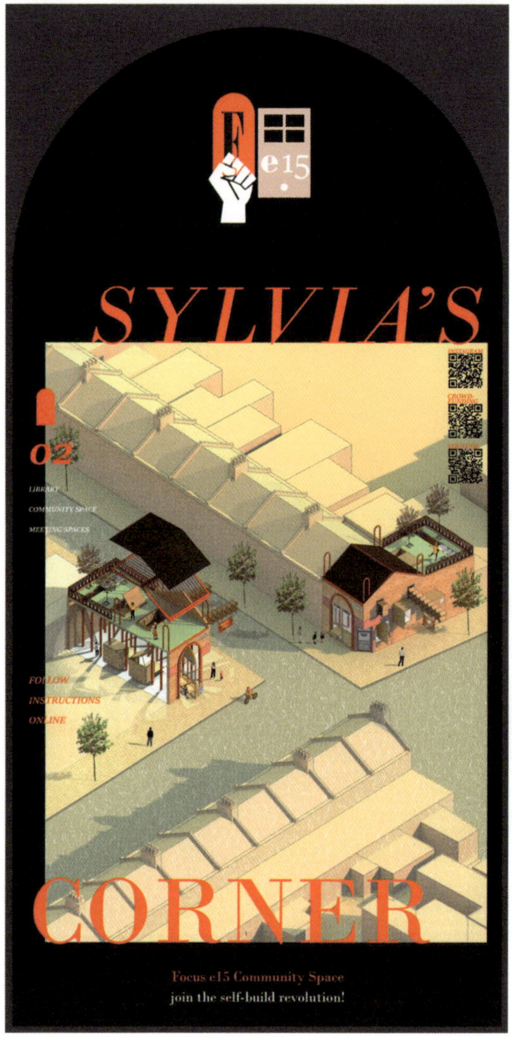

Emily Martin – U13. Y5
CATALIZZATORE DI COMUNITÀ / COMMUNITY CATALYST
Tutors: Sabine Storp, Patrick Weber

Questo progetto si occupa del futuro della pratica architettonica rielaborando il processo di progettazione e trasformandolo in un'opportunità per lo sviluppo guidato dalla comunità. Sviluppando un nuovo metodo partecipativo come un manuale di partecipazione attiva – attraverso il coinvolgimento diretto e l'azione collettiva all'interno delle comunità locali – le opportunità di vita contemporanea vengono trasformate e sottoposte a un processo di riappropriazione.

This project negotiates the future of architectural practice by re-working the design process into an opportunity for community-driven development. By developing a new participatory method as a manual of engagement – through direct involvement and collective action within local communities – contemporary living opportunities are transformed and re-appropriated.

SKILLS
e15
03
WORKSHOPS:
CONSTRUCTION
ASSEMBLY
TOOLS
FOLLOW
INSTRUCTIONS
ONLINE
INSTAGRAM
WOOD
Focus e15 Skills Exchange
join the self-build revolution!

Faye Greenwood – U22. Y4
LA RIVOLUZIONE DEL SANDWICH CONFEZIONATO / THE BOXED SANDWICH REVOLUTION
Tutors: Izaskun Chinchilla, Daniel Ovalle

Il progetto mira a modificare il rapporto del Regno Unito con il cibo, traendo ispirazione dalla cultura del cibo mediterranea. Con il lavoro da remoto e il coworking che si diffondono, il progetto punta a integrare spazi di lavoro flessibili, preparazione comune del cibo e programmi gastronomici nella zona dei pendolari di Londra. Viene proposto un sistema modulare, con la preparazione del cibo al centro, all'interno di un paesaggio fatto da piccoli lotti. La costruzione, i materiali e l'organizzazione dell'edificio mirano all'utilizzo delle risorse disponibili.

This project aims to slow down the UK's relationship with food, taking influence from Mediterranean food culture. With remote and co-working trends becoming more popular, this project aims to integrate flexible working spaces and communal cooking and dining programmes in London's commuter belt. A modular system is proposed, with cooking at the core, within a landscape of allotments. The building's construction, materials and organisation aim to use spare resources.

PARLAMENTO / PARLIAMENT

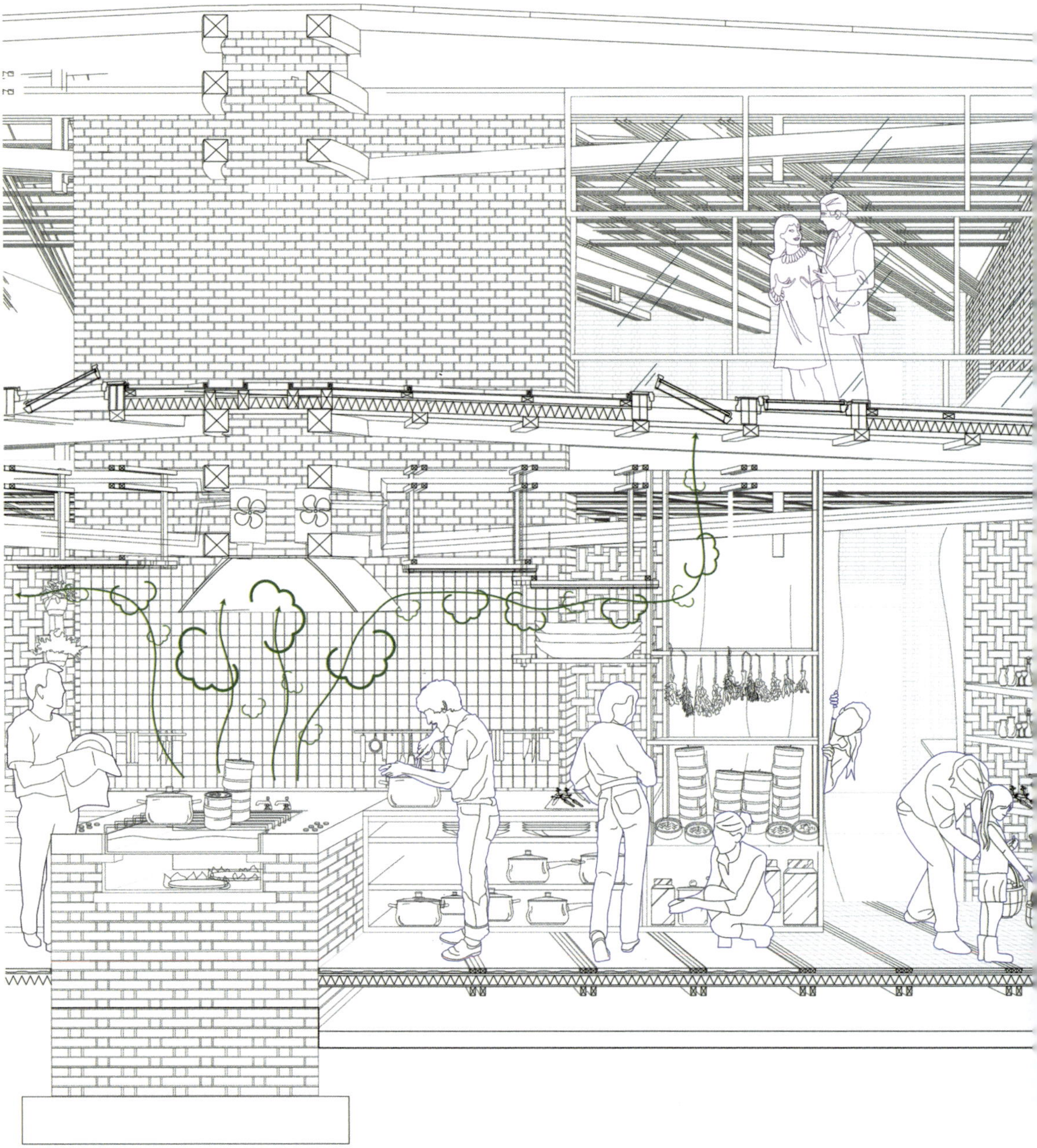

Faye Greenwood – U22. Y4

PARLAMENTO / PARLIAMENT

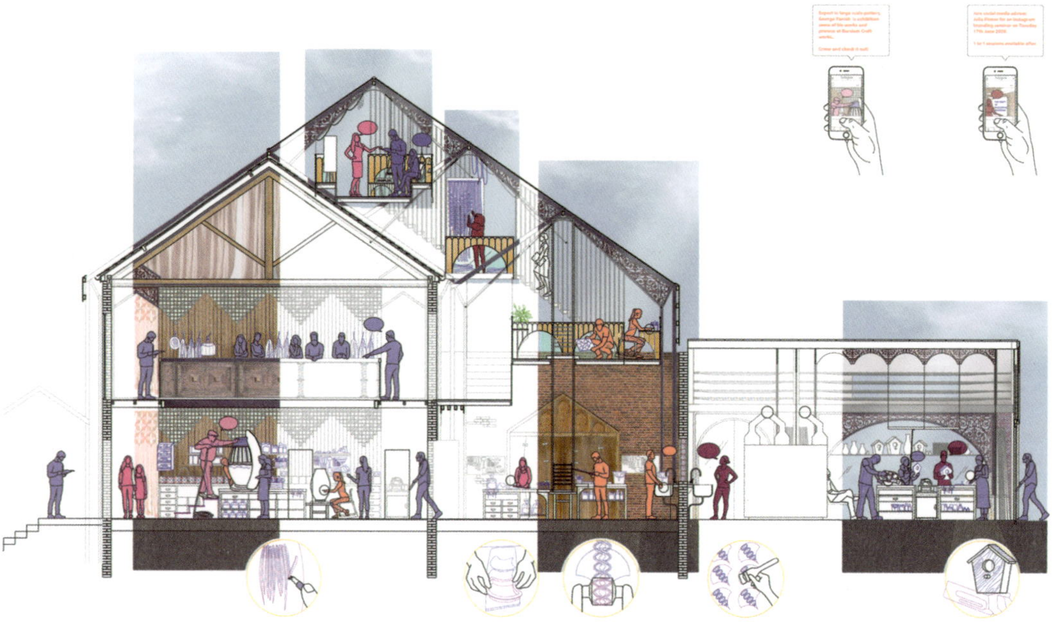

Faye Greenwood – U22. Y5

COLTIVARE L'ARTIGIANATO / CULTIVATING CRAFT

Tutors: Izaskun Chinchilla, Daniel Ovalle

Il progetto intende riscoprire e sostenere il patrimonio, la produzione, le competenze e la bellezza dei mestieri artigianali tradizionali del Regno Unito, nell'ambiente urbano sia domestico sia pubblico, in modo da prendersi cura degli artigiani, proteggere il patrimonio culturale e migliorare gli spazi che abitiamo. La proposta vuole riaccendere e rinnovare l'attenzione verso i mestieri artigianali e la maestria degli artigiani. Nell'era dell'ambiente online che avanza e cresce sempre più, il progetto si propone di capire come l'ambiente architettonico possa occuparsi del modo in cui creiamo con le nostre mani per il bene sia di chi crea che del più ampio contesto.

This project aims to re-discover and support the heritage, making, skills and beauty of traditional crafts in the UK, in both the domestic and public urban environments, in order to care for the craftspeople, protect cultural heritage and improve the spaces we inhabit. This project looks to revive and re-invent the care of crafts and craftsmanship. With the growing and advancing age of the online environment, this project sets out to understand how the architectural environment can care for the way we make with our hands, in order to benefit both the maker and the wider context.

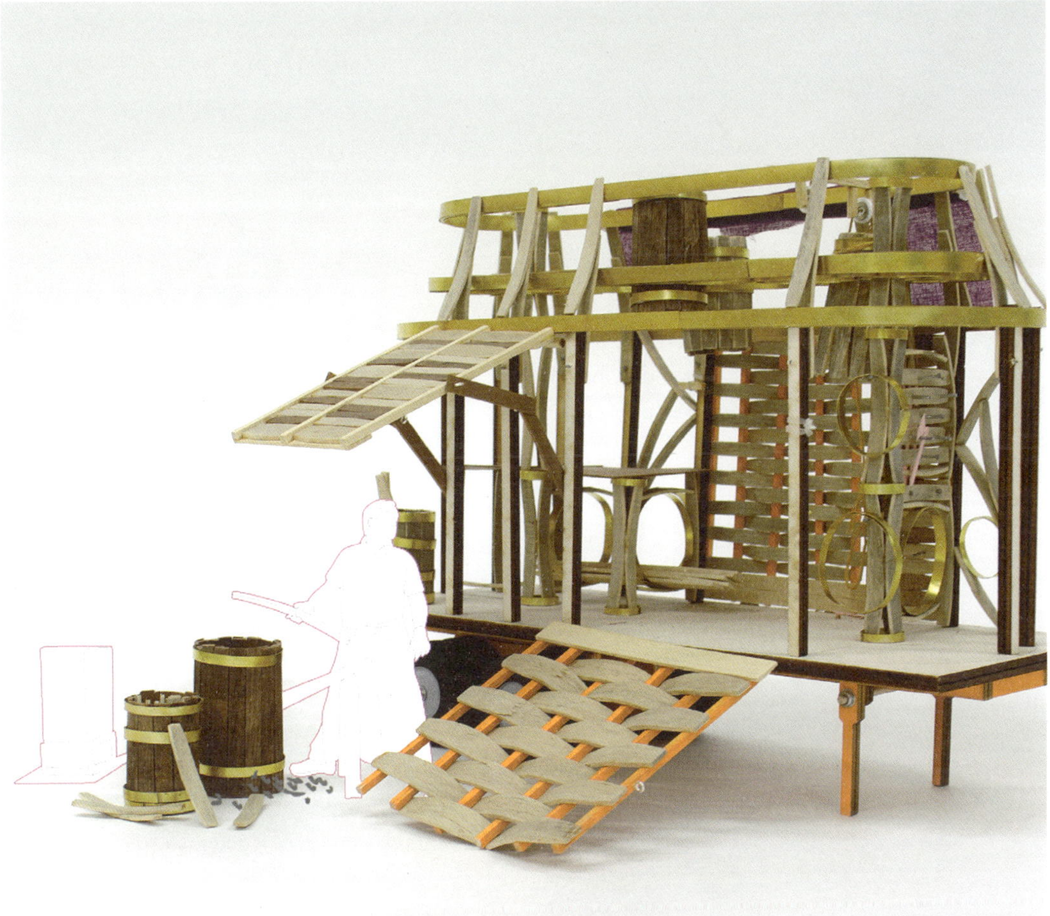

Faye Greenwood – U22. Y5

PARLAMENTO / PARLIAMENT

IT L'ultimo tassello in ordine di tempo di un lungo percorso intrapreso dalla Galleria Nazionale d'Arte Moderna e Contemporanea nell'universo femminile è la mostra *Cosmowomen. Places as constellations*. Nel salone centrale Izaskun Chinchilla ha progettato e allestito tre grandi armille in cui mette in opera una riflessione sulle sfide che riguardano l'architettura intesa innanzitutto come fatto relazionale. Le tre sfere sono grandi oggetti pedagogici che, come le armille medievali riproducevano astronomicamente il globo terrestre, riproducono il mondo femminile contemporaneo. L'intento è quello di mostrare una costellazione diversificata, fertile, ramificata, controversa progettata dalle donne con la loro esperienza quotidiana, le loro relazioni affettive, il loro retroterra sociale, culturale, biologico, la loro eredità storica e la loro estetica. La curatrice della mostra parte dal presupposto che l'obiettivo dell'architettura è il contributo alla conservazione ecologica del pianeta e il miglioramento delle condizioni di vita dei suoi abitanti affinché "i cittadini di qualsiasi sesso possano godersi la vita, il tempo libero e il lavoro in un continuum armonioso e fluido". Per far questo bisogna dunque progettare guardando al quotidiano, rifiutando gli stereotipi e considerando come componenti fondamentali la natura, i panorami, i colori, la luce e i materiali naturali. Izaskun Chinchilla prende a riferimento le sfere della trilogia scritta dal filosofo tedesco Peter Sloterdijk, come figure che consentono di simbolizzare le relazioni tra gli esseri umani e le fa diventare un luogo coinvolgente e immersivo dove vedere, riflettere e partecipare con tutto il corpo, lo spazio più intimo e familiare e lo spazio socia-

EN Chronologically, the exhibition *Cosmowomen. Places as constellations* is the last piece in a long journey through the feminine universe undertaken by Galleria Nazionale d'Arte Moderna e Contemporanea. In the main exhibition hall, Izaskun Chinchilla has designed and set up three large armillae which inspire a reflection on the challenges that regard architecture understood primarily as a relational fact. The three spheres are large pedagogical objects reproducing the contemporary feminine world, just as the medieval armillae astronomically reproduced the terrestrial globe. The intention is to show a diversified, fertile, diffuse and controversial constellation designed by women, with their experience of daily life, their personal relationships, their social, cultural and biological backgrounds, their historic inheritance and their aesthetics. The exhibition's curator began with the assumption that architecture's aim was to help preserve the planet's ecology and improve living conditions for its inhabitants so that "citizens of any gender can enjoy life, leisure time and work, in a harmonious and fluid continuum." In order to do this, it is necessary to create designs that look to everyday life, that reject stereotypes and consider nature, landscapes, colours, light and natural materials as crucial components. As a reference, Izaskun Chinchilla uses the spheres in the trilogy written by German philosopher Peter Sloterdijk as figures that can symbolise relationships between human beings and make them an engaging and immersive place where one can see, reflect and participate with one's entire body in the most intimate and familiar space and the social space of architecture. Each sphere is dedicated to a different place of coexistence. In the first sphere, the *Gyna-*

le dell'architettura. Ogni sfera è dedicata a un diverso luogo di convivenza. Nella prima sfera, il *Gineceo*, luogo dell'intimità, partendo dall'idea che la collaborazione tra donne ha saputo creare connessioni trasversali tra classi sociali e generazioni, vengono reinterpretate le stanze di una casa dell'antica Grecia abitata esclusivamente dalle donne. Nella seconda sfera, l'*Onsen*, luogo della relazione, i tradizionali bagni giapponesi in cui un'area era dedicata esclusivamente alle donne, partendo dalla accettazione e dall'apprezzamento del corpo femminile e della natura, vengono ridefiniti i principi di utilizzo dello spazio stesso. Nella terza sfera, il *Parlamento*, luogo delle relazioni pubbliche, ci si domanda se un organo istituzione fondato dalle donne sarebbe diverso nei suoi usi, spazi, dettagli, nella sua organizzazione o nel suo aspetto.

Le sfere di Izaskun si reimpossessano dunque, temporaneamente, del salone centrale della Galleria, un tempo "sala d'onore dell'esposizione". Reimpossessano perché non è la prima volta che questo avviene. Infatti la circonferenza, e fors'anche la sfera, hanno dettato forme e proporzioni all'intero fabbricato opera di Cesare Bazzani. Ricordiamo che la Galleria Nazionale come oggi la conosciamo è costituita da due parti cronologicamente e concettualmente ben distinte, opera dello stesso Bazzani: una prima parte progettata ed edificata tra il 1908 e il 1911 e l'altra, cosiddetta del "primo ampliamento", eretta tra il 1930 e 1933 che ha sostanzialmente raddoppiato l'edificio affiancandosi al primigenio limite settentrionale. Analizzando i disegni dell'edificio del 1908, scopriremo come l'idea progettuale (ancor più di quanto poi effettivamente realizzato) fosse improntata sul concatenarsi e intrecciarsi di moduli e sotto moduli circolari. Circonferenze "disegnano" non solo i singoli ambienti ma, ancor più, costruiscono e collegano tra loro ambienti che geometricamente appaiono tra loro invece disconnessi e lontani. Il baricentro geometrico del Salone delle co-

eceum, a place of intimacy, starting with the idea that collaboration between women has created transversal connections across social classes and generations, the rooms of a house in ancient Greece inhabited exclusively by women are reinterpreted. In the second sphere, the *Onsen*, the place of relationships, the traditional Japanese baths, where there is an area dedicated exclusively to women, the principles of the uses of the space itself are redefined starting with the meaning and appreciation of the female body and nature. In the third sphere, the *Parliament*, a place of public relations, the question is posed as to whether an institution founded by women would be different in its uses, spaces, details, organisation or its aspect.

Izaskun's spheres temporarily repossess the main hall of the Galleria, once an "exhibition hall of honour". "Repossess" because it is not the first time that this has occurred. In fact, the circumference, and perhaps also the sphere, dictated the shapes and proportions of the entire building by Cesare Bazzani. The Galleria Nazionale we know today is made up of two chronologically and conceptually distinctive parts, the work of the same Bazzani: the first part designed and built between 1908 and 1911 and the other, the so-called "first extension", erected between 1930 and 1933, basically doubling the size of the building along the original northern boundary. By analysing the drawings for the 1908 building, we will discover how the idea for the plan (even more extensive than what was eventually built) was based on the concatenation and interweaving of circular modules and sub-modules. Circumferences "design" not only the individual rooms but, even more, they construct and connect the rooms, which instead appear to be geometrically disconnected and distant. The geometric barycentre of "Salone delle colonne – Hall of the Columns" is the ideal centre of the entire building, located where the

lonne è il centro ideale dell'intero edificio e si trova all'intersezione dei due assi di simmetria dell'edificio. Se puntassimo su detto centro un virtuale compasso, vedremmo riemergere una circonferenza ideale che, con chiara evidenza, non può essere frutto della casualità ma di una precisa intenzione progettuale nello svelare come le due esedre curvilinee degli opposti corridoi laterali sono in realtà segmenti di questa stessa circonferenza la quale, inoltre, marca la conclusione settentrionale del primigenio edificio intersecando in quel limite, con geometrica precisione, l'asse trasverso di simmetria. Approfondendo, si scoprirebbe come esista un più ampio "gioco modulare" di circonferenze che generano la forma e la dimensione degli spazi architettonici riscontrabile in innumerevoli parti del fabbricato. Questo "gioco" attraverso il quale Bazzani dette le proporzioni al tutto – al rapporto tra gli spazi interni e persino al rapporto tra gli spazi interni con quelli esterni – torna d'attualità con questa mostra in cui a distanza di più di un secolo le circonferenze diventano le forme fondanti che generano un luogo coinvolgente e immersivo dove vedere, riflettere e partecipare con tutto il corpo concepito come una costellazione.

building's two axes of symmetry intersect. If we stuck a virtual compass in that centre, we would clearly see an ideal circumference which cannot be the result of a random approach but a precise design intention in revealing how the two curvilinear exedras of the opposite lateral corridors are actually segments of this same circumference which, moreover, marks the northern end of the original building by intersecting the transverse axis of symmetry in that limit with geometric precision. On further examination, we would discover the existence of a more extensive "modular game" of circumferences that generate the shape and size of the architectural spaces found in numerous parts of the building. This "game" that Bazzani used to dictate the proportions for everything – the relationship between the interior spaces and even the relationship between the interior and exterior spaces – comes to the fore with this exhibition in which, more than a century later, the circumferences become foundational forms that generate an engaging and immersive place conceived as a constellation in which to see, reflect and participate with one's entire body.

MASSIMO LICOCCIA
VALERIA LUPO
Coordinatori della mostra / Coordinators of the exhibition
Cosmowomen. Places as constellations

Sposta l'orizzonte, siedigli accanto
La Cosmoschool della Galleria Nazionale d'Arte Moderna e Contemporanea di Roma

Perché dobbiamo ricordare radici
per poter dare un nome alle cose,
dobbiamo dargli un genere
le volte
per renderle umane.

IT Esiste un sottile strato di ruvida pace sopra le cose del mondo, uno strato che impone di guardare lo spazio di sbieco, per vederlo apparire. Se ne sta lì, avvinghiato alla materia e a volte ci parla, ci racconta di come l'artificio che ci circonda sia sempre il prodotto imperfetto delle nostre mani.

Mani di uomo o mani di donna? Servirebbe porsela questa domanda, soprattutto quando si parla di mani che plasmano lo spazio. Il nostro fare, infatti, non è mai solo un nostro agire nel mondo ma è anche l'evidenza di come abbiamo l'opportunità di abitarlo, di come siamo chiamati a farne esperienza e dunque a pensarlo.

Sembra assurdo, quindi, che l'architettura abbia storicamente considerato la questione del genere (quando l'ha considerata) solo come un mero fatto di bisogni, in quanto noi siamo corpi non solo nelle nostre necessità biologiche ma siamo anche corpi che possiedono storie, corpi che percorrono strade, alle volte completamente sbarrate. Questo però non significa che non si continui a camminare, né tantomeno che l'ostacolo debba per forza essere superato procedendo ostinatamente nella stessa direzione. Percorrere il fianco di un muro può farci deviare dal tragitto che aveva-

Move the horizon, sit down next to it
The Cosmoschool at Galleria Nazionale d'Arte Moderna e Contemporanea in Rome

Because we must remember our roots
in order to give names to things,
we must give them a gender,
faces,
to make them human.

EN There is a thin layer of rough peace above the things of the world, a stratum that forces us to look at space on a slant, to see it appear. It just lies there, clinging to matter, and at times it speaks to us. It tells us how the artifice that surrounds us is always the imperfect product of our hands.

The hands of a man or a woman? This question is worth asking, especially when we are talking about hands that shape space. What we do, in fact, is never simply our actions in the world, but also evidence of how we have the opportunity to inhabit it, of how we are called upon to experience it and therefore to think about it.

And so it seems absurd that, historically speaking, architecture considered the question of gender (when it considered it) merely as a mere matter of needs, inasmuch as we are bodies not only in terms of our biological needs, but also bodies that possess stories, bodies that travel roads, roads that at times are completely blocked. However, this does not mean that we cease walking, nor that we must necessarily get past the obstacle by stubbornly proceeding in the same direction. Walking alongside a wall can force us to deviate from the path we imagined, but it

mo immaginato ma può anche portarci lontano. I nostri passi inizieranno allora a tracciare sulla terra strade che potranno essere ritrovate, da chi verrà dopo di noi, sempre più facilmente, con sempre maggiore desiderio, magari, di poterle un giorno ricostruire di pietra.

Cosmowomen, da questo punto di vista, non è quindi soltanto una semplice mostra perché possiede già in sé gli strumenti per guidarci altrove. Izaskun Chinchilla, architetta e curatrice, con il suo lavoro è infatti riuscita a ridisegnare come un'unica mappa le coordinate di decine di deviazioni, strade aperte da architette o da professioniste di ambiti collegati che hanno voluto non soltanto rivendicare la loro specificità in quanto donne, ma farne anche esplicita materia progettuale.

La mostra e il catalogo di *Cosmowomen* sembrano aprire d'improvviso davanti a noi uno spazio, un'alternativa; sono la dimostrazione concreta di quanto possa divenire intima una visione, di cosa potrebbe realmente accadere se architette e architetti rovesciassero sopra la carta, oltre al loro pensiero, anche il loro interno, il loro sentire lo spazio oltre che la pretesa, con il proprio lavoro, di "dire" sempre qualcosa (di nuovo?).

Torniamo indietro, torniamo all'origine. Perché lo spazio è un qualcosa di cui facciamo esperienza quotidianamente e spesso in maniera banale. Lo spazio permea i nostri ricordi e dalla memoria, se solo sapessimo come fare, potremmo trarre molto, potremmo forse trarre tutto.

La Cosmoschool che la Galleria Nazionale d'Arte Moderna e Contemporanea di Roma terrà nell'autunno 2021 si pone infatti proprio questo obiettivo, scavare nella memoria delle future architette e dei futuri architetti per trarre dai loro ricordi lo spazio, perché il loro progettare ridiventi in primo luogo un fatto vissuto. Alle studentesse e agli studenti

can also take us far. Our steps then begin to trace out roads in the land that will be found by those who come after us, with increasing ease and perhaps a desire to rebuild them in stone one day.

From this point of view, *Cosmowomen* is more than a simple exhibition, because it is already endowed with the tools to guide us elsewhere. With her work, architect and curator Izaskun Chinchilla has succeeded in redesigning, as one single map, the coordinates of dozens of detours, trails blazed by architects or professionals from related fields who wanted not only to claim their specificity as women, but also to make use of it in explicit design material.

The *Cosmowomen* exhibition and catalogue seem to suddenly open a space in front of us, an alternative; they concretely demonstrate how intimate a vision can become, what could actually happen if male and women architects not only poured their thoughts onto paper, but also their inner beings, the way they sense space, as well as the claim, with their work, of always "making a statement" (anew?).

Let's go back, back to the origin. Because space is something we experience every day and often in a banal way. Space permeates our memories, and if we only knew how to do it, we could draw a lot from memory, perhaps everything.

The aim of the Cosmoschool that will be held at Galleria Nazionale d'Arte Moderna e Contemporanea in Rome in Autumn 2021 is exactly this, to dig into the memory of future male and female architects to draw space from their memories, so that their designs can, first of all, again become something already experienced. In fact, the participating male and female students will be asked not to think about a future space

che parteciperanno verrà infatti richiesto non di pensare uno spazio futuro ma di pensare lo spazio del loro passato, manipolarlo a partire dal ricordo di come si muoveva il loro corpo all'interno, dal ricordo, ad esempio, di ciò che poteva attrarli o mettere loro paura.

Una Cosmoschool vuole essere un seme, si spera uno di tanti, per sviluppare capillarmente un'architettura che non veda più il corpo come recipiente di bisogni "statistici", ma lo riconosca come soggetto narrante, corpo specifico e localizzato nello spazio di un'epoca che a volte potrà anche sembrarci più grande di noi ma che non dobbiamo mai dimenticare che siamo sempre noi a costruire, e con le nostre mani.

but to think about the space of their past, to manipulate it, starting with the memory of how their body moved within it, with the memory, for instance, of what attracted them or frightened them.

A Cosmoschool is intended to be a seed, hopefully one of many, for the widespread development of an architecture that no longer sees the body as a recipient of "statistical" needs, but recognises it as a narrator, a specific body localised in the space of an era which at times might also seem bigger than us, but which we must never forget is always built by us, and with our own hands.

LISELOTTE CORIGLIANO

Galleria Nazionale d'Arte Moderna e Contemporanea — Roma

Consiglio di Amministrazione / Executive Board
Cristiana Collu
Presidente / President

Valentina Alferj
Elena Di Giovanni
Mariastella Margozzi
Enrico Del Prato

Comitato scientifico / Scientific Committee
Fabio Benzi
Francesco Dobrovich
Flavio Fergonzi
Stefania Zuliani

Collegio dei revisori dei conti / Board of Auditors
Nunzia Vecchione
Presidente / President

Maurizio Ferri
Arturo Siniscalchi

Direttrice / Director
Cristiana Collu

Segreteria di Direzione / Director's Secretary Office
Paola Castrignanò

Collegio tecnico scientifico / Scientific and Technical Advisory Board
Rita Camerlingo
Giovanna Coltelli
Massimo Licoccia
Valeria Lupo
Chiara Stefani

Ufficio mostre / Temporary Exhibition Department
Keila Linguanti

Ufficio prestiti e registrazione / Loans and Registration Office
Stefano Marson

Funzionari storici dell'arte / Art Historians
Rita Camerlingo
Giovanna Coltelli
Chiara Stefani

Servizi educativi / Education Department
Isabella de Stefano

Conservazione / Conservation
Fulvia Bartolone
Paola Carnazza
Rodolfo Corrias
Maria Letizia Profiri
Luciana Tozzi
Roberto Possenti
Veraldo Urbinati

Archivio generale / Archives
Claudio Bianchi
Fabrizio Guglielmino

Archivio bioiconografico e fondo storici / Bio-iconographic Archives and Historical Funds
Claudia Palma
Clementina Conte
Stefania Navarra
Enzo Riggio

Archivi delle Arti Applicate Italiane del XX secolo / 20th Century Italian Applied Arts Archives
Irene de Guttry
Maria Paola Maino
Gabriella Tarquini

Biblioteca / Library
Giulia Talamo
Salvatore Alessandrella
Lucia Piu
Carmela Casafina
Linda Sorrenti

Archivio fotografico / Photographic Archives
Paolo Di Marzio

Gabinetto fotografico / Photographic Lab
Benedetto Andrea Herling Grudzinski

Ufficio stampa, comunicazione e relazioni esterne / Press, Communications and External Relations Office
Elena Bastia
Laura Campanelli
Isabella de Stefano

Direzione amministrativa / Administration Department
Rossella Cicchetti
Giuseppe Derito
Luca Di Donato
Patrizia Maddalena
Alessandro Sestini

Ragioneria / Accounting Department
Giovanni La Chimia
Roberta Martelli
Laura Terranova

Direzione personale / Human Resources
Mario Schiano Lomoriello
Alessia Birri
Roberta Tassone

Ufficio tecnico logistico / Logistics Department
Massimo Licoccia
Valeria Lupo

Ufficio tecnico informatico / IT Office
Fabiana Verolini
Benedetto Prestanicola

Unità organizzativa dei servizi aggiuntivi / Additional services
Fabiana Verolini

Responsabile del servizio prevenzione e protezione / Responsible of Prevention Service
Alessandro Bernoni

Manutenzione e building manager /Maintenance and building manager
Calogero Incardona

Ufficio consegnatario / Procurement Department
Anna Maria Marchitti

Assistenti di sala e collaboratori uffici / Guardians and Office Collaborators
Tiziana Alessandrini
Leda Avanzi
Anna Avitabile
Maria Grazia Benazzi
Antonella Boccacci
Roberto Bretti
Paola Caldiraro
Carmela Casafina
Marina Cavaliere
Roberto Celotto
Vilma De Guisa
Marina Di Francesco
Claudio Foscardi
Rosa Lo Nigro
Adriana Massari
Maria Pia Milazzo
Donatella Musino
Norma Novi
Monica Passalacqua
Giuseppe Pedroni
Veronica Piombarolo
Pia Pompilio
Antonio Pugliesi
Paola Quattrini
Enzo Riggio
Danilo Santella
Giuseppina Sica
Linda Sorrenti
Stefania Stracqualursi
Emilia Viglietto
Laura Zedde

Collaboratori / Collaborators
Flavia Albarano
Alessio Boi
Rosalba Cilione
Liselotte Corigliano
Anna De Angelis
Sara Frattarelli
Mario Gatti
Anna Gorchakovskaya
Giada Incardona
Matteo Olivieri
Francesca Palmieri
Lucia Petese
Alessia Tobia

Stagisti / Interns
Carolina Apolito
Maria Eugenia Frizzele
Benedetta Guidi
Ilaria Mulas
Marianna Ostuni

Cosmowomen. Places as constellations

21 giugno / June 2021
– 10 ottobre / October 2021

A cura di / Curated by
Izaskun Chinchilla

Direttrice / Director
Cristiana Collu

Coordinamento / Coordination
Massimo Licoccia
Valeria Lupo
con / with
Liselotte Corigliano

Ufficio mostre / Temporary Exhibition Department
Keila Linguanti
Anna Gorchakovskaya
Francesca Palmieri
con / with Anna De Angelis

Ufficio comunicazione / Communications Department
Elena Bastia
Isabella de Stefano

Ufficio stampa / Press Office
Laura Campanelli

Progetti speciali e comunicazione digitale / Special Projects and Digital Communication
Alessio Boi

Coordinamento catalogo / Catalogue Coordination
Alessia Tobia

Immagine coordinata della mostra e progetto grafico / Coordinated image and graphics
Designwork

Produzione e Allestimento / Production and Set-up
Cartlonlab

Allestimento tecnico / Technical set-up
Demasi Restauri
Quadra Srl
Gruppofallani

Illuminotecnica / Lighting
AC Impianti

Catalogo edito da / Catalogue edited by
Silvana Editoriale

Con il supporto di / With the support of

cdp
Cassa Depositi e Prestiti

In partnership con / In partnership with
The Bartlett School of Architecture

Si ringraziano tutti coloro che hanno reso possibile questo progetto / Special thanks to everyone who has made this project possible

MINISTERO DELLA CULTURA

Silvana Editoriale

Direzione editoriale
/ Direction
Dario Cimorelli

Art Director
Giacomo Merli

Coordinamento editoriale
/ Editorial Coordinator
Sergio Di Stefano

Redazione
/ Copy Editors
Lorena Ansani, Cristina Pradella

Traduzione
/ Translation
Jeremy Carden, Maria Valeria Caredda, Charles Davis, Stefania Manzan, Laura Melosi

Coordinamento di produzione
/ Production Coordinator
Antonio Micelli

Segreteria di redazione
/ Editorial Assistant
Giulia Mercanti

Ufficio iconografico
/ Photo Editors
Alessandra Olivari, Silvia Sala

Ufficio stampa
/ Press Office
Lidia Masolini
press@silvanaeditoriale.it

Silvana Editoriale S.p.A.
via dei Lavoratori, 78
20092 Cinisello Balsamo, Milano
tel. 02 453 951 01
fax 02 453 951 51
www.silvanaeditoriale.it

Le riproduzioni, la stampa e la rilegatura sono state eseguite in Italia / Reproductions, printing and binding in Italy
Stampato da / Printed by Grafiche Aurora, Verona
Finito di stampare nel mese di giugno 2021 / Printed in June 2021

ISBN 9788836646722

Available through
ARTBOOK | D.A.P.
155 Sixth Avenue, 2nd Floor,
New York, N.Y. 10013
Tel: (212) 627-1999
Fax: (212) 627-9484

I libri della / The Books of Galleria Nazionale d'Arte Moderna e Contemporanea — Roma

Time Is Out of Joint
Il progetto espositivo de / The exhibition project of La Galleria Nazionale

Joint Is Out of Time
a cura di / edited by Saretto Cincinelli e / and Bettina Della Casa

Renato Guttuso
Nuovi studi
a cura di / edited by Barbara Tomassi

Vanni Scheiwiller e l'arte da Wildt a Melotti
a cura di / edited by Giuseppe Appella e / and Laura Novati

Attilio Cassinelli illustratore
Evergreen
a cura di / edited by Marcella Cossu con / with Nunzia Fatone

Robert Morris
Monumentum 2015 – 2018
a cura di / edited by Saretto Cincinelli

Bruno Conte. Retrostanze
Tratti emersi 1959-2019
commenti di / comments by Bruno Corà e / and Giorgio Patrizi

Each Second Is the Last
Maria Elisabetta Novello
a cura di / edited by Ilaria Gianni

Just Measuring Unconsciousness
Gregorio Botta
a cura di / edited by Massimo Mininni

Le opere e gli archivi
Mara Coccia e Daniela Ferraria
a cura di / edited by Francesca Gallo e / and Ilaria Bernardi

Ritratto di famiglia
Family Portrait
a cura di / edited by Claudia Palma con / with Alessia Tobia

A distanza ravvicinata
At Close Range
a cura di / edited by La Galleria Nazionale

Io dico Io – I say I
a cura di / edited by La Galleria Nazionale con / with Cecilia Canziani, Lara Conte, Paola Ugolini

Progetto grafico
/ Graphic Design
Designwork